EURIPIDES · TRAGÖDIEN UND FRAGMENTE

EURIPIDES

SÄMTLICHE
TRAGÖDIEN UND FRAGMENTE

Griechisch – deutsch

Band V

EURIPIDES

ORESTES

IPHIGENIE IN AULIS

DIE MÄNADEN

Übersetzt von Ernst Buschor

Herausgegeben von Gustav Adolf Seeck

WISSENSCHAFTLICHE BUCHGESELLSCHAFT
DARMSTADT

Auf dem Titelblatt: Tragische Maske, Marmor
The Metropolitan Museum of Art, Rogers Fund, 1913

Lizenzausgabe
des Heimeran Verlags München
Der Band erschien gleichzeitig in der Tusculum-Bücherei.
Herausgeber: Hans Färber und Max Faltner

Bestellnummer des Gesamtwerkes: 6577–8
Bestellnummer dieses einzelnen Bandes: 6582–4

ORESTES

ΟΡΕΣΤΗΣ

Τὰ τοῦ δράματος πρόσωπα

’Ηλέκτρα · ‘Ελένη · Χορός · ’Ορέστης
Μενέλαος · Τυνδάρεως · Πυλάδης · ″Αγγελος
‘Ερμίονη · Φρύξ · ’Απόλλων

’Ηλέκτρα

Οὐκ ἔστιν οὐδὲν δεινὸν ὧδ’ εἰπεῖν ἔπος
οὐδὲ πάθος οὐδὲ ξυμφορὰ θεήλατος,
ἧς οὐκ ἂν ἄραιτ’ ἄχθος ἀνθρώπου φύσις.
ὁ γὰρ μακάριος – κοὐκ ὀνειδίζω τύχας –
Διὸς πεφυκώς, ὡς λέγουσι, Τάνταλος   5
κορυφῆς ὑπερτέλλοντα δειμαίνων πέτρον
ἀέρι ποτᾶται· καὶ τίνει ταύτην δίκην,
ὡς μὲν λέγουσιν, ὅτι θεοῖς ἄνθρωπος ὢν
κοινῆς τραπέζης ἀξίωμ’ ἔχων ἴσον,
ἀκόλαστον ἔσχε γλῶσσαν, αἰσχίστην νόσον.   10
οὗτος φυτεύει Πέλοπα, τοῦ δ’ ’Ατρεὺς ἔφυ,
ᾧ στέμματα ξήνασ’ ἐπέκλωσεν θεὰ

ORESTES

Personen des Dramas

Elektra, *Tochter Agamemnons*
Helena, *Gattin des Menelaos*
Chor *der Frauen von Argos*
Orestes, *Sohn Agamemnons*
Menelaos, *Bruder Agamemnons*
Tyndareos, *Vater der Klytaimestra und der Helena*
Pylades, *Vetter und Freund des Orestes*
Bote, *Bauer*
Hermione, *Tochter des Menelaos und der Helena*
Ein Phryger, *Sklave der Helena*
Apollon

Die Szene ist vor dem Königspalast von Argos.
Das Stück wurde 408 v. Chr. aufgeführt.

VORSZENE

Elektra

Dies Wort besteht: es gibt kein hartes Los,
Kein gottverhängtes Leid, kein Mißgeschick,
Das sich der Mensch nicht auf den Nacken lädt.
Der selge, nie von mir geschmähte Fürst,
Den Zeus, so sagt man, zeugte, Tantalos,
Schwebt in den Lüften, zittert vor dem Fels
Zu seinen Häupten, weil er schwer gefehlt:
Es geht die Sage, daß er hochgeehrt
Als einzger Mensch am Göttertische saß
Und doch die böse Schmähsucht nicht begrub.
Von Pelops, seinem Sohn, stammt Atreus ab.
Ihm spann die Fadenwirkerin den Streit

ἔριν, Θυέστῃ πόλεμον ὄντι συγγόνῳ
θέσθαι. τί τἄρρητ' ἀναμετρήσασθαί με δεῖ;
ἔδαισε δ' οὖν νιν τέκν' ἀποκτείνας 'Ατρεύς.   15
'Ατρέως δέ – τὰς γὰρ ἐν μέσῳ σιγῶ τύχας –
ὁ κλεινός, εἰ δὴ κλεινός, 'Αγαμέμνων ἔφυ
Μενέλεώς τε Κρήσσης μητρὸς 'Αερόπης ἄπο.
γαμεῖ δ' ὁ μὲν δὴ τὴν θεοῖς στυγουμένην
Μενέλαος 'Ελένην, ὁ δὲ Κλυταιμήστρας λέχος   20
ἐπίσημον εἰς "Ελληνας 'Αγαμέμνων ἄναξ·
ᾧ παρθένοι μὲν τρεῖς ἔφυμεν ἐκ μιᾶς,
Χρυσόθεμις 'Ιφιγένειά τ' 'Ηλέκτρα τ' ἐγώ,
ἄρσην δ' 'Ορέστης, μητρὸς ἀνοσιωτάτης,
ἣ πόσιν ἀπείρῳ περιβαλοῦσ' ὑφάσματι   25
ἔκτεινεν· ὧν δ' ἕκατι, παρθένῳ λέγειν
οὐ καλόν· ἐῶ τοῦτ' ἀσαφὲς ἐν κοινῷ σκοπεῖν.
Φοίβου δ' ἀδικίαν μὲν τί δεῖ κατηγορεῖν;
πείθει δ' 'Ορέστην μητέρ' ἥ σφ' ἐγείνατο
κτεῖναι, πρὸς οὐχ ἅπαντας εὔκλειαν φέρον.   30
ὅμως δ' ἀπέκτειν' οὐκ ἀπειθήσας θεῷ·
κἀγὼ μετέσχον, οἷα δὴ γυνή, φόνου.   32
ἐντεῦθεν ἀγρίᾳ σῶμα συντακεὶς νόσῳ   34
τλήμων 'Ορέστης ὅδε πεσὼν ἐν δεμνίοις   35
κεῖται, τὸ μητρὸς δ' αἷμά νιν τροχηλατεῖ
μανίαισιν· ὀνομάζειν γὰρ αἰδοῦμαι θεὰς
Εὐμενίδας, αἳ τόνδ' ἐξαμιλλῶνται φόβῳ.
ἕκτον δὲ δὴ τόδ' ἦμαρ ἐξ ὅτου σφαγαῖς
θανοῦσα μήτηρ πυρὶ καθήγνισται δέμας,   40
ὧν οὔτε σῖτα διὰ δέρης ἐδέξατο,
οὐ λούτρ' ἔδωκε χρωτί· χλανιδίων δ' ἔσω
κρυφθείς, ὅταν μὲν σῶμα κουφισθῇ νόσου,
ἔμφρων δακρύει, ποτὲ δὲ δεμνίων ἄπο
πηδᾷ δρομαῖος, πῶλος ὡς ὑπὸ ζυγοῦ.   45
ἔδοξε δ' "Αργει τῷδε μήθ' ἡμᾶς στέγαις,
μὴ πυρὶ δέχεσθαι, μήτε προσφωνεῖν τινα

Πυλάδης θ', ὃς ἡμῖν συγκατείργασται τάδε.   33

Mit seinem eignen Bruder zu, Thyest.
Zähl ich es auf, was jeden Mund verstummt –
Des Atreus Kindermord und greulich Mahl?
Von Atreus stammt – und viel bleibt ungesagt –
Agamémnons stolze, wenig stolze Macht
Und Menelas, vom gleichen Kreterweib.
Der nahm die gottverhaßte Helena
Zur Gattin. Agamemnon selbst gewann
Der Klytaimestra vielbesprochnes Bett.
In diesem wurde Iphigenie
Gezeugt, Chrysothemis, ich selber auch,
Elektra, und als einzger Sohn Orest;
Vier Kinder einer ganz verruchten Frau,
Die ihren Mann im Garn fing und erschlug.
Was war der Grund? Als Mädchen hüll ich ihn
In eine Nacht, die jeder leicht durchspäht.
Wer würde Phoibos eines Unrechts zeihn?
Doch trieb er selbst Orest zum Muttermord.
Das trug dem Jüngling wenig Ehren ein,
Doch tat ers treu dem göttlichen Gebot,
Mit meinem Beistand, schwachen Weibes Kraft.
Seitdem verzehrt die Seuche seinen Leib.
Streckt kläglich ihn aufs Lager, bis das Blut
Der Mutter ihn zu wilden Tänzen reißt.
Was ihn so hart verfolgt, ich wag es kaum
Zu nennen, ist der Eumeniden Zorn.
Sechs Tage ist der toten Mutter Leib
Von reiner Feuersglut verzehrt, doch weist
Er immer noch jedwede Speise ab
Und jede Waschung. Gibt der Anfall ihm
Die Sinne frei, so weint er vor sich hin;
Dann springt er plötzlich aus den Decken auf,
Besessen wie ein Fohlen unterm Joch.
Argos beschloß, den Muttermördern Haus
Und Herd zu weigern und mit keinem Wort

μητροκτονοῦντας· κυρία δ' ἥδ' ἡμέρα,
ἐν ἧ διοίσει ψῆφον 'Αργείων πόλις,
εἰ χρὴ θανεῖν νὼ λευσίμῳ πετρώματι.   50
ἐλπίδα δὲ δή τιν' ἔχομεν ὥστε μὴ θανεῖν·   52
ἥκει γὰρ ἐς γῆν Μενέλεως Τροίας ἄπο,
λιμένα δὲ Ναυπλίειον ἐκληρῶν πλάτῃ
ἀκταῖσιν ὁρμεῖ, δαρὸν ἐκ Τροίας χρόνον   55
ἄλαισι πλαγχθείς· τὴν δὲ δὴ πολύστονον
'Ελένην, φυλάξας νύκτα, μή τις εἰσιδὼν
μεθ' ἡμέραν στείχουσαν, ὧν ὑπ' 'Ιλίῳ
παῖδες τεθνᾶσιν, ἐς πέτρων ἔλθῃ βολάς,
προύπεμψεν ἐς δῶμ' ἡμέτερον· ἔστιν δ' ἔσω   60
κλαίουσ' ἀδελφὴν συμφοράν τε δωμάτων.
ἔχει δὲ δή τιν' ἀλγέων παραψυχήν·
ἣν γὰρ κατ' οἴκους ἔλιφ', ὅτ' ἐς Τροίαν ἔπλει,
παρθένον ἐμῇ τε μητρὶ παρέδωκεν τρέφειν
Μενέλαος ἀγαγὼν 'Ερμιόνην Σπάρτης ἄπο,   65
ταύτῃ γέγηθε κἀπιλήθεται κακῶν.
  βλέπω δὲ πᾶσαν εἰς ὁδόν, πότ' ὄψομαι
Μενέλαον ἥκονθ'· ὡς τά γ' ἄλλ' ἐπ' ἀσθενοῦς
ῥώμης ὀχούμεθ', ἥν τι μὴ κείνου πάρα
σωθῶμεν. ἄπορον χρῆμα δυστυχῶν δόμος.   70

'Ελένη

ὦ παῖ Κλυταιμήστρας τε καὶ 'Αγαμέμνονος,
παρθένε μακρὸν δὴ μῆκος 'Ηλέκτρα χρόνου,
πῶς, ὦ τάλαινα, σύ τε κασίγνητός τε σὸς
τλήμων 'Ορέστης μητρὸς ὅδε φονεὺς ἔχει;
προσφθέγμασιν γὰρ οὐ μιαίνομαι σέθεν,   75
ἐς Φοῖβον ἀναφέρουσα τὴν ἁμαρτίαν.
καίτοι στένω γε τὸν Κλυταιμήστρας μόρον,
ἐμῆς ἀδελφῆς, ἥν, ἐπεὶ πρὸς "Ιλιον
ἔπλευσ' ὅπως ἔπλευσα θεομανεῖ πότμῳ,
οὐκ εἶδον, ἀπολειφθεῖσα δ' αἰάζω τύχας.   80

ἢ φάσγανον θήξαντ' ἐπ' αὐχένος βαλεῖν.   51

Sie anzureden. Heute ist der Tag,
Wo aller Bürger Stimmstein es beschließt,
Ob wir gesteinigt werden oder nicht.
Doch winkt noch eine Rettung vor dem Tod:
Von Troja kehrte Menelas zurück,
Die Schiffe landen schon in Nauplia
Nach langer Irrfahrt seit dem Fall der Stadt.
Die Unglückshelena hat er im Schutz
Der Nacht vorausgeschickt, daß keiner, dem
Vor Troja Söhne fielen, sie bei Tag
Heimkehren sieht und Steine nach ihr wirft.
Schon ist sie drin im Hause und beklagt
Die Schwester und des Hauses Untergang.
Doch traf sie einen, der sie trösten kann;
Hermione, ihr Kind, das Menelas
Beim Abschied meiner Mutter übergab,
Ist ihre Freude und ihr Herzenslicht.

Die Straße such ich ab nach Menelas.
Wir treiben mit der letzten Kraft dahin,
Wenn er nicht heute noch die Rettung bringt:
Wie öde steht ein glückverlaßnes Haus!

Helena *tritt heraus*

Agamémnons Tochter, Klytaimestras Kind,
Elektra, Mädchen schon so reifer Zeit,
Wie stehts um dich? Um deinen Bruder hier,
Den armen Muttermörder, den Orest?
Ein Gruß, ein Wort an dich befleckt mich nicht –
Ich weiß, Apollon trägt an allem Schuld.
Doch jammert mich der Schwester jähes Los.
Ich sah sie nicht, seit ich nach Troja fuhr
– In gottverhängtem Wahne fuhr ich hin; –
Nun bleibt mir nur die Klage ihres Tods.

Ηλ 'Ελένη, τί σοι λέγοιμ' ἂν ἅ γε παροῦσ' ὁρᾷς; 81
ἐγὼ μὲν ἄϋπνος πάρεδρος ἀθλίῳ νεκρῷ 83
– νεκρὸς γὰρ οὗτος οὕνεκα σμικρᾶς πνοῆς –
θάσσω· τὰ τούτου δ' οὐκ ὀνειδίζω κακά. 85
σὺ δ' εἶ μακαρία μακάριός θ' ὁ σὸς πόσις. 86
Ελ πόσον χρόνον δ' ἐν δεμνίοις πέπτωχ' ὅδε; 88
Ηλ ἐξ οὗπερ αἷμα γενέθλιον κατήνυσεν.
Ελ ὦ μέλεος· ἡ τεκοῦσά θ', ὡς διώλετο. 90
Ηλ οὕτως ἔχει τάδ', ὥστ' ἀπείρηκεν κακοῖς.
Ελ πρὸς θεῶν, πίθοι' ἂν δῆτά μοί τι, παρθένε;
Ηλ ὡς ἄσχολός γε συγγόνου προσεδρίᾳ.
Ελ βούλῃ τάφον μοι πρὸς κασιγνήτης μολεῖν;
Ηλ μητρὸς κελεύεις τῆς ἐμῆς; τίνος χάριν; 95
Ελ κόμης ἀπαρχὰς καὶ χοὰς φέρουσ' ἐμάς.
Ηλ σοὶ δ' οὐχὶ θεμιτὸν πρὸς φίλων στείχειν τάφον;
Ελ δεῖξαι γὰρ 'Αργείοισι σῶμ' αἰσχύνομαι.
Ηλ ὀψέ γε φρονεῖς εὖ, τότε λιποῦσ' αἰσχρῶς δόμους.
Ελ ὀρθῶς ἔλεξας, οὐ φίλως δ' ἐμοὶ λέγεις. 100
Ηλ αἰδὼς δὲ δή τίς σ' ἐς Μυκηναίους ἔχει;
Ελ δέδοικα πατέρας τῶν ὑπ' 'Ιλίῳ νεκρῶν.
Ηλ δεινὸν γὰρ "Αργει γ' ἀναβοᾷ διὰ στόμα.
Ελ σύ νυν χάριν μοι τὸν φόβον λύσασα δός.
Ηλ οὐκ ἂν δυναίμην μητρὸς ἐσβλέψαι τάφον. 105
Ελ αἰσχρόν γε μέντοι προσπόλους φέρειν τάδε.
Ηλ τί δ' οὐχὶ θυγατρὸς 'Ερμιόνης πέμπεις δέμας;
Ελ ἐς ὄχλον ἕρπειν παρθένοισιν οὐ καλόν.
Ηλ καὶ μὴν τίνοι γ' ἂν τῇ τεθνηκυίᾳ τροφάς.
Ελ ὀρθῶς ἔλεξας, πείθομαί τέ σοι, κόρη. 110
ὦ τέκνον, ἔξελθ', 'Ερμιόνη, δόμων πάρος 112

καὶ λαβὲ χοὰς τάσδ' ἐν χεροῖν κόμας τ' ἐμάς·
ἐλθοῦσα δ' ἀμφὶ τὸν Κλυταιμήστρας τάφον

ἐν συμφοραῖσι τὸν 'Αγαμέμνονος γόνον 82
ἥκετον ἐφ' ἡμᾶς ἀθλίως πεπραγότας 87
καὶ πέμψομέν γε θυγατέρ'· εὖ γάρ τοι λέγεις. 111

El Muß ich berichten, was du selber siehst?
    Ich halte schlummerlose Totenwacht
    Bei einem, den der letzte Hauch verläßt,
    Und er erduldet, was kein Wort benennt.
    Doch du bist selig, selig dein Gemahl!
He Wie lange fesselt ihn dies Sterbebett?
El Seit er des eignen Ursprungs Blut vergoß.
He Unselger Mann! Unselger Tod der Frau!
El Nun hat er alles dieses hinter sich.
He Ich flehe: tu mir einen großen Dienst!
El Wenn dieses Krankenbett mich ziehen läßt.
He Geh du für mich an meiner Schwester Grab!
El Und meiner Mutter Grab! Was soll ich dort?
He Bring meine Locke und den Weiheguß!
El Kommt dieser Grabgang nicht der Schwester zu?
He Wie tret ich offen vor die Bürger hin!
El Bei deinem Abschied warst du nicht so klug!
He Ich weiß es. Mahne nicht an jenen Tag!
El Und welche Mykenäer fürchtest du?
He Die Väter derer, die der Krieg verschlang.
El Weiß Gott, dein Name ist der Stadt verhaßt!
He Nimm mir die Furcht und tu es, mir zulieb!
El Der Mutter Grab ist meinem Blick verwehrt!
He Und Mägde schickt man nicht zu solchem Dienst!
El Wie stehts mit deinem Kind Hermione?
He Vom Volksgewühl hält man die Mädchen fern.
El Doch hat die Tote treu für sie gesorgt!
He Weiß Gott, sie tat es, und ich folge dir.
    Hermione, mein Liebes, komm vors Tor.

                    sie kommt heraus

    Nimm diese Spenden! Und die Lockenschur!
    Geh hin zu Klytaimestras Grab und gieß

μελίκρατ' ἄφες γάλακτος οἰνωπόν τ' ἄχνην, 115
καὶ στᾶσ' ἐπ' ἄκρου χώματος λέξον τάδε·
'Ελένη σ' ἀδελφὴ ταῖσδε δωρεῖται χοαῖς,
φόβῳ προσελθεῖν μνῆμα σόν, ταρβοῦσά τε
'Αργεῖον ὄχλον. πρευμενῆ δ' ἄνωγέ νιν
ἐμοί τε καὶ σοὶ καὶ πόσει γνώμην ἔχειν 120
τοῖν τ' ἀθλίοιν τοῖνδ', οὓς ἀπώλεσεν θεός.
ἃ δ' εἰς ἀδελφὴν καιρὸς ἐκπονεῖν ἐμέ,
ἅπανθ' ὑπισχνοῦ νερτέρων δωρήματα.
ἴθ' ὦ τέκνον μοι, σπεῦδε καὶ χοὰς τάφῳ
δοῦσ' ὡς τάχιστα τῆς πάλιν μέμνησ' ὁδοῦ. 125

Ηλ ὦ φύσις, ἐν ἀνθρώποισιν ὡς μέγ' εἶ κακόν,
σωτήριόν τε τοῖς καλῶς κεκτημένοις.
εἴδετε παρ' ἄκρας ὡς ἀπέθρισεν τρίχας,
σῴζουσα κάλλος; ἔστι δ' ἡ πάλαι γυνή.
θεοί σε μισήσειαν, ὥς μ' ἀπώλεσας 130
καὶ τόνδε πᾶσάν θ' 'Ελλάδα.
                    ὦ τάλαιν' ἐγώ·
αἵδ' αὖ πάρεισι τοῖς ἐμοῖς θρηνήμασι
φίλαι ξυνῳδοί· τάχα μεταστήσουσ' ὕπνου
τόνδ' ἡσυχάζοντ', ὄμμα δ' ἐκτήξουσ' ἐμὸν
δακρύοις, ἀδελφὸν ὅταν ὁρῶ μεμηνότα. 135

ὦ φίλταται γυναῖκες, ἡσύχῳ ποδὶ 136
χωρεῖτε, μὴ ψοφεῖτε, μηδ' ἔστω κτύπος.
φιλία γὰρ ἡ σὴ πρευμενὴς μέν, ἀλλ' ἐμοὶ
τόνδ' ἐξεγεῖραι συμφορὰ γενήσεται.

Den Trank von Milch und Honig und den Schaum
Der Traube, stell dich obenauf und sprich:
„So ehrt dich deine Schwester Helena!
Sie wagt sich selbst nicht her und fürchtet sich
Vor Argos' Volk." Erflehe ihre Gunst
Für mich und dich und meinen Ehgemahl
Und für das arme gottverratne Paar!
Versprich ihr jede Spende, alles, was
Die Schwester ihrer Schwester schuldig ist!
Beeile dich, mein Kind, mit deinem Werk
Und kehre schnell den gleichen Weg zurück!

beide ab

El   Natur, du bist des Einen Untergang,
Des Andern Rettung, der dich klug benützt.
Saht ihr, wie ängstlich sie die Locken schor?
Die Schönheit wahrte? Ganz die Alte blieb?
Straft sie, ihr Götter, sie hat mich und ihn
Vernichtet und ganz Griechenland!

                    O weh,
Sie kommen wieder, meines Klagelieds
Treulich Gefolge, ach, sie wecken mir
Den Schläfer auf und lösen mir das Aug
In Tränen, wenn der Wahnsinn ihn erfaßt.

Χορός

σῖγα σῖγα, λεπτὸν ἴχνος ἀρβύλης   hyp do   στρ. α'
τίθετε, μὴ κτυπεῖτ'.   do   141

Ηλ   ἀποπρὸ βᾶτ' ἐκεῖσ', ἀποπρό μοι κοίτας.   do²
Χο   ἰδού, πείθομαι.   do
Ηλ   ἄ ἄ σύριγγος ὅπως πνοὰ   ba do   145
     λεπτοῦ δόνακος, ὦ φίλα, φώνει μοι.   do²

Χο   ἴδ', ἀτρεμαῖον ὡς ὑπόροφον φέρω   do²
     βοάν.
Ηλ   ναί, οὕτως·   do
     κάταγε κάταγε, πρόσιθ' ἀτρέμας, ἀτρέμας ἴθι· do²
     λόγον ἀπόδος ἐφ' ὅ τι χρέος ἐμόλετέ ποτε.   do²   150
     χρόνια γὰρ πεσὼν ὅδ' εὐνάζεται.   do²

Χο   πῶς ἔχει; λόγου μετάδος, ὦ φίλα·   ἀντ. α'
     τίνα τύχαν εἴπω; τίνα δὲ συμφοράν;   do²

EINZUGSLIED

Wechsellied

Strophe

Chor

Leise, ganz leise!
Setzt leicht nur
Die Spur eurer Schuhe,
Macht keinen Lärm!

Elektra

    Fort, fort, tretet weg von der Bahre!
Ch Sieh her, wir gehorchen!
El   Sanft, sanft, wie der Hauch der Schalmei
    Dem zartesten Rohr,
    So entschwebe die Stimme, ihr Lieben, dem Mund!
Ch Hör, wie leise verdecken,
    Wie dämpfen wir den Laut!
El   Ihr tut es, ich sehs.
    So tretet leise hinzu!
    Noch leiser! Noch stiller! Ganz lautlos!
    Nun sagt, wozu seid ihr gekommen?
    Liegt er doch endlich gestreckt,
    Und Schlummer umfaßt ihn.

Gegenstrophe

Ch   Liebste, steh Rede:
    Wie ist ihm?
    Wie heißt nun sein Schicksal?
    Wie fiel sein Los?

Ηλ ἔτι μὲν ἐμπνέει, βραχὺ δ' ἀναστένει.   155
Χο τί φής; ὦ τάλας.
Ηλ ὀλεῖς, εἰ βλέφαρα κινήσεις
ὕπνου γλυκυτάταν φερομένῳ χάριν.

Χο μέλεος ἐχθίστων θεόθεν ἐργμάτων,   160
τάλας.
Ηλ   φεῦ μόχθων.
ἄδικος ἄδικα τότ' ἄρ' ἔλακεν ἔλακεν, ἀπό-
φονον ὅτ' ἐπὶ τρίποδι Θέμιδος ἄρ' ἐδίκασε
φόνον ὁ Λοξίας ἐμᾶς ματέρος.   165

Χο ὁρᾷς; ἐν πέπλοισι κινεῖ δέμας.   do²   στρ. β'
Ηλ σὺ γάρ νιν, ὦ τάλαινα,   ia²ba
θωΰξασ' ἔβαλες ἐξ ὕπνου.   ba do
Χο εὕδειν μὲν οὖν ἔδοξα.   ia² ba
Ηλ οὐκ ἀφ' ἡμῶν, οὐκ ἀπ' οἴκων   tr⁴   170
πάλιν ἀνὰ πόδα σὸν εἱλίξεις   ⌣⌣⌣do
μεθεμένα κτύπου;   do
Χο ὑπνώσσει.
Ηλ   λέγεις εὖ.   ba²
πότνια, πότνια νύξ,   do
ὑπνοδότειρα τῶν πολυπόνων βροτῶν,   do²   175
ἐρεβόθεν ἴθι, μόλε μόλε κατάπτερος   do²
τὸν Ἀγαμεμνόνιον ἐπί δόμον.   ba do
ὑπὸ γὰρ ἀλγέων ὑπό τε συμφορᾶς   do²   180
διοιχόμεθ', οἰχόμεθα. κτύπον ἠγάγετ'· οὐχὶ σῖγα ⌣da⁴cr⌣
σῖγα φυλασσομένα στόματος   da²⌣

El   Er atmet, doch kurz sind die Züge!
Ch   Was sagst du? Der Arme!
El   O weh, wenn ihr wieder dem Mann
       Die Lider erweckt,
       Der des Schlafes so selige Gabe empfängt!
Ch   Ärmster Täter des Werkes,
       Das Götter ihm verhängt.
El   O seht seinen Schmerz!
       Ein ungerechter Apoll
       Sprach Unrecht, sprach Unrecht, rief Untat,
       Als hart er vom Dreifuß der Themis
       Diesen zum Mörder berief
       Der eigenen Mutter.

Zweite Strophe

Ch   Sieh, wie die Decke sich regt!
El   Nun hat ihn euer Geheul
       Aus dem Schlummer gerissen!
Ch   Wir dachten, er schliefe so tief!
El   Ach, wollt ihr, ich bitt euch, die Schritte
       Nicht rückwärts wenden von uns,
       Vom Haus und enden euren Lärm?
Ch   Er schläft ganz fest.
El   Zu eurem Glück!
       Hohe Göttin der Nacht,
       Du nur spendest den Schlaf
       An alle Beladnen:
       So eile, so eile auf Flügeln
       Herauf aus den Tiefen
       Zu dem Haus Agamemnons,
       Denn von Schmerzen und Leiden
       Vergehn wir Armen, vergehn wir!
       Schon wieder das Lärmen, ach könnt ihr
       Nicht leise, nicht leise
       Verhalten die Stimme,

ἀνακέλαδον ἀπὸ λέχεος ἧ-   ia⁴   185
συχον ὕπνου χάριν παρέξεις, φίλα;   do²

Χο θρόει τίς κακῶν τελευτὰ μένει.   ἀντ. β'
Ηλ θανεῖν θανεῖν, τί δ' ἄλλο;
    οὐδὲ γὰρ πόθον ἔχει βορᾶς.   cr do
Χο πρόδηλος ἄρ' ὁ πότμος.   190
Ηλ ἐξέθυσ' ὁ Φοῖβος ἡμᾶς
    μέλεον ἀπόφονον αἶμα δοὺς
    πατροφόνου ματρός.
Χο δίκᾳ μέν.
Ηλ   καλῶς δ' οὔ.
    ἔκανες ἔθανες, ὦ   195
    τεκομένα με μᾶτερ, ἀπὸ δ' ὤλεσας
    πατέρα τέκνα τε τάδε σέθεν ἀφ' αἵματος·
    ὀλόμεθ' ἰσονέκυες, ὀλόμεθα.   200
    σύ τε γὰρ ἐν νεκροῖς, τό τ' ἐμὸν οἴχεται
    βίου τὸ πλέον μέρος ἐν στοναχαῖσί τε καὶ γόοισι
    δάκρυσί τ' ἐννυχίοις, ἄγαμος   205
    ἐπὶ δ' ἄτεκνος ἅτε βίοτον ἁ
    μέλεος ἐς τὸν αἰὲν ἕλκω χρόνον.

Χο ὅρα παροῦσα, παρθέν' Ἠλέκτρα, πέλας,
    μὴ κατθανών σε σύγγονος λέληθ' ὅδε·
    οὐ γάρ μ' ἀρέσκει τῷ λίαν παρειμένῳ.   210

Tretend vom Bett
Ruhige Gabe des Schlafs
Ihm gönnen, ihr Lieben?

Gegenstrophe

Ch   Sag, was dem Kranken noch bleibt!
El   Der Tod, der Tod, was denn sonst?
        Er verweigert die Speise!
Ch   So sehn wir sein Los schon erfüllt!
El   Apollon, er hat uns geopfert,
        Er lieh uns das mordende Blut
        Der Mutter, die den Vater traf.
Ch   Dein Tun war gut!
El   Doch grauenvoll!
        Mutter, die uns gebar,
        Deine Tat und dein Tod
        Hat alle vernichtet,
        Den Vater und die du geboren!
        O seht uns vergehen,
        Wie die Toten vergingen!
        Denn du bist schon ein Toter,
        Mir selber schwand schon die Hälfte
        Des Lebens in Seufzen und Klagen,
        In nächtlichen Tränen.
        Ich bin ohne Gatten,
        Bin ohne Kind,
        Schleppe für ewige Zeit
        Mein elendes Leben.

ERSTE HAUPTSZENE

Chorführerin

Sieh zu, Elektra, die du bei ihm stehst,
Ob nicht dein Bruder unbemerkt verschied!
Er liegt so reglos, daß ich fürchten muß.

Ὀρέστης

ὦ φίλον ὕπνου θέλγητρον, ἐπίκουρον νόσου,
ὡς ἡδύ μοι προσῆλθες – ἐν δέοντί γε.
ὦ πότνια Λήθη τῶν κακῶν, ὡς εἶ σοφὴ
καὶ τοῖσι δυστυχοῦσιν εὐκταία θεός.
πόθεν ποτ' ἦλθον δεῦρο; πῶς δ' ἀφικόμην;   215
ἀμνημονῶ γάρ, τῶν πρὶν ἀπολειφθεὶς φρενῶν.

Ηλ ὦ φίλταθ' ὡς μ' ηὔφρανας εἰς ὕπνον πεσών.
    βούλῃ θίγω σου κἀνακουφίσω δέμας;
Ορ λαβοῦ λαβοῦ δῆτ', ἐκ δ' ὅμορξον ἀθλίου
    στόματος ἀφρώδη πέλανον ὀμμάτων τ' ἐμῶν.   220
Ηλ ἰδού· τὸ δούλευμ' ἡδύ, κοὐκ ἀναίνομαι
    ἀδέλφ' ἀδελφῇ χειρὶ θεραπεύειν μέλη.
Ορ ὑπόβαλε πλευροῖς πλευρά, καὐχμώδη κόμην
    ἄφελε προσώπου· λεπτὰ γὰρ λεύσσω κόραις.
Ηλ ὦ βοστρύχων πινῶδες ἄθλιον κάρα,   225
    ὡς ἠγρίωσαι διὰ μακρᾶς ἀλουσίας.
Ορ κλῖνόν μ' ἐς εὐνὴν αὖθις· ὅταν ἀνῇ νόσος
    μανίας, ἄναρθρός εἰμι κἀσθενῶ μέλη.
Ηλ ἰδού. φίλον τοι τῷ νοσοῦντι δέμνιον,
    ἀνιαρὸν ὂν τὸ κτῆμ', ἀναγκαῖον δ' ὅμως.   230
Ορ αὖθίς μ' ἐς ὀρθὸν στῆσον, ἀνακύκλει δέμας·
    δυσάρεστον οἱ νοσοῦντες ἀπορίας ὕπο.
Ηλ ἦ κἀπὶ γαίας ἁρμόσαι πόδας θέλεις,
    χρόνιον ἴχνος θείς; μεταβολὴ πάντων γλυκύ.
Ορ μάλιστα· δόξαν γὰρ τόδ' ὑγιείας ἔχει.   235
    κρεῖσσον δὲ τὸ δοκεῖν, κἂν ἀληθείας ἀπῇ.
Ηλ ἄκουε δή νυν, ὦ κασίγνητον κάρα,
    ἕως ἐῶσί σ' εὖ φρονεῖν Ἐρινύες.
Ορ λέξεις τι καινόν· κεἰ μὲν εὖ, χάριν φέρεις·
    εἰ δ' ἐς βλάβην τιν', ἅλις ἔχω τὸ δυστυχεῖν.   240
Ηλ Μενέλαος ἥκει, σοῦ κασίγνητος πατρός,

Orestes *erwacht langsam*

Wie hast du mich gestärkt, du Zauberschlaf,
Wie kamst du süß zu mir, zur rechten Zeit!
Gott des Vergessens, o du weiser Gott,
Dich rufen alle Schmerzenskinder an.
Wo bin ich und wie kam ich in dies Haus?
Der Wahnsinn nahm mir die Erinnerung.

Elektra

Mein Herz, wie hat mich doch dein Schlaf erfreut!
Nun helf ich dir, nun richte ich dich auf.

Or   Greif zu, greif zu und wische mir vom Aug,
Vom armen Mund den schon erstarrten Schaum!

El   Sieh nur, wie gern verricht ich diesen Dienst!
Die Schwesterhand ist für den Bruder da!

Or   Stütz meine Seite! Streich mir vom Gesicht
Das wilde Haar, das meinen Blick verhängt!

El   Du armes Haupt, vom Haare ganz verklebt,
Verwildert, lange ohne jedes Bad!

Or   Nun leg mich wieder! Hat der Wahn getobt,
Sind meine Glieder leer und ohne Kraft.

El   Nun liegst du. Jeder Kranke liebt sein Bett,
Den lästigen, doch schwer vermißten Freund.

Or   Nein, heb mich wieder! Dreh mich wieder um!
Des Kranken Launen werden schwer erfüllt.

El   Willst du die Füße nicht nach langer Zeit
Zu Boden setzen? Wechsel tut so gut!

Or   Das wollen wir. Man hält sich für gesund,
Und schon der blinde Glauben richtet auf.

El   Nun hör mich an, mein Bruderhaupt, solang
Die Geisterschar dir nicht den Sinn verwirrt!

Or   Das Neue sei willkommen, wenn es gut:
Wenn nicht: ich bin an jedes Leid gewohnt.

El   Der Bruder deines Vaters, Menelas,

Ορ ἐν Ναυπλίᾳ δὲ σέλμαθ' ὥρμισται νεῶν.

Ορ πῶς εἶπας; ἥκει φῶς ἐμοῖς καὶ σοῖς κακοῖς
     ἀνὴρ ὁμογενὴς καὶ χάριτας ἔχων πατρός;

Ηλ ἥκει – τὸ πιστὸν τόδε λόγων ἐμῶν δέχου –   245
     Ἑλένην ἀγόμενος Τρωικῶν ἐκ τειχέων.

Ορ εἰ μόνος ἐσώθη, μᾶλλον ἂν ζηλωτὸς ἦν·
     εἰ δ' ἄλοχον ἄγεται, κακὸν ἔχων ἥκει μέγα.

Ηλ ἐπίσημον ἔτεκε Τυνδάρεως ἐς τὸν ψόγον
     γένος θυγατέρων δυσκλεές τ' ἂν' Ἑλλάδα.   250

Ορ σύ νυν διάφερε τῶν κακῶν· ἔξεστι γάρ·
     καὶ μὴ μόνον λέγ', ἀλλὰ καὶ φρόνει τάδε.

Ηλ οἴμοι, κασίγνητ', ὄμμα σὸν ταράσσεται,
     ταχὺς δὲ μετέθου λύσσαν, ἄρτι σωφρονῶν.

Ορ ὦ μῆτερ, ἱκετεύω σε, μὴ 'πίσειέ μοι   255
     τὰς αἱματωπούς καὶ δρακοντώδεις κόρας.
     αὗται γὰρ αὗται πλησίον θρῴσκουσί μου.

Ηλ μέν', ὦ ταλαίπωρ', ἀτρέμα σοῖς ἐν δεμνίοις·
     ὁρᾷς γὰρ οὐδὲν ὧν δοκεῖς σάφ' εἰδέναι.

Ορ ὦ Φοῖβ', ἀποκτενοῦσί μ' αἱ κυνώπιδες   260
     γοργῶπες, ἐνέρων ἱέρεαι, δειναὶ θεαί.

Ηλ οὔτοι μεθήσω· χεῖρα δ' ἐμπλέξασ' ἐμὴν
     σχήσω σε πηδᾶν δυστυχῆ πηδήματα.

Ορ μέθες· μί' οὖσα τῶν ἐμῶν Ἐρινύων
     μέσον μ' ὀχμάζεις, ὡς βάλῃς ἐς Τάρταρον.   265

Ηλ οἲ 'γὼ τάλαινα, τίν' ἐπικουρίαν λάβω,
     ἐπεὶ τὸ θεῖον δυσμενὲς κεκτήμεθα;

Ορ δὸς τόξα μοι κερουλκά, δῶρα Λοξίου,
     οἷς μ' εἶπ' Ἀπόλλων ἐξαμύνασθαι θεάς,
     εἴ μ' ἐκφοβοῖεν μανιάσιν λυσσήμασιν.   270
     βεβλήσεταί τις θεῶν βροτησίᾳ χερί,
     εἰ μὴ 'ξαμείψει χωρὶς ὀμμάτων ἐμῶν.
     οὐκ εἰσακούετ'; οὐχ ὁρᾶθ' ἑκηβόλων

Steht mit den Schiffen schon in Nauplia.

Or Ists möglich? Strahlt ein Licht in unser Leid,
Ein Oheim, der dem Vater dankbar ist?

El Er ist gekommen, glaub es mir aufs Wort,
Und brachte Helena von Trojas Burg.

Or O wär er glücklich ohne sie gekehrt!
Ein großes Unheil führt er im Geleit.

El Verschrieen ist die Saat des Tyndaros,
Die Töchter sind ganz Griechenland verhaßt.

Orestes wird rückfällig

Or Fort, fort, von diesem Lager! Noch ist Zeit!
Sag nicht nur Ja! Bedenke, was geschieht!

El O weh, mein Bruder! Kaum bei Sinnen, fällst
Du wirren Augs in deinen Wahn zurück!

Or O Mutter, hör mich! Halte sie zurück,
Die Schlangengeister mit dem Mörderblick!
Da sind sie! Da! In nächster Nähe! Steht!

El Bleib unbesorgt auf deinem Ruhebett!
Was du zu sehen glaubst, das gibt es nicht!

Or Mich jagt die Meute mit dem Drachenblick,
Des Hades Priesterinnen töten mich!

El Ich laß dich nicht, umklammre deinen Leib!
Und halte deine wilden Sprünge auf!

Or Auch du bist eine aus der bösen Schar!
Du packst mich, wirfst mich in den Tartaros!

reißt sich los

El Ich Ärmste weiß nicht, wer mir helfen soll,
Da wir die Götter uns zum Feind gemacht!

Or Gib mir die Wehr aus Horn, Apolls Geschenk,
Mit der ich diese Geister scheuchen soll,
Wenn sie mich jagen bis zur Raserei.
Seht, diese Menschenhände treffen euch,
Wenn ihr nicht schnellstens meine Augen flieht!
Hört keine? Seht ihr nicht den schnellen Pfeil

τόξων πτερωτὰς γλυφίδας ἐξορμωμένας;
ἃ ἄ.
τί δῆτα μέλλετ'; ἐξακρίζετ' αἰθέρα   275
πτεροῖς· τὰ Φοίβου δ' αἰτιᾶσθε θέσφατα.

ἔα·
τί χρῆμ' ἀλύω, πνεῦμ' ἀνεὶς ἐκ πλευμόνων;
ποῖ ποῖ ποθ' ἠλάμεσθα δεμνίων ἄπο;
ἐκ κυμάτων γὰρ αὖθις αὖ γαλήν' ὁρῶ.
σύγγονε, τί κλαίεις κρᾶτα θεῖσ' ἔσω πέπλων;   280
αἰσχύνομαί σε, μεταδιδοὺς πόνων ἐμῶν
ὄχλον τε παρέχων παρθένῳ νόσοις ἐμαῖς.
μὴ τῶν ἐμῶν ἕκατι συντήκου κακῶν·
σὺ μὲν γὰρ ἐπένευσας τάδ', εἴργασται δ' ἐμοὶ
μητρῷον αἷμα· Λοξίᾳ δὲ μέμφομαι,   285
ὅστις μ' ἐπάρας ἔργον ἀνοσιώτατον,
τοῖς μὲν λόγοις ηὔφρανε, τοῖς δ' ἔργοισιν οὔ.
οἶμαι δὲ πατέρα τὸν ἐμόν, εἰ κατ' ὄμματα
ἐξιστόρουν νιν, μητέρ' εἰ κτεῖναι χρεών,
πολλὰς γενείου τοῦδ' ἂν ἐκτεῖναι λιτὰς   290
μήποτε τεκούσης ἐς σφαγὰς ὦσαι ξίφος,
εἰ μήτ' ἐκεῖνος ἀναλαβεῖν ἔμελλε φῶς,
ἐγώ θ' ὁ τλήμων τοιάδ' ἐκπλήσειν κακά.
καὶ νῦν ἀνακάλυπτ', ὦ κασιγνήτη, κάρα,
ἐκ δακρύων τ' ἄπελθε, κεἰ μάλ' ἀθλίως   295
ἔχομεν. ὅταν δὲ τἄμ' ἀθυμήσαντ' ἴδῃς,
σύ μου τὸ δεινὸν καὶ διαφθαρὲν φρενῶν
ἴσχναινε παραμυθοῦ θ'. ὅταν δὲ σὺ στένῃς,
ἡμᾶς παρόντας χρή σε νουθετεῖν φίλα·
ἐπικουρίαι γὰρ αἵδε τοῖς φίλοις καλαί.   300
ἀλλ', ὦ τάλαινα, βᾶσα δωμάτων ἔσω
ὕπνῳ τ' ἄυπνον βλέφαρον ἐκταθεῖσα δός,
σίτων τ' ὄρεξαι λουτρά τ' ἐπιβαλοῦ χροΐ.
εἰ γὰρ προλείψεις ἢ προσεδρείᾳ νόσον
κτήσῃ τιν', οἰχόμεσθα· σὲ γὰρ ἔχω μόνην   305

Auf meinem sichern Bogen, flugbereit?
Ah, ah!
Was säumt ihr? Schwingt euch zu den höchsten Höhn
Des Äthers! Phoibos hat die Tat gewollt!

er kommt zu sich

Still, still!
Was keucht die Lunge, warum tobt mein Geist?
Was trieb mich, trieb mich nur vom Lager auf!
Nun hat die wilde Brandung ausgetobt. –
Ach, Schwester, weine nicht, verhüllten Haupts!
Ich schäme mich der Mühsal, armes Kind,
Die ich dir auflud, aller Plackerei.
Laß meine Leiden nicht die deinen sein!
Du hast nur zugestimmt, das Blut vergoß
Ich ganz allein! Apollon klag ich an,
Der, als er mich zur größten Untat trieb,
Mir nur mit Worten, nicht mit Taten half.
Ich glaube, hätt ich meinen Vater Aug
In Aug befragt, ob ich sie töten soll,
Er hätte mich auf Knien angefleht,
Nie zu durchbohren meiner Mutter Brust,
Da ihm die Tat kein neues Leben gab
Und ich die schwersten Strafen auf mich lud.
Enthülle, Schwester, wieder dein Gesicht
Und laß die Tränen, obs uns noch so schlecht
Ergeht, und wenn du mich verzweifelt siehst,
So stille du mein aufgewühltes Herz
Mit deiner Tröstung; wenn du selber klagst,
So bin ich da mit meinem treuen Rat,
Ein guter Freund, bei seinem guten Freund.
Nun aber geh, du Ärmste, ins Gemach,
Und gib dein schlaflos Lid dem Schlummer hin,
Nimm Speise zu dir, gönne dir ein Bad:
Wenn du versagst, der schwere Dienst dich bricht,
Bin ich verloren, denn du ganz allein

ἐπίκουρον, ἄλλων, ὡς ὁρᾷς, ἔρημος ὤν.

Ηλ οὐκ ἔστι· σὺν σοὶ καὶ θανεῖν αἱρήσομαι
καὶ ζῆν· ἔχει γὰρ ταὐτόν· ἢν σὺ κατθάνῃς,
γυνὴ τί δράσω; πῶς μόνη σωθήσομαι,
ἀνάδελφος ἀπάτωρ ἄφιλος; εἰ δὲ σοὶ δοκεῖ,   810
δρᾶν χρὴ τάδ'. ἀλλὰ κλῖνον εἰς εὐνὴν δέμας,
καὶ μὴ τὸ ταρβοῦν κἀκφοβοῦν σ' ἐκ δεμνίων
ἄγαν ἀποδέχου, μένε δ' ἐπὶ στρωτοῦ λέχους.
κἂν μὴ νοσῇς γάρ, ἀλλὰ δοξάζῃς νοσεῖν,
κάματος βροτοῖσιν ἀπορία τε γίγνεται.   815

Χο αἰαῖ,   sp στρ.
   δρομάδες ὦ πτεροφόροι   cr²
   ποτνιάδες θεαί,   do
   ἀβάκχευτον αἳ θίασον ἐλάχετ' ἐν   do²
   δάκρυσι καὶ γόοις,   do   820
   μελάγχρωτες Εὐμενίδες, αἵτε τὸν   do²
   ταναὸν αἰθέρ' ἀμπάλλεσθ', αἵματος   do²
   τινύμεναι δίκαν, τινύμεναι φόνον,   do²
   καθικετεύομαι καθικετεύομαι,   do²

   τὸν 'Αγαμέμνονος   do   825
   γόνον ἐάσατ' ἐκλαθέσθαι λύσσας   do²
   μανιάδος φοιταλέου. φεῦ μόχθων,   do²
   οἵων, ὦ τάλας, ὀρεχθεὶς ἔρρεις,   do²
   τρίποδος ἀπὸ φάτιν, ἂν ὁ Φοῖβος ἔλακε, δε-   ia⁶

Bist meine Hilfe, keiner steht mir bei.
El Nie laß ich dich, im Leben oder Tod.
Mir gilt das gleiche: wenn du stirbst, was soll
Ich Ärmste noch? Ich bin allein, mir hilft
Kein Vater, Bruder oder Freund. Dein Wort
Befolg ich, doch du bette deinen Leib
Und laß von keiner Angst und keinem Schrecken
Dich hier verscheuchen, bleibe, wo du bist!
Und lebt die Krankheit nur in deinem Wahn,
Sie schafft die gleiche Mühe, gleiche Pein.

sie geht hinein

ERSTES STANDLIED

Chor

Strophe

Ach, ach,
Hohe Frauen,
Ihr schnellen geflügelten Geister,
Ewiger Reigen, doch nie des Jubels,
Nur der Tränen und Klagen,
Ihr dunkeln, ihr Segnenden Geister,
Ihr, die ihr, immerzu schwebend
In des Äthers Weiten,
Die Schuld bestraft, den Mörder straft,
Wir flehen, wir flehen, wir flehen:
  Agamemnons Sohn,
  O laßt ihn genesen vom Sturm
  Des rasenden Taumels!
  Ach der furchtbaren Last,
  Die du Armer den Schultern gebürdet,
  Als klar du vom Dreifuß
  Apollons Weisung empfingst,

ξάμενος ἀνὰ δάπεδον,   do   330
ἵνα μεσόμφαλοι λέγονται μυχοί.   doᵃ

Ἰὼ Ζεῦ,   ba   ἀντ.
τίς ἔλεος, τίς ὅδ' ἀγὼν
φόνιος ἔρχεται,
θοάζων σε τὸν μέλεον, ᾧ δάκρυα   335
δάκρυσι συμβάλλει
πορεύων τις ἐς δόμον ἀλαστόρων
ματέρος αἷμα σᾶς, ὅ σ' ἀναβακχεύει;
ὁ μέγας ὄλβος οὐ μόνιμος ἐν βροτοῖς·   340
κατολοφύρομαι κατολοφύρομαι.   339

ἀνὰ δὲ λαῖφος ὥς
τις ἀκάτου θοᾶς τινάξας δαίμων
κατέκλυσεν δεινῶν πόνων ὡς πόντου
λάβροις ὀλεθρίοισιν ἐν κύμασιν.
τίνα γὰρ ἔτι πάρος οἶκον ἕτερον ἢ τὸν ἀπὸ   345
θεογόνων γάμων,
τὸν ἀπὸ Ταντάλου, σέβεσθαί με χρή;

Χο   καὶ μὴν βασιλεὺς ὅδε δὴ στείχει,   anⁱ
Μενέλαος ἄναξ, πολλῇ ἀβροσύνῃ
δῆλος ὁρᾶσθαι   850
τῶν Τανταλιδῶν ἐξ αἵματος ὤν.
ὦ χιλιόναυν στρατὸν ὁρμήσας
ἐς γῆν Ἀσίαν,
χαῖρ', εὐτυχίᾳ δ' αὐτὸς ὁμιλεῖς,
θεόθεν πράξας ἅπερ ηὔχου.   855

Auf gefeiertem Grund,
In des Nabelsteins Kammern!

Gegenstrophe

Oh, Zeus,
Wann ist Mitleid,
Wann Ende des blutigen Wettstreits,
Rastloser Jagd dieses armen Menschen,
Dem nur Tränen mit Tränen
Ein Fluchgeist im Winkel des Hauses
Mischt aus dem Blut seiner Mutter,
Das ihn ewig umtreibt!
Das Glück bleibt keinem Hause treu.
Wir klagen, wir klagen, wir klagen:
   Wie des Seglers Tuch,
   So schleudert ein Daimon es hoch
   Und schwemmt es hinunter
   In die Ängste des Meers,
   In den Abgrund der drohenden Wogen,
   Dies Haus aller Häuser,
   Von Zeusgeburten entstammt,
   Des Tantalos Haus,
   Über alle gepriesen!

ZWEITE HAUPTSZENE

Chorführerin

Schaut auf, da naht sich der König,
Meneláos, der Fürst, Man erkennt schon am Prunk
Des Tantaloshauses erlesenen Sproß.

zu Menelaos

Der mit tausend Schiffen nach Asien zog,
Habe Glück, und selber bezeugst du das Glück,
Da die Götter dir alles erfüllten.

Μενέλαος

ὦ δῶμα, τῇ μέν σ' ἡδέως προσδέρκομαι
Τροίαθεν ἐλθών, τῇ δ' ἰδὼν καταστένω·
κύκλῳ γὰρ εἰλιχθεῖσαν ἀθλίως κακοῖς
οὑπώποτ' ἄλλην μᾶλλον εἶδον ἑστίαν.
Ἀγαμέμνονος μὲν γὰρ τύχας ἠπιστάμην   860
καὶ θάνατον, οἵῳ πρὸς δάμαρτος ὤλετο,
Μαλέᾳ προσίσχων πρῷραν· ἐκ δὲ κυμάτων
ὁ ναυτίλοισι μάντις ἐξήγγειλέ μοι
Νηρέως προφήτης Γλαῦκος, ἀψευδὴς θεός,
ὅς μοι τόδ' εἶπεν ἐμφανῶς κατασταθείς·   865
Μενέλαε, κεῖται σὸς κασίγνητος θανών,
λουτροῖσιν ἀλόχου περιπεσὼν πανυστάτοις.
δακρύων δ' ἔπλησεν ἐμέ τε καὶ ναύτας ἐμοὺς
πολλῶν. ἐπεὶ δὲ Ναυπλίας ψαύω χθονός,
ἤδη δάμαρτος ἐνθάδ' ἐξορμωμένης,   870
δοκῶν Ὀρέστην παῖδα τὸν Ἀγαμέμνονος
φίλαισι χερσὶ περιβαλεῖν καὶ μητέρα,
ὡς εὐτυχοῦντας, ἔκλυον ἁλιτύπων τινὸς
τῆς Τυνδαρείας παιδὸς ἀνόσιον φόνον.
καὶ νῦν ὅπου 'στὶν εἴπατ', ὦ νεάνιδες,   875
Ἀγαμέμνονος παῖς, ὃς τὰ δείν' ἔτλη κακά.
βρέφος γὰρ ἦν τότ' ἐν Κλυταιμήστρας χεροῖν,
ὅτ' ἐξέλειπον μέλαθρον ἐς Τροίαν ἰών,
ὥστ' οὐκ ἂν αὐτὸν γνωρίσαιμ' ἂν εἰσιδών.

Ορ ὅδ' εἴμ' Ὀρέστης, Μενέλεως, ὃν ἱστορεῖς.   880
     ἑκὼν ἐγώ σοι τἀμὰ μηνύσω κακά.
     τῶν σῶν δὲ γονάτων πρωτόλεια θιγγάνω
     ἱκέτης, ἀφύλλου στόματος ἐξάπτων λιτάς·
     σῶσόν μ'· ἀφῖξαι δ' αὐτὸς ἐς καιρὸν κακῶν.
Με   ὦ θεοί, τί λεύσσω; τίνα δέδορκα νερτέρων;   885
Ορ   εὖ γ' εἶπας· οὐ γὰρ ζῶ κακοῖς, φάος δ' ὁρῶ.

Menelaos *mit Gefolge*

Mit Freude grüß ich dich, mein altes Haus,
Von Troja kehrend, aber auch mit Schmerz;
So elend sah ich keinen andern Herd
Vom Rad des Unglücks je hinabgewälzt.
Das Schicksal Agamemnons und den Tod
Von seines Weibes Hand vernahm ich schon
Beim Landen in Maléa. Aus der Flut
Tat Nereus' Bote Glaukos, der Prophet
Der Schiffer, der noch niemals trog, es kund.
Leibhaftig trat er vor mich hin und sprach:
„Fürst Menelas, dein Bruder sank dahin
Im letzten Bad, von seinem eignen Weib."
Wieviele Tränen haben wir geweint,
Ich und die Schiffer! Dann in Nauplia
Gelandet, schickte ich mein Weib voraus
Und hoffte, Agamemnons Sohn Orest
Umschlösse samt der Mutter froh mein Arm
Im vollen Glück, bis ich aus Fischers Mund
Der Tyndarstochter grausen Tod vernahm.
Nun sagt mir, wo sich Agamemnons Sohn
Aufhält, der diese schwere Tat gewagt!
Er war ein Kind auf Klytaimestras Arm,
Als ich nach Troja zog, und wäre mir,
Wenn ich ihn heute säh, ein fremder Mann.

Orestes *tritt vor*

Hier steht Orest, mein Fürst, nach dem du fragst,
Und weiht dich selbst in seine Leiden ein!
Sieh mich als ersten knien, der Hilfe fleht,
Zwar ohne Ölzweig, nur mit Mundes Ruf:
„Du kamst als Retter in der höchsten Not!"
Me Ihr Götter! Stiegst du aus dem Totenreich?
Or Ja, ich bin tot, doch schau ich noch das Licht.

Με ὡς ἠγρίωσαι πλόκαμον αὐχμηρόν, τάλας.
Ορ οὐχ ἡ πρόσοψίς μ᾽, ἀλλὰ τἄργ᾽ αἰκίζεται.
Με δεινὸν δὲ λεύσσεις ὀμμάτων ξηραῖς κόραις.
Ορ τὸ σῶμα φροῦδον· τὸ δ᾽ ὄνομ᾽ οὐ λέλοιπέ μοι. 890
Με ὦ παρὰ λόγον μοι σῆ φανεῖσ᾽ ἀμορφία.
Ορ ὅδ᾽ εἰμὶ μητρὸς τῆς ταλαιπώρου φονεύς.
Με ἤκουσα, φείδου δ᾽· ὀλιγάκις λέγειν κακά.
Ορ φειδόμεθ᾽· ὁ δαίμων δ᾽ ἐς ἐμὲ πλούσιος κακῶν.
Με τί χρῆμα πάσχεις; τίς σ᾽ ἀπόλλυσιν νόσος; 895
Ορ ἡ σύνεσις, ὅτι σύνοιδα δείν᾽ εἰργασμένος.
Με πῶς φής; σοφόν τοι τὸ σαφές, οὐ τὸ μὴ σαφές.
Ορ λύπη μάλιστά γ᾽ ἡ διαφθείρουσά με –
Με δεινὴ γὰρ ἡ θεός, ἀλλ᾽ ὅμως ἰάσιμος.
Ορ μανίαι τε, μητρὸς αἵματος τιμωρίαι. 400
Με ἤρξω δὲ λύσσης πότε; τίς ἡμέρα τότ᾽ ἦν;
Ορ ἐν ᾗ τάλαιναν μητέρ᾽ ἐξώγκουν τάφῳ.
Με πότερα κατ᾽ οἴκους ἢ προσεδρεύων πυρᾷ;
Ορ νυκτὸς φυλάσσων ὀστέων ἀναίρεσιν.
Με παρῆν τις ἄλλος, ὃς σὸν ὤρθευεν δέμας; 405
Ορ Πυλάδης, ὁ συνδρῶν αἵμα καὶ μητρὸς φόνον.
Με ἐκ φασμάτων δὲ τάδε νοσεῖς· ποίων ὕπο;
Ορ ἔδοξ᾽ ἰδεῖν τρεῖς νυκτὶ προσφερεῖς κόρας.
Με οἶδ᾽ ἃς ἔλεξας, ὀνομάσαι δ᾽ οὐ βούλομαι.
Ορ σεμναὶ γάρ· εὐπαίδευτα δ᾽ ἀπετρέπου λέγειν. 410
Με αὖταί σε βακχεύουσι συγγενῆ φόνον;
Ορ οἴμοι διωγμῶν, οἷς ἐλαύνομαι τάλας.
Με οὐ δεινὰ πάσχειν δεινὰ τοὺς εἰργασμένους.
Ορ ἀλλ᾽ ἔστιν ἡμῖν ἀναφορὰ τῆς συμφορᾶς.
Με μὴ θάνατον εἴπῃς· τοῦτο μὲν γὰρ οὐ σοφόν. 415
Ορ Φοῖβος, κελεύσας μητρὸς ἐκπρᾶξαι φόνον.
Με ἀμαθέστερός γ᾽ ὢν τοῦ καλοῦ καὶ τῆς δίκης.
Ορ δουλεύομεν θεοῖς, ὅ τι ποτ᾽ εἰσὶν οἱ θεοί.
Με κᾆτ᾽ οὐκ ἀμύνει Λοξίας τοῖς κακοῖς;
Ορ μέλλει· τὸ θεῖον δ᾽ ἐστὶ τοιοῦτον φύσει. 420
Με πόσον χρόνον δὲ μητρὸς οἴχονται πνοαί;
Ορ ἕκτον τόδ᾽ ἦμαρ· ἔτι πυρὰ θερμὴ τάφου.

Me	Die Haare struppig und die Züge wild!
Or	Nicht dieser Anblick, Taten schänden mich!
Me	O wildes Feuer aus verzehrtem Aug!
Or	Mein Leib ist schon dahin, der Name blieb.
Me	Wer hätte solche Ungestalt geglaubt!
Or	Ein Muttermörder steht vor deinem Aug!
Me	„Vom Bösen schweigen!" heißt es. Schone dein!
Or	So schweig ich, doch mein Maß ist übervoll.
Me	Was hast du? Welche Krankheit fiel dich an?
Or	Die Reue! Ich bereue, was ich tat!
Me	Sprich deutlich! Dunkle Worte sind nicht klug.
Or	Der Schmerz hat mich von innen aufgezehrt!
Me	Er ist ein starker Gott, doch heilt man ihn.
Or	Der Wahnsinn war des Muttermordes Sold.
Me	An welchem Tag fielst du in Raserei?
Or	Am Tag, da man der Mutter Grab gewölbt.
Me	Beim Scheiterhaufen oder im Palast?
Or	Beim Sammeln der Gebeine in der Nacht.
Me	Wer war zugegen, hat dich da gestützt?
Or	Mein Helfer bei der Mordtat, Pylades.
Me	Und welche Geister raubten deinen Sinn?
Or	Ich sah drei Mädchen, dunkel wie die Nacht.
Me	Ich weiß von ihnen und verschweige sie.
Or	Die Hohen Frauen! Ja, man nennt sie nicht.
Me	Sie rächen solchen Mord mit Raserei?
Or	Die wilde Jagd verfolgt mich Tag und Nacht.
Me	Auf schwere Tat folgt immer schweres Leid!
Or	Doch gibt es einen Retter aus der Not.
Me	Sag nicht: den Tod. Das wäre Unvernunft.
Or	Nein: Phoibos, der den Muttermord befahl.
Me	Da war er ohne Güte, ohne Recht.
Or	Wie sie auch sind, die Götter sind die Herrn.
Me	Und Phoibos wehrt dir keine Übel ab?
Or	Er säumt, wie es die Götter gerne tun.
Me	Wann gab die Mutter ihre Seele auf?
Or	Sechs Tage sinds. Noch glimmt der Scheiterstoß.

Με ὡς ταχὺ μετῆλθόν σ' αἷμα μητέρος θεαί.

Ορ οὐ σοφός, ἀληθὴς δ' ἐς φίλους ἔφυν φίλος.

Με πατρὸς δὲ δή τι σ' ὠφελεῖ τιμωρία;   425

Ορ οὔπω· τὸ μέλλον δ' ἴσον ἀπραξίᾳ λέγω.

Με τὰ πρὸς πόλιν δὲ πῶς ἔχεις δράσας τάδε;

Ορ μισούμεθ' οὕτως ὥστε μὴ προσεννέπειν.

Με οὐδ' ἥγνισαι σὸν αἷμα κατὰ νόμον χεροῖν;

Ορ ἐκκλῄομαι γὰρ δωμάτων ὅποι μόλω.   430

Με τίνες πολιτῶν ἐξαμιλλῶνταί σε γῆς;

Ορ Οἴαξ, τὸ Τροίας μῖσος ἀναφέρων πατρί.

Με συνῆκα· Παλαμήδους σε τιμωρεῖ φόνου.

Ορ οὗ γ' οὐ μετῆν μοι· διὰ τριῶν δ' ἀπόλλυμαι.

Με τίς δ' ἄλλος; ἦ που τῶν ἀπ' Αἰγίσθου φίλων;   435

Ορ οὗτοί μ' ὑβρίζουσ', ὧν πόλις τὰ νῦν κλύει.

Με 'Αγαμέμνονος δὲ σκῆπτρ' ἐᾷ σ' ἔχειν πόλις;

Ορ πῶς, οἵτινες 3ῆν οὐκ ἐῶσ' ἡμᾶς ἔτι;

Με τί δρῶντες ὅ τι καὶ σαφὲς ἔχεις εἰπεῖν ἐμοί;

Ορ ψῆφος καθ' ἡμῶν οἴσεται τῇδ' ἡμέρᾳ.   440

Με φεύγειν πόλιν τήνδ'; ἢ θανεῖν ἢ μὴ θανεῖν;

Ορ θανεῖν ὑπ' ἀστῶν λευσίμῳ πετρώματι.

Με κᾆτ' οὐχὶ φεύγεις γῆς ὑπερβαλὼν ὅρους;

Ορ κύκλῳ γὰρ εἱλισσόμεθα παγχάλκοις ὅπλοις.

Με ἰδίᾳ πρὸς ἐχθρῶν ἢ πρὸς 'Αργείας χερός;   445

Ορ πάντων πρὸς ἀστῶν, ὡς θάνω· βραχὺς λόγος.

Με ὦ μέλεος, ἥκεις συμφορᾶς ἐς τοὔσχατον.

Ορ ἐς σὲ ἐλπὶς ἡμὴ καταφυγὰς ἔχει κακῶν.

    ἀλλ' ἀθλίως πράσσουσιν εὐτυχὴς μολὼν

    μετάδος φίλοισι σοῖσι σῆς εὐπραξίας,   450

    καὶ μὴ μόνος τὸ χρηστὸν ἀπολαβὼν ἔχε,

    ἀλλ' ἀντιλάζου καὶ πόνων ἐν τῷ μέρει,

    χάριτας πατρῴας ἐκτίνων ἐς οὕς σε δεῖ.

    ὄνομα γάρ, ἔργον δ' οὐκ ἔχουσιν οἱ φίλοι

    οἱ μὴ 'πὶ ταῖσι συμφοραῖς ὄντες φίλοι.   455

Χο καὶ μὴν γέροντι δεῦρ' ἁμιλλᾶται ποδὶ

    ὁ Σπαρτιάτης Τυνδάρεως, μελάμπεπλος

    κουρᾷ τε θυγατρὸς πενθίμῳ κεκαρμένος.

Me	Die Rachegeister waren schnell zur Hand!
Or	Ich war nicht klug, doch meinen Lieben treu.
Me	Des Vaters Rächung hat dich nichts genützt?
Or	Noch nichts bis heute. Zukunft zähl ich nicht.
Me	Wie steht die Stadt zu dieser deiner Tat?
Or	Wir sind verhaßt und niemand spricht uns an.
Me	Hat keiner deine Hand vom Blut entsühnt?
Or	Wohin ich geh, verschließt man mir das Haus.
Me	Und welche Bürger haben dich verfemt?
Or	Oiax, des Vaters Feind von Troja her.
Me	Für Palamedes' Tod bestraft er dich.
Or	Ganz ohne Grund. Zwei andre stehn ihm bei.
Me	Wer sind sie? Alte Freunde des Ägisth?
Or	Die neuen Herrn der Stadt verfolgen mich.
Me	Und Agamemnons Szepter ist nicht dein?
Or	Man gönnt uns kaum die nackte Lebensfrist.
Me	Was plant man? Weißt du nichts Genaueres?
Or	An diesem Tag wird über uns gestimmt.
Me	Ob Acht und Bann? Ob Leben oder Tod?
Or	Ob wir gesteinigt werden oder nicht.
Me	Da läßt du nicht die Grenzen hinter dir?
Or	Rings sind wir von Bewaffneten umstellt.
Me	Von euren Feinden? Von dem Heer der Stadt?
Or	Das ganze Volk besteht auf unserm Tod.
Me	Dann bist du deinem Untergang geweiht!
Or	In dir erschien der letzte Hoffnungsstern.

Or   O teile von dem Glanz, in dem du stehst,
Auch deinen schwer bedrängten Freunden mit
Und wiegst du dich in deinem sichern Glück,
Nimm auch der Sorge einen Teil auf dich!
Was dir mein Vater tat, vergelte mir!
Wer sich im Unglück nicht als Freund bewährt,
Trägt nur den Namen, aber ist es nicht.

Chf   Auf alten Füßen müht sich Tyndaros,
Der Fürst aus Sparta, her, im schwarzen Kleid
Und kurzen Haar: er trauert um sein Kind.

Ορ ἀπωλόμην, Μενέλαε· Τυνδάρεως ὅδε
   στείχει πρὸς ἡμᾶς, οὗ μάλιστ᾽ αἰδώς μ᾽ ἔχει   460
   ἐς ὅμματ᾽ ἐλθεῖν τοῖσιν ἐξειργασμένοις.
   καὶ γάρ μ᾽ ἔθρεψε σμικρὸν ὄντα, πολλὰ δὲ
   φιλήματ᾽ ἐξέπλησε, τὸν Ἀγαμέμνονος
   παῖδ᾽ ἀγκάλαισι περιφέρων, Λήδα θ᾽ ἅμα,
   τιμῶντέ μ᾽ οὐδὲν ἧσσον ἢ Διοσκόρω·   465
   οἷς, ὦ τάλαινα καρδία ψυχή τ᾽ ἐμή,
   ἀπέδωκ᾽ ἀμοιβὰς οὐ καλάς. τίνα σκότον
   λάβω προσώπῳ; ποῖον ἐπίπροσθεν νέφος
   θῶμαι, γέροντος ὀμμάτων φεύγων κόρας;

                   Τυνδάρεως

   ποῦ ποῦ θυγατρὸς τῆς ἐμῆς ἴδω πόσιν,   470
   Μενέλαον; ἐπὶ γὰρ τῷ Κλυταιμήστρας τάφῳ
   χοὰς χεόμενος ἔκλυον ὡς ἐς Ναυπλίαν
   ἥκοι σὺν ἀλόχῳ πολυετὴς σεσωσμένος.
   ἄγετέ με· πρὸς γὰρ δεξιὰν αὐτοῦ θέλω
   στὰς ἀσπάσασθαι, χρόνιος εἰσιδὼν φίλον.   475
Με ὦ πρέσβυ, χαῖρε, Ζηνὸς ὁμόλεκτρον κάρα.
Τυ ὦ χαῖρε καὶ σύ, Μενέλεως, κήδευμ᾽ ἐμόν.

   ἔα· τὸ μέλλον ὡς κακὸν τὸ μὴ εἰδέναι.
   ὁ μητροφόντης ὅδε πρὸ δωμάτων δράκων
   στίλβει νοσώδεις ἀστραπάς, στύγημ᾽ ἐμόν.   480
   Μενέλαε, προσφθέγγῃ νιν, ἀνόσιον κάρα;
Με τί γάρ; φίλου μοι πατρός ἐστιν ἔκγονος.
Τυ κείνου γὰρ ὅδε πέφυκε, τοιοῦτος γεγώς;
Με πέφυκεν· εἰ δὲ δυστυχεῖ, τιμητέος.
Τυ βεβαρβάρωσαι, χρόνιος ὢν ἐν βαρβάροις.   485
Με Ἑλληνικόν τοι τὸν ὁμόθεν τιμᾶν ἀεί.
Τυ καὶ τῶν νόμων γε μὴ πρότερον εἶναι θέλειν.
Με πᾶν τοὐξ ἀνάγκης δοῦλόν ἐστ᾽ ἐν τοῖς σοφοῖς.
Τυ κέκτησό νυν σὺ τοῦτ᾽, ἐγὼ δ᾽ οὐ κτήσομαι.

Or Ich bin verloren, diesem Tyndaros,
     Der hier erscheint, kann ich nach allem, was
     Ich tat, am wenigsten ins Auge schaun.
     Er hat mich aufgezogen, immer mich
     Liebkost, hat Agamemnons Kind im Arm
     Getragen, er und Leda haben mich
     Mit ihren Dioskuren gleichgeliebt.
     Wie hast du, meine Seele, armes Herz,
     Es ihnen schlecht gelohnt! In welche Nacht
     Hüll ich mein Antlitz, welche Wolke schieb
     Ich vor, daß mich des Alten Blick verschont?

Tyndareos

     Wo, wo ist Menelas, mein Tochtermann?
     Ich spendete auf Klytaimestras Grab,
     Da hört ich: glücklich ging er mit der Frau
     Nach langer Fahrt in Nauplia ans Land.
     Führt mich in seine Arme, denn ich will
     Ihn küssen, nach so langer, langer Zeit.
Me Des Zeus Genosse, Alter, sei gegrüßt!
Ty Gegrüßt auch du, mein Eidam Menelas!

     er sieht Orestes

     Doch hier, ein bitter unverhofftes Bild!
     Der blutge Drache, mir ins Mark verhaßt,
     Schnaubt seine bösen Flammen vor dem Haus!
     Wie kannst du mit ihm reden, Menelas?
Me Warum? Sein Vater war mein nächster Freund.
Ty Von solchem Vater stammt ein solcher Sohn?
Me Und darf im Unglück nicht verstoßen sein!
Ty Die Fremde nahm dir deinen Griechensinn.
Me Der Grieche achtet das verwandte Blut.
Ty Und stellt sich niemals über das Gesetz.
Me Der Weise unterwirft sich der Natur.
Ty Mit solchen Lehren bleibe mir vom Leib!

Με ὀργὴ γὰρ ἅμα σου καὶ τὸ γῆρας οὐ σοφόν.   490
Τυ πρὸς τόνδε σοφίας τίς ἂν ἀγὼν ἥκοι πέρι;
    εἰ τὰ καλὰ πᾶσι φανερὰ καὶ τὰ μὴ καλά,
    τούτου τίς ἀνδρῶν ἐγένετ' ἀσυνετώτερος,
    ὅστις τὸ μὲν δίκαιον οὐκ ἐσκέψατο
    οὐδ' ἦλθεν ἐπὶ τὸν κοινὸν 'Ελλήνων νόμον;   495
    ἐπεὶ γὰρ ἐξέπνευσεν 'Αγαμέμνων βίον
    πληγεὶς θυγατρὸς τῆς ἐμῆς ὑπαὶ κάρα,
    αἴσχιστον ἔργον – οὐ γὰρ αἰνέσω ποτέ –
    χρῆν αὐτὸν ἐπιθεῖναι μὲν αἵματος δίκην,   500
    ὁσίαν διώκοντ', ἐκβαλεῖν τε δωμάτων
    μητέρα· τὸ σῶφρόν τ' ἔλαβεν ἀντὶ συμφορᾶς
    καὶ τοῦ νόμου τ' ἂν εἴχετ' εὐσεβής τ' ἂν ἦν.
    νῦν δ' ἐς τὸν αὐτὸν δαίμον' ἦλθε μητρί.
    κακὴν γὰρ αὐτὴν ἐνδίκως ἡγούμενος,   505
    αὐτὸς κακίων μητέρ' ἐγένετο κτανών.
    ἐρήσομαι δέ, Μενέλεως, τοσόνδε σε·
    εἰ τόνδ' ἀποκτείνειεν ὁμόλεκτρος γυνή,
    χὠ τοῦδε παῖς αὖ μητέρ' ἀνταποκτενεῖ,
    κἄπειθ' ὁ κείνου γενόμενος φόνῳ φόνον   510
    λύσει, πέρας δὴ ποῖ κακῶν προβήσεται;
    καλῶς ἔθεντο ταῦτα πατέρες οἱ πάλαι·
    ἐς ὀμμάτων μὲν ὄψιν οὐκ εἴων περᾶν
    οὐδ' εἰς ἀπάντημ', ὅστις αἷμ' ἔχων κυροῖ,
    φυγαῖσι δ' ὁσιοῦν, ἀνταποκτείνειν δὲ μή.   515
    αἰεὶ γὰρ εἷς ἔμελλ' ἐνέξεσθαι φόνῳ,
    τὸ λοίσθιον μίασμα λαμβάνων χεροῖν.
    ἐγὼ δὲ μισῶ μὲν γυναῖκας ἀνοσίους,
    πρώτην δὲ θυγατέρ', ἣ πόσιν κατέκτανεν·
    'Ελένην τε, τὴν σὴν ἄλοχον, οὔποτ' αἰνέσω   520
    οὐδ' ἂν προσείποιμ'· οὐδὲ σὲ ζηλῶ, κακῆς
    γυναικὸς ἐλθόνθ' οὕνεκ' ἐς Τροίας πέδον.
    ἀμυνῶ δ', ὅσονπερ δυνατός εἰμι, τῷ νόμῳ,
    τὸ θηριῶδες τοῦτο καὶ μιαιφόνον
    παύων, ὃ καὶ γῆν καὶ πόλεις ὄλλυσ' ἀεί.   525

Me Dein Zorn und graues Haar verblenden dich!
Ty Kann hier von Weisheit noch die Rede sein?
    Wo jeder weiß, was gut ist und was nicht,
    Frug dieser Mann im reinen Unverstand
    Nicht nach Gesetz und altem Griechenrecht.
    Als Agamemnon einst sein Leben ließ
    Von meiner Tochter Beilhieb auf sein Haupt
    (Der Untat, die ich nicht beschönen kann),
    Mußt er sie rufen vor ein Blutgericht
    Und Sühne heischen und sie aus dem Haus
    Verstoßen. Maß statt Willkür, gutes Recht
    Hätt er geübt und gälte allen fromm.
    Nun rief er ihren eignen Daimon an.
    Und der mit Recht der Mutter Bosheit schalt,
    Hat mit dem Muttermord sie noch besiegt.
    Noch dieses Eine höre, Menelas:
    Erschlüge diesen Mann sein Eheweib
    Und dann sein Sohn die mörderische Frau,
    Und sühnte dann sein Enkel Mord mit Mord,
    Wo fände dieses Töten je sein Ziel?
    So setzten unsre Väter guten Brauch:
    Kein Blutbefleckter kommt uns zu Gesicht
    Noch sprechen wir ihn an; mit Acht und Bann
    Hält man ihn fern und nicht mit frischem Blut,
    Sonst wäre jeder neuem Tod geweiht,
    Der seine Hand zuletzt in Blut getaucht.
    Ich hasse jedes frevelhafte Weib,
    Voran die Tochter, die den Mann erschlug;
    Auch Helena, dein Weib, die wenig taugt,
    Sprech ich nicht an und schwer bedaur ich dich,
    Daß du für solche Frau nach Troja fuhrst.
    Mit ganzen Kräften helf ich dem Gesetz
    Und will nicht, daß man wilden Tieren gleich
    Im Blutdurst Stadt und Land zur Öde macht.

ἐπεὶ τίν' εἶχες, ὦ τάλας, ψυχὴν τότε,
ὅτ' ἐξέβαλλε μαστὸν ἱκετεύσά σε
μήτηρ; ἐγὼ μὲν οὐκ ἰδὼν τἀκεῖ κακά,
δακρύοις γέροντ' ὀφθαλμὸν ἐκτήκω τάλας.
ἐν οὖν λόγοισι τοῖς ἐμοῖς ὁμορροθεῖ·   580
μισῇ γε πρὸς θεῶν καὶ τίνεις μητρὸς δίκας,
μανίαις ἀλαίνων καὶ φόβοις. τί μαρτύρων
ἄλλων ἀκούειν δεῖ μ', ἃ γ' εἰσορᾶν πάρα;

ὡς οὖν ἂν εἰδῇς, Μενέλεως, τοῖσιν θεοῖς
μὴ πρᾶσσ' ἐναντί', ὠφελεῖν τοῦτον θέλων,   585
ἔα δ' ὑπ' ἀστῶν καταφονευθῆναι πέτροις.
ἢ μὴ 'πίβαινε Σπαρτιάτιδος χθονός.
θυγάτηρ δ' ἐμὴ θανοῦσ' ἔπραξεν ἔνδικα·
ἀλλ' οὐχὶ πρὸς τοῦδ' εἰκὸς ἦν αὐτὴν θανεῖν.
ἐγὼ δὲ τἄλλα μακάριος πέφυκ' ἀνήρ,   540
πλὴν ἐς θυγατέρας· τοῦτο δ' οὐκ εὐδαιμονῶ.
Χο ζηλωτὸς ὅστις εὐτύχησεν ἐς τέκνα
    καὶ μὴ 'πισήμους συμφορὰς ἐκτήσατο.
Ορ ὦ γέρον, ἐγώ τοι πρὸς σὲ δειμαίνω λέγειν,
    ὅπου σὲ μέλλω σήν τε λυπήσειν φρένα.   545
    ἀπελθέτω δὴ τοῖς λόγοισιν ἐκποδὼν   548
    τὸ γῆρας ἡμῖν τὸ σόν, ὃ μ' ἐκπλήσσει λόγου, 549
    καὶ καθ' ὁδὸν εἶμι· νῦν δὲ σὴν ταρβῶ τρίχα. 550
    ἐγῷδ', ἀνόσιός εἰμι μητέρα κτανών,   546
    ὅσιος δέ γ' ἕτερον ὄνομα, τιμωρῶν πατρί.   547
    τί χρῆν με δρᾶσαι; δύο γὰρ ἀντίθες δυοῖν·   551
    πατὴρ μὲν ἐφύτευσέν με, σὴ δ' ἔτικτε παῖς,
    τὸ σπέρμ' ἄρουρα παραλαβοῦσ' ἄλλου πάρα·
    ἄνευ δὲ πατρὸς τέκνον οὐκ εἴη ποτ' ἄν.
    ἐλογισάμην οὖν τῷ γένους ἀρχηγέτῃ   555
    μᾶλλόν με φῦναι τῆς ὑποστάσης τροφάς.
    ἡ σὴ δὲ θυγάτηρ – μητέρ' αἰδοῦμαι λέγειν –
    ἰδίοισιν ὑμεναίοισι κοὐχὶ σώφροσιν

zu Orestes

Unseliger, wie war dir da ums Herz,
Als deine Mutter flehend ihre Brust
Darbot? Ich hab es nicht mit angesehn,
Doch schmolz in Tränen mir das alte Aug.
Schon dies macht alle meine Worte wahr:
Die Götter hassen und verdammen dich!
Und schlagen dich mit Angst und Wahnsinn. Braucht
Es einen Zeugen, wo du vor mir stehst?

zu Menelaos

So höre: trotze diesen Göttern nicht!
Und steh ihm nicht zur Seite, Menelas!
Laß von den Bürgern ihn gesteinigt sein,
Sonst bleibe meinem Sparta ewig fern!
Hat meine Tochter schon den Tod verdient,
So sicher nicht von seiner Mörderhand.
Das Glück hat all mein Leben gut bestellt –
Nur nicht mit Töchtern! Da verließ es mich.

Chf Wohl dem, der Freude an den Kindern hat
Und nicht durch sie zum Spott der Leute wird!

Or Vor meiner Antwort trag ich selber Furcht,
Da sie dein Herz nur tief betrüben kann.
Stünd nicht dein Alter vor mir, das den Mund
Mir zügelt, ging ich meinen freien Weg;
So aber scheue ich dein weißes Haar.
Als Muttermörder bin ich zwar verfemt,
Als Vaters Rächer zeig ich keinen Fehl.
Was sollt ich tun? Versteh den Gegensatz:
Mein Vater s c h u f mich, deine Tochter t r u g,
Womit ein Fremder ihre Flur bepflanzt,
Sein Same nur verhalf ihr zur Geburt,
Ich glaubte, dem Bewirker dieser Frucht
Mehr zu entstammen als der Nährerin.
Und soll dein Kind noch meine Mutter sein,
Die frech der Ehe Heiligkeit entweiht?

ἐς ἀνδρὸς ᾖει λέκτρ᾽· ἐμαυτόν, ἣν λέγω
κακῶς ἐκείνην, ἐξερῶ· λέξω δ᾽ ὅμως. 560
Αἴγισθος ἦν ὁ κρυπτὸς ἐν δόμοις πόσις.
τοῦτον κατέκτειν᾽, ἐπὶ δ᾽ ἔθυσα μητέρα,
ἀνόσια μὲν δρῶν, ἀλλὰ τιμωρῶν πατρί.
ἐφ᾽ οἷς δ᾽ ἀπειλεῖς ὡς πετρωθῆναί με χρή,
ἄκουσον ὡς ἅπασαν Ἑλλάδ᾽ ὠφελῶ. 565
εἰ γὰρ γυναῖκες ἐς τόδ᾽ ἥξουσιν θράσους,
ἄνδρας φονεύειν, καταφυγὰς ποιούμεναι
ἐς τέκνα, μαστοῖς τὸν ἔλεον θηρώμεναι,
παρ᾽ οὐδὲν αὐταῖς ἦν ἂν ὀλλύναι πόσεις
ἐπίκλημ᾽ ἐχούσαις ὅ τι τύχοι. δράσας δ᾽ ἐγὼ 570
δείν᾽, ὡς σὺ κομπεῖς, τόνδ᾽ ἔπαυσα τὸν νόμον.
μισῶν δὲ μητέρ᾽ ἐνδίκως ἀπώλεσα,
ἥτις μεθ᾽ ὅπλων ἄνδρ᾽ ἀπόντ᾽ ἐκ δωμάτων
πάσης ὑπὲρ γῆς Ἑλλάδος στρατηλάτην
προύδωκε κοὐκ ἔσωσ᾽ ἀκήρατον λέχος· 575
ἐπεὶ δ᾽ ἁμαρτοῦσ᾽ ᾔσθετ᾽, οὐχ αὑτῇ δίκην
ἐπέθηκεν, ἀλλ᾽, ὡς μὴ δίκην δοίη πόσει,
ἐζημίωσε πατέρα κἀπέκτειν᾽ ἐμόν.
πρὸς θεῶν – ἐν οὐ καλῷ μὲν ἐμνήσθην θεῶν,
φόνον δικάζων – εἰ δὲ δὴ τὰ μητέρος 580
σιγῶν ἐπῄνουν, τί μ᾽ ἂν ἔδρασ᾽ ὁ κατθανών;
οὐκ ἄν με μισῶν ἀνεχόρευ᾽ Ἐρινύσιν;
ἢ μητρὶ μὲν πάρεισι σύμμαχοι θεαί,
τῷ δ᾽ οὐ πάρεισι, μᾶλλον ἠδικημένῳ;
σύ τοι φυτεύσας θυγατέρ᾽, ὦ γέρον, κακὴν 585
ἀπώλεσάς με· διὰ τὸ γὰρ κείνης θράσος
πατρὸς στερηθεὶς ἐγενόμην μητροκτόνος.
ὁρᾷς, Ὀδυσσέως ἄλοχον οὐ κατέκτανε
Τηλέμαχος· οὐ γὰρ ἐπεγάμει πόσει πόσιν,
μένει δ᾽ ἐν οἴκοις ὑγιὲς εὐνατήριον. 590
ὁρᾷς δ᾽ Ἀπόλλων᾽, ὃς μεσομφάλους ἕδρας
ναίων βροτοῖσι στόμα νέμει σαφέστατον,
ᾧ πειθόμεσθα πάνθ᾽ ὅσ᾽ ἂν κεῖνος λέγῃ·
τούτῳ πιθόμενος τὴν τεκοῦσαν ἔκτανον.

Wenn ich sie schmähe, schmähe ich mich selbst,
Doch solls gesagt sein: heimlicher Gemahl
Im Hause war Aigisthos. Diesen schlug
Ich tot, die Mutter folgte hinterdrein.
Wars Unrecht, war es doch die Sohnespflicht.
Du hast mich mit der Steinigung bedroht,
Wo meine Tat ganz Griechenland befreit!
Wenn sich das Frauenvolk so weit versteigt,
Die Männer mordet, zu den Kindern flieht
Und Mitleid fordert mit entblößter Brust,
Ist Gattenmord bald eine Kleinigkeit;
Ein Vorwand findet sich. Mit meiner Tat,
Die dich empört, beend ich solchen Brauch.
Mit Recht erschlug ich das verhaßte Weib,
Das einen Gatten, der in Waffen stand,
Den Führer des gesamten Griechenheers,
Verriet und nicht sein Bett in Ehren hielt.
Als sie es einsah, hat sie nicht sich selbst
Gerichtet, nein, dem Urteil zu entgehn,
Hat sie den Mann gestraft und umgebracht.
Ihr Götter (wenn ihr einen Mörder hört),
Wie sollt ich dulden dieser Mutter Tat?
Wie konnt ich fliehen vor des Toten Groll,
Vor seiner Rachegeister wilder Jagd?
Stehn diese Rächer nur der Mutter bei,
Nicht ihm, der größres Unrecht litt als sie?
Du hast die üble Tochter selbst gezeugt,
Die mich verdarb, die mir den Vater nahm
Und mich zum Muttermörder werden ließ.
Odysseus' Gattin fiel nicht von der Hand
Des Telemach: im unbefleckten Bett
Nahm sie zum Manne keinen Mann hinzu.
Sieh auf Apollon, der am Nabelstein
Aus wahrstem Mund die Menschen unterweist.
Und dem wir jeden Glauben schuldig sind:
Auf sein Geheiß schlug ich die Mutter tot.

ἐκεῖνον ἡγεῖσθ' ἀνόσιον καὶ κτείνετε·   595
ἐκεῖνος ἥμαρτ', οὐκ ἐγώ. τί χρῆν με δρᾶν;
ἢ οὐκ ἀξιόχρεως ὁ θεὸς ἀναφέροντί μοι
μίασμα λῦσαι; ποῖ τις οὖν ἔτ' ἂν φύγοι,
εἰ μὴ ὁ κελεύσας ῥύσεταί με μὴ θανεῖν;
ἀλλ' ὡς μὲν οὐκ εὖ μὴ λέγ' εἴργασται τάδε,   600
ἡμῖν δὲ τοῖς δράσασιν οὐκ εὐδαιμόνως.
γάμοι δ' ὅσοις μὲν εὖ καθεστᾶσιν βροτῶν,
μακάριος αἰών· οἷς δὲ μὴ πίπτουσιν εὖ,
τά τ' ἔνδον εἰσὶ τά τε θύραζε δυστυχεῖς.
Χο αἰεὶ γυναῖκες ἐμποδὼν ταῖς συμφοραῖς   605
ἔφυσαν ἀνδρῶν πρὸς τὸ δυστυχέστερον.
Τυ ἐπεὶ θρασύνῃ κοὐχ ὑποστέλλῃ λόγῳ,
οὕτω δ' ἀμείβῃ μ' ὥστε μ' ἀλγῆσαι φρένα,
μᾶλλόν μ' ἀνάξεις ἐπὶ σὸν ἐξελθεῖν φόνον·
καλὸν πάρεργον δ' αὐτὸ θήσομαι πόνων   610
ὧν εἴνεκ' ἦλθον θυγατρὶ κοσμήσων τάφον.
μολὼν γὰρ εἰς ἔκκλητον 'Αργείων ὄχλον
ἑκοῦσαν οὐχ ἑκοῦσαν ἐπισείσω πόλιν
σοὶ σῇ τ' ἀδελφῇ, λεύσιμον δοῦναι δίκην.
μᾶλλον δ' ἐκείνη σοῦ θανεῖν ἐστ' ἀξία,   615
ἢ τῇ τεκούσῃ σ' ἠγρίωσ', ἐς οὖς ἀεὶ
πέμπουσα μύθους ἐπὶ τὸ δυσμενέστερον,
ὀνείρατ' ἀγγέλλουσα τὰ 'Αγαμέμνονος,
καὶ τοῦθ' ὃ μισήσειαν Αἰγίσθου λέχος
οἱ νέρτεροι θεοί· καὶ γὰρ ἐνθάδ' ἦν πικρόν·   620
ἕως ὑφῆψε δῶμ' ἀνηφαίστῳ πυρί.
Μενέλαε, σοὶ δὲ τάδε λέγω δράσω τε πρός·
εἰ τοὐμὸν ἔχθος ἐναριθμῇ κῆδός τ' ἐμόν,
μὴ τῷδ' ἀμύνειν φόνον ἐναντίον θεοῖς·
ἔα δ' ὑπ' ἀστῶν καταφονευθῆναι πέτροις,   625
ἢ μὴ 'πίβαινε Σπαρτιάτιδος χθονός.
τοσαῦτ' ἀκούσας ἴσθι, μηδὲ δυσσεβεῖς
ἕλῃ, παρώσας εὐσεβεστέρους φίλους·
ἡμᾶς δ' ἀπ' οἴκων ἄγετε τῶνδε, πρόσπολοι.

Er ist der Frevler, den ihr töten müßt,
Er hat gefehlt, nicht ich. Was konnt ich tun?
Ich zeig auf ihn, dem Gotte fällt es zu,
Den Fleck zu tilgen! Wohin wend ich mich,
Wenn der Befehler nicht mein Retter ist?
Kein Mensch wird leugnen: diese Tat war gut,
Doch dem Vollstrecker brachte sie kein Glück!
Wes Haus in vollen Ehren steht, der führt
Ein selges Leben; wems zerrüttet ist,
Hat drin und draußen keinen guten Tag.

Chf Stets ist die Frau dem Mann das Hindernis,
Das schwere Tage ihm noch schwerer macht.

Ty Jetzt wirst du frech, gibst lose Antwort, die
Mich nur verletzt und nur von neuem treibt,
Dich mit dem Tod zu strafen. Ja, das wird
Das rechte Nachspiel meines Opfergangs,
Der schönste Schmuck für Klytaimestras Grab!
Ich trete selbst vor Argos' Bürgerrat
Und treib ihn, mag er wollen oder nicht,
Zu deiner und der Schwester Steinigung.
Noch mehr als du hat sie den Tod verdient!
Sie hetzte gegen eure Mutter, blies
Feindselig spitze Reden in dein Ohr
Von Agamemnons Traumbild, von Aigisths
Buhlschaft, die allen schon so bitter war
Und die im Hades ihren Lohn empfängt.
So schürte sie des Hauses finstre Glut.
O höre, Menelas, was ich beschloß:
Willst du mein Freund und mein Verwandter sein,
So falle nicht den Göttern in den Arm,
Laß unser Volk die beiden steinigen,
Sonst bist von Sparta ewig du verbannt!
Vernimm es: wähle deine Freunde nicht
Aus Frevlern! Beßre stehen dir bereit!
Und nun geleitet mich aus diesem Haus!
mit Begleitern ab

Ορ στεῖχ᾽, ὡς ἀθορύβως οὑπιὼν ἡμῖν λόγος   630
πρὸς τόνδ᾽ ἵκηται, γῆρας ἀποφυγὼν τὸ σόν.
Μενέλαε, ποῖ σὸν πόδ᾽ ἐπὶ συννοίᾳ κυκλεῖς,
διπλῆς μερίμνης διπτύχους ἰὼν ὁδούς;
Με ἔασον· ἐν ἐμαυτῷ τι συννοούμενος
ὅποι τράπωμαι τῆς τύχης ἀμηχανῶ.   635
Ορ μὴ νῦν πέραινε τὴν δόκησιν, ἀλλ᾽ ἐμοὺς
λόγους ἀκούσας πρόσθε, βουλεύου τότε.
Με λέγ᾽· εὖ γὰρ εἶπας· ἔστι δ᾽ οὗ σιγὴ λόγου
κρείσσων γένοιτ᾽ ἄν. ἔστι δ᾽ οὗ σιγῆς λόγος.
Ορ λέγοιμ᾽ ἂν ἤδη. τὰ μακρὰ τῶν σμικρῶν λόγων   640
ἐπίπροσθέν ἐστι καὶ σαφῆ μᾶλλον κλύειν.
ἐμοὶ σὺ τῶν σῶν, Μενέλεως, μηδὲν δίδου,
ἃ δ᾽ ἔλαβες ἀπόδος πατρὸς ἐμοῦ λαβὼν πάρα.
οὐ χρήματ᾽ εἶπον· χρήματ᾽, ἢν ψυχὴν ἐμὴν
σώσῃς, ἅπερ μοι φίλτατ᾽ ἐστὶ τῶν ἐμῶν.   645
ἀδικῶ· λαβεῖν χρή μ᾽ ἀντὶ τοῦδε τοῦ κακοῦ
ἄδικόν τι παρὰ σοῦ· καὶ γὰρ Ἀγαμέμνων πατὴρ
ἀδίκως ἀθροίσας Ἑλλάδ᾽ ἦλθ᾽ ὑπ᾽ Ἴλιον,
οὐκ ἐξαμαρτὼν αὐτός, ἀλλ᾽ ἁμαρτίαν
τῆς σῆς γυναικὸς ἀδικίαν τ᾽ ἰώμενος.   650
ἓν μὲν τόδ᾽ ἡμῖν ἀνθ᾽ ἑνὸς δοῦναί σε χρή.
ἀπέδοτο δ᾽, ὡς χρὴ τοῖς φίλοισι τοὺς φίλους,
τὸ σῶμ᾽ ἀληθῶς, σοὶ παρ᾽ ἀσπίδ᾽ ἐκπονῶν,
ὅπως σὺ τὴν σὴν ἀπολάβοις ξυνάορον.
ἀπότεισον οὖν μοι ταὐτὸ τοῦτ᾽ ἐκεῖ λαβών,   655
μίαν πονήσας ἡμέραν, ἡμῶν ὕπερ
σωτήριος στάς, μὴ δέκ᾽ ἐκπλήσας ἔτη.
ἃ δ᾽ Αὖλις ἔλαβε σφάγι᾽ ἐμῆς ὁμοσπόρου,
ἐῶ σ᾽ ἔχειν ταῦθ᾽· Ἑρμιόνην μὴ κτεῖνε σύ.
δεῖ γὰρ σ᾽ ἐμοῦ πράσσοντος ὡς πράσσω τὰ νῦν   660
πλέον φέρεσθαι, κἀμὲ συγγνώμην ἔχειν.
ψυχὴν δ᾽ ἐμὴν δὸς τῷ ταλαιπώρῳ πατρὶ
κἀμῆς ἀδελφῆς, παρθένου μακρὸν χρόνον·
θανὼν γὰρ οἶκον ὀρφανὸν λείψω πατρός.
ἐρεῖς· ἀδύνατον. αὐτὸ τοῦτο· τοὺς φίλους   665

Or So geh doch! Fern von deinem weißen Haar
    Sprech ich mit Menelas ein ruhig Wort.
    Wo lenkst du deine Schritte hin, wo du
    So lang am Kreuzweg deiner Sorge standst?
Me Geduld! In meinem Innern bin ich noch
    Nicht schlüssig, welchen Pfad ich ziehen soll.
Or Leg deinen Willen noch nicht fest und hör
    Erst, was ich sage! Dann entschließe dich!
Me Sprich: Du hast recht: oft ist zwar Schweigen mehr
    Als Worte, doch steht oft das Wort voran.
Or So red ich deutlich, denn der kurze Spruch
    Versäumt zuviel, was längerer vermag.
    Von dem, was dein ist, Menelas, will ich
    Nichts haben, nur was dir mein Vater gab.
    Nicht Geld! Wenn du mein Leben retten kannst,
    Dann ist das mehr als alles Gold der Welt.
    Ich tat ein Unrecht – dafür will ich jetzt
    Von dir ein Unrecht. Agamemnon zog
    Mit allen Griechen fort, auch dieses war
    Ein Unrecht, doch nicht seine eigne Schuld:
    Er tats für deines Weibes Frevelmut.
    Nun mußt du mir vergelten, Zug um Zug!
    Er setzte, wie ein Freund dem Freunde tut,
    Sein Leben ein und sparte keinen Kampf,
    Bis du die Gattin dir zurückgewannst.
    Nun zahle, was du dort empfingst, an mich
    Zurück, und mühe dich nur einen Tag
    Um meine Rettung, nicht zehn Jahre lang!
    Was Aulis mir mit meiner Schwester nahm –
    Ich schenk es dir; dein Kind Hermione,
    Behalt es ruhig! Warum soll es dir
    Nicht besser gehen als mir armem Mann?
    Doch mach mich selbst dem Vater zum Geschenk
    Und meine Schwester, die noch unvermählt,
    Sonst lassen wir sein Haus verwaist zurück.
    Du sagst: unmöglich. Eben deshalb tus!

ἐν τοῖς κακοῖς χρὴ τοῖς φίλοισιν ὠφελεῖν·
ὅταν δ' ὁ δαίμων εὖ διδῷ, τί δεῖ φίλων;
ἀρκεῖ γὰρ αὐτὸς ὁ θεὸς ὠφελεῖν θέλων.
φιλεῖν δάμαρτα πᾶσιν Ἕλλησιν δοκεῖς·
κοὐχ ὑποτρέχων σε τοῦτο θωπείᾳ λέγω·   670
ταύτης ἱκνοῦμαί σ' ὦ μέλεος ἐμῶν κακῶν,
ἐς οἷον ἥκω. τί δέ; ταλαιπωρεῖν με δεῖ·
ὑπὲρ γὰρ οἴκου παντὸς ἱκετεύω τάδε.
ὦ πατρὸς ὁμαιμε θεῖε, τὸν κατὰ χθονὸς
θανόντ' ἀκούειν τάδε δόκει, ποτωμένην   675
ψυχὴν ὑπὲρ σοῦ, καὶ λέγειν ἃ ἐγὼ λέγω,
ταῦτ' ἔς τε δάκρυα καὶ γόους καὶ συμφοράς.
εἴρηκα κἀπῄτηκα τὴν σωτηρίαν,
θηρῶν ὃ πάντες κοὐκ ἐγὼ ζητῶ μόνος.
Χο κἀγώ σ' ἱκνοῦμαι καὶ γυνή περ οὖσ' ὅμως   680
τοῖς δεομένοισιν ὠφελεῖν· οἷός τε δ' εἶ.
Με 'Ορέστ', ἐγώ τοι σὸν καταιδοῦμαι κάρα
καὶ ξυμπονῆσαι σοῖς κακοῖσι βούλομαι·
καὶ χρὴ γὰρ οὕτω τῶν ὁμαιμόνων κακὰ
ξυνεκκομίζειν, δύναμιν ἢν διδῷ θεός,   685
θνῄσκοντα καὶ κτείνοντα τοὺς ἐναντίους·
τὸ δ' αὖ δύνασθαι πρὸς θεῶν χρῄζω τυχεῖν.
ἥκω γὰρ ἀνδρῶν συμμάχων κενὸν δόρυ
ἔχων, πόνοισι μυρίοις ἀλώμενος,
σμικρᾷ σὺν ἀλκῇ τῶν λελειμμένων φίλων.   690
μάχῃ μὲν οὖν ἂν οὐχ ὑπερβαλοίμεθα
Πελασγὸν Ἄργος· εἰ δὲ μαλθακοῖς λόγοις
δυναίμεθ', ἐνταῦθ' ἐλπίδος προσήκομεν.
σμικροῖσι μὲν γὰρ μεγάλα πῶς ἕλοι τις ἄν;   694
ὅταν γὰρ ἡβᾷ δῆμος εἰς ὀργὴν πεσών,   696
ὅμοιον ὥστε πῦρ κατασβέσαι λάβρον·
εἰ δ' ἡσύχως τις αὐτὸν ἐντείνοντι μὲν
χαλῶν ὑπείκοι καιρὸν εὐλαβούμενος,
ἴσως ἂν ἐκπνεύσειεν· ἢν δ' ἀνῇ πνοάς,   700

πόνοισιν; ἀμαθὲς καὶ τὸ βούλεσθαι τάδε.   695

Im schlimmsten Unglück hilft der Freund dem Freund!
Wem schon sein Daimon hilft, braucht keinen sonst,
Der Gott, der Glück bringt, ist schon Freund genug.
Denk an dein Weib! Man weiß, daß du sie liebst...
Ich sag das nicht, weil ich dir schmeicheln will...
Ich fleh bei ihr ... Ich ganz Unseliger!
Wohin gerat ich!! ... Doch mit allem muß
Ich betteln gehn ... für mein ganzes Haus!
O, Vaters Bruder! Glaubst du nicht, daß uns
Der Tote drunten hört, und schwebt sein Geist
Nicht über dir und spricht aus meinem Wort
Und klagt und weint und jammert so wie ich?
Ich sprach und ging dich um das Leben an,
Das jeder liebhat und nicht ich allein.

Chf Das gleiche fleh ich, ob ich auch ein Weib:
Hilf dem, der Hilfe braucht! Du kannst es ja.

Me Orest, wie ehr ich dein bedrohtes Haupt!
Wie teil ich deine Leiden, treu der Pflicht,
Daß jeder, dem ein Gott die Macht verleiht,
Des Blutsverwandten Nöte von ihm nimmt,
Auch seine Feinde tötet, selber stirbt!
O gäben mir die Götter diese Macht!
Doch kehr ich leider ohne fremden Speer
Nach langer mühevoller Fahrt zurück.
Mit einem kleinen Häuflein, das mir blieb.
Wir können Argos nie in offner Schlacht
Besiegen; allenfalls mit sanftem Wort:
Nur diese eine Hoffnung bleibt uns noch.
Ward je das Kleine über Großes Herr?
Der Zorn des Volkes, ist er frisch entfacht,
Gleicht einem Brand, den niemand löschen kann.
Wer ihm, solang er anhält, mit Bedacht
Nachgibt und dann den Augenblick erspäht,
Löscht ihn vielleicht, und wenn der Hauch verglimmt,

τύχοις ἂν αὐτοῦ ῥᾳδίως ὅσον θέλεις.
ἔνεστι δ' οἶκτος, ἔνι δὲ καὶ θυμὸς μέγας,
καραδοκοῦντι κτῆμα τιμιώτατον.
ἐλθὼν δὲ Τυνδάρεών τέ σοι πειράσομαι
πόλιν τε πεῖσαι τῷ λίαν χρῆσθαι καλῶς.   705
καὶ ναῦς γὰρ ἐνταθεῖσα πρὸς βίαν ποδὶ
ἔβαψεν, ἔστη δ' αὖθις, ἢν χαλᾷ πόδα.
μισεῖ γὰρ ὁ θεὸς τὰς ἄγαν προθυμίας,
μισοῦσι δ' ἀστοί· δεῖ δέ μ' – οὐκ ἄλλως λέγω –
σῴζειν σε σοφίᾳ, μὴ βίᾳ τῶν κρεισσόνων.   710
ἀλκῇ δέ σ' οὐκ ἄν, ᾗ σὺ δοξάζεις ἴσως,
σώσαιμ' ἄν· οὐ γὰρ ῥᾴδιον λόγχῃ μιᾷ
στῆσαι τροπαῖα τῶν κακῶν ἃ σοὶ πάρα.
οὐ γάρ ποτ' Ἄργους γαῖαν ἐς τὸ μαλθακὸν
προσηγόμεσθα· νῦν δ' ἀναγκαίως ἔχει.   715

Ορ   ὦ πλὴν γυναικὸς οὕνεκα στρατηλατεῖν   717
τἄλλ' οὐδέν, ὦ κάκιστε τιμωρεῖν φίλοις,
φεύγεις ἀποστραφείς με, τὰ δ' Ἀγαμέμνονος   720
φροῦδ'; ἄφιλος ἦσθ' ἄρ', ὦ πάτερ, πράσσων κακῶς.
οἴμοι, προδέδομαι, κοὐκέτ' εἰσὶν ἐλπίδες,
ὅποι τραπόμενος θάνατον Ἀργείων φύγω·
οὗτος γὰρ ἦν μοι καταφυγὴ σωτηρίας.

ἀλλ' εἰσορῶ γὰρ τόνδε φίλτατον βροτῶν   725
Πυλάδην δρόμῳ στείχοντα Φωκέων ἄπο,
ἡδεῖαν ὄψιν· πιστὸς ἐν κακοῖς ἀνὴρ
κρείσσων γαλήνης ναυτίλοισιν εἰσορᾶν.

               Πυλάδης

θᾶσσον ἢ με χρῆν προβαίνων
          ἱκόμην δι' ἄστεως,   tr⁸∧

δούλοισιν εἶναι τοῖς σοφοῖσι τῆς τύχης   716

Kannst mühlos du erreichen, was du willst.
Das Volk kennt Mitleid, hat ein großes Herz –
Wer warten kann, wird damit reich belohnt.
Ich geh und suche Tyndars starren Sinn
Zu lockern und der Bürger Heftigkeit.
Ein Schiff mit straffen Schoten taucht hinab;
Wenn man sie lockert, steht es wieder auf.
Der Hitzkopf ist bei Gott und Volk verhaßt.
So steht es fest: mit Klugheit muß ich dich
Erretten, nicht mit Waffen, wie du meinst.
Dein Unglück wird mit e i n e r Lanze nicht
Besiegt. Nie hab ich sanft um Argos' Gunst
Gebuhlt, doch heut gebietet es die Not.

ab

Or   Um Weiber führst du Krieg, sonst taugst du nichts!
Den Freund zu retten, bist du viel zu feig,
Du kehrst dich ab, gibst Agamemnon preis,
Im Unglück bleibt der Vater ohne Freund!
Ich bin verraten, ohne Hoffnung, daß
Ich Argos' Urteil noch entrinnen kann.
Er war der einzge Retter aus der Not.

Pylades erscheint

Doch hier kommt Pylades, der liebste Mensch,
Von Phokis kehrt er schnellen Laufs zurück.
O froher Anblick! Freunde in der Not
Begrüßt man wie der Schiffer stilles Meer.

Pylades

Schneller fast als Füße tragen,
Rannte ich durch diese Stadt,

σύλλογον πόλεως ἀκούσας,
                τὸν δ' ἰδὼν αὐτὸς σαφῶς,   730
ἐπὶ σὲ σύγγονόν τε τὴν σήν,
                ὡς κτενοῦντας αὐτίκα.
τί τάδε; πῶς ἔχεις; τί πράσσεις,
                φίλταθ' ἡλίκων ἐμοὶ
καὶ φίλων καὶ συγγενείας;
                πάντα γὰρ τάδ' εἶ σύ μοι.

Ορ οἰχόμεσθ', ὡς ἐν βραχεῖ σοι
                τἀμὰ δηλώσω κακά.

Πυ συγκατασκάπτοις ἂν ἡμᾶς·
                κοινὰ γὰρ τὰ τῶν φίλων.   735

Ορ Μενέλεως κάκιστος ἐς ἐμὲ
                καὶ κασιγνήτην ἐμήν.

Πυ εἰκότως, κακῆς γυναικὸς
                ἄνδρα γίγνεσθαι κακόν.

Ορ ὥσπερ οὐκ ἐλθὼν ἔμοιγε
                ταὐτὸν ἀπέδωκεν μολών.

Πυ ἦ γάρ ἐστιν ὡς ἀληθῶς
                τήνδ' ἀφιγμένος χθόνα;

Ορ χρόνιος· ἀλλ' ὅμως τάχιστα
                κακὸς ἐφωράθη φίλοις.   740

Πυ καὶ δάμαρτα τὴν κακίστην
                ναυστολῶν ἐλήλυθεν;

Ορ οὐκ ἐκεῖνος, ἀλλ' ἐκείνη
                κεῖνον ἐνθάδ' ἤγαγεν.

Πυ ποῦ 'στιν ἡ πλείστους 'Αχαιῶν
                ὤλεσεν γυνὴ μία;

Ορ ἐν δόμοις ἐμοῖσιν, εἰ δὴ
                τούσδ' ἐμοὺς καλεῖν χρεών.

Πυ σὺ δὲ τίνας λόγους ἔλεξας
                σοῦ κασιγνήτῳ πατρός;   745

Ορ μή μ' ἰδεῖν θανόνθ' ὑπ' ἀστῶν
                καὶ κασιγνήτην ἐμήν.

Πυ πρὸς θεῶν, τί πρὸς τάδ' εἶπε;
                τόδε γὰρ εἰδέναι θέλω.

Als ich von dem Rat der Bürger
Hörte, ihn mit Augen sah:
Über dich und deine Schwester
Sei ein jäher Tod verhängt!
Rasch, wie stehts um dich, wie geht es,
Mein Gespiele, treuster Freund,
Nahes Blut, denn alles dieses
Halt ich hier in meinem Arm!

Or   Dein Orestes ist verloren,
      Höre dieses eine Wort!

Py   Dieses Wort begräbt mich selber,
      Freunde teilen jedes Ding.

Or   Gegen mich und meine Schwester
      Steht der Feigling Menelas.

Py   Kann der Mann des schlechten Weibes
      Etwas andres sein als schlecht?

Or   So als wär er nie gekommen,
      Fielen seine Gaben aus.

Py   Ist er wirklich und leibhaftig
      In dies Land zurückgekehrt?

Or   Spät genug, doch hat er schnellstens
      Seinen Freunden mitgespielt.

Py   Hat er seine üble Gattin
      Auf den Schiffen mitgebracht?

Or   Nein, das hat er nicht: sie selber
      Hat den Gatten hergebracht.

Py   Und wo steckt sie, die so vielen
      Ganz allein den Tod verhing?

Or   Hier in meinem Hause, wenn es
      Als mein Haus noch gelten soll.

Py   Und du selber, welche Bitten
      Trugst du diesem Oheim vor?

Or   Daß er mich und meine Schwester
      Nicht vom Volke sterben läßt.

Py   Laß mich hören, bei den Göttern,
      Was hat er dazu gesagt?

Ορ εὐλαβεῖθ᾽, ὃ τοῖς φίλοισι
δρῶσιν οἱ κακοὶ φίλοι.
Πυ σκῆψιν ἐς ποίαν προβαίνων;
τοῦτο πάντ᾽ ἔχω μαθών.
Ορ οὗτος ἦλθ᾽, ὁ τὰς ἀρίστας
θυγατέρας σπείρας πατήρ.   750
Πυ Τυνδάρεων λέγεις· ἴσως σοι
θυγατέρος θυμούμενος;
Ορ ᾐσθάνῃ. τὸ τοῦδε κῆδος
μᾶλλον εἵλετ᾽ ἢ πατρός.
Πυ κοὐκ ἐτόλμησεν πόνων σῶν
ἀντιλάζυσθαι παρών;
Ορ οὐ γὰρ αἰχμητὴς πέφυκεν,
ἐν γυναιξὶ δ᾽ ἄλκιμος.
Πυ ἐν κακοῖς ἄρ᾽ εἶ μεγίστοις·
καὶ σ᾽ ἀναγκαῖον θανεῖν;   755
Ορ ψῆφον ἀμφ᾽ ἡμῶν πολίτας
ἐπὶ φόνῳ θέσθαι χρεών.
Πυ ἣ κρινεῖ τί χρῆμα; λέξον·
διὰ φόβου γὰρ ἔρχομαι.
Ορ ἢ θανεῖν ἢ ζῆν· ὁ μῦθος
οὐ μακρὸς μακρῶν πέρι.
Πυ φεῦγέ νυν λιπὼν μέλαθρα
σὺν κασιγνήτῃ σέθεν.
Ορ οὐχ ὁρᾷς; φυλασσόμεσθα
φρουρίοισι πανταχῇ.   760
Πυ εἶδον ἄστεως ἀγυιὰς
τεύχεσιν πεφραγμένας.
Ορ ὡσπερεὶ πόλις πρὸς ἐχθρῶν
σῶμα πυργηρούμεθα.
Πυ κἀμὲ νῦν ἐροῦ τί πάσχω·
καὶ γὰρ αὐτὸς οἴχομαι.
Ορ πρὸς τίνος; τοῦτ᾽ ἂν προσείη
τοῖς ἐμοῖς κακοῖς κακόν.
Πυ Στρόφιος ἤλασέν μ᾽ ἀπ᾽ οἴκων
φυγάδα θυμωθεὶς πατήρ.   765

Or   Ungewisse Reden, wie man
       Sie von falschen Freunden hört.

Py   Welchen Vorwand konnt er bringen?
       Dies noch, und ich weiß genug.

Or   Jener Vater der zwei üblen
       Töchter kam des Wegs daher.

Py   Tyndaros! Und sicher wütend
       Wegen seiner Tochter Tod!

Or   Ja, so wars, und Tyndars Freundschaft
       Zog er meinem Vater vor.

Py   Keinen Kampf an deiner Seite?
       Keine Mühe um dein Los?

Or   Speerheld ist er nie gewesen,
       Nur bei Weibern ist er Mann.

Py   Und so bist du ganz verlassen?
       Ist der Tod euch schon gewiß?

Or   Heute wird im Rat der Bürger
       Urteil meines Mords gefällt.

Py   Worum geht es bei den Stimmen?
       Sprich! Dies traf ins tiefste Herz!

Or   Um den Tod, um lange Dinge,
       Die ein kurzes Wort bestimmt.

Py   Fliehe schnell aus diesem Hause!
       Hol die Schwester! Auf und flieh!

Or   Siehst du nicht, daß wir von Wachen
       Rings im Kreis umzingelt sind?

Py   Doch, ich sah schon alle Straßen
       Von Bewaffneten besetzt.

Or   Ja, mein Leib ist schwer belagert,
       Wie von Feinden eine Stadt.

Py   Frage jetzt, was mich betroffen!
       Pylades ist auch dahin!

Or   Du? Von wem? Dein eignes Unglück
       Hat zu meinem noch gefehlt!

Py   Strophios, mein Vater, hat mich
       Zornig aus dem Haus verbannt!

Ορ　Ἴδιον ἢ κοινὸν πολίταις
　　　　　　　ἐπιφέρων ἔγκλημά τι;
Πυ　ὅτι συνηράμην φόνον σοι
　　　　　　　μητρός, ἀνόσιον λέγων.
Ορ　ὦ τάλας, ἔοικε καί σὲ
　　　　　　　τάμὰ λυπήσειν κακά.
Πυ　οὐχὶ Μενέλεω τρόποισι
　　　　　　　χρώμεθ'· οἰστέον τάδε.
Ορ　οὐ φοβῇ μή σ' Ἄργος ὥσπερ
　　　　　　　κἄμ' ἀποκτεῖναι θέλῃ;　　　　　　　770
Πυ　οὐ προσήκομεν κολάζειν
　　　　　　　τοῖσδε, Φωκέων δὲ γῇ.
Ορ　δεινὸν οἱ πολλοί, κακούργους
　　　　　　　ὅταν ἔχωσι προστάτας.
Πυ　ἀλλ' ὅταν χρηστοὺς λάβωσι,
　　　　　　　χρηστὰ βουλεύουσ' ἀεί.
Ορ　εἶέν. ἐς κοινὸν λέγειν χρή.
Πυ　　　　　　　τίνος ἀναγκαίου πέρι;
Ορ　εἰ λέγοιμ' ἀστοῖσιν ἐλθὼν –
Πυ　　　　　　　ὡς ἔδρασας ἔνδικα;　　　　　　　775
Ορ　πατρὶ τιμωρῶν ἐμαυτοῦ.
Πυ　　　　　　　μὴ λάβωσί σ' ἄσμενοι.
Ορ　ἀλλ' ὑποπτήξας σιωπῇ κατθάνω;
Πυ　　　　　　　　　　　δειλὸν τόδε.
Ορ　πῶς ἂν οὖν δρῴην;
Πυ　　　　　ἔχεις τιν', ἢν μένῃς, σωτηρίαν;
Ορ　οὐκ ἔχω.
Πυ　　　μολόντι δ' ἐλπίς ἐστι σωθῆναι κακῶν;
Ορ　εἰ τύχοι, γένοιτ' ἄν.
Πυ　　　　　　　οὐκοῦν τοῦτο κρεῖσσον ἢ μένειν.　　　780
Ορ　ἀλλὰ δῆτ' ἔλθω.
Πυ　　　　　　θανὼν γοῦν ὧδε κάλλιον θανῇ.
Ορ　εὖ λέγεις· φεύγω τὸ δειλὸν τῇδε.
Πυ　　　　　　　　　μᾶλλον ἢ μένων.　　　　　783
Ορ　καὶ τὸ πρᾶγμά γ' ἔνδικόν μοι.
Πυ　　　　　　　τό γε δοκεῖν εὔχου μόνον.　　　782

Or	Hast du dich an ihm versündigt
	Oder an der Stadt verfehlt?
Py	Mein Verbrechen ist ihm einzig,
	Daß ich half beim Muttermord.
Or	Weh, es scheint, mein eignes Unglück
	Muß auch noch das deine sein!
Py	Still, ich bin kein Meneláos,
	Gerne trag ich dieses Los.
Or	Glaubst du nicht, daß man in Argos
	Dich zum gleichen Tod verdammt?
Py	Niemand kann mich hier bestrafen,
	Einzig Phokis spricht mein Recht!
Or	Furchtbar sind die vielen Stimmen,
	Wenn ein Bösewicht sie lenkt!
Py	Wenn die guten Führer sprechen,
	Wird ein guter Rat befolgt.
Or	Gut, so wollen wir beraten ...
Py	Über Hilfe in der Not?
Or	Soll ich zu den Bürgern sprechen ...
Py	Daß du gute Tat getan?
Or	Daß ich meinen Vater rächte!
Py	Alsbald nehmen sie dich fest!
Or	Soll ich stumm den Tod erwarten?
Py	Hingeduckt? Das wäre feig!
Or	Doch was tun? Was kann geschehen?
Py	Hilft es, wenn du hier verharrst?
Or	Nein, es bringt mir keine Rettung.
Py	Ist es besser, wenn du gehst?
Or	Dort kann mich ein Glück erwarten.
Py	Such es auf und ziehe hin!
Or	Ist es auch mein Tod, ich gehe.
Py	Selbst der Tod ist dort Gewinn.
Or	Ja, da schilt mich keiner feige!
Py	Weniger, als wenn du bleibst.
Or	Und gerecht ist meine Sache!
Py	Bete, daß es jeder glaubt!

Ορ καί τις ἂν γέ μ' οἰκτίσειε –

Πυ   μέγα γὰρ ἡ εὐγένειά σου.

Ορ θάνατον ἀσχάλλων πατρῷον.

Πυ   πάντα ταῦτ' ἐν ὄμμασιν.   785

Ορ ἰτέον, ὡς ἄνανδρον ἀκλεῶς κατθανεῖν.

Πυ   αἰνῶ τάδε.

Ορ ἢ λέγωμεν οὖν ἀδελφῇ ταῦτ' ἐμῇ;

Πυ   μὴ πρὸς θεῶν.

Ορ δάκρυα γοῦν γένοιτ' ἄν.

Πυ   οὔκουν οὗτος οἰωνὸς μέγας.

Ορ δηλαδὴ σιγᾶν ἄμεινον.

Πυ   τῷ χρόνῳ δὲ κερδανεῖς.

Ορ κεῖνό μοι μόνον πρόσαντες.

Πυ   τί τόδε καινὸν αὖ λέγεις;   790

Ορ μὴ θεαί μ' οἴστρῳ κατάσχωσι.

Πυ   ἀλλὰ κηδεύσω σ' ἐγώ.

Ορ δυσχερὲς ψαύειν νοσοῦντος ἀνδρός.

Πυ   οὔκ ἔμοιγε σοῦ.

Ορ εὐλαβοῦ λύσσης μετασχεῖν τῆς ἐμῆς.

Πυ   τόδ' οὖν ἴτω.

Ορ οὔκ ἄρ' ὀκνήσεις;

Πυ   ὄκνος γὰρ τοῖς φίλοις κακὸν μέγα.

Ορ ἕρπε νυν οἴαξ ποδός μοι.

Πυ   φίλα γ' ἔχων κηδεύματα.   795

Ορ καί με πρὸς τύμβον πόρευσον πατρός.

Πυ   ὡς τί δὴ τόδε;

Ορ ὥς νιν ἱκετεύσω με σῶσαι.

Πυ   τό γε δίκαιον ὧδ' ἔχει.

Ορ μητέρος δὲ μηδ' ἴδοιμι μνῆμα.

Πυ   πολεμία γὰρ ἦν.

ἀλλ' ἔπειγ', ὡς μή σε πρόσθε
        ψῆφος 'Αργείων ἕλῃ,
περιβαλὼν πλευροῖς ἐμοῖσι   800
        πλευρὰ νωχελῆ νόσῳ·
ὡς ἐγὼ δι' ἄστεώς σε,
        σμικρὰ φροντίζων ὄχλου,

Or   Mancher wird mich dort beklagen ...
Py   Und mit dir den hohen Stamm ...
Or   Mancher Vaters Tod verdammen ...
Py   Auf dies alles ist Verlaß.
Or   Ruhmlos sterben wäre weibisch ...
Py   Dazu sag ich Ja! Wir gehn.
Or   Müssen wirs der Schwester sagen?
Py   Bei den Göttern tu es nicht!
Or   Kläglich wären ihre Tränen ...
Py   Und ein übler Vorbeginn!
Or   Besser also, wir verschweigen ...
Py   Und gewinnen gute Zeit.
Or   Eines mußt du mir noch sagen ...
Py   Hast du neue Sorge? Sprich!
Or   Daß die Geister mich befallen!
Py   Dann versorgt dich meine Hand.
Or   Willst du kranken Leib berühren?
Py   Deiner ist der meinige!
Or   Hüte dich vor meiner Tollheit!
Py   Laß sie meine Sorge sein!
Or   Und du wirst nicht lange zaudern?
Py   Echter Freund bedenkt sich nicht.
Or   Auf und steure meine Schritte!
Py   Gern verricht ich dir den Dienst.
Or   Bringe mich zu Vaters Hügel!
Py   Was gedenkst du dort zu tun?
Or   Um die Rettung will ich flehen.
Py   Daß er hilft, ist nur gerecht.
Or   Mutters Grab darf ich nicht sehen ...
Py   Denn es ist ein Feindesgrab.
      Aber schnell, daß dich das Urteil
      Nicht zuvor gesprochen wird!
      Lehne deine müde Seite
      Ruhig an die meine an,
      Daß ich dich durch Argos' Gassen,
      Unbekümmert um das Volk,

οὐδὲν αἰσχυνθεὶς ὀχήσω.
        ποῦ γὰρ ὢν δείξω φίλος,
εἴ σε μὴ 'ν δειναῖσιν ὄντα
        συμφοραῖς ἐπαρκέσω;
Op τοῦτ' ἐκεῖνο, κτᾶσθ' ἑταίρους,
        μὴ τὸ συγγενὲς μόνον·
ὡς ἀνὴρ ὅστις τρόποισι
        συντακῇ, θυραῖος ὢν   805
μυρίων κρείσσων ὁμαίμων
        ἀνδρὶ κεκτῆσθαι φίλος.

Xo ὁ μέγας ὄλβος ἅ τ' ἀρετὰ   tr² ch   στρ.
μέγα φρονοῦσ' ἀν' Ἑλλάδα καὶ   tr² ch
παρὰ Σιμουντίοις ὀχετοῖς   tr² ch
πάλιν ἀνῆλθ' ἐξ εὐτυχίας 'Ατρείδαις   tr² ch ba 810
πάλαι παλαιᾶς ἀπὸ συμφορᾶς δόμων,   ia² ch ia²
ὁπότε χρυσείας ἔρις ἀρ-   tr² ch
νὸς ὕπερ ἦλθε Τανταλίδαις,   tr² ch
οἰκτρότατα θοινάματα καὶ   tr² ch
σφάγια γενναίων τεκέων·   tr² ch   815
ὅθεν φόνῳ φόνος ἐξαμεί-   ×gl
βων δι' αἵματος οὐ προλεί-   gl
πει δισσοῖσιν 'Ατρείδαις.   gl͜

Ohne Scham und Schande, führe!
Wie erweist sich sonst der Freund,
Wenn er nicht in bösen Tagen
Dein getreuer Helfer ist?
Or   Wieder zeigt sich: Habe Freunde,
Nicht verwandtes Blut allein!
Wer mit meinem S i n n verbunden,
Sei er auch von fremdem Stamm,
Wiegt mir tausend Blutsverwandte
Durch die treue Liebe auf.

beide ab

ZWEITES STANDLIED

Chor

Strophe

Goldner Reichtum und kühne Tat
Strahlten einst den Atriden
Durch Hellas und drüben
Am simuntischen Ufer.
Ihr Glück hat sich wieder gewendet
Zum alten Unheil
Des alten Geschlechts,
Als Streit um das Goldlamm
Tantals Söhne entzweite.
Furchtbare Mähler wurden bereitet,
Edelste Kinder geschlachtet,
Und nimmer verläßt
Mordtat im Wechsel des Mords
Das Haus der Atriden.

τὸ καλὸν οὐ καλόν, τοκέων   ἀντ.
πυριγενεῖ τεμεῖν παλάμα   820
χρόα, μελάνδετον δὲ φόνῳ
ξίφος ἐς αὐγὰς ἀελίοιο δεῖξαι·
τὸ δ' εὖ κακουργεῖν ἀσέβεια ποικίλα
κακοφρόνων τ' ἀνδρῶν παράνοι-
α. θανάτου γὰρ ἀμφὶ φόβῳ   825
Τυνδαρὶς ἰάχησε τάλαι-
να· Τέκνον, οὐ τολμᾷς ὅσια
κτείνων σὰν ματέρα· μὴ πατρώ-
αν τιμῶν χάριν ἐξανά-
ψῃ δύσκλειαν ἐς αἰεί.   830

τίς νόσος ἢ τίνα δάκρυα καὶ   da² ch
τίς ἔλεος μείζων κατὰ γᾶν   tr² ch
ἢ ματροκτόνον αἷμα χειρὶ θέσθαι;   gl ba
οἷον ἔργον τελέσας   cr ch
βεβάκχευται μανίαις,   ba ch   835
Εὐμενίσι θήραμα, φόνον   tr² ch
δρομάσι δινεύων βλεφάροις,   tr² ch
'Αγαμεμνόνιος παῖς.   .gl⌃
ὦ μέλεος, ματρὸς ὅτε   ch²
χρυσεοπηνήτων φαρέων   ch-ch   840
μαστὸν ὑπερτέλλοντ' ἐσιδὼν   ch-ch
σφάγιον ἔθετο ματέρα, πατρώ-   tr² ch-
ων παθέων ἀμοιβάν.   ch ba

Gegenstrophe

Nennt es gut, doch es ist nicht gut;
Leib der Eltern verwunden
Mit stahlharten Streichen
Und die blutige Waffe
Den Strahlen des Sonnenlichts zeigen!
Daß Untat recht sei,
Ist schillernder Trug,
Ist Torheit der Schlechten.
Denn in Angst um ihr Leben
Schrie die unselge Tochter des Tyndar:
„Kind, du erschlägst deine Mutter
Mit frevelnder Hand,
Ehrst keine Eltern, entfachst
Dir ewige Schande!"

Schluß

Schmerz und Tränen und Elend,
Wer auf der Welt spürt sie mehr
Als der Mörder der Mutter?
Weil er solches getan,
Irrt er rasend umher,
Der Segnenden Beute, mit rollendem Aug,
Agamemnons Sohn,

Elender, dem seiner Mutter Brust
Aufstieg aus goldenfadigem Kleid!
Dir fiel sie als Opfer,
Bußgeld der Leiden des Vaters.

Ηλ γυναῖκες, ἦ που τῶνδ' ἀφώρμηται δόμων
τλήμων 'Ορέστης θεομανεῖ λύσσῃ δαμείς;   845

Χο ἥκιστα· πρὸς δ' 'Αργεῖον οἴχεται λεών,
ψυχῆς ἀγῶνα τὸν προκείμενον πέρι
δώσων, ἐν ᾧ ζῆν ἢ θανεῖν ὑμᾶς χρεών.
Ηλ οἴμοι· τί χρῆμ' ἔδρασε; τίς δ' ἔπεισέ νιν;
Χο Πυλάδης· ἔοικε δ' οὐ μακρὰν ὅδ' ἄγγελος   850
λέξειν τὰ κεῖθεν σοῦ κασιγνήτου πέρι.

        ῎Αγγελος

ὦ τλῆμον, ὦ δύστηνε τοῦ στρατηλάτου
'Αγαμέμνονος παῖ, πότνι' 'Ηλέκτρα, λόγους
ἄκουσον οὕς σοι δυστυχεῖς ἥκω φέρων.
Ηλ αἰαῖ, διοιχόμεσθα· δῆλος εἶ λόγῳ.   855
κακῶν γὰρ ἥκεις, ὡς ἔοικεν, ἄγγελος.
Αγ ψήφῳ Πελασγῶν σὸν κασίγνητον θανεῖν
καὶ σέ, ὦ τάλαιν', ἔδοξε τῇδ' ἐν ἡμέρᾳ.
Ηλ οἴμοι· προσῆλθεν ἐλπίς, ἣν φοβουμένη
πάλαι τὸ μέλλον ἐξετηκόμην γόοις.   860
ἀτὰρ τίς ἀγών, τίνες ἐν 'Αργείοις λόγοι
καθεῖλον ἡμᾶς κἀπεκύρωσαν θανεῖν;
λέγ', ὦ γεραιέ· πότερα λευσίμῳ χερὶ
ἢ διὰ σιδήρου πνεῦμ' ἀπορρῆξαί με δεῖ,
κοινὰς ἀδελφῷ συμφορὰς κεκτημένην;   865
Αγ ἐτύγχανον μὲν ἀγρόθεν πυλῶν ἔσω
βαίνων, πυθέσθαι δεόμενος τά τ' ἀμφὶ σοῦ
τά τ' ἀμφ' 'Ορέστου· σῷ γὰρ εὔνοιαν πατρὶ
ἀεί ποτ' εἶχον, καί μ' ἔφερβε σὸς δόμος

DRITTE HAUPTSZENE

Elektra *tritt heraus*

Ihr Frauen, ist Orest, von Raserei
Befallen, aus dem Hause fortgestürzt?

Chorführerin

Nein, ruhig brach er auf zum Rat des Volks
Und stellt sich zu dem festgesetzten Kampf
Der Stimmen über Leben oder Tod.

El   Oh weh, was tat er? Wer hat ihn vermocht?

Chf Pylades wars, und dieser Bote hier
     Wird schnell berichten, was er dort gesehn.

Bote

O unsres Feldherrn Agamemnon Kind,
Elektra, Fürstin ohne jedes Glück,
Vernimm aus meinem Mund Entsetzliches!

El   Nun weiß ich, daß wir schon verloren sind
     Und daß du uns die böse Botschaft bringst.

Bo Die Stimmen der Pelasger fielen so:
     Du und dein Bruder sterben heute noch.

El   Weh, nun erfüllt sich, was ich lange schon
     Gefürchtet und bejammert und beweint.
     Doch sage, welcher Wortkampf vor dem Volk
     Das Todesurteil uns entschieden hat:
     Ob ich gesteinigt werde oder ob
     Das Eisen mir den letzten Hauch entreißt,
     Getreulich teil ich meines Bruders Los.

Bo Von meinen Feldern kam ich in die Stadt,
     Ich mußte hören, wie es euch ergeht,
     Dir und Orest. Denn immer hing ich fest
     Am Vater, dessen Haus mir Nahrung gab

πένητα μέν, χρῆσθαι δὲ γενναῖον φίλοις.   870
ὁρῶ δ' ὄχλον στείχοντα καὶ θάσσοντ' ἄκραν,
οὗ φασι πρῶτον Δαναὸν Αἰγύπτῳ δίκας
διδόντ' ἀθροῖσαι λαὸν ἐς κοινὰς ἕδρας.
ἀστῶν δὲ δή τιν' ἠρόμην ἄθροισμ' ἰδών·
τί καινὸν ᾿Άργει; μῶν τι πολεμίων πάρα   875
ἄγγελμ' ἀνεπτέρωκε Δαναϊδῶν πόλιν;
ὁ δ' εἶπ'· 'Ορέστην κεῖνον οὐχ ὁρᾷς πέλας
στείχοντ', ἀγῶνα θανάσιμον δραμούμενον;
ὁρῶ δ' ἄελπτον φάσμ', ὃ μήποτ' ὤφελον,
Πυλάδην τε καὶ σὸν σύγγονον στείχονθ' ὁμοῦ,   880
τὸν μὲν κατηφῆ καὶ παρειμένον νόσῳ,
τὸν δ' ὥστ' ἀδελφὸν ἴσα φίλῳ λυπούμενον,
νόσημα κηδεύοντα παιδαγωγίᾳ.
ἐπεὶ δὲ πλήρης ἐγένετ' 'Αργείων ὄχλος,
κῆρυξ ἀναστὰς εἶπε· τίς χρήζει λέγειν,   885
πότερον 'Ορέστην κατθανεῖν ἢ μὴ χρεών,
μητροκτονοῦντα; κἀπὶ τῷδ' ἀνίσταται
Ταλθύβιος, ὃς σῷ πατρὶ συνεπόρθει Φρύγας.
ἔλεξε δ', ὑπὸ τοῖς δυναμένοισιν ὢν ἀεί,
διχόμυθα, πατέρα μὲν σὸν ἐκπαγλούμενος,   890
σὸν δ' οὐκ ἐπαινῶν σύγγονον, καλοὺς κακοὺς
λόγους ἑλίσσων, ὅτι καθισταίη νόμους
ἐς τοὺς τεκόντας οὐ καλούς· τὸ δ' ὄμμ' ἀεὶ
φαιδρωπὸν ἐδίδου τοῖσιν Αἰγίσθου φίλοις.
τὸ γὰρ γένος τοιοῦτον· ἐπὶ τὸν εὐτυχῆ   895
πηδῶσ' ἀεὶ κήρυκες· ὅδε δ' αὐτοῖς φίλος,
ὃς ἂν δύνηται πόλεος ἔν τ' ἀρχαῖσιν ᾖ.
ἐπὶ τῷδε δ' ἠγόρευε Διομήδης ἄναξ.
οὗτος κτανεῖν μὲν οὔτε σὲ οὔτε σύγγονον
εἴα, φυγῇ δὲ ζημιοῦντας εὐσεβεῖν.   900
ἐπερρόθησαν δ' οἱ μὲν ὡς καλῶς λέγοι,
οἱ δ' οὐκ ἐπῄνουν. κἀπὶ τῷδ' ἀνίσταται
ἀνήρ τις ἀθυρόγλωσσος, ἰσχύων θράσει,
'Αργεῖος οὐκ 'Αργεῖος, ἠναγκασμένος,
θορύβῳ τε πίσυνος κἀμαθεῖ παρρησίᾳ,   905

Als armem, aber treugesinntem Mann.
Da strömte alles Volk dem Hügel zu,
Wo Danaos, im Streit mit Aígyptos,
Zuerst des Volkes Richterspruch empfing.
Ich fragte einen Bürger: „Welch Gedräng!
Was gibt es Neues? Botschaft eines Feinds?
Wie hochgewirbelt ist die ganze Stadt!"
Da sprach er: „Siehst du nicht Orest, den Mann,
Bei dem es heut auf Tod und Leben geht?"
Ich sah ein Bild – o hätt ichs nie gesehn!
Dein Bruder kam heran mit Pylades,
Der eine ganz gebrochen und entstellt,
Der andre teilte brüderlich den Schmerz,
Umgab ihn wie der Arzt ein krankes Kind.
Und als die Menge ganz beisammen war,
Sprach laut der Herold: „Wer begehrt das Wort,
Ob dieser Muttermörder hier, Orest,
Den Tod verdient?" Talthybios, der einst
Mit deinem Vater gegen Troja lag,
Ein Herrenknecht, stand doppelzüngig auf
Und rühmte deinen Vater, doch die Tat
Des Sohnes focht er an, sprach gut und bös,
Bewies, er habe zweifelhaftes Recht
Der Eltern aufgestellt, und schielte stets
Hinüber zu den Freunden des Aigisth.
Das war schon immer Heroldsart: man läuft
Dem nach, der Glück hat; guter Freund ist nur,
Wer in der Stadt in Macht und Ehren steht.
Fürst Diomedes war der nächste. Er
Verlangte, daß ihr beide leben bleibt,
Doch ausgestoßen, nach dem alten Recht.
Viel Beifall wurde laut, doch hörte man
Auch manche Gegner. Dann stand einer auf,
Der mit der frechen Zunge alles macht,
Kein Mann von Argos, Argos aufgedrängt,
Ein Schreier, der mit seinem blinden Lärm

πιθανὸς ἔτ' αὐτοὺς περιβαλεῖν κακῷ τινι·   906
ὃς εἶπ' Ὀρέστην καὶ σὲ ἀποκτεῖναι πέτροις   914
βάλλοντας· ὑπὸ δ' ἔτεινε Τυνδάρεως λόγους.   915
ἄλλος δ' ἀναστὰς ἔλεγε τῷδ' ἐναντία,   917
μορφῇ μὲν οὐκ εὐωπός, ἀνδρεῖος δ' ἀνήρ,
ὀλιγάκις ἄστυ κάγορᾶς χραίνων κύκλον,
αὐτουργός – οἵπερ καὶ μόνοι σῴζουσι γῆν –   920
ξυνετὸς δέ, χωρεῖν ὁμόσε τοῖς λόγοις θέλων,
ἀκέραιος, ἀνεπίπληκτον ἠσκηκὼς βίον·
ὃς εἶπ' Ὀρέστην παῖδα τὸν Ἀγαμέμνονος
στεφανοῦν, ὃς ἠθέλησε τιμωρεῖν πατρί,
κακὴν γυναῖκα κάθεον κατακτανών,   925
ἢ κεῖν' ἀφῄρει, μήθ' ὁπλίζεσθαι χέρα
μήτε στρατεύειν ἐκλιπόντα δώματα,
εἰ τἄνδον οἰκουρήμαθ' οἱ λελειμμένοι
φθείρουσιν, ἀνδρῶν εὔνιδας λωβώμενοι.
καὶ τοῖς γε χρηστοῖς εὖ λέγειν ἐφαίνετο.   930
κοὐδεὶς ἔτ' εἶπε. σὸς δ' ἐπῆλθε σύγγονος,
ἔλεξε δ'· Ὦ γῆν Ἰνάχου κεκτημένοι,   932
ὑμῖν ἀμύνων οὐδὲν ἧσσον ἢ πατρὶ   934
ἔκτεινα μητέρ'. εἰ γὰρ ἀρσένων φόνος   935
ἔσται γυναιξὶν ὅσιος, οὐ φθάνοιτ' ἔτ' ἂν
θνῄσκοντες, ἢ γυναιξὶ δουλεύειν χρεών·
τοὐναντίον δὲ δράσετ' ἢ δρᾶσαι χρεών.
νῦν μὲν γὰρ ἡ προδοῦσα λέκτρ' ἐμοῦ πατρὸς

ὅταν γὰρ ἡδύς τις λόγοις φρονῶν κακῶς   907
πείθῃ τὸ πλῆθος, τῇ πόλει κακὸν μέγα·
ὅσοι δὲ σὺν νῷ χρηστὰ βουλεύουσ' ἀεί,
κἂν μὴ παραυτίκ', αὖθίς εἰσι χρήσιμοι   910
πόλει. θεᾶσθαι δ' ὧδε χρὴ τὸν προστάτην
ἰδόνθ'· ὅμοιον γὰρ τὸ χρῆμα γίγνεται
τῷ τοὺς λόγους λέγοντι καὶ τιμωμένῳ.

τῷ σφὼ κατακτείνοντι τοιούτους λέγειν.   916

πάλαι Πελασγοί, Δαναΐδαι δεύτερον   988

Die Bürger noch ins größte Unglück stürzt.
Er riet, Orest und dich zu steinigen,
Und Tyndaros stand hinter seinem Wort.
Ein anderer stand auf und widersprach,
Ein rauher Mann vom guten Schrot und Korn,
Der selten unsre Richtersitze streift,
Ein Bauer, wie der Staat sie nötig hat,
Verständig redend, ohne Winkelzug,
Der immer rein und ohne Falsch gelebt.
Er rief: „Orest, des Agamemnons Sohn,
Verdient den Kranz, der, seinem Vater treu,
Die üble gottverlaßne Frau erschlug,
Die es vereitelt, daß noch je ein Mann
Sich waffnet und ins Feld zieht, weil im Haus
Sich Leute stürzen auf das Frauenvolk
Und frech beschimpfen das verlaßne Bett!"
Dem stimmten alle Guten zu. Man sprach
Nicht mehr. Da trat dein Bruder vor sie hin
Und rief: „Die ihr den Inachos umwohnt,
Nicht nur für meinen Vater, auch für euch
Traf ich die Mutter. Wenn der Männermord
Den Frauen offensteht, stirbt keiner mehr
Von selber, nur wenn seine Frau es will,
Und euer Leben ist von Grund verkehrt.
Ihn hat sein Weib verraten, und sie fiel

τέθνηκεν· εἰ δὲ δὴ κατακτενεῖτ' ἐμέ,   940
ὁ νόμος ἀνεῖται, κοὐ φθάνοι θνήσκων τις ἄν·
ὡς τῆς γε τόλμης οὐ σπάνις γενήσεται.
ἀλλ' οὐκ ἔπειθ' ὅμιλον, εὖ δοκῶν λέγειν.
νικᾷ δ' ἐκεῖνος ὁ κακὸς ἐν πλήθει λέγων,
ὃς ἠγόρευσε σύγγονον σέ τε κτανεῖν.   945
μόλις δ' ἔπεισε μὴ πετρουμένους θανεῖν
τλήμων 'Ορέστης· αὐτόχειρι δὲ σφαγῇ
ὑπέσχετ' ἐν τῇδ' ἡμέρᾳ λείψειν βίον
σὺν σοί. πορεύει δ' αὐτὸν ἐκκλήτων ἄπο
Πυλάδης δακρύων· σὺν δ' ὁμαρτοῦσιν φίλοι   950
κλαίοντες, οἰκτίροντες· ἔρχεται δέ σοι
πικρὸν θέαμα καὶ πρόσοψις ἀθλία.
ἀλλ' εὐτρέπιζε φάσγαν' ἢ βρόχον δέρῃ·
ὡς δεῖ λιπεῖν σε φέγγος· ἡ εὐγένεια δὲ
οὐδέν σ' ἐπωφέλησεν, οὐδ' ὁ Πύθιος   955
τρίποδα καθίζων Φοῖβος, ἀλλ' ἀπώλεσεν.

Ηλ κατάρχομαι στεναγμόν, ὦ Πελασγία,   ia⁶ στρ. 960
   τιθεῖσα λευκὸν ὄνυχα διὰ παρηίδων,   ia⁶
   αἱματηρὸν ἄταν,   cr ba
   κτύπον τε κρατός, ὃν ἔλαχ' ἁ κατὰ χθονὸς ia⁶
   νερτέρων Περσέφασσα καλλίπαις θεά.   cr² ia²⌣–

   Ἰαχείτω δὲ γᾶ Κυκλωπία,   ba cr ia² 965

Χο ὦ δυστάλαινα παρθέν', ὡς ξυνηρεφὲς   957
   πρόσωπον εἰς γῆν σὸν βαλοῦσ' ἄφθογγος εἶ,
   ὡς εἰς στεναγμοὺς καὶ γόους δραμουμένη.

Von meiner Hand; wenn ich da sterben muß,
Erlischt Gesetz: man stirbt nur mehr im Mord,
Und ungehindert blüht die freche Tat."
So gut er sprach, die Menge folgte nicht
Und ging mit jenem schlechten Mann, der ihr
Zu deiner Tötung und des Bruders riet.
Mit Müh gelangs Orest, die Steinigung
Euch zu erlassen; von dem eignen Schwert
Wollt er sein Leben enden, heute noch,
Mit dir. Vom Stimmplatz bringt ihn Pylades
Voll Tränen, und die Freunde folgen ihm
Mit lautem Seufzen. Bald erscheinen sie,
Ein bittrer Anblick, ach ein Jammerbild!
Nun sorge für ein Schwert, für einen Strick,
Denn sterben mußt du, und dein hoher Stamm
Hat nichts geholfen, noch der Pythier
Auf seinem Dreifuß: er ist euer Tod.

ab

ELEKTRAS KLAGELIED

Strophe

El   Nun höre meinen Schrei, Pelasgerland!
     Die weißen Nägel röten mein Gesicht
        Mit blutigen Spuren,
     Und dumpfer Schlag des Haupts erfreut das Herz
        Der unteren Herrscherin
        Persephoneia.
     Stöhne mit mir, kyklopisches Land,

σίδαρον ἐπὶ κάρα τιθεῖσα κούριμον,   ia⁶
πήματ' οἴκων.   cr–
ἔλεος ἔλεος ὅδ' ἔρχεται   ia⁴
τῶν θανουμένων ὕπερ,   cr ia²
στρατηλατᾶν Ἑλλάδος ποτ' ὄντων.   ia² cr ba   970

βέβακε γὰρ βέβακεν, οἴχεται τέκνων   ἀντ.
πρόπασα γέννα Πέλοπος ὅ τ' ἐπὶ μακαρίοις
ζῆλος ὤν ποτ' οἴκοις·
φθόνος νιν εἷλε θεόθεν, ἅ τε δυσμενὴς
φοινία ψῆφος ἐν πολίταις.   cr² ba   975

Ἰὼ ἰώ, πανδάκρυτ' ἐφαμέρων
ἔθνη πολύπονα, λεύσσεθ', ὡς παρ' ἐλπίδας
μοῖρα βαίνει.
ἕτερα δ' ἕτερος ἀμείβεται
πήματ' ἐν χρόνῳ μακρῷ·   980
βροτῶν δ' ὁ πᾶς ἀστάθμητος αἰών.

μόλοιμι τὰν οὐρανοῦ   ia² cr
μέσον χθονός τε τεταμέναν   ia⁴
αἰωρήμασι πέτραν,   ba cr
ἁλύσεσι χρυσέαισι φερομέναν δίναι-   ia⁴ ba–
σι βῶλον ἐξ Ὀλύμπου,   ia² ba
ἵν' ἐν θρήνοισιν ἀναβοάσω   ba cr ba
γέροντι πατρὶ Ταντάλῳ   ia⁴   985
ὃς ἔτεκεν ἔτεκε γενέτορας ἐμέθεν δόμων,   ia⁶
οἳ κατεῖδον ἄτας,   cr ba
ποτανὸν μὲν δίωγμα πώλων   ba cr ba

Schere die Locken vom Haupt
Um die Leiden des Fürstengeschlechts!
Jammer, Jammer brach herein
Uns todgeweihten
Kindern des Feldherrn,
Der Hellas gebot.

Gegenstrophe

Dahin, dahin ist unser ganzer Stamm,
Das stolze Haus aus Pelops' altem Blut,
  Das alle bestaunten.
Der Neid der Götter raffte es hinweg
  Und feindlicher, mordender
  Stimmstein der Bürger.
  Wehe du tränenvolles Geschlecht
  Tagmüder Menschen! O seht,
  Wie das Schicksal die Hoffnungen täuscht!
Leid löst nur die Leiden ab
In stetem Wechsel.
Leben der Menschen,
  Wer wägt sein Gewicht?

Schluß

O käm ich zum Felsen,
Der zwischen Himmel und Erde
Schwebend hängt am Olympos,
Wirbelnder Block an goldenen Ketten!
Wie wollte ich Klagen um Klagen
Tantalos, dem alten Ahnherrn,
Stöhnen ins Ohr, der die Väter, die Väter
Des Hauses gezeugt hat,
Die Zeugen des Fluchs,
Seit Pelops in wilder Jagd
Das vierfache Flügelgespann

τεθριπποβάμονι στόλῳ Πέλοψ ὅτε	ia⁶	
πελάγεσι διεδίφρευσε, Μυρτίλου φόνον	ia⁶	990
δικὼν ἐς οἶδμα πόντου,	ia² ba	
λευκοκύμοσιν	hyp	
πρὸς Γεραιστίαις	hyp	
ποντίων σάλων	hyp	
ἠόσιν ἁρματεύσας.	ch ba	
ὅθεν δόμοισι τοῖς ἐμοῖς	ia⁴	995
ἦλθ' ἀρὰ πολύστονος,	cr ia²	
λόχευμα ποιμνίοισι Μαιάδος τόκου,	ia⁶	
τὸ χρυσόμαλλον ἀρνὸς ὁπότ'	ia⁴	
ἐγένετο τέρας ὀλοὸν ὀλοὸν	ia⁴	
'Ατρέος ἱπποβώτα·	cr ba	1000
ὅθεν Ἔρις τό τε πτερωτὸν	tr⁴	
ἀλίου μετέβαλεν ἄρμα,	tr⁴	
τὰν πρὸς ἑσπέραν κέλευθον	tr⁴	
οὐρανοῦ προσαρμόσα-	tr² cr	
σα μονόπωλον ἐς Ἀῶ,	tr² ba	
ἑπταπόρου τε δράμημα Πελειάδος	da⁴	1005
εἰς ὁδὸν ἄλλαν Ζεὺς μεταβάλλει,	da⁴	
τῶνδέ τ' ἀμείβει θανάτους θανά-	ch da²	
των τά τ' ἐπώνυμα δεῖπνα Θυέστου	da⁴	
λέκτρα τε Κρήσσας 'Αερόπας δολί-	da⁴	
ας δολίοισι γάμοις· τὰ πανύστατα δ'	da⁴	1010
εἰς ἐμὲ καὶ γενέταν ἐμὸν ἤλυθε	da⁴	
δόμων πολυπόνοις ἀνάγκαις.	ba⌣tr²	

Χο καὶ μὴν ὅδε σὸς σύγγονος ἕρπει	an⁴	
ψήφῳ θανάτου κατακυρωθείς,		
ὅ τε πιστότατος πάντων Πυλάδης,		
ἰσάδελφος ἀνήρ, ἰθύνων		1015
νοσερὸν κῶλον 'Ορέστου,		
ποδὶ κηδοσύνῳ παράσειρος.		

Lenkte aufs Meer,
Und Myrtilos mördrisch
Stieß in die Fluten der See
Vom weißen Gischt
Der brandenden Küste Geraistos.
Das brachte dem Hause
Seufzerreiches Geschick,
Als in des roßreichen Atreus Stall
Lamm des Sohnes der Maja zur Welt kam,
Goldlockiges Lamm,
Ein schreckhaftes, schreckhaftes Zeichen.
Da brachte die Göttin des Streits
Den Flügelwagen der Sonne zur Umkehr
Ihre Fahrt gegen Abend
Bog sie zurück
Zum Fohlen der Eos.
Auch das Siebengestirn der Plejaden
Trieb Zeus auf andere Bahn;
Und immer noch schickt uns der alte Fluch
Tod auf Tod, schickt das Mahl des Thyest,
Schickt das trügende Bett der kretischen Frau.
Und schließlich, schließlich fuhr er auf mich,
Traf schon den Vater,
Im furchtbaren Zwang
Dieses alten Geschlechts.

VIERTE HAUPTSZENE

Chor

Da kommen sie schon, dein Bruder Orest,
Zum Tode verdammt durch den Stimmstein,
Und der Treuste von allen,
Sein Pylades, ganz einem Bruder gleich.
Er lenkt das kranke Gebein des Orest
Als Handpferd, mit sorgsamem Schritt.

Ηλ οἲ ἐγώ· πρὸ τύμβου γάρ σ' ὁρῶσ' ἀναστένω,
ἀδελφέ, καὶ πάροιθε νερτέρου πυρᾶς.
οἲ ἐγὼ μάλ' αὖθις· ὥς σ' ἰδοῦσ' ἐν ὄμμασιν   1020
πανυστάτην πρόσοψιν ἐξέστην φρενῶν.

Ορ οὐ σῖγ' ἀφεῖσα τοὺς γυναικείους γόους
στέρξεις τὰ κρανθέντ; οἰκτρὰ μὲν τάδ', ἀλλ' ὅμως.   1023
Ηλ καὶ πῶς σιωπῶ; φέγγος εἰσορᾶν θεοῦ   1025
τόδ' οὐκέθ' ἡμῖν τοῖς ταλαιπώροις μέτα.
Ορ σὺ μή μ' ἀπόκτειν'· ἅλις ὑπ' 'Αργείας χερὸς
τέθνηχ' ὁ τλήμων· τὰ δὲ παρόντ' ἔα κακά.
Ηλ ὦ μέλεος ἥβης σῆς, 'Ορέστα, καὶ πότμου
θανάτου τ' ἀώρου. ζῆν ἐχρῆν σ', ὅτ' οὐκέτ' εἶ.   1030
Ορ μὴ πρὸς θεῶν μοι περιβάλῃς ἀνανδρίαν,
ἐς δάκρυα πορθμεύουσ' ὑπομνήσει κακῶν.
Ηλ θανούμεθ'· οὐχ οἷόν τε μὴ στένειν κακά.
πᾶσιν γὰρ οἰκτρὸν ἡ φίλη ψυχὴ βροτοῖς.
Ορ τόδ' ἦμαρ ἡμῖν κύριον· δεῖ δ' ἢ βρόχους   1035
ἅπτειν κρεμαστοὺς ἢ ξίφος θήγειν χερί.
Ηλ σύ νύν μ', ἀδελφέ, μή τις 'Αργείων κτάνῃ
ὕβρισμα θέμενος τὸν 'Αγαμέμνονος γόνον.
Ορ ἅλις τὸ μητρὸς αἷμ' ἔχω· σὲ δ' οὐ κτενῶ,
ἀλλ' αὐτόχειρι θνῇσχ' ὅτῳ βούλῃ τρόπῳ.   1040
Ηλ ἔσται τάδ'· οὐδὲν σοῦ ξίφους λελείψομαι.
ἀλλ' ἀμφιθεῖναι σῇ δέρῃ θέλω χέρας.
Ορ τέρπου κενὴν ὄνησιν, εἰ τερπνὸν τόδε
θανάτου πέλας βεβῶσι, περιβαλεῖν χέρας.
Ηλ ὦ φίλτατ', ὦ ποθεινὸν ἥδιστόν τ' ἔχων   1045
τῆς σῆς ἀδελφῆς ὄνομα καὶ ψυχὴν μίαν.
Ορ ἔκ τοί μ' ἔτηξας· καί σ' ἀμείψασθαι θέλω

φέρειν σ' ἀνάγκη τὰς παρεστώσας τύχας.   1024

Elektra

O wehe, Bruder, was ich sehe, löst
Schon vor dem Grab die Totenklage aus!
Ja, wehe, wehe! Mein gebrochner Geist
Erblickt dich schon auf deinem letzten Weg.

Orestes

Laß diese Weiberklagen, halte dich
Ans schon Erfüllte! Schlimm ist es genug.

El Wie soll ich still sein, wo dies Sonnenlicht
Uns Unglückselgen nie mehr scheinen wird!

Or Du wirst mich töten, wenn du weiter klagst!
Genug, daß Argos mich getötet hat.

El O deine Jugend! Dieser frühe Tod!
Jetzt, wo du stirbst, fing erst dein Leben an!

Or Du machst mich noch zum Weib und bringst mich selbst
Zu Tränen, wenn du meine Leiden zählst.

El Soll unser Tod ganz ohne Klage sein?
Das liebe Leben tut uns allen leid!

Or Heut muß es sein: wir knüpfen ans Gebälk
Die Schlingen oder wetzen unser Schwert.

El Du wirst mirs tun, und keine fremde Hand
Macht Agamemnons Tochter zum Gespött!

Or Niemals! Der Mutter Blut ist mir genug.
Stirb, wie du willst, von deiner eignen Hand!

El So sei dein Schwert der Ruf zu meiner Tat! –
Nun gönne meinem Arm den lieben Hals!

Or Wenn man im Tode noch umarmen kann,
So komm und freu dich dieses kleinen Glücks!

El Mein Liebster, deiner Schwester süßer Traum!
Ihr Sehnen! Eine Seele, ich und du!

Or So geb ich deinen lieben Armen mich

φιλότητι χειρῶν. τί γὰρ ἔτ᾽ αἰδοῦμαι τάλας;
ὦ στέρν᾽ ἀδελφῆς, ὦ φίλον πρόσπτυγμ᾽ ἐμόν,
τάδ᾽ ἀντὶ παίδων καὶ γαμηλίου λέχους.   1050

Ηλ φεῦ·
πῶς ἂν ξίφος νὼ ταὐτόν, εἰ θέμις, κτάνοι   1052
καὶ μνῆμα δέξαιθ᾽ ἕν, κέδρου τεχνάσματα;

Ορ ἥδιστ᾽ ἂν εἴη ταῦθ᾽· ὁρᾷς δὲ δὴ φίλων
ὡς ἐσπανίσμεθ᾽, ὥστε κοινωνεῖν τάφου.   1055

Ηλ οὐδ᾽ εἶφ᾽ ὑπὲρ σοῦ, μὴ θανεῖν σπουδὴν ἔχων,
Μενέλαος ὁ κακός, ὁ προδότης τοὐμοῦ πατρός;

Ορ οὐδ᾽ ὄμμ᾽ ἔδειξεν, ἀλλ᾽ ἐπὶ σκήπτροις ἔχων
τὴν ἐλπίδ᾽, εὐλαβεῖτο μὴ σῴζειν φίλους.
ἀλλ᾽ εἶ᾽ ὅπως γενναῖα καὶ Ἀγαμέμνονος   1060
δράσαντε κατθανούμεθ᾽ ἀξιώτατα.
κἀγὼ μὲν εὐγένειαν ἀποδείξω πόλει,
παίσας πρὸς ἧπαρ φασγάνῳ· σὲ δ᾽ αὖ χρεὼν
ὅμοια πράσσειν τοῖς ἐμοῖς τολμήμασιν.
Πυλάδη, σὺ δ᾽ ἡμῖν τοῦ φόνου γενοῦ βραβεύς,   1065
καὶ κατθανόντοιν εὖ περίστειλον δέμας
θάψον τε κοινῇ πρὸς πατρὸς τύμβον φέρων.
καὶ χαῖρ᾽· ἐπ᾽ ἔργον δ᾽, ὡς ὁρᾷς, πορεύομαι.

Πυ ἐπίσχες. ἓν μὲν πρῶτά σοι μομφὴν ἔχω,
εἰ ζῆν με χρῄζειν σοῦ θανόντος ἤλπισας.   1070

Ορ τί γὰρ προσήκει κατθανεῖν σ᾽ ἐμοῦ μέτα;

Πυ ἤρου; τί δὲ ζῆν σῆς ἑταιρίας ἄτερ;

Ορ οὐκ ἔκτανες σὴν μητέρ᾽, ὡς ἐγὼ τάλας.

Πυ σὺν σοί γε κοινῇ· ταὐτὰ καὶ πάσχειν με δεῖ.

Ορ ἀπόδος τὸ σῶμα πατρί, μὴ σύνθνῃσκέ μοι.   1075
σοὶ μὲν γὰρ ἔστι πόλις, ἐμοὶ δ᾽ οὐκ ἔστι δή,
καὶ δῶμα πατρὸς καὶ μέγας πλούτου λιμήν.
γάμων δὲ τῆς μὲν δυσπότμου τῆσδ᾽ ἐσφάλης,

προσφθέγματ᾽ ἀμφοῖν τοῖς ταλαιπώροις πάρα.   1051

Gefangen und ich wehre mich nicht mehr!
O Schwesterbrust, wie lieb begrüßt du mich,
Die keinen Gatten und kein Kind gekannt!

El   O fielen wir vom gleichen Todesstreich
Und lägen dann im gleichen engen Sarg!

Or   O schönstes Ende! Niemand hab ich sonst,
Der seine Kammer mit mir teilen will.

El   Ja, hat denn der Verräter Menelas
Für dich und unsern Vater nichts gewagt?

Or   Er hob kein Lid. Er hofft auf meinen Thron.
Mich nicht zu retten, war er streng bedacht.
So laßt uns Agamemnons würdig sein,
Als echte Saat, in Taten und im Tod!
Mit diesem Schwert erweis ich meine Art
Und stoß es in mein Herz, dann nimms und tu
Die gleiche Tat im gleichen Wagemut.
Kampfrichter unsres Tods bleibt Pylades,
Der unsre Leichen wohl versehen wird
Und nah des Vaters Hügel sie begräbt.
So leb denn wohl, ich schreite schon zur Tat!

Pylades

Zurück! Das Eine hast du nicht bedacht,
Daß ich nicht leben werde ohne dich!

Or   Wer sagt denn, daß du mit mir sterben mußt?
Py   Und daß ich ohne dich noch leben darf?
Or   Du bist kein Muttermörder so wie ich.
Py   Wer dir geholfen, wird mit dir bestraft!
Or   O bleibe deinem Vater! Stirb nicht hier!
Du hast ein Vaterland (ich habe keins),
Dein Vaterhaus erstrahlt im höchsten Glück.
Verloren hast du nur die Ärmste hier,

ἦν σοι κατηγγύησ' ἑταιρίαν σέβων·
σὺ δ' ἄλλο λέκτρον παιδοποίησαι λαβών,   1080
κῆδος δὲ τοὐμὸν καὶ σὸν οὐκέτ' ἔστι δή.
ἀλλ', ὦ ποθεινὸν ὄμμ' ὁμιλίας ἐμῆς,
χαῖρ'· οὐ γὰρ ἡμῖν ἔστι τοῦτο, σοί γε μήν·
οἱ γὰρ θανόντες χαρμάτων τητώμεθα.

Πυ ἦ πολὺ λέλειψαι τῶν ἐμῶν βουλευμάτων.   1085
μήθ' αἷμά μου δέξαιτο κάρπιμον πέδον,
μὴ λαμπρὸς αἰθήρ, εἴ σ' ἐγὼ προδούς ποτε
ἐλευθερώσας τοὐμὸν ἀπολίποιμι σέ.
καὶ συγκατέκτανον γάρ, οὐκ ἀρνήσομαι,
καὶ πάντ' ἐβούλευσ' ὧν σὺ νῦν τίνεις δίκας·   1090
καὶ ξυνθανεῖν οὖν δεῖ με σοὶ καὶ τῇδ' ὁμοῦ.
ἐμὴν γὰρ αὐτήν, ἧς γε λέχος ἐπῄνεσα,
κρίνω δάμαρτα· τί γὰρ ἐρῶ κἀγώ ποτε
γῆν Δελφίδ' ἐλθὼν Φωκέων ἀκρόπτολιν,
ὃς πρὶν μὲν ὑμᾶς δυστυχεῖν φίλος παρῇ,   1095
νῦν δ' οὐκέτ' εἰμὶ δυστυχοῦντί σοι φίλος;
οὐκ ἔστιν. ἀλλά ταῦτα μὲν κἀμοὶ μέλει·

ἐπεὶ δὲ κατθανούμεθ', ἐς κοινοὺς λόγους
ἔλθωμεν, ὡς ἂν Μενέλεως συνδυστυχῇ.

Ορ ὦ φίλτατ', εἰ γὰρ τοῦτο κατθάνοιμ' ἰδών.   1100
Πυ πιθοῦ νυν, ἄμμεινόν τε φασγάνου τομάς.
Ορ μενῶ, τὸν ἐχθρὸν εἴ τι τιμωρήσομαι.
Πυ σίγα νυν· ὡς γυναιξὶ πιστεύω βραχύ.
Ορ μηδὲν τρέσῃς τάσδ'· ὡς πάρεισ' ἡμῖν φίλαι.
Πυ Ἑλένην κτάνωμεν, Μενέλεῳ λύπην πικράν.   1105
Ορ πῶς; τὸ γὰρ ἕτοιμον ἔστιν, εἴ γ' ἔσται καλῶς.
Πυ σφάξαντες. ἐν δόμοις δὲ κρύπτεται σέθεν.
Ορ μάλιστα· καὶ δὴ πάντ' ἀποσφραγίζεται.
Πυ ἀλλ' οὐκέθ', Ἅιδην νυμφίον κεκτημένη.
Ορ καὶ πῶς; ἔχει γὰρ βαρβάρους ὀπάονας.   1110
Πυ τίνας; Φρυγῶν γὰρ οὐδέν' ἂν τρέσαιμ' ἐγώ.
Ορ οἵους ἐνόπτρων καὶ μύρων ἐπιστάτας.

Die ich als nächstem Freund dir anverlobt.
In andrem Schoße zeuge deine Saat,
Da unsre Schwägerschaft in Nichts zerrann.
Leb wohl, du liebstes Auge, treuer Freund,
In einem Wohl, das uns vergangen ist.
Der Tote weiß von keinem Lebewohl.

Py   Du hast dich sehr in meinem Geist geirrt!
Der Erde Scholle und des Himmels Luft
Verstoße mich, wenn ich als falscher Freund
Mich rette und des eignen Weges geh!
Ich sag es frei: ich spann den ganzen Mord;
Für meine Pläne seid ihr schwer bestraft,
So muß auch euer Tod der meine sein.
Die Schwester aber, die du mir verlobt,
Ehr ich als Gattin. Soll in Delphi ich,
Im Phokerland, verstummen, wenn es heißt:
Ich war dein Freund, solang ihr glücklich wart,
In bösen Tagen ließ ich dich allein?
Niemals! Ich will an allem meinen Teil!

Umarmung

Der Tod ist uns gewiß. Doch laßt uns sehn,
Ob Menelas nicht unser Unglück teilt!

Or   O Lieber, könnt ich dies mit Augen schaun!
Py   Verschiebe deine Schwerttat, folge mir!
Or   Ich tue alles, was mich rächen kann.
Py   Doch stille! Diesen Frauen trau ich nicht.
Or   Befürchte nichts, sie stehen ganz zu uns.
Py   Wir töten Helena, sein höchstes Glück!
Or   Wie kanns geschehn? Sieh mich ganz bereit!
Py   Durchs Schwert! Sie ist in deinem Haus versteckt!
Or   Dort drinnen löst sie ihre Siegel auf.
Py   Bis Hades, ihr Verlobter, sie entführt!
Or   Sie hat sich viele Diener mitgebracht!
Py   Vor diesen Phrygern habe ich keine Angst ...
Or   ... vor ihren Spiegeln, ihren Spezerein!

Πυ τρυφάς γάρ ήκει δεῦρ' ἔχουσα Τρωικάς;
Ορ ὥσθ' Ἑλλὰς αὐτῇ σμικρὸν οἰκητήριον.
Πυ οὐδὲν τὸ δοῦλον πρὸς τὸ μὴ δοῦλον γένος.   1115
Ορ καὶ μὴν τόδ' ἔρξας δὶς θανεῖν οὐχ ἅζομαι.
Πυ ἀλλ' οὐδ' ἐγὼ μήν, σοί γε τιμωρούμενος.
Ορ τὸ πρᾶγμα δήλου καὶ πέραιν', ὅπως λέγεις.
Πυ ἔσιμεν ἐς οἴκους δῆθεν ὡς θανούμενοι.
Ορ ἔχω τοσοῦτον, τἀπίλοιπα δ' οὐκ ἔχω.   1120
Πυ γόους πρὸς αὐτὴν θησόμεσθ' ἃ πάσχομεν.
Ορ ὥστ' ἐκδακρῦσαί γ' ἔνδοθεν κεχαρμένην.
Πυ καὶ νῦν παρέσται ταῦθ' ἅπερ κείνῃ τότε.
Ορ ἔπειτ' ἀγῶνα πῶς ἀγωνιούμεθα;
Πυ κρύπτ' ἐν πέπλοισι τοισίδ' ἕξομεν ξίφη.   1125
Ορ πρόσθεν δ' ὀπαδῶν τίς ὄλεθρος γενήσεται;
Πυ ἐκκλῄσομεν σφᾶς ἄλλον ἄλλοσε στέγης.
Ορ καὶ τόν γε μὴ σιγῶντ' ἀποκτείνειν χρεών.
Πυ εἶτ' αὐτὸ δηλοῖ τοὔργον οἷ τείνειν χρεών.
Ορ Ἑλένην φονεύειν· μανθάνω τὸ σύμβολον.   1130
Πυ ἔγνως· ἄκουσον δ' ὡς καλῶς βουλεύομαι.
   εἰ μὲν γὰρ ἐς γυναῖκα σωφρονεστέραν
   ξίφος μεθεῖμεν, δυσκλεὴς ἂν ἦν φόνος·
   νῦν δ' ὑπὲρ ἁπάσης Ἑλλάδος δώσει δίκην,
   ὧν πατέρας ἔκτειν', ὧν δ' ἀπώλεσεν τέκνα,   1135
   νύμφας τ' ἔθηκεν ὀρφανὰς ξυναόρων.
   ὀλολυγμὸς ἔσται, πῦρ τ' ἀνάψουσιν θεοῖς,
   σοὶ πολλὰ κἀμοὶ κέδν' ἀρώμενοι τυχεῖν,
   κακῆς γυναικὸς οὕνεχ' αἷμ' ἐπράξαμεν.
   ὁ μητροφόντης δ' οὐ καλῇ ταύτην κτανών,   1140
   ἀλλ' ἀπολιπὼν τοῦτ' ἐπὶ τὸ βέλτιον πεσῇ,
   Ἑλένης λεγόμενος τῆς πολυκτόνου φονεύς.
   οὐ δεῖ ποτ', οὐ δεῖ, Μενέλεων μὲν εὐτυχεῖν,
   τὸν σὸν δὲ πατέρα καὶ σὲ κἄδελφὴν θανεῖν,
   μητέρα τε – ἐῶ τοῦτ'· οὐ γὰρ εὐπρεπὲς λέγειν –   1145
   δόμους δ' ἔχειν σοὺς δι' Ἀγαμέμνονος δόρυ
   λαβόντα νύμφην· μὴ γὰρ οὖν ζῴην ἔτι,
   ἢν μὴ 'π' ἐκείνῃ φάσγανον σπασώμεθα.

Py   So bringt sie Trojas Prunk nach Griechenland?
Or   In diese arme Bleibe, wie sie sagt.
Py   Was sind die Sklaven vor dem freien Mann!
Or   Gern sterb ich zweimal, wenn uns dies gelingt!
Py   Und ich mit euch, wenn ich euch rächen kann!
Or   Nun mach uns mit dem ganzen Plan bekannt!
Py   Wir gehn ins Haus, als gingen wir zum Tod.
Or   Das leuchtet ein, doch was erfolgt darauf?
Py   Wir brechen dort in lautes Klagen aus.
Or   Da weint sie mit, doch jubelt ihr das Herz.
Py   Uns selber geh es ebenso wie ihr!
Or   Und dann die Tat: wie wird sie ausgeführt?
Py   Die Schwerter tragen wir im Kleid versteckt.
Or   Wie werden ihre Diener weggeschafft?
Py   Sie werden eingeschlossen, da und dort.
Or   Und wer den Mund nicht hält, wird abgetan.
Py   Was noch geschehen muß, das zeigt sich bald.
Or   Hélena stirbt, das ist das Losungswort.
Py   Du kennst es. Höre unser gutes Recht:
     Wenn eine Frau wir träfen mit dem Schwert
     Von reiner Seele, wär es schlechter Ruhm;
     Die aber zahlt für alles Griechenvolk,
     Weil Väter sie, und Söhne umgebracht
     Und jungen Frauen ihre Männer nahm.
     Mit Jubelrufen brennt man Feuer ab
     Und ruft der Götter Segen uns herbei,
     Da blutig sie die böse Schuld beglich.
     Dann heißt du nicht mehr Muttermörder, nein,
     Dein Name wendet sich, du bist fortan
     Der Richter dieser großen Mörderin.
     Darf Menelas am Ruder sein und du
     Samt deiner Schwester und dem Vater tot?
     Von deiner Mutter schweig ich. Und dies Weib,
     Das Agamemnons Speer zurückgewann,
     Soll herrschen? Lieber bin ich tot, als daß
     Wir nicht die Waffe zücken gegen sie.

ἢν δ' οὖν τὸν Ἑλένης μὴ κατάσχωμεν φόνον,
πρήσαντες οἴκους τούσδε κατθανούμεθα.   1150
ἑνὸς γὰρ οὐ σφαλέντες ἕξομεν κλέος,
καλῶς θανόντες ἢ καλῶς σεσῳσμένοι.

Χο πάσαις γυναιξὶν ἀξία στυγεῖν ἔφυ
   ἡ Τυνδαρὶς παῖς, ἣ κατῄσχυνεν γένος.
Ορ φεῦ·
   οὐκ ἔστιν οὐδὲν κρεῖσσον ἢ φίλος σαφής,   1155
   οὐ πλοῦτος, οὐ τυραννίς· ἀλόγιστον δέ τι
   τὸ πλῆθος ἀντάλλαγμα γενναίου φίλου.
   σὺ γὰρ τά τ' εἰς Αἴγισθον ἐξηῦρες κακὰ
   καὶ πλησίον παρῆσθα κινδύνων ἐμοί,
   νῦν τ' αὖ δίδως μοι πολεμίων τιμωρίαν   1160
   κοὐκ ἐκποδὼν εἶ – παύσομαί σ' αἰνῶν, ἐπεὶ
   βάρος τι κἂν τῷδ' ἐστίν, αἰνεῖσθαι λίαν.
   ἐγὼ δὲ πάντως ἐκπνέων ψυχὴν ἐμὴν
   δράσας τι χρῄζω τοὺς ἐμοὺς ἐχθροὺς θανεῖν,
   ἵν' ἀνταναλώσω μὲν οἵ με προύδοσαν,   1165
   στένωσι δ' οἵπερ κἄμ' ἔθηκαν ἄθλιον.
   Ἀγαμέμνονός τοι παῖς πέφυχ', ὃς Ἑλλάδος
   ἦρξ' ἀξιωθείς, οὐ τύραννος, ἀλλ' ὅμως
   ῥώμην θεοῦ τιν' ἔσχε· ὃν οὐ καταισχυνῶ
   δοῦλον παρασχὼν θάνατον, ἀλλ' ἐλευθέρως   1170
   ψυχὴν ἀφήσω, Μενέλεων δὲ τείσομαι.
   ἑνὸς γὰρ εἰ λαβοίμεθ', εὐτυχοῖμεν ἄν,
   εἴ ποθεν ἄελπτος παραπέσοι σωτηρία
   κτανοῦσι μὴ θανοῦσιν· εὔχομαι τάδε.
   ὃ βούλομαι γάρ, ἡδὺ καὶ διὰ στόμα   1175
   πτηνοῖσι μύθοις ἀδαπάνως τέρψαι φρένα.
Ηλ ἐγώ, κασίγνητ', αὐτὸ τοῦτ' ἔχειν δοκῶ,
   σωτηρίαν σοὶ τῷδέ τ' ἐκ τρίτων τ' ἐμοί.
Ορ θεοῦ λέγεις πρόνοιαν. ἀλλὰ ποῦ τόδε;
   ἐπεὶ τὸ συνετόν γ' οἶδα σῇ ψυχῇ παρόν.   1180

Mißlingt uns dieser Mord, so legen wir
Hier Feuer an und sterben in der Glut.
Denn dieser eine Ruhm bleibt uns gewiß:
Statt froher Rettung winkt ein stolzer Tod.

Chorführerin

Die Tyndarstochter hat ihr Haus entehrt!
Von Grund auf ist sie jeder Frau verhaßt.

Or   Nichts auf der Welt steht treuem Freund voran,
Nicht Gold, nicht Macht: Kein kluger Rechner tauscht
Den Einen gegen große Zahlen aus.
Da hast den Tod geschmiedet dem Aigisth
Und halfst mir in den Stunden der Gefahr;
Nun lehrst du mich die Rache an dem Feind
Und bleibst mir nah – doch ende ich mein Lob,
Das Übermaß hat keinen noch beglückt.
So oder so hauch ich mein Leben aus,
Da tu ich alles für der Feinde Tod:
Die mich verrieten, werden ausgelöscht
Und büßen sollen, die mich arm gemacht.
Agamemnon, der einst Griechenland befahl,
Erwählter Fürst, kein Zwingherr, göttergleich,
Hat mich gezeugt, und nie beschäm ich ihn
Mit feilem Sklaventod: von eigner Hand
Verscheid ich – und bestrafe Menelas.
Nur eines überstiege dieses Glück:
Die unverhoffte Rettung! Töten, doch
Nicht streben müssen: dies ist mein Gebet,
Ein flüchtig Wort, das leicht dem Mund entschwebt
Und mühelos das schwere Herz erquickt.
El   Ich glaub, ich habs gefunden, Bruderherz,
Rettung für dich und ihn und auch für mich.
Or   Ein Gott hat dirs gegeben. Sprich es aus,
In deiner Seele wohnte stets Verstand.

88 'Ορέστης

Ηλ ἄκουε δή νυν· καὶ σὺ δεῦρο νοῦν ἔχε.
Ορ λέγ'· ὡς τὸ μέλλειν ἀγάθ' ἔχει τιν' ἡδονήν.
Ηλ 'Ελένης κάτοισθα θυγατέρ'; εἰδότ' ἡρόμην.
Ορ οἶδ', ἣν ἔθρεψεν 'Ερμιόνην μήτηρ ἐμή.
Ηλ αὕτη βέβηκε πρὸς Κλυταιμήστρας τάφον.   1185
Ορ τί χρῆμα δράσουσ'; ὑποτίθης τίν' ἐλπίδα;
Ηλ χοὰς κατασπείσουσ' ὑπὲρ μητρὸς τάφῳ.
Ορ καὶ δὴ τί μοι τοῦτ' εἶπας ἐς σωτηρίαν;
Ηλ ξυλλάβεθ' ὅμηρον τήνδ', ὅταν στείχῃ πάλιν.
Ορ τίνος τόδ' εἶπας φάρμακον τρισσοῖς φίλοις;   1190
Ηλ 'Ελένης θανούσης, ἤν τι Μενέλεώς σε δρᾷ
   ἢ τόνδε κἀμέ – πᾶν γὰρ ἓν φίλον τόδε –
   λέγ' ὡς φονεύσεις 'Ερμιόνην· ξίφος δὲ χρὴ
   δέρῃ πρὸς αὐτῇ παρθένου σπάσαντ' ἔχειν.
   κἂν μέν σε σῴζῃ μὴ θανεῖν χρῄζων κόρην   1195
   Μενέλαος, 'Ελένης πτῶμ' ἰδὼν ἐν αἵματι,
   μέθες πεπᾶσθαι πατρὶ παρθένου δέμας·
   ἢν δ' ὀξυθύμου μὴ κρατῶν φρονήματος
   κτείνῃ σε, καὶ σὺ σφάζε παρθένου δέρην.
   καί νιν δοκῶ, τὸ πρῶτον ἢν πολὺς παρῇ,   1200
   χρόνῳ μαλάξειν σπλάγχνον· οὔτε γὰρ θρασὺς
   οὔτ' ἄλκιμος πέφυκε. τήνδ' ἡμῖν ἔχω
   σωτηρίας ἔπαλξιν. εἴρηται λόγος.
Ορ ὦ τὰς φρένας μὲν ἄρσενας κεκτημένη,
   τὸ σῶμα δ' ἐν γυναιξὶ θηλείαις πρέπον,   1205
   ὡς ἀξία ζῆν μᾶλλον ἢ θανεῖν ἔφυς.
   Πυλάδη, τοιαύτης ἆρ' ἁμαρτήσῃ τάλας
   γυναικὸς ἢ ζῶν μακάριον κτήσῃ λέχος.
Πυ εἰ γὰρ γένοιτο, Φωκέων δ' ἔλθοι πόλιν
   καλοῖσιν ὑμεναίοισιν ἀξιουμένη.   1210
Ορ ἥξει δ' ἐς οἴκους 'Ερμιόνη τίνος χρόνου;
   ὡς τἆλλα γ' εἶπας, εἴπερ εὐτυχήσομεν,
   κάλλισθ', ἑλόντες σκύμνον ἀνοσίου πατρός.
Ηλ καὶ δὴ πέλας νιν δωμάτων εἶναι δοκῶ·
   τοῦ γὰρ χρόνου τὸ μῆκος αὐτὸ συντρέχει.   1215
Ορ καλῶς· σὺ μέν νυν, σύγγον' 'Ηλέκτρα, δόμων

El Hört, was ich sage, du und Pylades!
Or Mit Freuden hört man frohe Botschaft an.
El Du kennst das Töchterchen der Helena ...
Or Hermione, der Mutter Pflegekind.
El Sie ging hinaus zu Klytaimestras Grab.
Or Was hat sie Hoffnungsvolles dort getan?
El Statt ihrer Mutter goß sie Spenden aus.
Or Und welche Rettung liegt in diesem Gang?
El Faßt sie als Geisel, wenn sie wiederkommt!
Or Das ist der Zaubertrank für alle drei?
El Stirbt Helena und Menelas bedroht
    Dich, diesen oder mich (wir drei sind eins),
    Sag, seine Tochter stirbt mit ihr und zieh
    Das Schwert und setz es an des Mädchens Hals!
    Wenn Menelas, der schon sein Weib verlor,
    Das Kind behalten will und dich beschützt,
    So gib dem Vater seine Tochter frei;
    Doch wenn er seine Feindschaft nicht begräbt
    Und dich bedroht, durchschneide ihren Hals!
    Ich glaube, hat er einmal ausgetobt,
    Wird er sein Herz erweichen, denn er ist
    Nicht kühn, nicht streitbar von Natur. Dies ist
    Mein Turm der Rettung. Alles ist gesagt.
Or Obwohl dich jede Frauenschönheit ziert,
    So hast du doch des Mannes starken Sinn.
    Du bist des Lebens, nicht des Todes wert!
    Du siehst, mein Pylades, was du verlierst,
    Und was dich ewig glücklich machen kann.
Py Könnt es geschehn, daß du nach Phokis kommst!
    Das schönste Hochzeitslied erwartet dich.
Or Wann kommt Hermione zurück? Dein Plan
    Ist gut, doch braucht er noch das Glück,
    Daß Vaters Lamm uns in die Arme läuft.
El Sie muß schon nah bei unsrem Hause sein;
    Die abgelaufne Stunde sagt es an!
Or Gut so! Nun warte, liebe Schwester, hier

πάρος μένουσα παρθένου δέχου πόδα,
φύλασσε δ' ἤν τις, πρὶν τελευτηθῇ φόνος,   1218
ἐλθὼν ἐς οἴκους φθῇ, γέγωνέ τ' ἐς δόμους,   1220
ἢ σανίδα παίσασ' ἢ λόγους πέμψασ' ἔσω·
ἡμεῖς δ' ἔσω στείχοντες ἐπὶ τὸν ἔσχατον
ἀγῶν' ὁπλιζώμεσθα φασγάνῳ χέρας.   1223

ὦ δῶμα ναίων νυκτὸς ὀρφναίας πάτερ,   1225
καλεῖ σ' 'Ορέστης παῖς σὸς ἐπίκουρον μολεῖν
τοῖς δεομένοισι. διὰ σὲ γὰρ πάσχω τάλας
ἀδίκως· προδέδομαι δ' ὑπὸ κασιγνήτου σέθεν,
δίκαια πράξας· οὗ θέλω δάμαρθ' ἑλὼν
κτεῖναι· σὺ δ' ἡμῖν τοῦδε συλλήπτωρ γενοῦ.   1230
Ηλ ὦ πάτερ, ἱκοῦ δῆτ', εἰ κλύεις ἔσω χθονὸς
τέκνων καλούντων, οἳ σέθεν θνῇσκουσ' ὕπερ.
Πυ ὦ συγγένεια πατρὸς ἐμοῦ, κἀμὰς λιτάς,
'Αγάμεμνον, εἰσάκουσον· ἔκσωσον τέκνα.
Ορ ἔκτεινα μητέρα –
Ηλ   ἡψάμην δ' ἐγὼ ξίφους –   1235
Πυ ἐγὼ δὲ προυβούλευσα κἀπέλυσ' ὄκνου.
Ορ σοί, πάτερ, ἀρήγων.
Ηλ   οὐδ' ἐγὼ προύδωκά σε.
Πυ οὔκουν ὀνείδη τάδε κλύων ῥύσῃ τέκνα;
Ορ δακρύοις κατασπένδω σε.
Ηλ   ἐγὼ δ' οἴκτοισί γε.
Πυ παύσασθε, καὶ πρὸς ἔργον ἐξορμώμεθα.   1240
εἴπερ γὰρ εἴσω γῆς ἀκοντίζουσ' ἀραί,
κλύει. σὺ δ', ὦ Ζεῦ πρόγονε καὶ Δίκης σέβας,
δότ' εὐτυχῆσαι τῷδ' ἐμοί τε τῇδέ τε·
τρισσοῖς φίλοις γὰρ εἷς ἀγών, δίκη μία,
ἢ ζῆν ἅπασιν ἢ θανεῖν ὀφείλεται.   1245

ἢ ξύμμαχός τις ἢ κασίγνητος πατρός,   1219
Πυλάδη· σὺ γὰρ δὴ συμπονεῖς ἐμοὶ πόνους.   1224

Vorm Hause auf des Mädchens nahen Schritt!
Gib acht, ob einer noch vor unsrer Tat
Dem Haus sich nähert. Meld es schnell hinein,
Klopf an das Hoftor oder ruf es laut!
Wir aber treten ein zum letzten Kampf
Und nehmen unsre Schwerter in die Hand.

sie knien

O Vater, aus dem Haus der finstern Nacht
Hör deinen Sohn Orest und steh ihm bei!
Wir brauchen dich. Um deinetwillen leid
Ich Schlimmstes vom Verräter Menelas
Und tat kein Unrecht. Töt ich nun sein Weib,
Mußt du der Helfer sein bei dieser Tat!

El   Von drunten höre deine Kinder an,
Um deinetwillen gehn sie in den Tod!

Py   Verwandter meines Bluts, so hör auch mich:
Agamemnon, hilf den Kindern, rette sie!

Or   Ich schlug die Mutter tot!

El   Und meine Hand!

Py   Ich selbst erdachte euren ganzen Plan.

Or   Ich half dir, Vater!

El   Nie verriet ich dich!

Py   Hör ihren Vorwurf, rette sie vom Tod!

Or   Ich weih dir Tränen!

El   Ich den Klagelaut!

Py   Nun scheigt, wir gehen jetzt an unser Werk!
Wenn je ein Schrei in Erdentiefen stieß,
So hört er. Dike! Unsrer Väter Zeus!
Gebt euren Segen, ihm und mir und ihr!
Drei Freunde kämpfen um ihr eines Recht,
Uns allen winkt das Leben, droht der Tod.

beide treten ein

Ηλ Μυκηνίδες ὦ φίλιαι,   ⌣hem   στρ.
τὰ πρῶτα κατὰ Πελασγὸν ἕδος Ἀργείων. do²

Χο τίνα θροεῖς αὐδάν, πότνια; παραμένει   do²
γὰρ ἔτι σοι τόδ᾽ ἐν Δαναϊδῶν πόλει.   do²   1250
Ηλ στῆθ᾽ αἱ μὲν ὑμῶν τόνδ᾽ ἀμαξήρη τρίβον,   ia⁶
αἱ δ᾽ ἐνθάδ᾽ ἄλλον οἷμον ἐς φρουρὰν δόμων. ia⁶
Χο τί δέ με τόδε χρέος ἀπύεις;   ia⁴
ἔνεπέ μοι, φίλα.   do
Ηλ φόβος ἔχει με μή τις ἐπὶ δώμασι   do²   1255
σταθεὶς ἐπὶ φοίνιον αἷμα   ⌣hem⌣
πήματα πήμασιν ἐξεύρῃ.   hem sp

Ημ χωρεῖτ᾽, ἐπειγώμεσθ᾽· ἐγὼ μὲν οὖν τρίβον ia⁶
τόνδ᾽ ἐκφυλάξω, τὸν πρὸς ἡλίου βολάς.   ia⁶
Ημ καὶ μὴν ἐγὼ τόνδ᾽, ὃς πρὸς ἑσπέραν φέρει. ia⁶   1260
Ηλ δόχμιά νυν κόρας διάφερ᾽ ὀμμάτων.   do²
Χο ἐκεῖθεν ἐνθάδ᾽, εἶτα παλινσκοπιὰν   ia²⌣hem
ἔχομεν, ὡς θροεῖς.   do   1265

Ηλ ἑλίσσετέ νυν βλέφαρα,   ἀντ.

DRITTES STANDLIED

Wechsellied

Strophe

Elektra

Mykenierinnen, ihr lieben,
Stolzeste Frauen
Des Landes!

Chor

Fürstin, was ist dein Geheiß?
Denn Fürstin bist du geblieben!
El Stellt euch am Fahrweg auf, die einen hier,
Die andern dort, und achtet des Palasts!
Ch Und warum soll dies alles geschehn,
Warum, meine Liebe?
El Ich fürchte, daß einer hier eindringt,
Wenn die Tat sich vollzieht,
Und daß er das Schlimmste uns häuft.

Halbchor

Geht, eilen wir, ich werde diesen Pfad
Bewachen, der zum Sonnenaufgang führt.
Hch Ich diesen nach des Tages Untergang.
El Nun dreht die Sterne des Augs!
Ch Von hier nach dort, von dort nach hier:
Wir tun, wie du sagtest.

Gegenstrophe

El Laßt kreisen die spähenden Augen,

κόραισι δίδοτε πάντα διὰ βοστρύχων.

Ημ ὅδε τις ἐν τρίβῳ; πρόσεχε, τίς ὅδ' ἄρ' ἀμ-
φὶ μέλαθρον πολεῖ σὸν ἀγρότας ἀνήρ;   1270
Ηλ ἀπωλόμεσθ' ἄρ', ὦ φίλαι· κεκρυμμένους
θῆρας ξιφήρεις αὐτίκ' ἐχθροῖσιν φανεῖ.
Ημ ἄφοβος ἔχε· κενός, ὦ φίλα,
στίβος ὃν οὐ δοκεῖς.
Ηλ τί δέ; τὸ σὸν βέβαιον ἔτι μοι μένει;   1275
δὸς ἀγγελίαν ἀγαθάν τιν'
εἰ τάδ' ἔρημα τὰ πρόσθ' αὐλᾶς.
Ημ καλῶς τά γ' ἐνθένδ'. ἀλλὰ τἀπὶ σοῦ σκόπει·
ὡς οὗτις ἡμῖν Δαναϊδῶν πελάζεται.
Ημ ἐς ταὐτὸν ἥκεις· καὶ γὰρ οὐδὲ τῇδ' ὄχλος.   1280
Ηλ φέρε νυν ἐν πύλαισιν ἀκοὰν βάλω.
Χο τί μέλλεθ' οἱ κατ' οἶκον ἐν ἡσυχίᾳ
σφάγια φοινίσσειν;   1285

Ηλ οὐκ εἰσακούουσ'· ὦ τάλαιν' ἐγὼ κακῶν.   ia⁶
ἆρ' ἐς τὸ κάλλος ἐκκεκώφηται ξίφη;   ia⁶
τάχα τις 'Αργείων ἔνοπλος ὁρμήσας   do²
ποδὶ βοηδρόμῳ μέλαθρα προσμείξει.   do²   1290
σκέψασθέ νυν ἄμεινον· οὐχ ἕδρας ἀγών·   ia⁶
ἀλλ' αἳ μὲν ἐνθάδ', αἳ δ' ἐκεῖσ' ἐλίσσετε.   ia⁶
Χο ἀμείβω κέλευθον σκοποῦσα πάντη.   ba² ia²- 1295

Ελ Ἰὼ Πελασγὸν "Αργος, ὄλλυμαι κακῶς.   ia⁶
Χο ἠκούσαθ'; ἄνδρες χεῖρ' ἔχουσιν ἐν φόνῳ.   ia⁶
'Ελένης τὸ κώκυμ' ἐστίν, ὡς ἀπεικάσαι.   ia⁶
Ηλ ὦ Διός, ὦ Διὸς ἀέναον κράτος,   da⁴
ἐλθ' ἐπίκουρος ἐμοῖσι φίλοισι πάντως.   da²-ba   1300

Laßt durch die Locken
Sie dringen!

Hch Kommt da nicht einer des Wegs,
Ein Bauer, ein Gast der Gemächer?

El Wir sind verloren, er verrät dem Feind
Die Löwen, die mit Schwertern hier versteckt!

Hch Sei getrost, unsre Straße ist leer,
Der Pfad, den du fürchtest.

El Und ist euer Weg dort so sicher?
Gib den guten Bescheid;
Ists ringsherum still um den Hof?

Hch Hier wohl, doch späht nur eure Straße aus,
Ob kein Argiver seines Weges zieht!

Hch Hier ganz das gleiche: niemand ist zu sehn.

El Nun laßt mich lauschen am Tor!

Ch Ihr drinnen, ach, was säumt ihr noch,
Die Opfer zu töten?

Schluß

El Sie hören nicht! Ach, alles ist vorbei,
Das schöne Weib macht alle Schwerter stumpf!
Wie leicht kann hier ein Mann mit Waffen noch
Im Haus erscheinen, Helena befrein!
Paßt schärfer auf! Hier ist nicht Ruhezeit!
Schwenkt ihr zur Linken hin und ihr nach rechts!

Ch Wir wechseln die Straße
Und spähen umher!

Helena *von innen*

Pelasgerstadt, man mordet mich dahin!

Hch Habt ihr gehört? Die Männer sind am Werk!

Hch Ich glaube, das ist Helenas Geschrei!

El Allewge Macht des Zeus!
O Zeus! So hilf, so hilf meinen Lieben!

Ελ Μενέλαε, θνήσκω· σὺ δὲ παρών μ' οὐκ ὠφελεῖς.　ia⁶
Ηλ φονεύετε, καίνετε,　　　　　　　　　　　 ⏑da²
　　 ὄλλυτε, δίπτυχα δίστομα φάσγανα　　　　da⁴
　　 ἐκ χερὸς ἱέμενοι　　　　　　　　　　　 ia²-
　　 τὰν λιποπάτορα λιπόγαμον, ἃ　　　　　　ia⁴　　 1305
　　 πλείστους ἔκανεν 'Ελλάνων　　　　　　　 ia²-sp
　　 δορὶ παρὰ ποταμὸν ὀλομένους,　　　　　ia⁴
　　 ὅθι δάκρυα δάκρυσιν ἔπεσεν　　　　　　 ia⁴
　　 σιδαρέοισι βέλεσιν ἀμ-　　　　　　　　ia⁴
　　 φὶ τὰς Σκαμάνδρου δίνας.　　　　　　　ia²-sp　 1310

Χο σιγᾶτε σιγᾶτ'· ἠσθόμην κτύπου τινὸς
　　 κέλευθον ἐσπεσόντος ἀμφὶ δώματα.

Ηλ ὦ φίλταται γυναῖκες, ἐς μέσον φόνον
　　 ἥδ' 'Ερμιόνη πάρεστι· παύσωμεν βοήν.
　　 στείχει γὰρ ἐσπεσοῦσα δικτύων βρόχους.　　1315
　　 καλὸν τὸ θήραμ', ἢν ἁλῷ, γενήσεται.

　　 πάλιν κατάστηθ' ἡσύχῳ μὲν ὄμματι,
　　 χρόᾳ δ' ἀδήλῳ τῶν δεδραμένων πέρι·
　　 κἀγὼ σκυθρωποὺς ὀμμάτων ἔξω κόρας,
　　 ὡς δῆθεν οὐκ εἰδυῖα τἀξειργασμένα.　　　1320

He *von innen*
    Ich sterbe, Menelas! Was hilfst du nicht?

El   Mordet, tötet, erschlagt,
    Die den Vater verließ,
    Die den Mann verließ!
    Heraus eure Schwerter,
    Mit doppelten Klingen!
    Sie hat tausend Griechen den Tod gebracht,
    Sie fielen am Fluß in der Schlacht,
    Als von eiserner Pfeile Gewalt
    An Skamandros' Wirbeln
    Träne auf Träne herabsank.

FÜNFTE HAUPTSZENE

Chorführerin

Still, still, ich hör von Schritten einen Lärm,
Der sich dem Hause nähert auf dem Weg.

Elektra

O liebste Fraun, da kommt Hermione
Gerade recht zum Mord. Kein Jubel mehr!
Die Schlingen unsrer Netze warten schon:
O welche Beute, wenn der Fang gelingt!

sie klopft ans Tor

Steht stillen Augs, die Farbe des Gesichts
Verrate nichts von dem, was hier geschieht!
Ich selber fülle meinen Blick mit Schmerz,
Als wüßt ich nichts von der vollbrachten Tat.

ὦ παρθέν', ἥκεις τὸν Κλυταιμήστρας τάφον
στέψασα καὶ σπείσασα νερτέροις χοάς;

Ἑρμιόνη

ἥκω, λαβοῦσα πρευμένειαν. ἀλλά μοι
φόβος τις εἰσελήλυθ', ἥντιν' ἐν δόμοις
τηλουρὸς οὖσα δωμάτων κλύω βοήν.   1325
Ηλ τί δ'; ἄξι' ἡμῖν τυγχάνει στεναγμάτων.
Ερ εὔφημος ἴσθι· τί δὲ νεώτερον λέγεις;
Ηλ θανεῖν Ὀρέστην κἄμ' ἔδοξε τῇδε γῇ.
Ερ μὴ δῆτ', ἐμοῦ γε συγγενεῖς πεφυκότας.
Ηλ ἄραρ'· ἀνάγκης δ' ἐς ζυγὸν καθέσταμεν.   1330
Ερ ἦ τοῦδ' ἕκατι καὶ βοὴ κατὰ στέγας;
Ηλ ἱκέτης γὰρ Ἑλένης γόνασι προσπεσὼν βοᾷ –
Ερ τίς; οὐδὲν οἶδα μᾶλλον, ἢν σὺ μὴ λέγῃς.
Ηλ τλήμων Ὀρέστης· μὴ θανεῖν, ἐμοῦ θ' ὕπερ.
Ερ ἐπ' ἀξίοισί τἄρ' ἀνευφημεῖ δόμος.   1335
Ηλ περὶ τοῦ γὰρ ἄλλου μᾶλλον ἂν φθέγξαιτό τις;
     ἀλλ' ἐλθὲ καὶ μετάσχες ἱκεσίας φίλοις,
     σῇ μητρὶ προσπεσοῦσα τῇ μέγ' ὀλβίᾳ,
     Μενέλαον ἡμᾶς μὴ θανόντας εἰσιδεῖν.
     ἀλλ', ὦ τραφεῖσα μητρὸς ἐν χεροῖν ἐμῆς,   1340
     οἴκτιρον ἡμᾶς κἀπικούφισον κακῶν.
     ἴθ' εἰς ἀγῶνα δεῦρ', ἐγὼ δ' ἡγήσομαι·
     σωτηρίας γὰρ τέρμ' ἔχεις ἡμῖν μόνη.
Ερ ἰδού, διώκω τὸν ἐμὸν ἐς δόμους πόδα.
     σώθηθ' ὅσον γε τοὐπ' ἐμέ.
Ηλ   ὦ κατὰ στέγας   1345
     φίλοι ξιφήρεις, οὐχὶ συλλήψεσθ' ἄγραν;

Ερ οἲ ἐγώ· τίνας τούσδ' εἰσορῶ;

zu Hermione

Hast du, mein Kind, der Klytaimestra Grab
Mit Binden und mit Spenden wohl bedacht?

        Hermione

Ich bringe ihren Segen. Doch befiel
Mich Furcht, als ich von ferne lauten Schrei
Vernahm, der wie aus diesem Hause klang.

El   Was uns befiel, will laut beschrieen sein!
Her O wildes Wort! Was ist dein neuer Schmerz?
El   Das Volk verhing Orest und mir den Tod.
Her Das darf nicht sein, ihr seid von meinem Blut!
El   Es ist geschehn. Wir beugen uns dem Joch ...
Her Und deshalb diese Rufe im Gemach?
El   Laut schreiend fiel er hin vor Helena ...
Her Wer fiel? Ich weiß nichts, außer was du sagst.
El   Orestes! Um sein Leben und für mich!
Her Sein Schrei hat dieses Haus mit Recht erfüllt.
El   Nichts andres hätte wilderen verdient.
     So komm und stehe deinen Lieben bei,
     Umklammre deiner stolzen Mutter Knie,
     Daß Menelas uns doch am Leben läßt!
     O Kind, das meine Mutter auferzog,
     Erbarm dich unser, hilf uns aus der Not,
     Geh gleich ans Werk und folge mir hinein,
     Das Ziel der Rettung liegt in deiner Hand.
Her Schon eilt mein Fuß, ich tue, was ich kann
     Für euer Heil!
El   Ihr Freunde drinnen, hört
     Und zückt das Schwert. Die Beute lief ins Garn.

        sie treten heraus

Her Weh mir, wen seh ich?

Ορ   σιγᾶν χρεών·
ἡμῖν γὰρ ἥκεις, οὐχὶ σοί, σωτηρία.

Ηλ   ἔχεσθ᾽ ἔχεσθε· φάσγανον δὲ πρὸς δέρῃ
βάλλοντες ἡσυχάζεθ᾽, ὡς εἰδῇ τόδε   1350
Μενέλαος, οὕνεκ᾽ ἄνδρας, οὐ Φρύγας κακούς,
εὑρὼν ἔπραξεν οἷα χρὴ πράσσειν κακούς.

Χο   ἰὼ ἰὼ φίλαι,   do   στρ.
κτύπον ἐγείρετε, κτύπον καὶ βοὰν   do²
πρὸ μελάθρων, ὅπως ὁ πραχθεὶς φόνος   do²

μὴ δεινὸν Ἀργείοισιν ἐμβάλῃ φόβον,   ia⁶   1355
βοηδρομῆσαι πρὸς δόμους τυραννικούς,   ia⁶
πρὶν ἐτύμως ἴδω τὸν Ἑλένας φόνον   do²
καθαιμακτὸν ἐν δόμοις κείμενον,   do²

ἢ καὶ λόγον του προσπόλων πυθώμεθα·   ia⁶
τὰ μὲν γὰρ οἶδα συμφορᾶς, τὰ δ᾽ οὐ σαφῶς.   ia⁶   1360

διὰ δίκας ἔβα θεῶν   cr ia²
νέμεσις ἐς Ἑλέναν.   do
δακρύοισι γὰρ Ἑλλάδ᾽ ἅπασαν ἔπλησε,   an⁴⌣
διὰ τὸν ὀλόμενον ὀλόμενον Ἰδαῖον   do²
Πάριν, ὃς ἄγαγ᾽ Ἑλλάδ᾽ εἰς Ἴλιον.   do²   1365

ἀλλὰ κτυπεῖ γὰρ κλῇθρα βασιλείων δόμων,   ia⁶   1366
σιγήσατ᾽· ἔξω γάρ τις ἐκβαίνει Φρυγῶν,
οὗ πευσόμεσθα τὰν δόμοις ὅπως ἔχει.

Orestes

Augenblicklich still!
Du kamst, um uns zu retten, nicht für dich.
El   Packt zu, packt zu! Mit eurem Schwert am Hals
Wird sie schon Ruhe geben! Menelas
Wird Männer, keine feigen Phryger sehn,
Und seine Schurkerei wird voll bezahlt!

sie führen Hermione hinein

VIERTES STANDLIED

Chor

Strophe

Auf, auf, ihr Lieben,
Schlagt, schlagt euer Haupt, klagt laut
Vor dem Tor des Palasts,
Daß das Morden hier drinnen
Das Volk von Argos nicht in Schrecken jagt
Und sie dem Herrscher nicht zu Hilfe ziehn,
Bevor wir noch Helena blutend
Liegen gesehen im Haus
Mit eigenen Augen!
Noch hat kein Sklave uns ein Wort gesagt,
Wir wissen nur zur Hälfte, was geschieht.
Durch Dikes Arm
Fiel die Strafe der Götter
Auf dieses Weib!
Sie hat Griechenland
In Tränen gebadet
Für den elenden, elenden Mann
Vom Ida, der alle Hellenen
Nach Troja verpflanzte.

Φρύξ

'Αργεῖον ξίφος ἐκ θανάτου	da²–	1369
πέφευγα βαρβάροις ἐν εὐμάρισιν,	ia⁴ cr	1370
κεδρωτὰ παστάδων ὑπὲρ τέραμνα	ia⁴ ba	
Δωρικάς τε τριγλύφους,	cr ia²	
φροῦδα φροῦδα, γᾶ γᾶ	cr ba	
βαρβάροισι δρασμοῖς.	cr ba	
αἰαῖ·	sp	1375
πᾷ φύγω, ξέναι, πολιὸν αἰθέρ' ἀμ-	tr² cr²	
πτάμενος ἢ πόντον, 'Ωκεανὸς ὃν	cr²	
ταυρόκρανος ἀγκάλαις	tr² cr	
ἑλίσσων κυκλοῖ χθόνα;	ba ia²	

Χο	τί δ' ἔστιν, 'Ελένης πρόσπολ', 'Ιδαῖον κάρα;	ia⁶	1380
Φρ	"Ιλιον "Ιλιον, ὤμοι μοι,	da²–	
	Φρύγιον ἄστυ καὶ καλλίβωλον "Ι-	do hyp	
	δας ὄρος ἱερόν, ὥς σ' ὀλόμενον στένω	do²	1383
	βαρβάρῳ βοᾷ δι' ὀρνιθόγονον	hyp do	1385
	ὄμμα κυκνοπτέρου καλλοσύνας, Λήδας	do²	
	σκύμνου, δυσελένας	do	
	δυσελένας,	cr	
	ἁρμάτειον ἁρμάτειον μέλος	hyp do	1384

SECHSTE HAUPTSZENE

Wechselgesänge

Phryger *springt vom Gebälk*

Dem Argiverschwert,
Dem Tode entfloh ich
In weichen Schuhen der Heimat
Über die zedernen Balken der Halle
Und die dorisch geschnitzten Triglyphen,
Fort, nur fort, Mutter Ga, Ga –
Mit phrygischen Sprüngen!
Ai, ai!
Wohin fliehn, ihr Fraun?
Flieg ich hinauf
In Äthers Helle?
Stürz ich ins Meer,
Das der stiergehörnte Okeanos
Mit der Arme Umschlingung
Um die Erde windet?

Chorführerin

Was ist dir, idäisches Haupt,
Der Königin Diener?
Ph   Ilion, Ilion, ach!
Der Phryger reiche Stadt!
Schönscholliger, heiliger Idaberg!
Wie klag ich barbarischen Sangs!
Ihr seid dahin
Durch das vogelgeborene Bild,
Die schwanengeflügelte Pracht,
Durch Ledas Küken,
Helenas Fluchbild,
Helenas Mißbild,

ξεστῶν περγάμων Ἀπολλωνίων	do²	
ἐρινύν· ὀττοτοῖ·	ba cr	
ἰαλέμων ἰαλέμων	ia⁴	1390
Δαρδανία τλᾶμον, Γανυμήδεος	da⁴	
ἱπποσύνα, Διὸς εὐνέτα.	da²	

Χο	σαφῶς λέγ' ἡμῖν αὖθ' ἕκαστα τὰν δόμοις.	ia⁶	1393
Φρ	αἴλινον αἴλινον ἀρχὰν θανάτου	an⁴	1395
	βάρβαροι λέγουσιν, αἰαῖ,	tr⁴	
	Ἀσιάδι φωνᾷ, βασιλέων	ia⁴	
	ὅταν αἷμα χυθῇ κατὰ γᾶν ξίφεσιν	an⁴	
	σιδαρέοισιν Ἅιδα.	ia⁴	
	ἦλθον ἐς δόμους,	hyp	1400
	ἵν' αὖθ' ἕκαστά σοι λέγω,	ia⁴	
	λέοντες Ἕλλανες δύο διδύμω· τῷ	ia⁴ ba	
	μὲν ὁ στρατηλάτας πατὴρ ἐκλῄζετο	ia⁶	
	ὁ δὲ παῖς Στροφίου, κακόμητις ἀνήρ,	an⁴	
	οἷος Ὀδυσσεύς, σιγᾷ δόλιος,	an⁴	
	πιστὸς δὲ φίλοις, θρασὺς εἰς ἀλκάν,	an⁴	1405
	ξυνετὸς πολέμου, φόνιός τε δράκων.	an⁴	
	ἔρροι τᾶς ἡσύχου	sp ia²	
	προνοίας κακοῦργος ὤν.	ba ia²	
	οἳ δὲ πρὸς θρόνους ἔσω	cr ia²	
	μολόντες ἃς ἔγημ' ὁ τοξότας Πάρις	ia⁶	
	γυναικός, ὄμμα δακρύοις	ia⁴	1410
	πεφυρμένοι, ταπεινοὶ	ia² ba	
	ἔζονθ', ὁ μὲν τὸ κεῖθεν, ὁ δὲ	ia⁴	
	τὸ κεῖθεν, ἄλλος ἄλλοθεν πεφραγμένοι.	ia⁶	
	περὶ δὲ γόνυ χέρας ἱκεσίους ἔβαλον ἔβαλον	ia⁶	
	Ἑλένας ἄμφω.	an²	1415

τὰ γὰρ πρὶν οὐκ εὔγνωστα συμβαλοῦσ' ἔχω.	ia⁶	1894

Den Fluch der Burg,
Der glatten Mauern Apolls!
Wehe, wehe!
Armes, dardanisches Land,
Land der Klagen,
Land der Seufzer,
Ganymedes' Reitbahn,
Des Geliebten des Zeus!

Chf So sag uns alles, was im Haus geschah!
Ph   Ailinos, Ailinos, Gott des Tods,
     Dich singen die Phryger, ai! ai!
     Mit Asiens Klaglied,
     Wenn der Könige Blut zu Boden rinnt
     Von den eisernen Schwertern des Hades!
     Daß du alles erfährst:
     Zwei Löwen brachen ins Haus,
     Griechisches Zwillingspaar;
     Der eine der Sohn jenes Feldherrn,
     Der andere böse, des Strophios Sohn,
     Wie Odysseus, lauernd, voll Tücke,
     Doch den Freunden treu, verwegen im Kampf,
     Kampfkundig, ein blutiger Drache.
     Verflucht dieses Schurken
     Vorsorgende Art!
     Sie traten hinein zum hohen Thron,
     Des pfeilberühmten Paris Eheweib,
     Die Augen strömten von Tränen.
     Sie knieten nieder
     Zur Linken und Rechten,
     Der eine und der andre war bewehrt.
     Bittflehend legten sie, legten sie
     Die Hände auf Helenas Knie.

ἀνὰ δὲ δρομάδες ἔθορον ἔθορον	ia⁴	
ἀμφίπολοι Φρύγες·	do	
προσεῖπε δ' ἄλλος ἄλλον ἐν φόβῳ πεσών,	ia⁶	
μή τις εἴη δόλος.	cr²	
κἀδόκει τοῖς μὲν οὔ,	cr²	1420
τοῖς δ' ἐς ἀρκυστάταν	cr²	
μηχανὰν ἐμπλέκειν	cr²	
παῖδα τὰν Τυνδαρίδ' ὁ	cr²	
μητροφόντας δράκων.	cr²	
Χο σὺ δ' ἦσθα ποῦ τότ'; ἢ πάλαι φεύγεις φόβῳ;	ia⁶	1425
Φρ Φρυγίοις ἔτυχον Φρυγίοισι νόμοις	an⁴	
παρὰ βόστρυχον αὔραν αὔραν	an⁴ ∧	
'Ελένας 'Ελένας εὐπαγεῖ	an⁴ ∧	
κύκλῳ πτερίνῳ πρὸ παρηΐδος ἄσ-	an⁴	
σων βαρβάροις νόμοισιν.	ia² ba	1430
ἃ δὲ λίνον ἠλακάτᾳ	cr ch	
δακτύλοις ἕλισσεν,	cr ba	
νῆμα δ' ἵετο πέδῳ,	cr²	
σκύλων Φρυγίων ἐπὶ τύμβον ἀγάλ-	an⁴	
ματα συστολίσαι χρῄζουσα λίνῳ,	an⁴	1435
φάρεα πορφύρεα, δῶρα Κλυταιμήστρᾳ.	do²	
προσεῖπεν δ' 'Ορέστας	ba²	
Λάκαιναν κόραν· ᾿ὦ	ba²	
Διὸς παῖ, θὲς ἴχνος	ba²	
πέδῳ δεῦρ' ἀποστᾶσα κλισμοῦ,	ba²	1440
Πέλοπος ἐπὶ προπάτορος ἕδραν	ia⁴	
παλαιᾶς ἑστίας,	ba cr	
ἵν' εἰδῇς λόγους ἐμούς.	ba ia²	
ἄγει δ' ἄγει νιν· ἃ δ' ἐφεί-	ia⁴	
πετ', οὐ πρόμαντις ὢν ἔμελ-	ia⁴	1445
λεν· ὁ δὲ συνεργὸς ἄλλ' ἔπρασσ'	ia⁴	

Und da sprangen und sprangen
Und liefen die phrygischen Diener.
Und voller Angst sprach dieser jenen an:
„Ist das ein Betrug?"
Die einen vertrauten,
Die andern sahen
Des Tyndaros Tochter
Schon im engsten Netz
Des muttermordenden Drachen.
Chf Wo warst du selber? Auf und schon davon?
Ph   Nach phrygischer, phrygischer Sitte
Stand ich da und beschwingte
Die Luft, die Luft
Vor Helenas, Helenas
Locken und Wangen
Mit dem zierlichen Rund meines Fächers,
Nach der Heimat Brauch.
Die Herrin drehte mit Händen
Um die Spindel das Linnen,
Ließ den Faden zu Boden.
Aus phrygischer Beute
Nähte sie Totengaben zusammen,
Purpurgewänder für Klytaimestra.
Da sprach Orestes
Zum Mädchen aus Sparta:
„O Kind des Zeus!
Steh auf vom Sitz,
Steig auf den Boden herab!
Vernimm vom uralten Thron
Des Vorvaters Pelops,
Was jetzt ich sage!"
Und er führt sie, führt sie, sie folgte,
Nichts ahnend von allem.
Doch sein Helfer, der Schurke von Phokis,

Ἰὼν κακὸς Φωκεύς·   ia² sp
Οὐκ ἐκποδὼν ἴτ'; ἀλλ' ἀεὶ κακοὶ Φρύγες. ia⁶
ἔκλησε δ' ἄλλον ἄλλοσ' ἐν   ia⁴
στέγαισι· τοὺς μὲν ἐν σταθμοῖ-   ia⁴
σιν ἱππικοῖσι, τοὺς δ' ἐν ἐξ-   ia⁴
ἕδραισι, τοὺς δ' ἐκεῖσ' ἐκεῖθεν ἄλλον ἄλ- ia⁶   1450
λοσε διαρμόσας ἀποπρὸ δεσποίνας.   do²
Χο τί τοὐπὶ τῷδε συμφορᾶς ἐγίγνετο;   ia⁶
Φρ 'Ιδαία μᾶτερ μᾶτερ   an⁴ ∧
ὀβρίμα ὀβρίμα,   an²
αἰαῖ φονίων παθέων ἀνόμων   an⁴   1455
τε κακῶν ἅπερ ἔδρακον ἔδρακον   an³
ἐν δόμοις τυράννων.   cr ba
ἀμφιπορφυρέων πέπλων ὑπὸ σκότου   cr ia⁴
ξίφη σπάσαντες ἐν χεροῖν   ia⁴
ἄλλος ἄλλο-   tr²
σε δίνασεν ὄμμα, μή τις παρὼν τύχοι.   do ba ia²
ὡς κάπροι δ' ὀρέστεροι γυ-   tr⁴
ναικὸς ἀντίοι σταθέντες   tr⁴   1460
ἐννέπουσι· Κατθανῇ   tr² cr
κατθανῇ,   cr
κακός σ' ἀποκτείνει πόσις,   ia⁴
κασιγνήτου προδοὺς   ba cr
ἐν "Αργει θανεῖν γόνον.   ba ia²

ἃ δ' ἀνίαχεν ἴαχεν· "Ωμοι μοι.   tr⁴ ∧ sp   1465
λευκὸν δ' ἐμβαλοῦσα πῆχυν στέρνοις   do²
κτύπησε κρᾶτα μέλεον πλαγᾷ·   ia² do
φυγᾷ δὲ ποδὶ τὸ χρυσεοσάνδαλον   do²
ἴχνος ἔφερεν ἔφερεν· ἐς κόμας   do cr
δὲ δακτύλους δικὼν 'Ορέστας,   ia⁴ –
Μυκηνίδ' ἀρβύλαν προβάς,   ia⁴   1470
ὤμοις ἀριστεροῖσιν ἀνακλάσας δέρην,   ia⁶

Ließ sich anders vernehmen:
„Ihr steht im Weg, nach aller Phryger Art!"
  Und er sperrte sie alle im Haus
  In verschiedene Winkel,
  In die Pferdeställe, die Gänge,
  Die einen hier, die andern dort,
  Doch getrennt von der Herrin.
Chf Und was geschah nach diesem Überfall?
Ph   O Mutter vom Ida!
  Mächtige, mächtige Mutter!
  Wehe der blutigen Leiden,
  Der gottlosen Tat, die ich sah, die ich sah
  Im Hause der Herrscher!
  Aus dem Dunkel der purpurnen Kleider
  Fuhren die Schwerter,
  Dahin und dorthin
  Rollte das Auge,
  Ob keiner zugegen.
  Wie die Eber der Berge
  Stellten sie sich
  Hin vor die Frau
  Und riefen: „So stirb!
  So stirb!
  Damit zahlt dein übler Gemahl,
  Daß er des eignen Bruders Sohn
  In Argos preisgab dem Tod!"
  Da schrie sie und schrie:
  „O weh mir!"
  Mit den strahlenden Armen
  Schlug sie die Brust,
  Schlug sie das dröhnende Haupt,
  Setzte, ach setzte
Die goldnen Schuhe schon zur schnellen Flucht.
  Da packt sie Orestes beim Haar,
  Vorsetzend den Mykenerschuh,
Und biegt zur linken Schulter ihren Hals,

παίειν λαιμῶν ἔμελ- sp ia²
λεν εἴσω μέλαν ξίφος. ba ia²
Χο ποῦ δ' ἦτ' ἀμύνειν οἱ κατὰ στέγας Φρύγες; ia⁶
Φρ Ἰαχᾷ δόμων θύρετρα καὶ σταθμοὺς do²
μοχλοῖσιν ἐκβαλόντες, ἔνθ' ἐμίμνομεν, ia⁶
βοηδρομοῦμεν ἄλλος ἄλλοθεν στέγης, ia⁶ 1475
ὃ μὲν πέτρους, ὃ δ' ἀγκύλας, ia⁴
ὃ δὲ ξίφος πρόκωπον ἐν χεροῖν ἔχων. ia⁶
ἔναντα δ' ἦλθε Πυλάδης ia² cr
ἀλίαστος, οἷος οἷος Ἕκτωρ ia⁴-
ὃ Φρύγιος ἢ τρικόρυθος Αἴας, ia⁴- 1480
ὃν εἶδον εἶδον ἐν πύλαις ia⁴
Πριαμίσι· φασγάνων δ' ἀκμὰς ia⁴
συνήψαμεν. ia²

δὴ τότε διαπρεπεῖς τότ' ἐγένοντο Φρύγες, do²
ὅσον Ἄρεως ἀλκὰν do
ἥσσονες Ἑλλάδος ἐγενόμεθ' αἰχμᾶς, an⁴ 1485
ὃ μὲν οἰχόμενος φυγάς, ὃ δὲ νέκυς ὤν, an⁴
ὃ δὲ τραῦμα φέρων, ὃ δὲ λισσόμενος, an⁴
θανάτου προβολάν· an²
ὑπὸ σκότον δ' ἐφεύγομεν· ia⁴
νεκροὶ δ' ἔπιπτον, οἳ δ' ἔμελλον, οἳ δ' ἔκειντ'. ia⁶
ἔμολε δ' ἃ τάλαιν' Ἑρμιόνα δόμους do² 1490
ἐπὶ φόνῳ χαμαιπετεῖ ματρός, ἃ do²
νιν ἔτεκεν τλάμων. do
ἄθυρσοι δ' ba
οἷά νιν δραμόντε Βάκχαι tr⁴
σκύμνον ἐν χεροῖν ὀρείαν tr⁴
ξυνήρπασαν· πάλιν δὲ τὰν Διὸς κόραν ia⁶

       In die Kehle zu stoßen
       Das dunkle Schwert.
Chf Und keine Phryger rührten ihre Hand?
Ph   Wir schrieen laut
       Und hoben mit Eisen
       Die Türen aus, die Pfosten aus
     Der Kammern, wo wir waren; hier und dort
     Kam einer her, der Fürstin beizustehn
       Mit Steinen, mit Spießen,
     Ein andrer fand ein Schwert und zückte es.
       Entgegen trat
       Uns Pylades,
       Unbeugsam, ein zweiter
       Phrygischer Hektor, ein zweiter
       Helmbuschiger Aias,
       Den ich sah, den ich sah
       Vor Priamos' Toren.
       Wir kreuzten die Klingen.
       Da stellte sich bei uns heraus,
       Wie die Phryger im Nahkampf
       Den griechischen Speer nicht bestehen.
       Der rannte davon, der lag wie tot,
       Verwundet der eine, der andere bat,
       Sein Leben zu schonen.
       Wir zerstoben im Dunkel,
       Und Tote sanken, diese rangen noch,
       Die andern lagen entseelt.
       Da trat die arme Hermione
       Herein ins Haus,
       Herbei zum Mord
       Der am Boden knieenden Mutter,
       Die einst sie geboren.
       Ein Mänadenpaar ohne Thyrsos,
       So stürzten die beiden hinzu
       Und packten das Reh.
       Und wieder wandten die zwei

ἐπὶ σφαγὰν ἔτεινον· ἃ δ'   ia⁴
ἐκ θαλάμων   ch
ἐγένετο διαπρὸ δωμάτων ἄφαντος,   ia⁴ ba   1495
ὦ Ζεῦ καὶ γᾶ   an²
καὶ φῶς καὶ νύξ,   an²
ἤτοι φαρμάκοισιν ἢ   –sp ia²
μάγων τέχναις ἢ θεῶν κλοπαῖς.   ia⁴
τὰ δ' ὕστερ' οὐκέτ' οἶδα· δρα-   ia⁴
πέτην γὰρ ἐξέκλεπτον ἐκ δόμων πόδα.   ia⁶
πολύπονα δὲ πολύπονα πάθεα   ia⁴   1500
Μενέλεως ἀνασχόμενος ἀνόνητον ἀ-   do²
πὸ Τροίας ἔλαβε τὸν Ἑλένας γάμον.   do²

Χο καὶ μὴν ἀμείβει καινὸν ἐκ καινῶν τόδε·   ia⁶
    ξιφηφόρον γὰρ εἰσορῶ πρὸ δωμάτων
    βαίνοντ' Ὀρέστην ἐπτοημένῳ ποδί.   1505

Ορ ποῦ 'στιν οὗτος ὃς πέφευγεν
                    ἐκ δόμων τοὐμὸν ξίφος;   tr³∧
Φφ προσκυνῶ σ', ἄναξ, νόμοισι
                    βαρβάροισι προσπίτνων.
Ορ οὐκ ἐν Ἰλίῳ τάδ' ἐστίν,
                    ἀλλ' ἐν Ἀργείᾳ χθονί.
Φρ πανταχοῦ ζῆν ἡδὺ μᾶλλον
                    ἢ θανεῖν τοῖς σώφροσιν.
Ορ οὔτι που κραυγὴν ἔθηκας
                    Μενέλεῳ βοηδρομεῖν;   1510
Φρ σοὶ μὲν οὖν ἔγωγ' ἀμύνειν·
                    ἀξιώτερος γὰρ εἶ.
Ορ ἐνδίκως ἡ Τυνδάρειος
                    ἆρα παῖς διώλετο;

Sich der Zeustochter zu. Doch sie war
Aus dem Saal,
Durch das ganze Haus schon verschwunden –
O Zeus! O Ga!
O Licht! O Nacht! –
Durch Zaubertrank.
Durch Zauberspruch,
Durch göttliche Täuschung.
Sonst weiß ich nichts,
Ich stahl mich heimlich aus dem Saal davon. –
Mühsal, Mühsal und Leiden
Trug Menelas und holte aus Troja
Helenas Lager zurück,
Zu keinem, keinem Gewinn.

Chf Schon wechselt Neues dieses Neue ab:
Orestes sah ich mit gezücktem Schwert,
Wie er mit Flügelschritt dem Haus enteilt.

Orestes

Steckt er hier, der aus dem Hause
Meinem Schwert entronnen ist?
Ph Sieh mich nach Barbarenweise
Hingestreckt in deinen Staub!
Or Auf, wir sind hier nicht in Troja,
Sind in Argos' freiem Land!
Ph Überall ist für den Klugen
Leben süßer als der Tod.
Or Hast du vorhin laut geschrieen:
„Hilfe, Hilfe, Menelas!"?
Ph Nur für dich hab ich gerufen,
Hilfe hast nur du verdient.
Or Und so glaubst du, daß wir billig
Tyndars Tochter töteten?

Φρ ἐνδικώτατ', εἴ γε λαιμοὺς
                          εἶχε τριπτύχους θανεῖν.
Ορ δειλίᾳ γλώσσῃ χαρίζῃ,
                          τἄνδον οὐχ οὕτω φρονῶν.
Φρ οὐ γάρ, ἥτις Ἑλλάδ' αὐτοῖς
                          Φρυξὶ διελυμήνατο;   1515
Ορ ὄμοσον – εἰ δὲ μή, κτενῶ σε –
                          μὴ λέγειν ἐμὴν χάριν.

Φρ τὴν ἐμὴν ψυχὴν κατώμοσ',
                          ἣν ἂν εὐορκοῖμ' ἐγώ.
Ορ ὧδε κἀν Τροίᾳ σίδηρος
                          πᾶσι Φρυξὶν ἦν φόβος;
Φρ ἄπεχε φάσγανον· πέλας γὰρ
                          δεινὸν ἀνταυγεῖ φόνον.
Ορ μὴ πέτρος γένῃ δέδοικας
                          ὥστε Γοργόν' εἰσιδών;   1520
Φρ μὴ μὲν οὖν νεκρός· τὸ Γοργοῦς
                          δ' οὐ κάτοιδ' ἐγὼ κάρα.
Ορ δοῦλος ὢν φοβῇ τὸν Ἅιδην,
                          ὅς σ' ἀπαλλάξει κακῶν;
Φρ πᾶς ἀνήρ, κἂν δοῦλος ᾖ τις,
                          ἥδεται τὸ φῶς ὁρῶν.
Ορ εὖ λέγεις· σῴζει σε σύνεσις.
                          ἀλλὰ βαῖν' ἔσω δόμων.
Φρ οὐκ ἄρα κτενεῖς με;
Ορ   ἀφεῖσαι.
Φρ   καλὸν ἔπος λέγεις τόδε.   1525
Ορ ἀλλὰ μεταβουλευσόμεσθα.
Φρ   τοῦτο δ' οὐ καλῶς λέγεις.
Ορ μῶρος, εἰ δοκεῖς με τλῆναι
                          σὴν καθαιμάξαι δέρην·
    οὔτε γὰρ γυνὴ πέφυκας
                          οὔτ' ἐν ἀνδράσιν σύ γ' εἶ.
    τοῦ δὲ μὴ στῆσαί σε κραυγὴν
                          οὕνεκ' ἐξῆλθον δόμων·

Ph	Hätte sie drei Hälse, jeder Müßte abgeschnitten sein!
Or	Feige winselt deine Zunge, Innen sieht es anders aus!
Ph	Dieses Weib tat allen Griechen, Allen Phrygern Böses an.
Or	*droht mit dem Schwert* Schwör: das kam aus deinem Herzen! Schwör es oder fahr dahin!
Ph	Ich beschwörs, bei meinem Leben, Höher schwören kann ich nicht!
Or	Jagt ein Eisen allen Phrygern Immer solche Ängste ein?
Ph	Weg das Schwert! Schon aus der Nähe Blitzt es meinen sichern Tod.
Or	Fürchtest du, der bloße Anblick Macht wie Gorgo dich zu Stein?
Ph	Wenn die Waffe nur nicht tötet! Von der Gorgo weiß ich nichts.
Or	Bangen Sklaven vor dem Hades, Der sie nur befreien kann?
Ph	Jeder, auch der ärmste Sklave Freut sich an der Sonne Licht!
Or	Gut gesagt! Für diese Klugheit Bleibst du leben. Geh ins Haus!
Ph	Ohne Tod?
Or	Du bist entlassen!
Ph	Das war auch ein kluges Wort.
Or	Doch es muß noch überlegt sein.
Ph	Dies gefällt mir nicht so wohl.
Or	Narr, du meinst, er kann mich locken, Dieser abgeschnittne Hals, Wo du nicht als Weib zu brauchen Und noch weniger als Mann! Nur damit du kein Geschrei machst, Folgte ich dir aus dem Haus;

ὀξὺ γὰρ βοῆς ἀκοῦσαν
        Ἄργος ἐξεγείρεται.   1530
Μενέλεων δ' οὐ τάρβος ἡμῖν
        ἀναλαβεῖν ἔσω ξίφους·
ἀλλ' ἴτω ξανθοῖς ἐπ' ὤμων
        βοστρύχοις γαυρούμενος·
εἰ γὰρ Ἀργείους ἐπάξει
        τοῖσδε δώμασιν λαβών,
τὸν Ἑλένης φόνον διώκων,
        κἀμὲ μὴ σῴζειν θέλει
σύγγονόν τ' ἐμὴν Πυλάδην τε
        τὸν τάδε ξυνδρῶντά μοι,   1535
παρθένον τε καὶ δάμαρτα
        δύο νεκρὼ κατόψεται.

Χο Ἰὼ ἰὼ τύχα,   do   ἀντ.
    ἕτερον εἰς ἀγῶν', ἕτερον αὖ δόμος   do²
    φοβερὸν ἀμφὶ τοὺς Ἀτρείδας πίτνει.   do²
    τί δρῶμεν; ἀγγέλλωμεν ἐς πόλιν τάδε;   ia⁶
    ἢ σῖγ' ἔχωμεν; ἀσφαλέστερον, φίλαι.   ia⁶   1540
    ἴδε πρὸ δωμάτων ἴδε προκηρύσσει   do²
    θοάζων ὅδ' αἰθέρος ἄνω καπνός.   do²
    ἅπτουσι πεύκας, ὡς πυρώσοντες δόμους   ia⁶
    τοὺς Τανταλείους, οὐδ' ἀφίστανται φόνου. ia⁶
    τέλος ἔχει δαίμων βροτοῖς,   cr ia²   1545
    τέλος ὅπᾳ θέλῃ.   do

Schnell bei solchen Hilferufen
Ist die Bürgerschaft zur Hand.
Menelas kann uns nicht schrecken,
Wenn er seine Klinge zieht;
Mag er kommen, mag er prunken
Mit dem blonden Lockenfall!
Führt er aber die Argiver
Rachelustig vor dies Haus,
Ohne uns vom Tod zu retten,
Mich, die Schwester, Pylades:
Wird er Gattin, wird er Tochter
Beide tot vor Augen sehn.

ab ins Haus, der Phryger entflieht

FÜNFTES STANDLIED

Chor

Gegenstrophe

O Macht des Schicksals!
Es fiel, ach es fiel ins Haus
Neuer blutiger Streit
Um die Kinder des Atreus!
Was tun? Vermelden wir die Tat der Stadt?
Verschweigen wirs? Es dünkt uns sicherer.
   Doch sieh, da erscheint schon ein Bote:
   Rauch, der hinaufsteigt zur Luft
   Vom Boden der Höfe.
Sie zünden Scheiter an ums ganze Haus,
Die Tantaliden lassen nicht vom Mord.
   Der Daimon setzt
   Allen Menschen die Ziele,
   Wie er es will;

μεγάλα δέ τις ἀ δύναμις· δι' ἀλαστόρων   an⁴ᵕ-
ἔπεσ' ἔπεσε μέλαθρα τάδε δι' αἱμάτων   do²
διὰ τὸ Μυρτίλου πέσημ' ἐκ δίφρου.   do²

Χο ἀλλὰ μὴν καὶ τόνδε λεύσσω
               Μενέλεων δόμων πέλας tr⁸ᴧ
  ὀξύπουν, ᾐσθημένον που
              τὴν τύχην ἢ νῦν πάρα.   1550
  οὐκέτ' ἂν φθάνοιτε κλῆθρα
              συμπεραίνοντες μοχλοῖς,
  ὦ κατὰ στέγας 'Ατρεῖδαι.
              δεινὸν εὐτυχῶν ἀνὴρ
  πρὸς κακῶς πράσσοντας, ὡς σὺ
              νῦν, 'Ορέστα, δυστυχεῖς.

Με ἥκω κλύων τὰ δεινὰ καὶ δραστήρια
  δισσοῖν λεόντοιν· οὐ γὰρ ἄνδρ' αὐτὼ καλῶ.   1555
  ἥκουσα γὰρ δὴ τὴν ἐμὴν ξυνάορον
  ὡς οὐ τέθνηκεν, ἀλλ' ἄφαντος οἴχεται –
  κενὴν ἀκούσας βάξιν, ἣν φόβῳ σφαλεὶς
  ἤγγειλέ μοί τις. ἀλλὰ τοῦ μητροκτόνου
  τεχνάσματ' ἐστὶ ταῦτα καὶ πολὺς γέλως.   1560
  ἀνοιγέτω τις δῶμα· προσπόλοις λέγω
  ὠθεῖν πύλας τάσδ', ὡς ἂν ἀλλὰ παῖδ' ἐμὴν
  ῥυσώμεθ' ἀνδρῶν ἐκ χερῶν μιαιφόνων,
  καὶ τὴν τάλαιναν ἀθλίαν δάμαρτ' ἐμὴν
  λάβωμεν, ᾗ δεῖ ξυνθανεῖν ἐμῇ χερὶ   1565
  τοὺς διολέσαντας τὴν ἐμὴν ξυνάορον.

Seine Macht ist groß.
Durch teuflische Morde
Sank in Trümmer, in Trümmer dies Haus,
Seit Myrtilos' Sturz aus dem Wagen
Den Blutstrom entrollte.

SCHLUSSZENE

Chor

Seht da kehrt auch Meneláos
Schnellen Schrittes zum Palast,
Sicher hat er schon erfahren,
Was im Hause sich begab.
Schnell versperrt, ihr Atreuskinder,
Mit den Balken jedes Tor,
Denn gefährlich ist der Starke
Gegen Schwache, wie ihr seid.

Menelaos *mit Gefolge*

Ich habe von dem Schreckenswerk gehört
Der wilden Tiere – Menschen sind das nicht.
Von meiner Gattin wird gesagt, sie sei
Spurlos verschwunden, aber noch nicht tot:
Törichte Rede, die ein Mann voll Angst
Mir zutrug. Unsres Muttermörders List
Hat dieses lächerliche Zeug erdacht.
Macht auf da drinnen! Und von draußen stoßt
Die Tore ein! Vielleicht kann ich mein Kind
Noch retten von der blutbefleckten Hand
Und bergen meiner armen Gattin Leib.
Wer mir mein Weib erschlug, muß auch mit ihr
Des Todes sein, von dieser meiner Hand!

Ορ οὗτος σύ, κλήθρων τῶνδε μὴ ψαύσῃς χερί·
Μενέλαον εἶπον, ὃς πεπύργωσαι θράσει·
ἢ τῷδε θριγκῷ κρᾶτα συνθραύσω σέθεν,
ῥήξας παλαιὰ γεῖσα, τεκτόνων πόνον. 1570
μοχλοῖς δ' ἄραρε κλῆθρα, σῆς βοηδρόμου
σπουδῆς ἅ σ' εἴρξει, μὴ δόμων ἔσω περᾶν.
Με ἔα, τί χρῆμα; λαμπάδων ὁρῶ σέλας,
δόμων δ' ἐπ' ἄκρων τούσδε πυργηρουμένους,
ξίφος δ' ἐμῆς θυγατρὸς ἐπίφρουρον δέρῃ. 1575
Ορ πότερον ἐρωτᾶν ἢ κλύειν ἐμοῦ θέλεις;
Με οὐδέτερ'· ἀνάγκη δ', ὡς ἔοικε, σου κλύειν.
Ορ μέλλω κτενεῖν σου θυγατέρ', εἰ βούλῃ μαθεῖν.
Με Ἑλένην φονεύσας ἐπὶ φόνῳ πράσσεις φόνον;
Ορ εἰ γὰρ κατέσχον μὴ θεῶν κλεφθεὶς ὕπο. 1580
Με ἀρνῇ κατακτὰς κἀφ' ὕβρει λέγεις τάδε;
Ορ λυπράν γε τὴν ἄρνησιν· εἰ γὰρ ὤφελον –
Με τί χρῆμα δρᾶσαι; παρακαλεῖς γὰρ ἐς φόβον.
Ορ τὴν Ἑλλάδος μιάστορ' εἰς Ἅιδου βαλεῖν.
Με ἀπόδος δάμαρτος νέκυν, ὅπως χώσω τάφῳ. 1585
Ορ θεοὺς ἀπαίτει. παῖδα δὲ κτενῶ σέθεν.
Με ὁ μητροφόντης ἐπὶ φόνῳ πράσσει φόνον;
Ορ ὁ πατρὸς ἀμύντωρ, ὃν σὺ προύδωκας θανεῖν.
Με οὐκ ἤρκεσέν σοι τὸ παρὸν αἷμα μητέρος;
Ορ οὐκ ἂν κάμοιμι τὰς κακὰς κτείνων ἀεί. 1590
Με ἦ καὶ σύ, Πυλάδη, τοῦδε κοινωνεῖς φόνου;
Ορ φησὶν σιωπῶν· ἀρκέσω δ' ἐγὼ λέγων.
Με ἀλλ' οὔτι χαίρων, ἤν γε μὴ φύγῃς πτεροῖς.
Ορ οὐ φευξόμεσθα· πυρὶ δ' ἀνάψομεν δόμους.
Με ἦ γὰρ πατρῷον δῶμα πορθήσεις τόδε; 1595
Ορ ὡς μή γ' ἔχῃς σύ, τήνδ' ἐπισφάξας πυρί.
Με κτεῖν'· ὡς κτανών γε τῶνδέ μοι δώσεις δίκην.

Orestes und Pylades erscheinen mit Hermione auf dem Dach

Or Rühr du da unten dieses Tor nicht an
    Im Schutze deiner Frechheit, Menelas!
    Sieh das Gesimsstück dieses alten Baus,
    Mit dem dein Kopf im Nu zertrümmert ist!
    Der Eifer deines Werks ist lahmgelegt
    Durch feste Balken. Niemand kommt herein!
Me Was ist hier los? Ich sehe Fackelschein,
    Die beiden droben auf dem Dach verschanzt,
    Ihr Schwert gezückt auf meiner Tochter Hals!
Or Willst du mich fragen oder hören? Sprich!
Me Am liebsten keins! Doch hören muß ich wohl.
Or Vernimm, daß deine Tochter sterben muß.
Me Zum Mord der Helena ein neues Blut?
Or Die Mutter, leider, nahm ein Gott hinweg.
Me Du leugnest alles und verhöhnst mich noch!
Or Das Leugnen schmerzt mich selber! Hätt ich doch ...
Me ... nur was getan? Die Worte schrecken mich.
Or ... die Pest von Hellas in den Tod geschickt!
Me Gib ihre Leiche her, sie braucht ihr Grab!
Or Befrag die Götter! – Doch die Tochter stirbt!
Me So häuft der Muttermörder Mord auf Mord!
Or Des Vaters Rächer, den du schnöd verrietst!
Me War deiner Mutter Blut dir nicht genug?
Or Mit solchen Frauen räumt man besser auf.
Me Du bist der Mordgehilfe, Pylades?
Or Sein Schweigen und mein Wort bestätigt es.
Me Das zahlt ihr schwer – wenn ihr nicht Flügel habt!
Or Wir fliehen nicht. Wir legen Feuer an.
Me Der alten Väter Haus verschonst du nicht?
Or Für dich nicht! Und hier kniet das Opfertier.
Me Schlag zu! Doch diese Tat wird schwer bezahlt!

Ορ ἔσται τάδε.

Με   ἆ ἆ, μηδαμῶς δράσῃς τάδε.

Ορ σίγα νυν, ἀνέχου δ' ἐνδίκως πράσσων κακῶς.

Με ἦ γὰρ δίκαιον ζῆν σε;

Ορ   καὶ κρατεῖν γε γῆς.   1600

Με ποίας;

Ορ   ἐν Ἄργει τῷδε τῷ Πελασγικῷ.

Με εὖ γοῦν θίγοις ἂν χερνίβων –

Ορ   τί δὴ γὰρ οὔ;

Με καὶ σφάγια πρὸ δορὸς καταβάλοις.

Ορ   σὺ δ' ἂν καλῶς;

Με ἁγνὸς γάρ εἰμι χεῖρας.

Ορ   ἀλλ' οὐ τὰς φρένας.

Με τίς δ' ἂν προσείποι σέ;

Ορ   ὅστις ἐστὶ φιλοπάτωρ.   1605

Με ὅστις δὲ τιμᾷ μητέρα;

Ορ   εὐδαίμων ἔφυ.

Με οὔκουν σύ γε.

Ορ   οὐ γὰρ ἀνδάνουσιν αἱ κακαί.

Με ἄπαιρε θυγατρὸς φάσγανον.

Ορ   ψευδὴς ἔφυς.

Με ἀλλὰ κτενεῖς μου θυγατέρα;

Ορ   οὐ ψευδὴς ἔτ' εἶ.

Με οἴμοι, τί δράσω;

Ορ   πεῖθ' ἐς Ἀργείους μολὼν –   1610

Με πειθὼ τίνα;

Ορ   ἡμᾶς μὴ θανεῖν· αἰτοῦ πόλιν.

Με ἦ παῖδά μου φονεύσετε;

Ορ   ὧδ' ἔχει τάδε.

Με ὦ τλῆμον Ἑλένη –

Ορ   τἀμὰ δ' οὐχὶ τλήμονα;

Με σὲ σφάγιον ἐκόμισ' ἐκ Φρυγῶν –

Ορ   εἰ γὰρ τόδ' ἦν.

Με πόνους πονήσας μυρίους.

Ορ   πλήν γ' εἰς ἐμέ.   1615

Or   Es sei!
Me   O Jammer! Bitte, tu es nicht!
Or   Schweig jetzt und trage dein gerechtes Los!
Me   Und du darfst leben?
Or   Ja, und König sein.
Me   Und wo?
Or   In Argos, im Pelasgerland!
Me   Weihwasser sprengen? Du?
Or   Warum denn nicht?
Me   Beim Auszug opfern?
Or   Wär es dir erlaubt?
Me   Rein sind die Hände!
Or   Doch der Sinn befleckt!
Me   Wer grüßt dich noch?
Or   Wer seinen Vater liebt.
Me   Und wer die Mutter ehrt?
Or   Er preist sein Glück.
Me   Und du?
Or   Die schlechten Mütter ehrt man nicht.
Me   Nimm jetzt das Schwert von ihrem Hals!
Or   Du irrst!
Me   Du wirst sie töten?
Or   Darin irrst du nicht!
Me   Was tu ich?
Or   Geh nach Argos, sag dem Volk ...
Me   Was sag ich?
Or   Daß man mich nicht töten darf!
Me   Sonst tötet ihr mein Kind?
Or   Des sei gewiß!
Me   O arme Helena!
Or   Bin ich nicht arm?
Me   Zur Schlachtbank holt ich dich!
Or   O wärs geschehn!
Me   Die tausend Mühen!
Or   Keine war für mich.

Με πέπονθα δεινά.

Ορ   τότε γὰρ ἦσθ' ἀνωφελής.

Με ἔχεις με.

Ορ   σαυτὸν σύ γ' ἔλαβες κακὸς γεγώς.
    ἀλλ' εἶ', ὕφαπτε δώματ', Ἠλέκτρα, τάδε·
    σύ τ', ὦ φίλων μοι τῶν ἐμῶν σαφέστατε,
    Πυλάδη, κάταιθε γεῖσα τειχέων τάδε.   1620

Με ὦ γαῖα Δαναῶν ἱππίου τ' Ἄργους κτίται,
    οὐκ εἶ' ἐνόπλῳ ποδὶ βοηδρομήσετε;
    πᾶσαν γὰρ ὑμῶν ὅδε βιάζεται πόλιν
    ζῆν, αἷμα μητρὸς μυσαρὸν ἐξειργασμένος.

                    Ἀπόλλων

    Μενέλαε, παῦσαι λῆμ' ἔχων τεθηγμένον·   1625
    Φοῖβός σ' ὁ Λητοῦς παῖς ὅδ' ἐγγὺς ὢν καλῶ·
    σύ θ' ὃς ξιφήρης τῇδ' ἐφεδρεύεις κόρῃ,
    Ὀρέσθ', ἵν' εἰδῇς οὓς φέρων ἥκω λόγους.
    Ἑλένην μὲν ἣν σὺ διολέσαι πρόθυμος ὢν
    ἥμαρτες, ὀργὴν Μενέλεῳ ποιούμενος,   1630
    ἐγώ νιν ἐξέσωσα κἀπὸ φασγάνου   1633
    τοῦ σοῦ κελευσθεὶς ἥρπασ' ἐκ Διὸς πατρός.
    Ζηνὸς γὰρ οὖσαν ζῆν νιν ἄφθιτον χρεών,   1635
    Κάστορί τε Πολυδεύκει τ' ἐν αἰθέρος πτυχαῖς
    σύνθακος ἔσται, ναυτίλοις σωτήριος.
    ἄλλην δὲ νύμφην ἐς δόμους κτῆσαι λαβών,
    ἐπεὶ θεοὶ τῷ τῆσδε καλλιστεύματι
    Ἕλληνας εἰς ἓν καὶ Φρύγας συνήγαγον,   1640
    θανάτους τ' ἔθηκαν, ὡς ἀπαντλοῖεν χθονὸς
    ὕβρισμα θνητῶν ἀφθόνου πληρώματος.
    τὰ μὲν καθ' Ἑλένην ὧδ' ἔχει· σὲ δ' αὖ χρεών,
    Ὀρέστα, γαίας τῆσδ' ὑπερβαλόνθ' ὅρους
    Παρράσιον οἰκεῖν δάπεδον ἐνιαυτοῦ κύκλον.   1645

    _____

    ἥδ' ἐστίν, ἣν ὁρᾶτ' ἐν αἰθέρος πτυχαῖς,   1631
    σεσωσμένη τε κοὐ θανοῦσα πρὸς σέθεν.

Me Ich trage schwer!
Or   Das andre nahmst du leicht!
Me Ich bin versklavt!
Or   An deine schlechte Art!
    Elektra, stecke jetzt das Haus in Brand,
    Und Pylades, der Treuen Treuester,
    Entfache Feuer an dem Dachgesims!
Me Ihr Danaer! Du stolzes Rosseland!
    Kommt schnell zu Hilfe mit der stärksten Macht!
    Vom Mutterblut besudelt, will der Mann
    Euch dennoch zwingen, daß er leben soll.

         A p o l l o n *erscheint in der Luft*

    Laß deinen blinden Eifer, Menelas,
    Phoibos, der Sohn der Leto, spricht zu dir!
    Und du, der dieses Mädchen so bedrängt,
    Orestes, höre meine Worte an!
    Du wolltest voller Zorn auf Menelas
    Ihm Helena ermorden, das ging fehl,
    Ich habe sie vor deinem Schwert beschützt
    Und auf des Vaters Zeus Geheiß entführt.
    Des Ewgen Kind soll ewig leben, soll
    Mit Kastor hoch im Äther thronen, soll
    Mit Polydeukes Hort der Schiffer sein.
    Nimm eine andre Gattin! Diese hat
    Den Göttern mit der Schönheit nur gedient,
    Troja und Hellas in den Kampf zu ziehn.
    Die vielen Toten nahmen von der Welt
    Die Überlast des frevelhaften Volks.
    Soviel von Helena. Doch du, Orest,
    Mußt außer Landes gehn auf Jahres Frist.
    Arkadiens Stadt, die du bewohnen mußt,

κεκλήσεται δὲ σῆς φυγῆς ἐπώνυμον. 1646
ἐνθένδε δ' ἐλθὼν τὴν 'Αθηναίων πόλιν 1648
δίκην ὑπόσχες αἵματος μητροκτόνου
Εὐμενίσι τρισσαῖς· θεοὶ δέ σοι δίκης βραβῆς 1650
πάγοισιν ἐν 'Αρείοισιν εὐσεβεστάτην
ψῆφον διοίσουσ', ἔνθα νικῆσαί σε χρή.
ἐφ' ἧς δ' ἔχεις, 'Ορέστα, φάσγανον δέρῃ,
γῆμαι πέπρωταί σ'· 'Ερμιόνην· ὃς δ' οἴεται
Νεοπτόλεμος γαμεῖν νιν, οὐ γαμεῖ ποτε. 1655
θανεῖν γὰρ αὐτῷ μοῖρα Δελφικῷ ξίφει,
δίκας 'Αχιλλέως πατρὸς ἐξαιτοῦντά με.
Πυλάδῃ δ' ἀδελφῆς λέκτρον, ὡς ποτ' ᾔνεσας,
δός· ὁ δ' ἐπιών νιν βίοτος εὐδαίμων μένει.
"Αργους δ' 'Ορέστην, Μενέλεως, ἔα κρατεῖν, 1660
ἐλθὼν δ' ἄνασσε Σπαρτιάτιδος χθονός,
φερνὰς ἔχων δάμαρτος, ἥ σε μυρίοις
πόνοις διδοῦσα δεῦρ' ἀεὶ διήνυσεν.
τὰ πρὸς πόλιν δὲ τῷδ' ἐγὼ θήσω καλῶς,
ὃς νιν φονεῦσαι μητέρ' ἐξηνάγκασα. 1665
Ορ ὦ Λοξία μαντεῖε, σῶν θεσπισμάτων
οὐ ψευδόμαντις ἦσθ' ἄρ', ἀλλ' ἐτήτυμος.
καίτοι μ' ἐσῄει δεῖμα, μή τινος κλύων
ἀλαστόρων δόξαιμι σὴν κλύειν ὄπα.
ἀλλ' εὖ τελεῖται, πείσομαι δὲ σοῖς λόγοις. 1670
ἰδού, μεθίημ' 'Ερμιόνην ἀπὸ σφαγῆς,
καὶ λέκτρ' ἐπῄνεσ', ἡνίκ' ἂν διδῷ πατήρ.
Με ὦ Ζηνὸς 'Ελένη χαῖρε παῖ· ζηλῶ δέ σε
θεῶν κατοικήσασαν ὄλβιον δόμον.
'Ορέστα, σοὶ δὲ παῖδ' ἐγὼ κατεγγυῶ, 1675
Φοίβου λέγοντος· εὐγενὴς δ' ἀπ' εὐγενοῦς
γήμας ὄναιο καὶ σὺ χὠ διδοὺς ἐγώ.
Απ χωρεῖτέ νυν ἕκαστος οἷ προστάσσομεν,
νείκας τε διαλύεσθε.
Με   πείθεσθαι χρεών.

'Αζᾶσιν 'Αρκάσιν τ' 'Ορέστειον καλεῖν. 1647

Trägt ewig deinen Namen. Zieh von dort
Zum Areshügel in die Stadt Athen:
Drei Eumeniden fordern dort den Sold
Für deinen Muttermord. Nach frömmstem Recht
Tagt das Gericht und du wirst Sieger sein.

Hermione, die du so schwer bedrohst,
Wird deine Gattin: Neoptolemos,
Der sie begehrt, wird nie mit ihr vermählt,
In Delphi heischt der Sühnegeld von mir
Für seinen Vater, doch man tötet ihn.
Dem Pylades gib, wie du es gelobt,
Elektra! Ihnen winkt ein reiches Glück.
Gib Argos an Orestes, Menelas,
Geh ins Spartanerland und herrsche dort
Durch deiner Gattin Mitgift, die bisher
Dir Kummer über Kummer eingebracht.
Orest versöhne ich mit seinem Volk,
Ich selbst befahl ihm ja den Muttermord!

Or   O Seher Loxias, nun zeigt es sich,
Daß dein Orakel reine Wahrheit ist.
Schon trug ich Sorge, einem Lügengeist
Hätt ich mein Ohr geliehen und nicht dir.
Das gute Ende kam, ich folge dir,
Hermione befrei ich von dem Schwert,
Sie wird mein Weib, sobald ihr Vater will.

Me   O Helena, leb wohl, du Kind des Zeus!
Nun thronst du selig in der Götter Saal!
Orestes, dir vermähl ich, wie Apoll
Gebot, mein Kind. Der Vater, der sie gibt,
Du, der sie nimmst: der gleiche edle Stamm.

Ap   Nun gehe jeder den befohlnen Weg
Und laßt den Zwist!

Me   Er soll begraben sein!

Ορ κἀγὼ τοιοῦτος· σπένδομαι δὲ συμφοραῖς,   1680
     Μενέλαε, καὶ σοῖς, Λοξία, θεσπίσμασιν.

Απ ἴτε νυν καθ' ὁδόν, τὴν καλλίστην   an⁴
     θεῶν Εἰρήνην τιμῶντες· ἐγὼ δ'
     'Ελένην Δίοις μελάθροις πελάσω,
     λαμπρῶν ἄστρων πόλον ἐξανύσας,   1685
     ἔνθα παρ' "Ηρᾳ τῇ θ' 'Ηρακλέους
     "Ηβῃ πάρεδρος θεὸς ἀνθρώποις
     ἔσται σπονδαῖς ἔντιμος ἀεί,
     σὺν Τυνδαρίδαις, τοῖς Διὸς υἱοῖς,
     ναύταις μεδέουσα θαλάσσης.   1690

Χο ὦ μέγα σεμνὴ Νίκη, τὸν ἐμὸν
     βίοτον κατέχοις
     καὶ μὴ λήγοις στεφανοῦσα.

Or   So denk auch ich und danke dem Geschick,
      Mein Menelas, und deinem Spruch, Apoll.

Ap   So zieht eures Wegs und allzeit sei
      Eirene, der Göttinnen schönste, geehrt!
      Zum Hause des Zeus bring ich Helena,
      Durcheilend das strahlende Sternengewölb,
      Dort wird sie bei Hera und Hebe, der Braut
      Des Herakles, thronen, als Göttin geehrt,
      Von den Spenden der Menschen gefeiert
      Mit den Söhnen des Zeus aus des Tyndaros Haus,
      Und die Schiffer des Meeres geleiten.

ab

Chor

Abzugslied

O du große, du stolze
Göttin des Siegs,
Walte du stets
Über all meinen Wegen
Und lasse nicht ab,
Mein Haupt zu bekränzen!

IPHIGENIE IN AULIS

ΙΦΙΓΕΝΕΙΑ Η ΕΝ ΑΥΛΙΔΙ

Τὰ τοῦ δράματος πρόσωπα

Ἀγαμέμνων · Πρεσβύτης · Χορός · Μενέλαος
Ἄγγελος · Κλυταιμήστρα · Ἰφιγένεια
Ἀχιλλεύς · (Ἄρτεμις)

Ἀγαμέμνων

Ὦ πρέσβυ, δόμων τῶνδε πάροιθεν   an⁴
στεῖχε.

Πρεσβύτης

    στείχω. τί δὲ καινουργεῖς,
Ἀγάμεμνον ἄναξ;
Αγ   σπεύσεις;

Πρ   σπεύδω.
μάλα τοι γῆρας τοὐμὸν ἄυπνον
καὶ ἐπ᾽ ὀφθαλμοῖς ὀξὺ πάρεστιν.   5

Αγ τίς ποτ᾽ ἄρ᾽ ἀστὴρ ὅδε πορθμεύει;
Πρ Σείριος ἐγγὺς τῆς ἑπταπόρου
Πλειάδος ᾄσσων ἔτι μεσσήρης.
Αγ οὔκουν φθόγγος γ᾽ οὔτ᾽ ὀρνίθων

IPHIGENIE IN AULIS

Personen des Dramas

Agamemnon · Ein alter Diener · Chor, *Frauen von Chalkis*
Menelaos, *Bruder Agamemnons* · Bote
Klytaimestra, *Tochter des Tyndareos und der Leda, Gattin
Agamemnons* · Iphigenie, *Tochter Agamemnons*
Orestes, *Söhnchen Agamemnons* (*stumme Rolle*)
Achilleus, *Sohn des Peleus und der Meergöttin Thetis*
Artemis

Die Szene ist vor dem Quartier Agamemnons in Aulis.

VORSZENE

Agamemnon *ruft hinein*

Komm, Alter, heraus! Hier vor die Türe!
So kommst du?

Der Alte *von innen*

        Ich komme. Was wälzt dein Sinn,
Agamemnon, mein Fürst?

Ag Beeil dich!

Al *von innen*
        Ich eile und eile!
Mein hohes Alter weiß nichts vom Schlaf
Und die spähenden Augen
Lauern und lauern.

Ag Welcher Stern zieht dort seine steile Bahn?

Al Der Sirius folgt schon dem Siebengestirn,
Steigt ihm nach zum Scheitel des Himmels.

Ag Kein Laut ringsum, kein Vogelgesang,

οὔτε θαλάσσης· σιγαὶ δ' ἀνέμων   10
τόνδε κατ' Εὔριπον ἔχουσιν.
Πρ τί δὲ σὺ σκηνῆς ἐκτὸς ἀίσσεις,
'Αγάμεμνον ἄναξ;
ἔτι δ' ἡσυχία τῆδε κατ' Αὖλιν
καὶ ἀκίνητοι φυλακαὶ τειχέων.   15
στείχωμεν ἔσω.

Αγ   ζηλῶ σέ, γέρον,
ζηλῶ δ' ἀνδρῶν ὃς ἀκίνδυνον
βίον ἐξεπέρασ' ἀγνὼς ἀκλεής·
τοὺς δ' ἐν τιμαῖς ἧσσον ζηλῶ.

Πρ καὶ μὴν τὸ καλόν γ' ἐνταῦθα βίου.   20
Αγ τοῦτο δέ γ' ἐστὶν τὸ καλὸν σφαλερόν,
καὶ τὸ πρότιμον
γλυκὺ μέν, λυπεῖ δὲ προσιστάμενον.
τοτὲ μὲν τὰ θεῶν οὐκ ὀρθωθέντ'
ἀνέτρεψε βίον, τοτὲ δ' ἀνθρώπων   25
γνῶμαι πολλαὶ
καὶ δυσάρεστοι διέκναισαν.

Πρ οὐκ ἄγαμαι ταῦτ' ἀνδρὸς ἀριστέως.
οὐκ ἐπὶ πᾶσίν σ' ἐφύτευσ' ἀγαθοῖς,
'Αγάμεμνον, 'Ατρεύς.   30
δεῖ δέ σε χαίρειν καὶ λυπεῖσθαι·
θνητὸς γὰρ ἔφυς. κἂν μὴ σὺ θέλης,
τὰ θεῶν οὕτω βουλόμεν' ἔσται.

σὺ δὲ λαμπτῆρος φάος ἀμπετάσας
δέλτον τε γράφεις   35
τήνδ' ἣν πρὸ χερῶν ἔτι βαστάζεις,
καὶ ταὐτὰ πάλιν γράμματα συγχεῖς
καὶ σφραγίζεις λύεις τ' ὀπίσω

Kein Rauschen des Meers! Nicht ein Windhauch trübt
Des Eúripos lautlose Stille.

Al Sag, was treibt dich, Fürst,
Früh aus den Zelten?
Ganz Aulis liegt noch im tiefsten Schlaf,
Auch die Wachen des Lagers,
Sie rühren sich nicht!
Gehn wir wieder hinein!

Ag   Wie beneid ich dich, Greis,
Wie beneid ich euch alle,
Jeden, der ohne Gefahr,
Ohne Namen und Ruhm
Lebt seine Tage,
Ohne Ehren und Würden.

Al Doch sucht man das Beste des Lebens darin.

Ag Dieses Beste, es ist nur
Trug und Schein!
Die Ehren und Würden, das klingt so süß,
Doch wie schmerzt der Besitz!
Wem die göttliche Hilfe nicht sicher steht,
Stürzt hinab in den Grund. Und die Menge?
Ihr schillernder, niemals zufriedener Sinn
Stiftet doch nur Verderben.

Al Es erfreut mich nicht, daß ein Herrscher dies sagt.
Nicht zum lauteren Glück,
Mein Fürst Agamemnon,
Zeugte dich Atreus!
So nimm zu den Freuden die Leiden hinzu,
Denn du bist ein Mensch. Ob dus willst oder nicht,
Ist dein Los bestimmt
Im Rate der Götter.
Du zündest das Licht deiner Fackel an,
Schreibst einen Brief,
Denselben, den du in Händen hältst,
Dann verwischst du wieder die Zeichen,
Siegelst das Schreiben,

ῥίπτεις τε πέδῳ πεύκην, θαλερὸν
κατὰ δάκρυ χέων,   40
καὶ τῶν ἀπόρων οὐδενὸς ἐνδεῖς
μὴ οὐ μαίνεσθαι.
τί πονεῖς; τί νέον περὶ σοί, βασιλεῦ;
φέρε κοίνωσον μῦθον ἐς ἡμᾶς.
πρὸς δ' ἄνδρ' ἀγαθὸν πιστόν τε φράσεις·   45
σῇ γάρ μ' ἀλόχῳ τότε Τυνδάρεως
πέμπει φερνὴν
συννυμφοκόμον τε δίκαιον.   48

Αγ Ἐγένοντο Λήδᾳ Θεστιάδι τρεῖς παρθένοι,   ia⁶
Φοίβη Κλυταιμήστρα τ', ἐμὴ ξυνάορος,   50
Ἑλένη τε· ταύτης οἱ τὰ πρῶτ' ὠλβισμένοι
μνηστῆρες ἦλθον Ἑλλάδος νεανίαι.
δειναὶ δ' ἀπειλαὶ καὶ κατ' ἀλλήλων φόνος
ξυνίσταθ', ὅστις μὴ λάβοι τὴν παρθένον.
τὸ πρᾶγμα δ' ἀπόρως εἶχε Τυνδάρεῳ πατρί,   55
δοῦναί τε μὴ δοῦναί τε, τῆς τύχης ὅπως
ἅψαιτ' ἄριστα. καί νιν εἰσῆλθεν τάδε·
ὅρκους συνάψαι δεξιάς τε συμβαλεῖν
μνηστῆρας ἀλλήλοισι καὶ δι' ἐμπύρων
σπονδὰς καθεῖναι κἀπαράσασθαι τάδε·   60
ὅτου γυνὴ γένοιτο Τυνδαρὶς κόρη,
τούτῳ ξυναμυνεῖν, εἴ τις ἐκ δόμων λαβὼν
οἴχοιτο τόν τ' ἔχοντ' ἀπωθοίη λέχους,
κἀπιστρατεύσειν καὶ κατασκάψειν πόλιν
Ἕλλην' ὁμοίως βάρβαρόν θ' ὅπλων μέτα.   65
ἐπεὶ δ' ἐπιστώθησαν - εὖ δέ πως γέρων
ὑπῆλθεν αὐτοὺς Τυνδάρεως πυκνῇ φρενί -
δίδωσ' ἑλέσθαι θυγατρὶ μνηστήρων ἕνα,

Entsiegelst das Schreiben,
Wirfst zu Boden die Tafel, in Strömen entrinnt
Deinem Auge die Träne.
Und nichts bleibst du schuldig an ratlosem Tun,
Was den Tollen verrät.
Was fiel dich an? Welches Unheil, Fürst?
So sprich doch zu uns!
O laß es uns wissen!
Was du sagst, das sagst du dem treuesten Mann!
Deiner Gattin hat mich
Einst Tyndaros
Als Mitgift geschickt,
Als besten Geleiter der Tochter!

Ag *berichtet*
[Mit diesem Tyndaros, von dem du viel
Gesehen und gehört, begann mein Leid,]
Mit Leda, die drei Töchter ihm gebar:
Nach Phoibe Klytaimestra, mein Gemahl,
Und Helena. Zu dieser drängten sich
Als Freier alle Prinzen dieses Lands.
Da gab es schwerste Drohung schwersten Mords
Für jeden, dem ein Freier unterlag.
Wem geben, wem verweigern, wie den Streit
Beenden? das war Vater Tyndaros
Die schlimmste Sorge. Und er kam darauf,
Die Freier sollten sich mit Eid und Fluch,
Mit Handschlag, Opferfeuer, Spendeguß
Verbünden, dem Gemahl des Tyndarkinds,
Wer es auch sei, gemeinsam beizustehn,
Wenn einer sie dem Haus entführte und
Den Ehegmahl beraubte seines Betts,
Ob Grieche oder Fremder; auch mit Krieg
Ihn zu bekämpfen bis zum Fall der Stadt.
Erst nach dem Schwur – so hatte Tyndaros,
Der schlaue Alte, ihnen beigebracht –
Gab er der Tochter freie Wahl des Manns,

ὅτου πνοαὶ φέροιεν 'Αφροδίτης φίλαι.
ἣ δ' εἵλεθ', ὃς σφε μήποτ' ὤφελεν λαβεῖν,   70
Μενέλαον. ἐλθὼν δ' ἐκ Φρυγῶν ὁ τὰς θεὰς
κρίνων ὅδ', ὡς ὁ μῦθος ἀνθρώπων ἔχει,
Λακεδαίμον', ἀνθηρὸς μὲν εἱμάτων στολῇ
χρυσῷ δὲ λαμπρός, βαρβάρῳ χλιδήματι,
ἐρῶν ἐρῶσαν ᾤχετ' ἐξαναρπάσας   75
'Ελένην πρὸς Ἴδης βούσταθμ', ἔκδημον λαβὼν
Μενέλαον. ὁ δὲ καθ' 'Ελλάδ' οἰστρήσας δρόμῳ
ὅρκους παλαιοὺς Τυνδάρεω μαρτύρεται,
ὡς χρὴ βοηθεῖν τοῖσιν ἠδικημένοις.
τοὐντεῦθεν οὖν Ἕλληνες ᾄξαντες δορί,   80
τεύχη λαβόντες στενόπορ' Αὐλίδος βάθρα
ἥκουσι τῆσδε, ναυσὶν ἀσπίσιν θ' ὁμοῦ
ἵπποις τε πολλοῖς ἅρμασίν τ' ἠσκημένοι.
κἀμὲ στρατηγεῖν δῆτα Μενέλεω χάριν
εἵλοντο, σύγγονόν γε. τἀξίωμα δὲ   85
ἄλλος τις ὤφελ' ἀντ' ἐμοῦ λαβεῖν τόδε.
ἠθροισμένου δὲ καὶ ξυνεστῶτος στρατοῦ
ἥμεσθ' ἀπλοίᾳ χρώμενοι κατ' Αὐλίδα.
Κάλχας δ' ὁ μάντις ἀπορίᾳ κεχρημένοις
ἀνεῖλεν 'Ιφιγένειαν ἣν ἔσπειρ' ἐγὼ   90
'Αρτέμιδι θῦσαι τῇ τόδ' οἰκούσῃ πέδον,
καὶ πλοῦν τ' ἔσεσθαι καὶ κατασκαφὰς Φρυγῶν.
κλύων δ' ἐγὼ ταῦτ', ὀρθίῳ κηρύγματι   94
Ταλθύβιον εἶπον πάντ' ἀφιέναι στρατόν,   95
ὡς οὔποτ' ἂν τλὰς θυγατέρα κτανεῖν ἐμήν.
οὗ δή μ' ἀδελφὸς πάντα προσφέρων λόγον
ἔπεισε τλῆναι δεινά. κἀν δέλτου πτυχαῖς
γράψας ἔπεμψα πρὸς δάμαρτα τὴν ἐμὴν
πέμπειν 'Αχιλλεῖ θυγατέρ' ὡς γαμουμένην,   100
τό τ' ἀξίωμα τἀνδρὸς ἐκγαυρούμενος,
συμπλεῖν τ' 'Αχαιοῖς οὕνεκ' οὐ θέλοι λέγων,
εἰ μὴ παρ' ἡμῶν εἰσιν ἐς Φθίαν λέχος·

───────────

θύσασι, μὴ θύσασι δ' οὐκ εἶναι τάδε.   98

In dessen Arm sie Aphrodite trieb.
Sie wählte, was sein größtes Unglück war,
Meneláos, bis der Prinz aus Troja kam,
Der – sagt man – über Göttinnen entschied.
Ganz Sparta war geblendet von dem Prunk
Der fremden Kleider und dem Glanz des Golds.
Er liebte, ward geliebt, nahm Helena
Zu Idas Weiden mit, als Menelas
Nicht da war. Der versetzte Griechenland
In Aufruhr, pochte auf den alten Schwur,
Verlangte Beistand, da ihm dies geschah.
Da stürmten sie zu Aulis' Meerestor
Mit Speeren und mit Panzern, Schild und Schiff,
Mit Rossen und mit Wagen wohlversehn.
Zum Feldherrn wählten sie, dem Menelas
Zulieb, mich, seinen Bruder; hätte doch
Ein andrer dieses hohe Amt erlangt!
Als alles Heer versammelt war, da schwieg
Der Wind; wir saßen hier in Aulis fest.
In dieser Not gab Seher Kalchas kund,
Daß meine Tochter Iphigenie
Der Artemis des Lands zu opfern sei
Als Pfand für unsre Fahrt und Trojas Fall.
Ich wies des Kindes Tötung ab und gab
Talthybios Befehl, mit lautem Ruf
Die Krieger zu entlassen in ihr Haus.
Da hat des Bruders langer Zuspruch mich
Zur schweren Tat beschwatzt. So trug ich denn
In Briefes Faltung meiner Gattin auf,
Das Kind zu senden als Achilleus' Braut
Und pries sein Heldentum und gab ihr kund,
Er wolle nicht mit uns nach Troja ziehn,
Wenn wir die Braut nicht schickten in sein Haus.

πειθὼ γὰρ εἶχον τήνδε πρὸς δάμαρτ' ἐμήν,
ψευδῆ συνάψας ἀντὶ παρθένου γάμον.   105
μόνοι δ' 'Αχαιῶν ἴσμεν ὡς ἔχει τάδε
Κάλχας 'Οδυσσεὺς Μενέλεώς θ'. ἃ δ' οὐ καλῶς
ἔγνων τότ', αὖθις μεταγράφω καλῶς πάλιν
ἐς τήνδε δέλτον, ἣν κατ' εὐφρόνης σκιὰν
λύοντα καὶ συνδοῦντά μ' εἰσεῖδες, γέρον.   110
ἀλλ' εἶα χώρει τάσδ' ἐπιστολὰς λαβὼν
πρὸς "Αργος. ἃ δὲ κέκευθε δέλτος ἐν πτυχαῖς,
λόγῳ φράσω σοι πάντα τἀγγεγραμμένα·
πιστὸς γὰρ ἀλόχῳ τοῖς τ' ἐμοῖς δόμοισιν εἶ.   114

Αγ   πέμπω σοι πρὸς ταῖς πρόσθεν   an⁴ˆ   115
     δέλτους, ὦ Λήδας ἔρνος –   an⁴ˆ

Πρ   λέγε καὶ σήμαιν', ἵνα καὶ γλώσσῃ   an⁴
     σύντονα τοῖς σοῖς γράμμασιν αὐδῶ.

Αγ   μὴ στέλλειν τὰν σὰν ἶνιν πρὸς
     τὰν κολπώδη πτέρυγ' Εὐβοίας   120
     Αὖλιν ἀκλύσταν.
     εἰς ἄλλας ὥρας γὰρ δὴ
     παιδὸς δαίσομεν ὑμεναίους.
Πρ   καὶ πῶς 'Αχιλεὺς λέκτρων ἀπλακὼν
     οὐ μέγα φυσῶν θυμὸν ἐπαρεῖ   125
     σοὶ σῇ τ' ἀλόχῳ;
     τόδε καὶ δεινόν· σήμαιν' ὅ τι φῄς.

Αγ   ὄνομ', οὐκ ἔργον, παρέχων 'Αχιλεὺς
     οὐκ οἶδε γάμους, οὐδ' ὅ τι πράσσομεν,
     οὐδ' ὅτι κείνῳ παῖδ' ἐπεφήμισα   180

Mit dieser stolzen Ehe unsres Kinds
Hofft ich zu locken meines Weibes Herz.
Und keiner weiß davon als Menelas,
Als Kalchas und Odysseus. Was ich dort
Gefehlt, das stell ich richtig in dem Brief,
Den du mich, Alter, in dem Schutz der Nacht
Bald öffnen, bald von neuem siegeln sahst.
Nimm dieses Schreiben, laufe schnell mit ihm
Nach Argos! Was in seinen Falten steht,
Das hörst du noch zuvor, als treuer Mann
Des ganzen Hauses und der Königin:
                    liest vor
„Ich entsende dir jetzt
Neue Botschaft zur alten,
O Tochter der Leda!"

Al   *fällt ein*
      Ja, sprich und erkläre, so kann ich getreu
      Mit dem Mund deine Schrift wiederholen!

Ag   *liest weiter*
      „Sende nicht dein Kind
      Her nach Aulis' Bucht,
      Wo Euboias Flügel den Fluten wehrt,
      Denn wir müssen auf bessere Tage
      Aufschieben die Feier der Hochzeit."

Al   Und wird da Achilleus,
      Wenn man die Braut ihm nimmt,
      Aufschnaubend im Zorn deiner Gattin und dir
      Nicht gewaltsam begegnen?
      Kein geringes Ding! Was gedenkst du zu tun?

Ag   [Drang es nicht in dein Ohr,
      Was ich eben noch sprach?]
      Mit dem Namen allein und mit keinerlei Werk
      Nimmt Achill hier teil,
      Kennt die Hochzeit nicht,
      Weiß nichts von unseren Plänen,
      Noch daß ich jemals es zugesagt,

νυμφείους εἰς ἀγκώνων
εὐνὰς ἐκδώσειν λέκτροις.
Πρ δεινά γ᾽ ἐτόλμας, ᾿Αγάμεμνον ἄναξ,
ὃς τῷ τῆς θεᾶς σὴν παῖδ᾽ ἄλοχον
φατίσας ἦγες σφάγιον Δαναοῖς.   135

Αγ οἴμοι, γνώμας ἐξέσταν,
αἰαῖ, πίπτω δ᾽ εἰς ἄταν.
ἀλλ᾽ ἴθ᾽ ἐρέσσων σὸν πόδα, γήρᾳ
μηδὲν ὑπείκων.

Πρ   σπεύδω, βασιλεῦ.   140
Αγ μή νυν μήτ᾽ ἀλσώδεις ἵζου
κρήνας μήθ᾽ ὕπνῳ θελχθῇς.
Πρ εὔφημα θρόει.
Αγ πάντῃ δὲ πόρον σχιστὸν ἀμείβων
λεῦσσε, φυλάσσων μή τίς σε λάθῃ   145
τροχαλοῖσιν ὄχοις παραμειψαμένη
παῖδα κομίζουσ᾽ ἐνθάδ᾽ ἀπήνη
Δαναῶν πρὸς ναῦς.
Πρ ἔσται τάδε.
Αγ   κλήθρων δ᾽ ἐξόρμοις   150
ἦν νιν πομπαῖς ἀντήσῃς,
πάλιν εἰσόρμα, σεῖε χαλινούς,
ἐπὶ Κυκλώπων ἱεὶς θυμέλας.
Πρ πιστὸς δὲ φράσας τάδε πῶς ἔσομαι,
λέγε, παιδὶ σέθεν τῇ σῇ τ᾽ ἀλόχῳ;
Αγ σφραγῖδα φύλασσ᾽ ἣν ἐπὶ δέλτῳ   155
τήνδε κομίζεις. ἴθι. λευκαίνει
τόδε φῶς ἤδη λάμπουσ᾽ ἠώς
πῦρ τε τεθρίππων τῶν ᾿Αελίου·
σύλλαβε μόχθων.   160

    Das Kind zur Umarmung ihm
    In der Ehe Gemächer zu führen.

Al   Du hast Schlimmstes gewagt, Agamemnon, mein Fürst.
    Dein Kind war doch nur
    Zur Schlachtung bestimmt für die Danaër,
    Und du machtest aus ihm
    Die Gemahlin des Sohnes der Göttin!

Ag   O wie war ich doch aller Sinne beraubt!
    O Jammer, wie bin ich
    Tief ins Unheil gestürzt!
    Doch nun schwing deinen Fuß!
    Laß dein Alter dich nicht
    Übermannen!

Al   Ich laufe, mein König!

Ag   Und setz dich nicht nieder am schattigen Quell,
    Laß dich niemals vom Schlummer berücken!

Al   Deine Sorge geht weit!

Ag   Und an jedem Kreuzweg, zu dem du kommst,
    Schaue aus, daß der Wagen dir nicht entgeht,
    Nicht mit schnellen Rädern vorüberrollt,
    Der mein Kind zu den Schiffen
    Der Griechen verbringt.

Al   Ich will achten.

Ag   Und triffst du ihn hier schon vorm Tor,
    Dann ergreife die Zügel und treib ihn zurück,
    Heimwärts zur Burg
    Der Kyklopen!

Al   Doch sag noch, wie werd ich beglaubigt sein
    Bei der Tochter, bei deiner Gemahlin?

Ag   Das Siegel behüte des Schreibens,
    Das du bei dir trägst. Nun geh! Schon erhellt
    Sich die Dunkelheit in der Eos Schein
    Und im Feuer des Wagens des Helios.
    Nun zeig, was du kannst!

der Alte ab

θνητῶν δ' ὄλβιος ἐς τέλος οὐδεὶς
οὐδ' εὐδαίμων·
οὔπω γὰρ ἔφυ τις ἄλυπος.

Χορός

ἔμολον ἀμφὶ παρακτίαν	gl	στρ.
ψάμαθον Αὐλίδος ἐναλίας,	gl	165
Εὐρίπου διὰ χευμάτων	gl	
κέλσασα στενοπόρθμων,	gl∧	
Χαλκίδα πόλιν ἐμὰν προλιποῦσ',	ch∪ch	
ἀγχιάλων ὑδάτων τροφὸν	heni∪-	
τᾶς κλεινᾶς 'Αρεθούσας,	gl∧	170

'Αχαιῶν στρατιὰν ὡς ἐσιδοίμαν	∧io³	
'Αχαιῶν τε πλάτας ναυσιπόρους ἡ-	∧io³	
μιθέων, οὓς ἐπὶ Τροίαν	io²	
ἐλάταις χιλιόναυσιν	io²	
τὸν ξανθὸν Μενέλαόν θ'	gl∧	175
ἀμέτεροι πόσεις	∧∧gl	
ἐνέπουσ' 'Αγαμέμνονά τ' εὐπατρίδαν	an⁴	
στέλλειν ἐπὶ τὰν 'Ελέναν, ἀπ'	an³∪	
Εὐρώτα δονακοτρόφου	gl	
Πάρις ὁ βουκόλος ἂν ἔλαβε	gl	180
δῶρον τᾶς 'Αφροδίτας,	gl∧	
ὅτ' ἐπὶ κρηναίαισι δρόσοις	tr² ch	

Ach, keiner der Sterblichen lebt bis zuletzt
Im Glanz seines Glücks,
Schwere Leiden sind allen beschieden.

er geht hinein

EINZUGSLIED

Chor

Erste Strophe

Wir eilten hieher an den Sand,
Zur Küste der aulischen Bucht.
Wir durchquerten
Eúripos' Flut,
Die enge Gasse des Meeres,
Ließen liegen die heimische Stadt,
Chalkis, die nahe der See
Die herrliche Quelle
Arethusas emporschickt. –

Uns lockte der Zug der Achäer,
Das gottgleiche Heer der Achäer,
Die tausend Kiele der Fahrt:
Denn auf tausend Verdecken
(So habens die Männer gesagt)
Entbot Menelaos im Goldhaar,
Agamemnon auch, aus dem stolzesten Haus,
Sie nach Troja hinüber
Auf Helenas Fährte,
Die Páris, der Hirte,
Vom Schilf des Eurotas geraubt hat;
Aphrodites Geschenk,
Als die Göttin an taufrischer Quelle
In der Schönheit Streit

"Ηρα Παλλάδι τ' ἔριν ἔριν   gl
μορφᾶς ἀ Κύπρις ἔσχεν.   gl⌃

πολύθυτον δὲ δι' ἄλσος 'Αρ-   ἀντ.   185
τέμιδος ἤλυθον δρομένα,
φοινίσσουσα παρῆδ' ἐμὰν
αἰσχύνᾳ νεοθαλεῖ,
ἀσπίδος ἔρυμα καὶ κλισίας
ὁπλοφόρους Δαναῶν θέλουσ'   190
ἵππων τ' ὄχλον ἰδέσθαι.

κατεῖδον δὲ δύ' Αἴαντε συνέδρω,
τὸν Οἰλέως Τελαμῶνός τε γόνον, τὸν
Σαλαμῖνος στέφανον· Πρω-
τεσίλαόν τ' ἐπὶ θάκοις   195
πεσσῶν ἡδομένους μορ-
φαῖσι πολυπλόκοις
Παλαμήδεά θ', ὃν τέκε παῖς ὁ Ποσει-
δᾶνος, Διομήδεά θ' ἡδο-
ναῖς δίσκου κεχαρημένον,   200
παρὰ δὲ Μηριόνην, "Αρεος
ὄζον, θαῦμα βροτοῖσιν,
τὸν ἀπὸ νησαίων τ' ὀρέων
Λαέρτα τόκον, ἅμα δὲ Νι-
ρέα, κάλλιστον 'Αχαιῶν.   205

τὸν ἰσάνεμόν τε ποδοῖν   ‿‿‿‿ch
λαιψηροδρόμον 'Αχιλῆα, τὸν   gl
ἀ Θέτις τέκε καὶ Χείρων   gl

Ihren Sieg gewann
Über Hera und Pallas.

Gegenstrophe

Wir sahen der Artemis Hain,
Der blutigen Opfer Altar.
Wie ergoß sich
Röte der Scham
Auf unsre blühenden Wangen,
Als die Neugier uns trieb zu dem Ring,
Schildwall des Danaërheeres,
Den Zelten voll Waffen,
Dem Gewimmel der Pferde. –

Zwei Aias sah man vereinigt,
Oïleus' Sproß und die Krone
Von Salamis, Telamons Sohn.
Diese saßen zusammen
Mit Protesilaos, dem Freund,
Am Spielbrett und setzten und freuten
Sich der vielverschlungenen Gänge des Spiels.
Man sah Palamedes,
Den Enkel des Meergotts,
Man sah Diomedes,
Den Freuden des Diskus ergeben,
Sah, von Ares entstammt,
Des Meríones strahlendes Wunder,
Sah, vom Inselgebirg
Des Laërtes Sohn;
Doch der Schönste war Nireus.

Schluß

Wir sahen den windschnellen Mann,
Den hurtigen Läufer Achilleus,
Den Thetis gebar

ἐξεπόνησεν, εἶδον	ch ba	
αἰγιαλοῖς παρά τε κροκάλαις	da³-	210
δρόμον ἔχοντα σὺν ὅπλοις·	gl∧	
ἅμιλλαν δ’ ἐπόνει ποδοῖν	gl	
πρὸς ἅρμα τέτρωρον	∪ch∪	
ἐλίσσων περὶ νίκας.	.gl∧	215
ὁ δὲ διφρηλάτας ἐβοᾶτ’,	tr² ch	
Εὔμηλος Φερητιάδας,	sp-∪ch	
ᾧ καλλίστους ἰδόμαν	sp-ch	
χρυσοδαιδάλτους στομίοις	tr² ch	
πώλους κέντρῳ θεινομένους,	sp² ch	220
τοὺς μὲν μέσους ζυγίους	sp∪ch	
λευκοστίκτῳ τριχὶ βαλιούς,	sp² ch	
τοὺς δ’ ἔξω σειροφόρους	sp-ch	
ἀντήρεις καμπαῖσι δρόμων,	sp² ch	
πυρσότριχας, μονόχαλα δ’ ὑπὸ σφυρὰ	da⁴	225
ποικιλοδέρμονας· οἷς παρεπάλλετο	da⁴	
Πηλεΐδας σὺν ὅπλοισι παρ’ ἅντυγα καὶ σύ-	da⁵	
ριγγας ἁρματείους·	cr ba	230

ναῶν δ’ εἰς ἀριθμὸν ἤλυθον	sp tr⁴∧	στρ.
καὶ θέαν ἀθέσφατον,	tr⁴∧	
τὰν γυναικεῖον ὄψιν ὀμμάτων	cr tr⁴∧	
ὡς πλήσαιμι, μέλινον ἀδονάν.	sp tr⁴∧	
καὶ κέρας μὲν ἦν	tr²-	285
δεξιὸν πλάτας ἔχων	tr⁴∧	
Φθιώτας ὁ Μυρμιδῶν Ἄρης	sp tr⁴∧	
πεντήκοντα ναυσὶ θουρίαις.	sp tr⁴∧	
χρυσέαις δ’ εἰκόσιν κατ’ ἄκρα Νη-	cr tr⁴∧	
ρῇδες ἔστασαν θεαί,	tr⁴∧	240
πρύμναις σῆμ’ ’Αχιλλείου στρατοῦ.	sp tr⁴∧	

Und Chiron weise erzog;
Am Kieselstrand lief er
Mit all seinen Waffen,
Kämpfte mit wirbelndem Fuß um den Sieg
Gegen das Viergespann
Des gefeierten Lenkers Eumelos
Vom Gau der Phereten.
Nie sah ich schönres Gefährt!
Mit golden buntem Gebiß
Liefen die Rosse dahin,
Vom Stachel getrieben:
In der Mitte der Jochpferde Paar,
Schecken, schimmernd gefleckt,
Außen die Pferde der Leine,
Gegengewichte am Wendepunkt,
Füchse, nur an der Hufe Gelenk
Gesprenkelten Fells.
Mit ihnen flog der Pelide dahin
In voller Rüstung und Seite bei Seit
Dem Rand und den Naben des Wagens.

Zweite Strophe

Wir zogen zu den Schiffen hin,
Die Kiele zu zählen:
O unermeßliches Bild,
O süße Lust
Dem Auge der Frauen!
Den rechtesten Flügel beherrschte
Der Ares von Phthia
Mit fünfzig verwegenen Schiffen.
In goldenen Bildern
Standen am Heck
Fünfzig Töchter des Nereus,
Wahrzeichen der Schiffe
Des Heers des Achilleus

'Αργείων δὲ ταῖσδ' ἰσήρετμοι   ἀντ.
νᾶες ἕστασαν πέλας·
ὧν ὁ Μηκιστέως στρατηλάτας
παῖς ἦν, Ταλαὸς ὃν τρέφει πατήρ,   245
Καπανέως τε παῖς
Σθένελος· 'Ατθίδας δ' ἄγων
ἑξήκοντα ναῦς ὁ Θησέως
παῖς ἑξῆς ἐναυλόχει, θεὰν
Παλλάδ' ἐν μωνύχοις ἔχων πτερω-   250
τοῖσιν ἅρμασιν θετόν,
εὔσημόν γε φάσμα ναυβάταις.

Βοιωτῶν δ' ὅπλισμα πόντιον   ∪-tr⁴∧   στρ.
πεντήκοντα νῆας εἰδόμαν   sp tr⁴∧
σημείοισιν ἐστολισμένας·   sp tr⁴∧   255
τοῖς δὲ Κάδμος ἦν   tr²-
χρύσεον δράκοντ' ἔχων   tr⁴∧
ἀμφὶ ναῶν κόρυμβα·   cr tr²
Λήιτος δ' ὁ γηγενὴς   tr⁴∧
ἄρχε ναΐου στρατοῦ·   tr⁴∧   260
Φωκίδος δ' ἀπὸ χθονὸς   tr⁴∧
Λοκρᾶς τε τοῖσδ' ἴσας ἄγων   ia⁴
ναῦς ἦλθ Οἰλέως τόκος κλυτὰν   sp tr⁴∧
Θρονιάδ' ἐκλιπὼν πόλιν.   tr⁴∧

Μυκήνας δὲ τᾶς Κυκλωπίας   ἀντ.   265
παῖς 'Ατρέως ἔπεμπε ναυβάτας

Gegenstrophe

Daneben lag, an Rudern gleich,
Die Flotte von Argos:
Zwei Feldherrn trugen den Stab,
Mekisteus' Sohn,
Des Tálaos Enkel,
Und Sthenelos, Sohn des Kapaneus.
Es folgten die Anker
Von sechzig athenischen Schiffen:
Der Sohn des Theseus
Setzte als Bild
Göttin Pallas im Wagen
Geflügelter Pferde,
Vertraut allen Schiffern.

Dritte Strophe

Auch Boiotiens Teil an der Flotte,
Die fünfzig gerüsteten Schiffe,
Erkannten wir bald an den Zeichen:
   Am Spiegel jeden Bords
   Stand Kadmos' Bild
   Mit dem goldenen Drachen.
   Führer war des Volks
   Léitós, ein Sohn der Ge.
Dann kamen die Vierzig aus Phokis
Und ebenso viele von Lokris,
Geführt von Oíleus' Sohn
Aus Throníons
Stolzer Stadt.

Gegenstrophe

Aus Mykene, dem Bau der Kyklopen,
Berief der Atride die Mannen

ναῶν ἑκατὸν ἠθροϊσμένους·
σὺν δ' Ἄδραστος ἦν
ταγός, ὡς φίλος φίλῳ,
τὰς φυγούσας μέλαθρα   270
βαρβάρων χάριν γάμων
πρᾶξιν Ἑλλὰς ὡς λάβοι.
ἐκ Πύλου δὲ Νέστορος
Γερηνίου κατειδόμαν
πρύμνας σῆμα ταυρόπουν ὁρᾶν,   275
τὸν πάροικον Ἀλφεόν.

Αἰνιάνων δὲ δωδεκάστολοι   cr tr⁴‿
νᾶες ἦσαν, ὧν ἄναξ   tr⁴‿
Γουνεὺς ἄρχε· τῶνδε δ' αὖ πέλας   sp tr⁴‿
Ἤλιδος δυνάστορες,   tr⁴‿   280
οὓς Ἐπειοὺς ὠνόμαζε πᾶς λεώς·   tr⁴ cr
Εὔρυτος δ' ἄνασσε τῶνδε,   tr⁴
λευκήρετμον δ' Ἄρη Τάφιον   ia⁴
ἦγεν, ὧν Μέγης ἄνασσε,   tr⁴
Φυλέως λόχευμα,   cr ba   285
τὰς Ἐχίνας λιπὼν   cr²
νήσους ναυβάταις ἀπροσφόρους.   sp tr⁴‿

Αἴας δ' ὁ Σαλαμῖνος ἔντροφος   sp tr⁴‿
δεξιὸν κέρας ξυνᾶγε πρὸς τὸ λαιόν, tr⁶   290
τῶν ἄσσον ὥρμει πλάταισιν   ia² tr²
ἐσχάταισι συπλέκων   tr⁴‿
δώδεκ' εὐστροφωτάταισι ναυσίν. ὡς tr⁶‿
ἄιον καὶ ναυβάταν   tr⁴‿
εἰδόμαν λεών·   tr²‐   295
ᾧ τις εἰ προσαρμόσει   tr⁴‿
βαρβάρους βάριδας,   cr²

Von hundert beladenen Schiffen.
    Ihm stand Adrastos bei,
    Ein Freund dem Freund,
    Jenes Weib zu bestrafen
    Das, des Buhlen halb,
    Heimat, Mann und Haus verließ.
Es folgten die Neunzig von Pylos,
Gerenischen Nestors, sie trugen
Als Bild die Gestalt des Stiers,
Des Alpheios,
Nahen Stroms.

Schluß

Die Ainianer entsandten
Zwölfschiffig Geschwader,
Sein Führer war Gúneus.
Daneben gingen vor Anker
Die Bewohner des elischen Lands,
Von allem Volk als Epeier genannt,
Eúrytos ist ihr Fürst,
Der den vierzig Schiffen gebietet.
Hell glänzten die Ruder gleicher Zahl
Des taphischen Kriegsvolks,
Befehligt von Meges, des Phyleus Erzeugtem;
Er kam von den Inseln Echinas,
Wo die Schiffer nicht landen. –
Doch Aias, den Salamis aufzog,
Schloß an den rechten Flügel den linken,
Dem anderen Ende
Nahten sich wieder die Anker
Seiner zwölf beweglichsten Schiffe. –
Dies ists, was wir hörten und sahn
Vom ruderführenden Heer.
Barbarische Barken,
Die solchen begegnen,

νόστον οὐκ ἀποίσεται,	tr⁴͜
ἐνθάδ' οἶον εἰδόμαν	tr⁴͜
νάιον πόρευμα,	cr ba	300
τὰ δὲ κατ' οἴκους κλύουσα συγκλήτου	tr² ia² sp
μνήμην σῴζομαι στρατεύματος.	sp tr⁴͜

Πρ Μενέλαε, τολμᾷς δείν', ἅ σ' οὐ τολμᾶν χρεών.

Μενέλαος

ἄπελθε· λίαν δεσπόταισι πιστὸς εἶ.
Πρ καλόν γέ μοι τοὔνειδος ἐξωνείδισας.   305
Με κλαίοις ἄν, εἰ πράσσοις ἃ μὴ πράσσειν σε δεῖ.

Πρ οὐ χρῆν σε λῦσαι δέλτον, ἣν ἐγὼ ⸃φερον.
Με οὐδέ γε φέρειν σὲ πᾶσιν Ἕλλησιν κακά.
Πρ ἄλλοις ἁμιλλῶ ταῦτ'· ἄφες δὲ τήνδ' ἐμοί.
Με οὐκ ἄν μεθείμην.
Πρ   οὐδ' ἔγωγ' ἀφήσομαι.   810
Με σκήπτρῳ τάχ' ἄρα σὸν καθαιμάξω κάρα.
Πρ ἀλλ' εὐκλεές τοι δεσποτῶν θνῄσκειν ὕπερ.
Με μέθες· μακροὺς δὲ δοῦλος ὢν λέγεις λόγους.

Πρ ὦ δέσποτ', ἀδικούμεσθα. σὰς δ' ἐπιστολὰς
ἐξαρπάσας ὅδ' ἐκ χερῶν ἐμῶν βίᾳ,   315
'Αγάμεμνον, οὐδὲν τῇ δίκῃ χρῆσθαι θέλει.

Verlernen die Rückkehr.
So sahn wir mit Augen,
So wars uns zu Hause gesagt,
So steht diese Heermacht
Uns stets vor der Seele.

ERSTE HAUPTSZENE

Menelaos und der Alte, dem er den Brief entreißt

Der Alte

Du wagst gewagte Dinge, Menelas!

Menelaos

Fort, allzu treuer Diener deines Herrn!
Al   Dein Schmähwort ist für mich das höchste Lob!
Me   Du tust, was du nicht darfst, und wirsts bereun!

er erbricht und liest den Brief

Al   Du hast den Brief erbrochen, den ich trug!
Me   Du trugst des Griechenvolkes Untergang!
Al   Das mach mit andern aus! Gib her den Brief!
Me   Den halt ich fest.
Al   Das gleiche tu ich dir.
Me   Mein Szepter schlägt dir bald den Schädel ein.
Al   Das schönste Los, zu sterben für den Herrn.
Me   Der Sklave hält noch Reden! Laß mich los!
Al   *ruft hinein*
      Agamemnon, Hilfe! Mir geschieht Gewalt!
      Der Mann riß deinen Brief aus meiner Hand
      Und will nichts wissen von Gesetz und Recht!

Αγ ἔα·
 τίς ποτ' ἐν πύλαισι θόρυβος
  καὶ λόγων ἀκοσμία;   tr³⌃

Με οὑμὸς οὐχ ὁ τοῦδε μῦθος
  κυριώτερος λέγειν.

Αγ σὺ δὲ τί τῷδ' ἐς ἔριν ἀφῖξαι,
  Μενέλεως, βίᾳ τ' ἄγεις;

Με βλέψον εἰς ἡμᾶς, ἵν' ἀρχὰς
  τῶν λόγων ταύτας λάβω.   820

Αγ μῶν τρέσας οὐκ ἀνακαλύψω
  βλέφαρον, Ἀτρέως γεγώς;

Με τήνδ' ὁρᾷς δέλτον, κακίστων
  γραμμάτων ὑπηρέτιν;

Αγ εἰσορῶ· καὶ πρῶτα ταύτην
  σῶν ἀπάλλαξον χερῶν.

Με οὔ, πρὶν ἂν δείξω γε Δαναοῖς
  πᾶσι τἀγγεγραμμένα.

Αγ ἦ γὰρ οἶσθ' ἃ μή σε καιρὸς
  εἰδέναι σήμαντρ' ἀνείς;   325

Με ὥστε σ' ἀλγῦναί γ', ἀνοίξας
  ἃ σὺ κάκ' εἰργάσω λάθρᾳ.

Αγ ποῦ δὲ κἄλαβές νιν; ὦ θεοί,
  σῆς ἀναισχύντου φρενός.

Με προσδοκῶν σὴν παῖδ' ἀπ' Ἄργους,
  εἰ στράτευμ' ἀφίξεται.

Αγ τί δέ σε τἀμὰ δεῖ φυλάσσειν;
  οὐκ ἀναισχύντου τόδε;

Με ὅτι τὸ βούλεσθαί μ' ἔκνιζε·
  σὸς δὲ δοῦλος οὐκ ἔφυν.   880

Αγ οὐχὶ δεινά; τὸν ἐμὸν οἰκεῖν
  οἶκον οὐκ ἐάσομαι;

Με πλάγια γὰρ φρονεῖς, τὰ μὲν νῦν,
  τὰ δὲ πάλαι, τὰ δ' αὐτίκα.

Αγ εὖ κεκόμψευσαι πονηρά·
  γλῶσσ' ἐπίφθονον σοφή.

Agamemnon *erscheint*

Halt! *zum Alten*
Welcher Lärm vor meinem Hause?
Welch Gezänke, welch Geschrei?

Me   Mehr als diesen Knecht geziemt es,
Mich zu fragen, was geschah!

Ag   Du mit solchem Mann im Streite,
Menelas, und handgemein!

Me   Schau mir ins Gesicht, dann weiß ich
Gleich, wie ich beginnen soll!

Ag   Hat ein Atreussohn schon jemals
Feige seinen Blick versteckt?

Me   Siehst du diesen Brief, der schlimmster
Dinge schlimmster Bote ist?

Ag   Ja, ich seh ihn, und ich sage:
Gib ihn augenblicks heraus!

Me   Nicht, bevor dem ganzen Heere
Ich enthülle, was er birgt!

Ag   Brichst du Siegel, liest du Dinge,
Die noch nicht für dich bestimmt?

Me   Ja, das traf dich, daß ich alle
Deine Ränke aufgedeckt!

Ag   Unverschämter! Wie ist dieser
Brief in deine Hand gelangt?

Me   Als ich spähte, ob dein Kind nicht
Unterwegs zum Lager ist.

Ag   Mußt du mich denn überwachen?
Hält dich keine Scham zurück?

Me   Weil es mich gerade reizte
Und ich nicht dein Sklave bin.

Ag   Unerhört, daß ich seit neuem
Nicht mehr Herr im Hause sei!

Me   Weil dein Wille hin- und herschwankt,
Heut wie gestern, immerzu!

Ag   Wie verbrämst du deine Bosheit!
Spare deinen weisen Rat!

Με νοῦς δέ γ' οὐ βέβαιος ἄδικον
                    κτῆμα κοὐ σαφὲς φίλοις.
     βούλομαι δέ σ' ἐξελέγξαι,
                    καὶ σὺ μήτ' ὀργῆς ὕπο   835
     ἀποτρέπου τἀληθὲς οὔτ' αὖ
                    κατατενῶ λίαν ἐγώ.
     οἶσθ', ὅτ' ἐσπούδαζες ἄρχειν
                    Δαναΐδαις πρὸς Ἴλιον,
     τῷ δοκεῖν μὲν οὐχὶ χρῄζων,
                    τῷ δὲ βούλεσθαι θέλων,
     ὡς ταπεινὸς ἦσθα, πάσης
                    δεξιᾶς προσθιγγάνων
     καὶ θύρας ἔχων ἀκλῄστους
                    τῷ θέλοντι δημοτῶν   840
     καὶ διδοὺς πρόσρησιν ἑξῆς
                    πᾶσι – κεἰ μή τις θέλοι –
     τοῖς τρόποις ζητῶν πρίασθαι
                    τὸ φιλότιμον ἐκ μέσου;
     κᾆτ', ἐπεὶ κατέσχες ἀρχάς,
                    μεταβαλὼν ἄλλους τρόπους
     τοῖς φίλοισιν οὐκέτ' ἦσθα
                    τοῖς πρὶν ὡς πρόσθεν φίλος,
     δυσπρόσιτος ἔσω τε κλῄθρων
                    σπάνιος. ἄνδρα δ' οὐ χρεὼν   845
     τὸν ἀγαθὸν πράσσοντα μεγάλα
                    τοὺς τρόπους μεθιστάναι,
     ἀλλὰ καὶ βέβαιον εἶναι
                    τότε μάλιστα τοῖς φίλοις,
     ἡνίκ' ὠφελεῖν μάλιστα
                    δυνατός ἐστιν εὐτυχῶν.
     ταῦτα μέν σε πρῶτ' ἐπῆλθον,
                    ἵνα σε πρῶθ' ηὗρον κακόν.
     ὡς δ' ἐς Αὖλιν ἦλθες αὖθις
                    χὠ Πανελλήνων στρατός,   850
     οὐδὲν ἦσθ', ἀλλ' ἐξεπλήσσου
                    τῇ τύχῃ τῇ τῶν θεῶν,

Me   Laß dich dennoch überzeugen:
Wankelmut ist ungerecht!
Ist das Grab der Freundschaft! Wende
Nicht im Zorne deinen Sinn
Von der Wahrheit, und ich selber
Will vermeiden heißes Wort.
Als du Führer werden wolltest
Unserm Heer nach Ilion,
(Zwar nach außen nicht begierig,
Doch im Innern sehr gewillt,)
Ach, wie warst du da bescheiden,
Drücktest freundlich jede Hand,
Hattest immer offne Türen,
Wer es wollte, trat herein,
Spartest keinerlei Begrüßung,
Ob man wollte oder nicht,
Alles mußte dir erkaufen,
Was dein Ehrgeiz nie vergaß.
Und so wurdest du der Herrscher –
Doch die alte Art verschwand!
Für die gleichen Freunde warst du
Künftig nicht der gleiche Freund,
Bliebst verschlossen hinter Türen,
Selten taten sie sich auf!
Wer zu hohen Ehren stieg, der
Soll nicht ändern seine Art,
Ja, er muß den alten Freunden
Treuer noch als früher sein,
Weil sein neues Glück verstattet,
Daß er mehr als früher hilft.
Ja, es hat mich schwer verdrossen,
Daß ich dich als solchen traf!
Dann, als Feldherr hier in Aulis,
Hast du wieder schwer versagt,
Ganz entsetzt vom Zorn der Götter,

οὐρίας πομπῆς σπανίζων·
      Δαναΐδαι δ' ἀφιέναι
ναῦς διήγγελλον, μάτην δὲ
      μὴ πονεῖν ἐν Αὐλίδι.
ὡς ἄνολβον εἶχες ὄμμα
      σύγχυσίν τ', εἰ μὴ νεῶν
χιλίων ἄρχων τὸ Πριάμου
      πεδίον ἐμπλήσεις δορός.   355
κἀμὲ παρεκάλεις· τί δράσω;
      τίνα δὲ πόρον εὕρω πόθεν;
ὥστε μὴ στερέντα σ' ἀρχῆς
      ἀπολέσαι καλὸν κλέος.
κᾆτ', ἐπεὶ Κάλχας ἐν ἱεροῖς
      εἶπε σὴν θῦσαι κόρην
Ἀρτέμιδι, καὶ πλοῦν ἔσεσθαι
      Δαναΐδαις, ἡσθεὶς φρένας
ἄσμενος θύσειν ὑπέστης
      παῖδα· καὶ πέμπεις ἑκών,   360
οὐ βίᾳ – μὴ τοῦτο λέξῃς –
      σῇ δάμαρτι, παῖδα σὴν
δεῦρ' ἀποστέλλειν, Ἀχιλλεῖ
      πρόφασιν ὡς γαμουμένην.
κᾆθ' ὑποστρέψας λέληψαι
      μεταβαλὼν ἄλλας γραφάς,
ὡς φονεὺς οὐκέτι θυγατρὸς
      σῆς ἔσῃ. μάλιστά γε.
οὗτος αὐτός ἐστιν αἰθὴρ
      ὃς τάδ' ἤκουσεν σέθεν.   365
μυρίοι δέ τοι πεπόνθασ'
      αὐτό· πρὸς τὰ πράγματα
ἐκπονοῦσ' ἑκόντες, εἶτα
      δ' ἐξεχώρησαν κακῶς,
τὰ μὲν ὑπὸ γνώμης πολιτῶν
      ἀσυνέτου, τὰ δ' ἐνδίκως
ἀδύνατοι γεγῶτες αὐτοὶ
      διαφυλάξασθαι πόλιν.

Der die Flaute uns verhing,
Von dem Heer, das auf der Heimfahrt
Unsrer Schiffe laut bestand,
Weil in Aulis für den Kriegszug
Nichts mehr zu gewinnen war.
Ratlos blickten deine Augen,
Ganz verstört, daß du nicht mehr
Herr der tausend Schiffe, nicht mehr
Sieger über Troja warst.
Und du frugst mich: „Weh, wo find ich
Einen Weg? Ein Aus und Ein?"
Deine stolze Feldherrnwürde
Schien dir schon im Untergang.
Dann, als Kalchas' Prophezeiung
Dich dein Kind der Artemis
Opfern hieß zum Heil der Flotte,
Tratest du voll Freuden bei,
Gingst ans Werk und sandtest Botschaft –
Sage nicht, daß man dich zwang! –,
Schriebst von selber deiner Gattin,
Daß das Kind sie schicken soll,
Und als falschen Grund erfandst du
Ein Verlöbnis mit Achill.
Wieder drehst du deine Meinung,
Wirst mit neuem Brief ertappt:
Niemals würdest du der Mörder
Deines Kinds. So stehts darin.
Rings ist noch derselbe Äther,
Der dein Wort vernommen hat!
Vielen ist es so ergangen:
Erst Bemühung um das Land,
Dann der Rückzug vor der Menge,
Vor dem eignen schwachen Stand.

Ἑλλάδος μάλιστ᾽ ἔγωγε
　　　　τῆς ταλαιπώρου στένω,   870
ἤ, θέλουσα δρᾶν τι κεδνόν,
　　　　βαρβάρους τοὺς οὐδένας
καταγελῶντας ἐξανήσει
　　　　διὰ σὲ καὶ τὴν σὴν κόρην.
μηδέν᾽ ἀνδρείας ἕκατι
　　　　προστάτην θείμην χθονός,
μηδ᾽ ὅπλων ἄρχοντα· νοῦν χρὴ
　　　　τὸν στρατηλάτην ἔχειν·   374

Χο δεινὸν κασιγνήτοισι γίγνεσθαι λόγους   ia⁶   376
μάχας θ᾽, ὅταν ποτ᾽ ἐμπέσωσιν εἰς ἔριν.

Αγ βούλομαί σ᾽ εἰπεῖν κακῶς εὖ,
　　　　βραχέα, μὴ λίαν ἄνω   tr⁸ ⌃
βλέφαρα πρὸς τἀναιδὲς ἀγαγών,
　　　　ἀλλὰ σωφρονεστέρως,
ὡς ἀδελφὸν ὄντ᾽· ἀνὴρ γὰρ
　　　　χρηστὸς αἰδεῖσθαι φιλεῖ.   380
εἰπέ μοι, τί δεινὰ φυσᾷς
　　　　αἱματηρὸν ὄμμ᾽ ἔχων;
τίς ἀδικεῖ σε; τοῦ κέχρησαι;
　　　　χρηστὰ λέκτρ᾽ ἐρᾷς λαβεῖν;
οὐκ ἔχοιμ᾽ ἄν σοι παρασχεῖν·
　　　　ὧν γὰρ ἐκτήσω, κακῶς
ἦρχες. εἶτ᾽ ἐγὼ δίκην δῶ
　　　　σῶν κακῶν, ὁ μὴ σφαλείς;
οὐ δάκνει σε τὸ φιλότιμον
　　　　τοὐμόν, ἀλλ᾽ ἐν ἀγκάλαις   385
εὐπρεπῆ γυναῖκα χρῄζεις,
　　　　τὸ λελογισμένον παρεὶς
καὶ τὸ καλόν, ἔχειν. πονηροῦ
　　　　φωτὸς ἡδοναὶ κακαί.

———————

πόλεος ὡς ἄρχων ἀνὴρ πᾶς,
　　　　ξύνεσιν ἢν ἔχων τύχῃ.   875

Hellas, Hellas, armes Hellas!
Große Tat stand dir bevor,
Nun verhöhnt dich schlechtes Fremdvolk,
Schuld trägst du und trägt dein Kind!
Nicht der starke Mann der Waffen
Soll das Haupt des Landes sein,
Nein, der Träger hoher Einsicht!
Auch der Feldherr braucht Vernunft!

Chorführerin

Wie furchtbar, wenn der bösen Worte Streit
Im Haß zwei Brüder auseinanderreißt!
Ag   Laß mich auch ein wenig schelten,
Kurz nur, und nicht allzu steil
Will ich meine Brauen wölben,
Nein, mit weiser Bruderscheu.

Sag, was schnaubst du? Was erfüllt dein
Auge so mit rotem Blut?
Tut man dir Gewalt? Was brauchst du?
Sehnst du dich nach reinem Bett?
Liegt es in der Macht des Bruders?
Du besaßest es und hasts
Schlecht verwaltet. Soll ich büßen,
Daß es mir erhalten blieb?
Wenig kümmert dich mein Ehrgeiz,
Du willst nur in deinem Arm
Deine schöne Gattin wiegen,
Schlägst die Ehre, die Vernunft
In den Wind. Die Sinnenfreude
Macht gemein und schadet nur!

εἰ δ' ἐγώ, γνοὺς πρόσθεν οὐκ εὖ,
        μετετέθην εὐβουλίᾳ,
μαίνομαι; σὺ μᾶλλον, ὅστις
        ἀπολέσας κακὸν λέχος
ἀναλαβεῖν θέλεις, θεοῦ σοι
        τὴν τύχην διδόντος εὖ.   390
ὤμοσαν τὸν Τυνδάρειον
        ὅρκον οἱ κακόφρονες
φιλόγαμοι μνηστῆρες – ἡ δέ γ'
        Ἐλπίς, οἶμαι μέν, θεός,
κἀξέπραξεν αὐτὸ μᾶλλον
        ἢ σὺ καὶ τὸ σὸν σθένος –
οὓς λαβὼν στράτευε· ἕτοιμοι
        δ' εἰσὶ μωρίᾳ φρενῶν.
οὐ γὰρ ἀσύνετον τὸ θεῖον,
        ἀλλ' ἔχει συνιέναι   394ᵃ
τοὺς κακῶς παγέντας ὅρκους
        καὶ κατηναγκασμένους.   395
τἀμὰ δ' οὐκ ἀποκτενῶ 'γὼ
        τέκνα· κοὐ τὸ σὸν μὲν εὖ
παρὰ δίκην ἔσται κακίστης
        εὔνιδος τιμωρίᾳ,
ἐμὲ δὲ συντήξουσι νύκτες
        ἡμέραι τε δακρύοις,
ἄνομα δρῶντα κοὐ δίκαια
        παῖδας οὓς ἐγεινάμην.
ταῦτά σοι βραχέα λέλεκται
        καὶ σαφῆ καὶ ῥᾴδια·   400
εἰ δὲ μὴ βούλῃ φρονεῖν εὖ,
        τἀμ' ἐγὼ θήσω καλῶς.

Χο οἵδ' αὖ διάφοροι τῶν πάρος λελεγμένων   iaᵉ
    μύθων, καλῶς δ' ἔχουσι, φείδεσθαι τέκνων.
Με αἰαῖ, φίλους ἄρ' οὐχὶ κεκτήμην τάλας.
Αγ εἰ τοὺς φίλους γε μὴ θέλεις ἀπολλύναι.   405
Με δείξεις δὲ ποῦ μοι πατρὸς ἐκ ταὐτοῦ γεγώς;

War ich vorher schlimm beraten
Und ich bessre meinen Sinn,
Bin ich deshalb toll? Du bist es,
Der ein schlechtes Weib verlor
Und es neu begehrt, statt daß er
Allen Göttern dankbar ist.
Jene weibertollen Freier
Schwuren Tyndar seinen Schwur
Leichten Sinns; die Göttin Hoffnung
Hat sie mehr als du berückt.
Nimm sie, führe Krieg! Sie sind zu
Jeder Torheit sprungbereit.

Denn die Gottheit weiß zu scheiden,
Sie erkennt mit leichter Müh
Alle schlecht geschwornen Eide,
Alles, was aus Zwang entstand.
Niemals töt ich meine Kinder
Zur Bestrafung deines Weibs!
Kannst du fordern, daß ich weinend
Tag und Nacht vergehen muß,
Weil ich denen, die ich selber
Zeugte, Schwerstes zugefügt?

Dieses hab ich kurz und bündig,
Klar und deutlich dir gesagt.
Bleibst du toll, so muß ich selber
Für mein Haus das Rechte tun.

Chf Weit besser hört sich diese Rede an.
     Sie ist gerecht, denn sie verschont das Kind.
Me   So hab ich Ärmster keine Freunde mehr?
Ag   Du hast sie, wenn du sie behalten willst.
Me   Beweise unsrer Eltern reines Blut!

Αγ   συνσωφρονεῖν σοι βούλομ', ἀλλ' οὐ συννοσεῖν.
Με   ἐς κοινὸν ἀλγεῖν τοῖς φίλοισι χρὴ φίλους.
Αγ   εὖ δρῶν παρακάλει μ', ἀλλὰ μὴ λυπῶν ἐμέ.
Με   οὐκ ἄρα δοκεῖ σοι τάδε πονεῖν σὺν Ἑλλάδι;   410
Αγ   Ἑλλὰς δὲ σὺν σοὶ κατὰ θεὸν νοσεῖ τινα.
Με   σκήπτρῳ νυν αὔχει, σὸν κασίγνητον προδούς.
     ἐγὼ δ' ἐπ' ἄλλας εἶμι μηχανάς τινας
     φίλους τ' ἐπ' ἄλλους. –

         Ἄγγελος

         ὦ Πανελλήνων ἄναξ,
Ἀγάμεμνον, ἥκω παῖδά σοι τὴν σὴν ἄγων,   415
ἣν Ἰφιγένειαν ὠνόμαζες ἐν δόμοις.
μήτηρ δ' ὁμαρτεῖ, σὴ Κλυταιμήστρα δάμαρ,
καὶ παῖς Ὀρέστης, ὥς τι τερφθείης ἰδών,
χρόνον παλαιὸν δωμάτων ἔκδημος ὤν.
ἀλλ' ὡς μακρὰν ἔτεινον, εὔρυτον παρὰ   420
κρήνην ἀναψύχουσι θηλύπουν βάσιν,
αὐταί τε πῶλοί τ'· ἐς δὲ λειμώνων χλόην
καθεῖμεν αὐτάς, ὡς βορᾶς γευσαίατο.
ἐγὼ δὲ πρόδρομος σῆς παρασκευῆς χάριν
ἥκω· πέπυσται γὰρ στρατός – ταχεῖα γὰρ   425
διῆξε φήμη – παῖδα σὴν ἀφιγμένην.
πᾶς δ' ἐς θέαν ὅμιλος ἔρχεται δρόμῳ,
σὴν παῖδ' ὅπως ἴδωσιν· οἱ δ' εὐδαίμονες
ἐν πᾶσι κλεινοὶ καὶ περίβλεπτοι βροτοῖς.
λέγουσι δ'. Ὑμέναιός τις ἢ τί πράσσεται;   430
ἢ πόθον ἔχων θυγατρὸς Ἀγαμέμνων ἄναξ
ἐκόμισε παῖδα; τῶν δ' ἂν ἤκουσας τάδε·
Ἀρτέμιδι προτελίζουσι τὴν νεάνιδα,
Αὐλίδος ἀνάσσῃ. τίς νιν ἄξεταί ποτε;
ἀλλ' εἶα, τἀπὶ τοισίδ' ἐξάρχου κανᾶ,   435
στεφανοῦσθε κρᾶτα καὶ σύ, Μενέλεως ἄναξ,
ὑμέναιον εὐτρέπιζε καὶ κατὰ στέγας
λωτὸς βοάσθω καὶ ποδῶν ἔστω κτύπος·
φῶς γὰρ τόδ' ἥκει μακάριον τῇ παρθένῳ.

Ag Ich teile deinen Geist, nicht deinen Wahn!
Me Die wahren Freunde teilen auch den Schmerz.
Ag Ruf mich im guten, nicht im bösen Werk!
Me Du weigerst dich dem schweren Kampf des Lands?
Ag Ein Gott hat dich und Griechenland betört.
Me Freu dich des Szepters und verrate nur
    Den Bruder, der sich neue Wege sucht
    Und neue Freunde...

                Bote *stürzt heran*

              Herrscher Griechenlands,
    Agamémnon, deine Tochter bring ich dir,
    Iphigenéia, wie du sie benannt.
    Auch deine Gattin Klytaimestra kommt
    Mit deinem Sohn Orest: o freue dich
    Des neuen Anblicks nach so langer Zeit!
    Am Ziel der weiten Fahrt erfrischen sie
    Im Bach die zarten Frauenfüße, auch
    Der müden Pferde, und wir trieben sie
    Zur Weide in der Wiese hohes Grün.
    Ich lief voraus, daß du dich zum Empfang
    Bereitest; denn mit Windeseile drang
    Es schon zum Heer, daß deine Tochter kommt.
    In Scharen drängt sich alles Volk herbei,
    Dein Kind zu sehen, denn die Mächtigen
    Sind stets der Ohren und der Augen Ziel.
    Man fragt: „Das muß doch eine Hochzeit sein?
    Aus bloßer Sehnsucht rief ihr Vater sie
    Nicht her!" Und andre sagten: „Nach dem Brauch
    Tritt dieses Mädchen noch vor Artemis,
    Vor Aulis' Herrin. Doch wer führt sie heim?"
    Wohlan, so schmückt die Opferkörbe aus,
    Bekränzt das Haupt, Fürst Menelaos soll
    Den Hymenaios rüsten! Durch das Haus
    Ertöne Flötenschall und Reigentanz,
    Denn diesem Mädchen strahlt sein hellster Tag.

Αγ ἐπήνεσ᾽, ἀλλὰ στεῖχε δωμάτων ἔσω·   440
τὰ δ᾽ ἄλλ᾽ ἰούσης τῆς τύχης ἔσται καλῶς.

οἴμοι, τί φῶ δύστηνος; ἄρξωμαι πόθεν;
ἐς οἷ᾽ ἀνάγκης ζεύγματ᾽ ἐμπεπτώκαμεν.
ὑπῆλθε δαίμων, ὥστε τῶν σοφισμάτων
πολλῷ γενέσθαι τῶν ἐμῶν σοφώτερος.   445
ἡ δυσγένεια δ᾽ ὡς ἔχει τι χρήσιμον.
καὶ γὰρ δακρῦσαι ῥᾳδίως αὐτοῖς ἔχει,
ἅπαντά τ᾽ εἰπεῖν. τῷ δὲ γενναίῳ φύσιν
ἄνολβα ταῦτα. προστάτην δὲ τοῦ βίου
τὸν ὄγκον ἔχομεν τῷ τ᾽ ὄχλῳ δουλεύομεν.   450
ἐγὼ γὰρ ἐκβαλεῖν μὲν αἰδοῦμαι δάκρυ,
τὸ μὴ δακρῦσαι δ᾽ αὖθις αἰδοῦμαι τάλας,
ἐς τὰς μεγίστας συμφορὰς ἀφιγμένος.
εἶἑν· τί φήσω πρὸς δάμαρτα τὴν ἐμήν;
πῶς δέξομαί νιν; ποῖον ὄμμα συμβαλῶ;   455
καὶ γάρ μ᾽ ἀπώλεσ᾽ ἐπὶ κακοῖς ἅ μοι πάρος
ἐλθοῦσ᾽ ἄκλητος. εἰκότως δ᾽ ἅμ᾽ ἕσπετο
θυγατρὶ νυμφεύσουσα καὶ τὰ φίλτατα
δώσουσ᾽, ἵν᾽ ἡμᾶς ὄντας εὑρήσει κακούς.
τὴν δ᾽ αὖ τάλαιναν παρθένον – τί παρθένον;   460
Ἅιδης νιν, ὡς ἔοικε, νυμφεύσει τάχα –
ὡς ᾤκτισ᾽· οἶμαι γάρ νιν ἱκετεύσειν τάδε·
Ὦ πάτερ, ἀποκτενεῖς με; τοιούτους γάμους
γήμειας αὐτὸς χὥστις ἐστί σοι φίλος.
παρὼν δ᾽ Ὀρέστης ἐγγὺς ἀναβοήσεται   465
οὐ συνετὰ συνετῶς· ἔτι γάρ ἐστι νήπιος.
αἰαῖ, τὸν Ἑλένης ὥς μ᾽ ἀπώλεσεν γάμον
γήμας ὁ Πριάμου Πάρις, ὃς εἴργασται τάδε.
Χο κἀγὼ κατῴκτιρ᾽, ὡς γυναῖκα δεῖ ξένην
ὑπὲρ τυράννων συμφορᾶς καταστένειν.   470
Με ἀδελφέ, δός μοι δεξιᾶς τῆς σῆς θιγεῖν.
Αγ δίδωμι· σὸν γὰρ τὸ κράτος, ἄθλιος δ᾽ ἐγώ.

Ag   Ich danke dir. Nun geh ins Haus, das Glück
     Bringt alles dieses noch zum guten Ziel.

               Bote geht ins Haus

     Weh mir! Was sag ich, wie beginn ich jetzt?
     In welches harte Joch bin ich gespannt!
     Ein Daimon hat mich überlistet, der
     Weit über meinen Rechenkünsten steht.
     Die niedere Geburt hat viel voraus,
     Da darf man weinen, was das Herz begehrt,
     Darf alles sagen. Doch dem Edelmann
     Ist dies verschlossen. Unsern Tag beherrscht
     Die Last der Würde. Uns regiert das Volk.
     Mein Aug will weinen und ich schäme mich
     Sowohl der Tränen wie des trocknen Augs,
     So tief hat mich des Schicksals Schlag gebeugt. –
     Es sei. Doch wie begegn ich meinem Weib?
     Wie grüß ich sie? Wie schau ich ihr ins Aug?
     Ihr ungerufnes Kommen macht mich ganz
     Zunicht. Kein Wunder, daß sie mit dem Kind
     Zur Hochzeit kommt, ihr Augenlicht uns bringt,
     Uns Schurken, die sie bald entlarven wird.
     Das arme Mädchen – nenn ich sie noch so,
     Die schon dem Hades in die Arme sinkt?
     O weh! Schon hör ich ihren Hilfeschrei:
     „Ich sterbe, Vater! Solches Hochzeitsfest
     Sei dir und deinem ganzen Stamm gewünscht!"
     Und neben ihr stöhnt laut Orestes auf,
     Das Kind begreift, was kaum ein Mann begreift. –
     O weh, des Paris Bund mit Helena,
     Der üble Bund, hat mich zu Fall gebracht!
Chf Obwohl aus fremder Stadt, so stimm ich doch
     In dieses Königshauses Klage ein.
Me   Mein Bruder, deine Rechte!
Ag   Nimm sie nur.
     Dir fiel der Sieg, mir nur der Jammer zu.

Με Πέλοπα κατόμνυμ', ὃς πατὴρ τοὐμοῦ πατρὸς
    τοῦ σοῦ τ' ἐκλήθη, τὸν τεκόντα τ' 'Ατρέα,
    ἦ μὴν ἐρεῖν σοι τἀπὸ καρδίας σαφῶς   475
    καὶ μὴ 'πίτηδες μηδὲν, ἀλλ' ὅσον φρονῶ.
    ἐγώ σ' ἀπ' ὅσσων ἐκβαλόντ' ἰδὼν δάκρυ
    ὤκτιρα, καὐτὸς ἀνταφῆκά σοι πάλιν
    καὶ τῶν παλαιῶν ἐξαφίσταμαι λόγων,
    οὐκ ἐς σὲ δεινός· εἰμὶ δ' οὗπερ εἶ σὺ νῦν·   480
    καί σοι παραινῶ μήτ' ἀποκτείνειν τέκνον
    μήτ' ἀνθελέσθαι τοὐμόν. οὐ γὰρ ἔνδικον
    σὲ μὲν στενάζειν, τἀμὰ δ' ἡδέως ἔχειν,
    θνῄσκειν τε τοὺς σούς, τοὺς δ' ἐμοὺς ὁρᾶν φάος.
    τί βούλομαι γάρ; οὐ γάμους ἐξαιρέτους   485
    ἄλλους λάβοιμ' ἄν, εἰ γάμων ἱμείρομαι;
    ἀλλ' ἀπολέσας ἀδελφόν, ὅν μ' ἥκιστα χρῆν,
    'Ελένην ἕλωμαι, τὸ κακὸν ἀντὶ τἀγαθοῦ;
    ἄφρων νέος τ' ἦ, πρὶν τὰ πράγματ' ἐγγύθεν
    σκοπῶν ἐσεῖδον οἷον ἦν κτείνειν τέκνα.   490
    ἄλλως τέ μ' ἔλεος τῆς ταλαιπώρου κόρης
    ἐσῆλθε, συγγένειαν ἐννοουμένῳ,
    ἣ τῶν ἐμῶν ἕκατι θύεσθαι γάμων
    μέλλει. τί δ' 'Ελένης παρθένῳ τῇ σῇ μέτα;
    ἴτω στρατεία διαλυθεῖσ' ἐξ Αὐλίδος,   495
    σὺ δ' ὄμμα παῦσαι δακρύοις τέγγων τὸ σόν,
    ἀδελφέ, κἀμὲ παρακαλῶν ἐς δάκρυα.
    εἰ δέ τι κόρης σῆς θεσφάτων μέτεστι σοί,
    μὴ 'μοὶ μετέστω· σοὶ νέμω τοὐμὸν μέρος.
    ἀλλ' ἐς μεταβολὰς ἦλθον ἀπὸ δεινῶν λόγων;   500
    εἰκὸς πέπονθα· τὸν ὁμόθεν πεφυκότα
    στέργων μετέπεσον. ἀνδρὸς οὐ κακοῦ τροπαὶ
    τοιαίδε, χρῆσθαι τοῖσι βελτίστοις ἀεί.
Χο γενναῖ' ἔλεξας Ταντάλῳ τε τῷ Διὸς
    πρέποντα· προγόνους οὐ καταισχύνεις σέθεν.   505
Αγ αἰνῶ σε, Μενέλα', ὅτι παρὰ γνώμην ἐμὴν
    ὑπέθηκας ὀρθῶς τοὺς λόγους σοῦ τ' ἀξίως.
    ταραχὴ δ' ἀδελφῶν διά τ' ἔρωτα γίγνεται

Me Bei Pelops, meines Vaters Vater und
Des deinen, ja bei Atreus' Vater schwör
Ich, daß mein neues Wort vom Herzen stammt
Und ohne Hinterhalt dem Sinne folgt.
Der Anblick deines tränenvollen Augs
Hat mich erbarmt das meine weinte mit,
Und ich bereue jedes harte Wort,
Das uns getrennt: ich stehe, wo du stehst.
So wenig du mein Kind mir nehmen sollst,
Will ich des deinen Tod. Es ist nicht recht,
Daß ich in Freuden lebe, du im Schmerz,
Dein Stamm dahinstirbt und der meine lebt.
Was will ich noch? Wenn Ehe mich verlockt,
So find ich manche auserlesene Frau.
Geb ich für Helena den Bruder dran,
Den besten Mann für eine schlechte Frau?
Wie kindisch war ich! Doch nun seh ich klar,
Was es bedeutet: Mord am eignen Blut.
Auch jammert mich das arme Kind, wenn ich
Bedenke, wie es nah mit mir verwandt.
Nur meine Ehe hat sie so bedroht:
Was hat dein Kind mit Helena zu tun?
Das Heer sei aufgelöst! Es ziehe heim!
Du aber hemme deiner Tränen Strom,
Der mit dem Bruder mich zu weinen zwingt!
Betrifft der Spruch dein Kind, so weiß ich nichts
Davon! Ich überlasse dir mein Teil!
Du meinst, ich habe mich zu rasch bekehrt?
Das Rechte siegte: Bruderliebe hat
Mein Herz verwandelt, und der Gute gibt
Doch schließlich seinem bessren Wissen nach.

Chf Aus dir sprach Tantalos, der Sohn des Zeus!
Der höchsten deiner Ahnen bist du wert.

Ag Wie dank ichs, daß du, schneller als geglaubt,
Die Worte fandst, die deiner würdig sind!
Der Liebe und der Güter Streit hat oft

πλεονεξίαν τε δωμάτων· ἀπέπτυσα
τοιάνδε συγγένειαν ἀλλήλοιν πικράν.   510
ἀλλ᾽ ἥκομεν γὰρ εἰς ἀναγκαίας τύχας,
θυγατρὸς αἱματηρὸν ἐκπρᾶξαι φόνον.
Με   πῶς; τίς δ᾽ ἀναγκάσει σε τήν γε σὴν κτανεῖν;
Αγ   ἅπας Ἀχαιῶν σύλλογος στρατεύματος.
Με   οὔκ, ἢν νιν εἰς Ἄργος γ᾽ ἀποστείλῃς πάλιν.   515
Αγ   λάθοιμι τοῦτ᾽ ἄν. ἀλλ᾽ ἐκεῖν᾽ οὐ λήσομεν.
Με   τὸ ποῖον; οὔτοι χρὴ λίαν ταρβεῖν ὄχλον.
Αγ   Κάλχας ἐρεῖ μαντεύματ᾽ Ἀργείων στρατῷ.
Με   οὔκ, ἢν θάνῃ γε πρόσθε· τοῦτο δ᾽ εὐμαρές.
Αγ   τὸ μαντικὸν πᾶν σπέρμα φιλότιμον κακόν.   520
Με   κοὐδέν γ᾽ ἄχρηστον, οὐδὲ χρήσιμον παρόν.
Αγ   ἐκεῖνο δ᾽ οὐ δέδοικας ὃ ᾽μ᾽ ἐσέρχεται;
Με   ὃν μὴ σὺ φράζεις, πῶς ὑπολάβοιμ᾽ ἂν λόγον;
Αγ   τὸ Σισύφειον σπέρμα πάντ᾽ οἶδεν τάδε.
Με   οὐκ ἔστ᾽ Ὀδυσσεὺς ὅ τι σὲ κἀμὲ πημανεῖ.   525
Αγ   ποικίλος ἀεὶ πέφυκε τοῦ τ᾽ ὄχλου μέτα.
Με   φιλοτιμίᾳ μὲν ἐνέχεται, δεινῷ κακῷ.
Αγ   οὔκουν δοκεῖς νιν στάντ᾽ ἐν Ἀργείοις μέσοις
λέξειν ἃ Κάλχας θέσφατ᾽ ἐξηγήσατο,
κἄμ᾽ ὡς ὑπέστην θῦμα, κᾆτ᾽ ἐψευδόμην,   530
Ἀρτέμιδι θύσειν; οὐ ξυναρπάσας στρατόν,
σὲ κἄμ᾽ ἀποκτείναντας Ἀργείους κόρην
σφάξαι κελεύσει; κἂν πρὸς Ἄργος ἐκφύγω,
ἐλθόντες αὐτοῖς τείχεσιν Κυκλωπίοις
συναρπάσουσι καὶ κατασκάψουσι γῆν.   535
τοιαῦτα τἀμὰ πήματ᾽· ὦ τάλας ἐγώ,
ὡς ἠπόρημαι πρὸς θεῶν τὰ νῦν τάδε.
ἕν μοι φύλαξον, Μενέλεως, ἀνὰ στρατὸν
ἐλθών, ὅπως ἂν μὴ Κλυταιμήστρα τάδε
μάθῃ, πρὶν Ἅιδῃ παῖδ᾽ ἐμὴν προσθῶ λαβών,   540
ὡς ἐπ᾽ ἐλαχίστοις δακρύοις πράσσω κακῶς.
ὑμεῖς τε σιγήν, ὦ ξέναι, φυλάσσετε.

Schon Bruderzwist geschaffen. Wie verhaßt
Ist mir Verbitterung des gleichen Bluts!
Doch bleibt uns dieses harte Los verhängt:
Die Tochter fällt von meiner Mörderhand!

Me Dein eignes Kind? Wer zwingt zu solcher Tat?

Ag Die Ratsversammlung unsres ganzen Heers.

Me So sende heimlich schnell das Kind zurück!

Ag Vielleicht gelängs, doch andres wird enthüllt.

Me Was macht dich vor der Menge so verzagt?

Ag Daß Kalchas seinen Spruch dem Heer verrät.

Me Nicht, wenn man ihn bedroht, was leicht geschieht.

Ag Die Seherbrut ist ganz vom Stolz verseucht.

Me Sie sind so nutzlos, wie vom Volk begehrt.

Ag Und was mir einfällt, das erschreckt dich nicht?

Me So sprich es aus und ich entgegne dir.

Ag Der Balg des Sisyphos ist eingeweiht!

Me Odysseus wird uns nichts zuleide tun.

Ag Er dreht sich wendig nach der Menge Sinn.

Me Doch böser Ehrgeiz hat ihn stets beherrscht.

Ag Stell dir nur vor, er stünde vor dem Volk
Und deckte Kalchas' Sehersprüche auf,
Auch daß ich bald dem Opfer zugestimmt,
Bald nicht! Er risse alle mit sich fort,
Uns abzutun, die Schlachtung zu vollziehn.
Und flöh ich auch nach Argos, würden sie
Bald dort sein, der Kyklopen feste Burg
Zerstören und verheeren alles Land.
Sieh, was mir droht! Ihr Götter, wehe mir,
In welches Dickicht habt ihr mich verstrickt!
Geh jetzt zum Heer und sorge, Menelas,
Daß Klytaimestra nichts davon erfährt,
Bevor ich unser Kind dem Tod geweiht!
Genug der Tränen wurden schon geweint. –
Ihr Frauen werdet schon verschwiegen sein.

Menelaos geht ab, Agamemnon ins Haus

Χο μάκαρες οἳ μετρίας θεοῦ   gl   στρ.
μετά τε σωφροσύνας μετέ-   gl
σχον λέκτρων Ἀφροδίτας,   gl⌃   545
γαλανείᾳ χρησάμενοι   ba-ch
μανιάδων οἴστρων, ὅθι δὴ   tr² ch
δίδυμ᾽ Ἔρως ὁ χρυσοκόμας   tr² ch
τόξ᾽ ἐντείνεται χαρίτων,   sp-⌣ch
τὸ μὲν ἐπ᾽ εὐαίωνι πότμῳ,   tr² ch   550
τὸ δ᾽ ἐπὶ συγχύσει βιοτᾶς.   tr² ch
ἀπενέπω νιν ἁμετέρων,   tr² ch
Κύπρι καλλίστα, θαλάμων.   tr² ch
εἴη δέ μοι μετρία μὲν   ×gl⌃
χάρις, πόθοι δ᾽ ὅσιοι,   ×-⌣ch   555
καὶ μετέχοιμι τᾶς Ἀφροδί-   ch⌣ch
τας, πολλὰν δ᾽ ἀποθείμαν.   gl⌃

διάφοροι δὲ φύσεις βροτῶν,   ἀντ.
διάφοροι δὲ τρόποι· τὸ δ᾽ ὀρθῶς ἐσθλὸν σαφὲς αἰεί·   560
τροφαί θ᾽ αἱ παιδευόμεναι
μέγα φέρουσ᾽ ἐς τὰν ἀρετάν·
τό τε γὰρ αἰδεῖσθαι σοφία,
τάν τ᾽ ἐξαλλάσσουσαν ἔχει   sp² ch
χάριν ὑπὸ γνώμας ἐσορᾶν   565
τὸ δέον, ἔνθα δόξα φέρει

ERSTES STANDLIED

Chor

Strophe

Selig, wer maßvoll die Freuden der Göttin,
Weise die nächtlichen Werke genießt,
Aphrodites liebliche Gaben!
In heiterer Ruhe
Regiert er die rasenden Stachel. Er weiß es:
Zweierlei Bogen der Lust
Spannt uns der Knabe im Goldhaar:
Der eine verleiht uns
Das selige Leben,
Doch der andre zerstört unser Glück!
Diesen, du herrliche Kypris,
Halte ihn fern unsern Häusern!
Spende die stillsten
Der Freuden, das reinste Begehren!
Wohl nehm ich mein Teil
Vom Tisch Aphrodites,
Doch Unmaß bleibe mir fern!

Gegenstrophe

Andere Menschen sind anders beschaffen,
Führen ihr Leben auf anderem Pfad,
Doch das echte Gute bleibt sichtbar.
Wer weise erzogen,
Legt sicheren Grund seines tätigen Lebens:
Weisheit lehrt uns die Scheu,
Reicht uns die höchste der Gaben:
Lehrt wissend zu schauen,
Was immer uns nottut.
Solcher Glaube trägt Ehre und Ruhm

κλέος ἀγήρατον βιοτᾷ.
μέγα τι θηρεύειν ἀρετάν,
γυναιξὶ μὲν κατὰ Κύπριν
κρυπτάν, ἐν ἀνδράσι δ' αὖ   570
κόσμος ἐνὼν ὁ μυριοπλη-
θὴς μείζω πόλιν αὔξει.

ἔμολες, ὦ Πάρις, ᾗτε σύ γε	gl
βουκόλος ἀργενναῖς ἐτράφης	ch-ch
Ἰδαίαις παρὰ μόσχοις,	gl⌃ 575
βάρβαρα συρίζων, Φρυγίων	ch-ch
αὐλῶν Ὀλύμπου καλάμοις	ia² ch
μιμήματα πνείων.	-ch-
εὔθηλοι δὲ τρέφοντο βόες,	gl
ὅτε σε κρίσις ἔμηνε θεᾶν,	tr² ch 580
ἅ σ' Ἑλλάδα πέμπει·	-ch-
ἐλεφαντοδέτων πάροι-	.gl
θεν θρόνων δὲ στὰς Ἑλένας	tr² ch
ἐν ἀντωποῖς βλεφάροισιν	⌣gl⌃
ἔρωτά τ' ἔδωκας, ἔρωτι δ'	⌣hem⌣ 585
αὐτὸς ἐπτοάθης.	cr ba
ὅθεν ἔρις ἔριν	tr²
Ἑλλάδα σὺν δορὶ ναυσί τ' ἄγει	da³-
Τροίας πέργαμα.	da²

Jedem, in all seine Tage.
Groß sind die Ziele des Rechten!
Sucht sie, ihr Frauen,
In Kypris' verborgenen Kammern,
Doch mehre der Mann
Durch innere Ordnung
Vielköpfige Macht seines Staats!

Schluß

Páris, du kamst von den Bergen,
Von den weißen Kälbern des Ida,
Als Hirte wuchsest du auf.
Phrygischer Flöten fremdländische Klänge
Des Lehrers Olympos
Erlerntest du dort
Und hauchtest dem Schilfrohr sie ein.
Dort strotzten die Euter
Der grasenden Rinder.
Da hat dich der Göttinnen Streit
Jählings verstört,
Dich hinüber
Nach Hellas gebracht.
Du tratest vor Helenas Thron,
Den elfenbeinreichen,
Und die Blicke wuchsen zusammen:
Du entflammtest den Eros,
Und selber
Warst du von Eros entflammt.
Streit gab neuen Streit,
Hat Hellas mit Speer und mit Schiffen
Nach Trojas Veste verpflanzt.

*Klytaimestra mit Iphigenie und Orestes fährt heran, von Ge-
folge begleitet*

Χο Ἰὼ Ἰώ· μεγάλαι μεγάλων   an⁴   590
    εὐδαιμονίαι· τὴν τοῦ βασιλέως
    ἴδετ' 'Ιφιγένειαν, ἄνασσαν ἐμήν,
    τὴν Τυνδάρεω τε Κλυταιμήστραν·
    ὡς ἐκ μεγάλων ἐβλαστήκασ'
    ἐπί τ' εὐμήκεις ἥκουσι τύχας.   595
    θεοί γ' οἱ κρείσσους οἵ τ' ὀλβοφόροι
    τοῖς οὐκ εὐδαίμοσι θνητῶν.

    στῶμεν, Χαλκίδος ἔκγονα θρέμματα,
    τὴν βασίλειαν δεξώμεθ' ὄχων
    ἄπο μὴ σφαλερῶς ἐπὶ γαῖαν,   600
    ἀγανῶς δὲ χεροῖν μαλακῇ ῥώμῃ,
    μὴ ταρβήσῃ νεωστί μοι μολὸν
    κλεινὸν τέκνον 'Αγαμέμνονος,
    μὴ δὴ θόρυβον μηδ' ἔκπληξιν
    ταῖς 'Αργείαις   605
    ξεῖναι ξείναις παρέχωμεν.

                    Κλυταιμήστρα

    ὄρνιθα μὲν τόνδ' αἴσιον ποιούμεθα,   ia⁶
    τὸ σόν τε χρηστὸν καὶ λόγων εὐφημίαν·
    ἐλπίδα δ' ἔχω τιν' ὡς ἐπ' ἐσθλοῖσιν γάμοις
    πάρειμι νυμφαγωγός. ἀλλ' ὀχημάτων   610
    ἔξω πορεύεθ' ἃς φέρω φερνὰς κόρῃ,

ZWEITE HAUPTSZENE

Chor *singt die Huldigung*

O Jubel, o Jubel!
Wie groß ist der Großen
Seliger Glanz!
Sehet des Königs fürstliche Tochter
Iphigenia! Seht Klytaimestra,
Des Tyndaros Kind!
Von stolzen Ahnen entsprossen,
Wie sind sie zu stolzesten Ehren gelangt!
Uns, die nicht fürstlich geboren,
Erscheinen die Träger des Szepters,
Die Träger des Reichtums
Wie selige Götter!

Chorführerin

Treten wir, Frauen
Chalkidischen Stamms,
Herbei und helfen den Königen
Vom schwankenden Wagen zum Boden
Mit zartester Hand,
Mit sanfter Kraft,
Daß das herrliche Kind Agamemnons,
Das uns heute besucht, nicht erschrecken kann
Und den Dienst der Fremden im fremden Land
In Ruhe und Frieden empfange.

Klytaimestra

Ich deute eure Hilfe, euern Gruß
Als gutes Vogelzeichen dieses Orts
Und bin gewiß, daß ich zum schönsten Ziel
Die Braut geleite. Hebt vom Wagen jetzt
Des Mädchens Gut, das ich hierhergebracht,

καὶ πέμπετ’ ἐς μέλαθρον εὐλαβούμενοι.
σὺ δ’, ὦ τέκνον μοι, λεῖπε πωλικοὺς ὄχους,
ἁβρὸν τιθεῖσα κῶλον ἀσθενές θ’ ἅμα.
ὑμεῖς δέ, νεάνιδές, νιν ἀγκάλαις ἔπι   615
δέξασθε καὶ πορεύσατ’ ἐξ ὀχημάτων.
κἀμοὶ χερός τις ἐνδότω στηρίγματα,
θάκους ἀπήνης ὡς ἂν ἐκλίπω καλῶς.
αἱ δ’ ἐς τὸ πρόσθεν στῆτε πωλικῶν ζυγῶν·
φοβερὸν γὰρ ἀπαράμυθον ὄμμα πωλικόν·   620
καὶ παῖδα τόνδε, τὸν Ἀγαμέμνονος γόνον,
λάζυσθ’, Ὀρέστην· ἔτι γάρ ἐστι νήπιος.

τέκνον, καθεύδεις πωλικῷ δαμεὶς ὄχῳ;
ἔγειρ’ ἀδελφῆς ἐφ’ ὑμέναιον εὐτυχῶς·
ἀνδρὸς γὰρ ἀγαθοῦ κῆδος αὐτὸς ἐσθλὸς ὢν   625
λήψῃ, κόρης Νηρῇδος ἰσόθεον γένος.

ἑξῆς καθίστω δεῦρό μου ποδός, τέκνον,

πρὸς μητέρ’, Ἰφιγένεια, μακαρίαν δέ με
ξέναισι ταῖσδε πλησία σταθεῖσα δός,

καὶ – δεῦρο δὴ – πατέρα πρόσειπε σὸν φίλον.   630

Ἰφιγένεια

ὦ μῆτερ, ὑποδραμοῦσά σ’· ὀργισθῇς δὲ μή·
πρὸς στέρνα πατρὸς στέρνα τἀμὰ περιβαλῶ.
Κλ   ὦ σέβας ἐμοὶ μέγιστον, Ἀγαμέμνων ἄναξ,
ἥκομεν, ἐφετμαῖς οὐκ ἀπιστοῦσαι σέθεν.   684

Ιφ   ἐγὼ δὲ βούλομαι τὰ σὰ στέρν’, ὦ πάτερ,   685
ὑποδραμοῦσα προσβαλεῖν διὰ χρόνου·

Und schafft es sorgsam in das neue Haus!
Nun steig, mein Kind, von deinem Wagensitz,
Doch hüte deinen zarten Mädchenfuß!
Ihr, junge Frauen, öffnet euren Arm
Und schafft sie sicher vom Gefährt herab!
Und auch mich selber stütze eine Hand
Zum sichern Abstieg von dem hohen Thron.
Ihr andern tretet vorne vors Gespann,
Des Pferdes scheues Aug will seinen Trost!
Nun nehmt Orestes, Agamemnons Sohn,
Mir sanft vom Arm, er ist ja noch so klein!

zu Orestes, der ins Haus getragen wird

Hat dich das Schaukeln in den Schlaf gewiegt?
Erwache froh zu Schwesters Hochzeitsfest!
Der Freier ist von gleichem edlem Stamm
Wie du: der Thetis göttergleicher Sohn.

zur Tochter

Stell dich an Mutters Seite, liebes Kind!

zum Chor

Wer Iphigenie hier stehen sieht,
Preist ihre Mutter und ihr stolzes Glück!

Agamemnon tritt aus dem Haus

Da kommt dein Vater! Froh sei er begrüßt!

Iphigenie

Ich unterbrach dich, Mutter, zürne nicht,
Und warf mich an des Vaters liebe Brust!
Kl In Ehrfurcht grüß ich dich, mein hoher Fürst!
Wir sind gekommen, wie du es befahlst...

Ιφ ποθῶ γὰρ ὄμμα δὴ σόν. ὀργισθῇς δὲ μή.   637
Κλ ἀλλ᾽, ὦ τέκνον, χρή· φιλοπάτωρ δ᾽ ἀεί ποτ᾽ εἶ
     μάλιστα παίδων τῶδ᾽ ὅσους ἐγὼ ᾽τεκον.
Ιφ ὦ πάτερ, ἐσεῖδόν σ᾽ ἀσμένη πολλῷ χρόνῳ.   640
Αγ καὶ γὰρ πατὴρ σέ· τόδ᾽ ἴσον ὑπὲρ ἀμφοῖν λέγεις.
Ιφ χαῖρ᾽· εὖ δέ μ᾽ ἀγαγὼν πρός σ᾽ ἐποίησας, πάτερ.
Αγ οὐκ οἶδ᾽ ὅπως φῶ τοῦτο καὶ μὴ φῶ, τέκνον.
Ιφ ἔα·
     ὡς οὐ βλέπεις ἔκηλον ἄσμενός μ᾽ ἰδών.
Αγ πόλλ᾽ ἀνδρὶ βασιλεῖ καὶ στρατηλάτῃ μέλει.   645
Ιφ παρ᾽ ἐμοὶ γενοῦ νῦν, μὴ ᾽πὶ φροντίδας τρέπου.
Αγ ἀλλ᾽ εἰμὶ παρὰ σοὶ νῦν ἅπας κοὐκ ἄλλοθι.
Ιφ μέθες νυν ὀφρὺν ὄμμα τ᾽ ἔκτεινον φίλον.
Αγ ἰδού, γέγηθά σ᾽ ὡς γέγηθ᾽ ὁρῶν, τέκνον.
Ιφ κᾆπειτα λείβεις δάκρυ᾽ ἀπ᾽ ὀμμάτων σέθεν;   650
Αγ μακρὰ γὰρ ἡμῖν ἡ ᾽πιοῦσ᾽ ἀπουσία.
Ιφ οὐκ οἶδά θ᾽ ὅ τι φῇς, κοἶδα, φίλτατ᾽ ἐμοὶ πάτερ.
Αγ συνετὰ λέγουσα μᾶλλον εἰς οἶκτόν μ᾽ ἄγεις.
Ιφ ἀσύνετά νυν ἐροῦμεν, εἰ σέ γ᾽ εὐφρανῶ.
Αγ παπαῖ. τὸ σιγᾶν οὐ σθένω· σὲ δ᾽ ᾔνεσα.   655
Ιφ μέν᾽, ὦ πάτερ, κατ᾽ οἶκον ἐπὶ τέκνοις σέθεν.
Αγ θέλω γε· τὸ θέλειν δ᾽ οὐκ ἔχων ἀλγύνομαι.
Ιφ ὄλοιντο λόγχαι καὶ τὰ Μενέλεω κακά.
Αγ ἄλλους ὀλεῖ πρόσθ᾽ ἃ ἐμὲ διολέσαντ᾽ ἔχει.
Ιφ ὡς πολὺν ἀπῆσθα χρόνον ἐν Αὐλίδος μυχοῖς.   660
Αγ καὶ νῦν γέ μ᾽ ἴσχει δή τι μὴ στέλλειν στρατόν.
Ιφ ποῦ τοὺς Φρύγας λέγουσιν ᾠκίσθαι, πάτερ;
Αγ οὗ μήποτ᾽ οἰκεῖν ὤφελ᾽ ὁ Πριάμου Πάρις.
Ιφ μακρὰν ἀπαίρεις, ὦ πάτερ, λιπὼν ἐμέ.
Αγ εἰς ταὐτόν, ὦ θύγατερ, ἔτ᾽ εἶ σὺ σῷ πατρί.   665
Ιφ φεῦ·
     εἴθ᾽ ἦν καλόν μοι σοί τ᾽ ἄγειν σύμπλουν ἐμέ.
Αγ ἔτ᾽ ἔστι καὶ σοὶ πλοῦς, ἵν᾽ ἀμμνήσῃ πατρός.
Ιφ σὺν μητρὶ πλεύσασ᾽ ἢ μόνη πορεύσομαι;
Αγ μόνη, μονωθεῖσ᾽ ἀπὸ πατρὸς καὶ μητέρος.
Ιφ οὔ πού μ᾽ ἐς ἄλλα δώματ᾽ οἰκίζεις, πάτερ;   670

Iph   O liebstes Antlitz ... (Mutter, sei nicht bös!)

Kl   Du mußt ja, hast ihn immer mehr geliebt
       Als alle andern, die ich ihm gebar!

Iph   Hab ich dich, Vater! Nach so langer Zeit!

Ag   Und ich mein Kind! Du jubelst für uns zwei!

Iph   Wie glücklich hast du mich hierher gebracht!

Ag   Ich weiß nicht, war es glücklich oder nicht.

Iph   O Gott!
       Du blickst nicht heiter! Freust du dich denn nicht?

Ag   Viel Sorgen drücken auf des Königs Haupt.

Iph   Sei jetzt bei mir und laß die Sorgen sein!

Ag   Wo bin ich heute anders als bei dir!

Iph   Nicht solche Brauen! Einen frohen Blick!

Ag   Ich seh dich an, so glücklich als ich kann.

Iph   Und Tränen stürzen dir aus deinem Aug!

Ag   O lange Zeit, die nun uns trennen wird!

Iph   Ich weiß – und weiß nicht, Vater, was du sagst!

Ag   Verstündest du, so klagte ich noch mehr!

Iph   So red ich dummes Zeug, wenns dich erfreut.

Ag   (O Schmerz, wie schweig ich!) Tue, was du willst!

Iph   Bleib doch zu Hause, Vater, ganz bei uns!

Ag   Ich will und darf nicht wollen. Das tut weh.

Iph   O dieser Krieg! Und nur um Menelas!

Ag   Ich bin sein erstes Opfer, andre folgen bald.

Iph   Wie lang habt ihr in Aulis euch verweilt!

Ag   Und immer noch das gleiche Hindernis!

Iph   Wo sagt man denn, daß diese Phryger sind?

Ag   O wär er nirgends, dieser Phrygerprinz!

Iph   Die weite Straße, zwischen dir und mir!

Ag   Wir kommen beide noch zum gleichen Ziel.

Iph   O dürft ich mit dir ziehn, ins ferne Meer!

Ag   Auf einer Bootsfahrt denkst du noch an mich!

Iph   Da fährt doch sicher meine Mutter mit?

Ag   Kein Vater, keine Mutter, du allein!

Iph   Zu andern Menschen, in ein fremdes Haus?

Αγ ἐατέ'· οὐ χρὴ τοιάδ' εἰδέναι κόρας.
Ιφ σπεῦδ' ἐκ Φρυγῶν μοι, θέμενος εὖ τἀκεῖ. πάτερ.
Αγ θῦσαί με θυσίαν πρῶτα δεῖ τιν' ἐνθάδε.
Ιφ ἀλλὰ ξὺν ἱεροῖς χρὴ τό γ' εὐσεβὲς σκοπεῖν.
Αγ εἴσῃ σύ· χερνίβων γὰρ ἑστήξῃ πέλας.   675
Ιφ στήσομεν ἄρ' ἀμφὶ βωμόν, ὦ πάτερ, χορούς;
Αγ ζηλῶ σὲ μᾶλλον ἢ 'μὲ τοῦ μηδὲν φρονεῖν.
     χώρει δὲ μελάθρων ἐντός – ὀφθῆναι κόραις
     πικρόν – φίλημα δοῦσα δεξιάν τέ μοι,
     μέλλουσα δαρὸν πατρὸς ἀποικήσειν χρόνον.   680
     ὦ στέρνα καὶ παρῇδες, ὦ ξανθαὶ κόμαι,
     ὡς ἄχθος ἡμῖν ἐγένεθ' ἡ Φρυγῶν πόλις
     Ἑλένη τε. – παύω τοὺς λόγους· ταχεῖα γὰρ
     νοτὶς διώκει μ' ὀμμάτων ψαύσαντά σου.
     ἴθ' ἐς μέλαθρα.

              σὲ δὲ παραιτοῦμαι τάδε,   685
     Λήδας γένεθλον, εἰ κατῳκτίσθην ἄγαν,
     μέλλων 'Αχιλλεῖ θυγατέρ' ἐκδώσειν ἐμήν.
     ἀποστολαὶ γὰρ μακάριαι μέν, ἀλλ' ὅμως
     δάκνουσι τοὺς τεκόντας, ὅταν ἄλλοις δόμοις
     παῖδας παραδιδῷ πολλὰ μοχθήσας πατήρ.   690
Κλ οὐχ ὧδ' ἀσύνετός εἰμι, πείσεσθαι δέ με
     καὐτὴν δόκει τάδ', ὥστε μή σε νουθετεῖν,
     ὅταν σὺν ὑμεναίοισιν ἐξάγω κόρην·
     ἀλλ' ὁ νόμος αὐτὰ τῷ χρόνῳ συνισχανεῖ.
     τοὔνομα μὲν οὖν παῖδ' οἶδ' ὅτῳ κατήνεσας,   695

     γένους δ' ὁποίου χὠπόθεν, μαθεῖν θέλω.
Αγ Αἴγινα θυγάτηρ ἐγένετ' 'Ασωποῦ πατρός.
Κλ ταύτην δὲ θνητῶν ἢ θεῶν ἔζευξε τίς;
Αγ Ζεύς· Αἰακὸν δ' ἔφυσεν, Οἰνώνης πρόμον.
Κλ τὰ δ' Αἰακοῦ παῖς τίς κατέσχε δώματα;   700
Αγ Πηλεύς· ὁ Πηλεὺς δ' ἔσχε Νηρέως κόρην.
Κλ θεοῦ διδόντος, ἢ βίᾳ θεῶν λαβών;

Ag   Dem Mädchen muß dies noch verborgen sein.

Iph   Komm schnell nach Haus, wenn du dort fertig bist!

Ag   Hier muß ein Opfer noch geschlachtet sein.

Iph   Der fromme Brauch steht wohl in strenger Hut?

Ag   Du wirst es sehn, ganz nah am Opfertisch.

Iph   So tanzen wir den Reigen am Altar?

Ag   Wie neid ich dir den sorgenlosen Sinn.
     Geh jetzt ins Haus, ein Mädchen scheut den Markt,
     Und küsse mich und gib mir noch die Hand,
     Denn lange, lange sehn wir uns nicht mehr.
     O liebe Brust und Wange, goldnes Haar!
     Wie schwer bedrückt uns jene Phrygerstadt
     Und Helena! Genug! Wenn dich mein Arm
     Berührt, entstürzt mir neue Tränenflut.
     Geh jetzt hinein!

Iphigenie ab

         Dir aber bitt ichs ab,
     Kind Ledas: allzusehr ergriff es mich,
     Daß ich Achill das Mädchen lassen muß.
     Der Töchter Abschied gilt als Segen, doch
     Es schmerzt zugleich, ein Kind, um das man lang
     Gesorgt, zu senden in ein fremdes Haus.

Kl   So töricht bin ich nicht, daß ich dafür
     Dich schelte. Glaube: selber tut mirs weh,
     Wenn man dem Kind die Hochzeitslieder singt.
     Doch stillt Gewöhnung mit der Zeit den Schmerz.
     Ich weiß den Namen ihres künftgen Manns
     [Und hörte, daß er göttlichen Geblüts,]
     Nun sag mir seine Herkunft, seinen Stamm!

Ag   Asopos' Tochter war die schöne Aigina.

Kl   Hat sie ein Gott, ein Sterblicher gefreit?

Ag   Von Zeus gebar sie König Aiakos.

Kl   Und welcher Sohn hat Aiakos beerbt?

Ag   Peleus, der Nereus' Tochter sich gewann.

Kl   Vom Gott verliehen? Von ihm selbst geraubt?

Αγ Ζεὺς ἠγγύησε καὶ δίδωσ' ὁ κύριος.

Κλ γαμεῖ δὲ ποῦ νιν; ἢ κατ' οἶδμα πόντιον;

Αγ Χείρων ἵν' οἰκεῖ σεμνὰ Πηλίου βάθρα.   705

Κλ οὗ φασι Κενταύρειον ᾠκίσθαι γένος;

Αγ ἐνταῦθ' ἔδαισαν Πηλέως γάμους θεοί.

Κλ Θέτις δ' ἔθρεψεν ἢ πατὴρ 'Αχιλλέα;

Αγ Χείρων, ἵν' ἤθη μὴ μάθοι κακῶν βροτῶν.

Κλ φεῦ·
    σοφός γ' ὁ θρέψας χὡ διδοὺς σοφώτερος.   710

Αγ τοιόσδε παιδὸς σῆς ἀνὴρ ἔσται πόσις.

Κλ οὐ μεμπτός. οἰκεῖ δ' ἄστυ ποῖον 'Ελλάδος;

Αγ 'Απιδανὸν ἀμφὶ ποταμὸν ἐν Φθίας ὅροις.

Κλ ἐκεῖσ' ἀπάξει σὴν ἐμήν τε παρθένον;

Αγ κείνῳ μελήσει ταῦτα, τῷ κεκτημένῳ.   715

Κλ ἀλλ' εὐτυχοίτην. τίνι δ' ἐν ἡμέρᾳ γαμεῖ;

Αγ ὅταν σελήνης εὐτυχὴς ἔλθῃ κύκλος.

Κλ προτέλεια δ' ἤδη παιδὸς ἔσφαξας θεᾷ;

Αγ μέλλω· 'πὶ ταύτῃ καὶ καθέσταμεν τύχῃ.

Κλ κἄπειτα δαίσεις τοὺς γάμους ἐς ὕστερον;   720

Αγ θύσας γε θύμαθ' ἃ ἐμὲ χρὴ θῦσαι θεοῖς.

Κλ ἡμεῖς δὲ θοίνην ποῦ γυναιξὶ θήσομεν;

Αγ ἐνθάδε παρ' εὐπρύμνοισιν 'Αργείων πλάταις.

Κλ καλῶς ἀναγκαίως τε· συνενέγκοι δ' ὅμως.

Αγ οἶσθ' οὖν ὃ δρᾶσον, ὦ γύναι; πιθοῦ δέ μοι.   725

Κλ τί χρῆμα; πείθεσθαι γὰρ εἴθισμαι σέθεν.

Αγ ἡμεῖς μὲν ἐνθάδ', οὗπέρ ἐσθ' ὁ νυμφίος, —

Κλ μητρὸς τί χωρὶς δράσεθ', ἃ ἐμὲ δρᾶν χρεών;

Αγ ἐκδώσομεν σὴν παῖδα Δαναϊῶν μέτα.

Κλ ἡμᾶς δὲ ποῦ χρὴ τηνικαῦτα τυγχάνειν;   730

Αγ χώρει πρὸς "Αργος παρθένους τε τημέλει.

Κλ λιποῦσα παῖδα; τίς δ' ἀνασχήσει φλόγα;

Αγ ἐγὼ παρέξω φῶς ὃ νυμφίοις πρέπει.

Κλ οὐχ ὁ νόμος οὗτος· σὺ δὲ φαῦλ' ἡγῇ τάδε.

Αγ οὐ καλὸν ἐν ὄχλῳ σ' ἐξομιλεῖσθαι στρατοῦ.   785

Κλ καλὸν τεκοῦσαν τἀμά μ' ἐκδοῦναι τέκνα.

Αγ καὶ τάς γ' ἐν οἴκῳ μὴ μόνας εἶναι κόρας.

Ag	Zeus hat sie ihm verlobt; ihm stand es zu.
Kl	Wo war die Hochzeit? Auf dem Grund des Meers?
Ag	Bei Chirons Fels im steilen Pelion.
Kl	Wo das Kentaurenvolk die Höhlen hat?
Ag	Dort gaben alle Götter jenes Fest.
Kl	Und wuchs Achill bei seinem Vater auf?
Ag	Bei Chiron, fern von Menschenschlechtigkeit.
Kl	Der klügste Vater fand den klugen Mann.
Ag	Und Chirons Schüler gab ich unser Kind.
Kl	Untadeligem Mann. Wo ist sein Sitz?
Ag	In Phthias Bergen, am Apídanos.
Kl	Und dorthin bringt er unser beider Kind?
Ag	Das alles steht bei ihrem neuen Herrn.
Kl	Glück diesem Paar! Und wann wird es vermählt?
Ag	Sobald des Mondes Scheibe Glück verheißt.
Kl	Fiel schon das Erstlingsopfer am Altar?
Ag	Noch nicht. Doch kann es jederzeit geschehn.
Kl	Und später lädst du zu dem großen Fest?
Ag	Sobald das gottgewollte Opfer fiel.
Kl	Wo deck ich selber unser Frauenmahl?
Ag	Hier, hier, wo Argos seine Anker warf.
Kl	So schlecht wie recht! Mög uns der Platz gedeihn!
Ag	Ich weiß dir einen Rat. Vertraue mir!
Kl	Was ists? Schon immer folg ich deinem Wort.
Ag	Wir hier im Lager, wo der Freier ist...
Kl	Was wollt ihr tun, das nur der Mutter ziemt?
Ag	Wir Männer hier vermählen dieses Kind.
Kl	Wo glaubst du, daß die Frau solange bleibt?
Ag	Geh du nach Argos, wo noch Töchter sind!
Kl	Fern von der Braut? Wer hält die Fackel hoch?
Ag	Ich selber trag das Hochzeitslicht voran.
Kl	Das ist nicht Brauch! Du nimmst es allzu leicht!
Ag	Ziemt dir das Leben unter Kriegervolk?
Kl	Die Mutter übergibt ihr eignes Kind!
Ag	Und läßt die Töchter ganz allein zurück?

Κλ ὀχυροῖσι παρθενῶσι φρουροῦνται καλῶς.
Αγ πιθοῦ.
Κλ   μὰ τὴν ἄνασσαν Ἀργείαν θεάν.
ἐλθὼν δὲ τάξω πρᾶσσε, τὰν δόμοις δ' ἐγώ.   740

Αγ οἴμοι· μάτην ᾖξ', ἐλπίδος δ' ἀπεσφάλην,   742
ἐξ ὀμμάτων δάμαρτ' ἀποστεῖλαι θέλων.
σοφίζομαι δὲ κἀπὶ τοῖσι φιλτάτοις
τέχνας πορίζω, πανταχῇ νικώμενος.   745
ὅμως δὲ σὺν Κάλχαντι τῷ θυηπόλῳ
κοινῇ τὸ τῆς θεοῦ φίλον, ἐμοὶ δ' οὐκ εὐτυχές,
ἐξιστορήσων εἶμι, μόχθον Ἑλλάδος.   748

Χο ἥξει δὴ Σιμόεντα καὶ   gl   στρ. 751
δίνας ἀργυροειδεῖς   gl⌃
ἄγυρις Ἑλλάνων στρατιᾶς   tr² ch
ἀνά τε ναυσὶν καὶ σὺν ὅπλοις   tr² ch
Ἴλιον ἐς τὸ Τροίας   ch ba   755
Φοιβήιον δάπεδον,   x-◡ch

τὰν Κασάνδραν ἵν' ἀκούω   -gl⌃
ῥίπτειν ξανθοὺς πλοκάμους   ×sp ch

. ἃ χρὴ παρεῖναι νυμφίοισι παρθένοις   741
χρὴ δ' ἐν δόμοισιν ἄνδρα τὸν σοφὸν τρέφειν   749
γυναῖκα χρηστὴν κἀγαθήν, ἢ μὴ τρέφειν.

Kl   In ihren Kammern sind sie gut bewacht.
Ag   Gehorche!
Kl   Nein, bei Argos' hoher Frau!
     Du herrschst im Heer, das Haus verwalte i c h.

ab

Ag   Nutzloser Eifer, meine Hoffnung trog,
     Die Gattin fernzuhalten diesem Ort!
     Ich sinne, spinne immer neues Netz
     Für meine Lieben: nichts ist mir geglückt.
     Doch will ich mit dem Priester Kalchas noch
     Ein Mittel finden, das der Göttin lieb,
     Mir schmerzlich ist, doch allen Griechen hilft.

ab

ZWEITES STANDLIED

Chor

Strophe

     Nun zieht zu Simóeis'
     Silberig schimmernden Wirbeln
     Der Griechen versammelte Macht
     Hoch zu Schiff, im Glanze der Waffen;
     Sie zieht zu Ilions Veste,
     Zu des Phoibos Altären.

     Dort, so vernahm ich,
     Wirbelt Kassandra

χλωροκόμῳ στεφάνῳ δάφνας   hem‿-
κοσμηθεῖσαν, ὅταν θεοῦ   gl   760
μαντόσυνοι πνεύσωσ' ἀνάγκαι.   ch ia²-

στάσονται δ' ἐπὶ περγάμων   ἀντ.
Τροίας ἀμφί τε τείχη
Τρῶες, ὅταν χάλκασπις Ἄρης
πόντιος εὐπρῴροιο πλάτας   ch-ch   765
εἰρεσίᾳ πελάζῃ
Σιμουντίοις ὀχετοῖς,

τὰν τῶν ἐν αἰθέρι δισσῶν
Διοσκούρων Ἑλέναν
ἐκ Πριάμου κομίσαι θέλων   770
ἐς γᾶν Ἑλλάδα δοριπόνοις
ἀσπίσι καὶ λόγχαις Ἀχαιῶν.

Πέργαμον δὲ Φρυγῶν πόλιν   gl
λαΐνους περὶ πύργους   gl∧
κυκλώσας Ἄρει φονίῳ,   ba‿ch   775
λαιμοτόμου κεφαλᾶς   hem
σπάσας Πάριν Ἀτρείδας,   ∧gl
πέρσας κατάκρας πόλιν,   ∧gl
θήσει κόρας πολυκλαύτους   -gl∧
δάμαρτά τε Πριάμου.   ‿ch-   780
ἁ δὲ Διὸς Ἑλένα κόρα   gl
πολύκλαυτος ἐδεῖται   .gl∧
πόσιν προλιποῦσα.   ‿ch‿
μήτ' ἐμοὶ   cr
μήτ' ἐμοῖσι τέκνων τέκνοις   gl

Goldene Locken, vom Laub des Lorbeers
Durchflochtene, hoch in die Luft,
Wenn sie glühend durchwehn
Die Sehergewalten des Gottes.

Gegenstrophe

Auf Mauern, auf Zinnen
Stehen die Troer und schauen
Erzschildigen Ares des Meeres,
Wie er schöngeschnäbelte Schiffe
Mit schnellen Rudern heranbringt
Zu der Mündung des Flusses.

Helena will er
Holen, die Schwester
Himmlischen Paares der Dioskuren,
Sich holen aus Priamos' Burg
In das griechische Land
Im Ringen der Speere und Schilde.

Schluß

Die steinernen Türme
Der phrygischen Veste
Schließt der Atride im blutigen Ring,
Schlägt Páris das Haupt ab,
Zerstört von Grund aus die Stadt,
Stürzt Mädchen in Jammer
Und Priamos' Weib.
Helena, Tochter des Zeus,
Die den Gatten verriet,
Wird es bitter bereuen.

Möge mir niemals die Sorge
Noch den Kindeskindern bevorstehn,

ἐλπὶς ἅδε ποτ' ἔλθοι,	gl∧	785
οἵαν αἱ πολύχρυσοι	gl∧	
Λυδαὶ καὶ Φρυγῶν ἄλοχοι	sp-◡ch	
στήσουσι παρ' ἱστοῖς	-ch-	
μυθεῦσαι τάδ' ἐς ἀλλήλας·	gl	
Τίς ἄρα μ' εὐπλοκάμου κόμας	gl	790
ῥῦμα δακρυόεν τανύσας	tr² ch	
πατρίδος ὀλλυμένας ἀπολωτιεῖ; διὰ σέ,	da³-ia²	
τὰν κύκνου δολιχαύχενος γόνον,	gl◡◡	
εἰ δὴ φάτις ἔτυμος	-ch◡	
ὡς ἔτεκεν Λήδα σ' ὄρνιθι πταμένῳ	ch sp² ch	795
Διὸς ὅτ' ἠλλάχθη δέμας, εἶτ'	tr² ch	
ἐν δέλτοις Πιερίσιν	sp-ch	
μῦθοι τάδ' ἐς ἀνθρώπους	∧gl	
ἤνεγκαν παρὰ καιρὸν ἄλλως.	gl-	800

Ἀχιλλεύς

ποῦ τῶν Ἀχαιῶν ἐνθάδ' ὁ στρατηλάτης;
τίς ἂν φράσειε προσπόλων τὸν Πηλέως
ζητοῦντά νιν παῖδ' ἐν πύλαις Ἀχιλλέα;
οὐκ ἐξ ἴσου γὰρ μένομεν Εὐρίπου πέλας.
οἱ μὲν γὰρ ἡμῶν, ὄντες ἄζυγες γάμων,   805
οἴκους ἐρήμους ἐκλιπόντες ἐνθάδε
θάσσουσ' ἐπ' ἀκταῖς, οἱ δ' ἔχοντες εὔνιδας
καὶ παῖδας· οὕτω δεινὸς ἐμπέπτωκ' ἔρως
τῆσδε στρατείας Ἑλλάδ' οὐκ ἄνευ θεῶν.
τοὐμὸν μὲν οὖν δίκαιον ἐμὲ λέγειν χρεών,   810
ἄλλος δ' ὁ χρῄζων αὐτὸς ὑπὲρ αὑτοῦ φράσει.
γῆν γὰρ λιπὼν Φάρσαλον ἠδὲ Πηλέα
μένω 'πὶ λεπταῖς ταισίδ' Εὐρίπου πνοαῖς,
Μυρμιδόνας ἴσχων· οἱ δ' ἀεὶ προσκείμενοι
λέγουσ'· Ἀχιλλεῦ, τί μένομεν; πόσον χρόνον   815
ἔτ' ἐκμετρῆσαι χρὴ πρὸς Ἰλίου στόλον;

Wie die goldreichen Frauen
Der Lyder und Phryger
Am Webstuhl einander befragen:
„Wer wird mich Klagende roh
Zerren am lockigen Haar,
Pflücken die Frucht
Der sterbenden Heimat?
Um deinetwillen geschiehts,
Langhalsigen Schwanes Erzeugte,
Wenn die Kunde verbürgt ist,
Daß dich Leda dem schweifenden Vogel gebar,
Dem verwandelten Zeus,
Und die Schriften der Musen
Nicht uns Menschen betrügen."

DRITTE HAUPTSZENE

Achilleus

Wo finde ich den Feldherrn unsres Heers?
Sagt nicht ein Diener ihm, daß Peleus' Sohn
Achilleus an der Türe nach ihm fragt?
Verschiedner Art ist unser Warten hier:
Die einen, Unvermählten, ließen leer
Die Häuser stehen, sitzen hier herum,
Die andern sehnen sich nach Weib und Kind.
Doch haben Götter eine wilde Lust
Am Kampf in alle Herzen eingesenkt.
Ich spreche nur von meinem eignen Teil,
Ein andrer trete für den seinen ein.
Ich ließ den Vater, ließ sein Pharsalos
Und brachte meine Myrmidonen her
Zum stillen Eúripos, wo jeder drängt:
„Was warten wir, Achill? Wie lange Zeit
Bemißt man bis zur Fahrt nach Ilion?

δρᾶ γ', εἴ τι δράσεις, ἢ ἄπαγ' οἴκαδε στρατόν,
τὰ τῶν 'Ατρειδῶν μὴ μένων μελλήματα.

Κλ ὦ παῖ θεᾶς Νηρῇδος, ἔνδοθεν λόγων
τῶν σῶν ἀκούσασ' ἐξέβην πρὸ δωμάτων.   820

Αχ ὦ πότνι' αἰδώς, τήνδε τίνα λεύσσω ποτὲ
γυναῖκα, μορφὴν εὐπρεπῆ κεκτημένην·
Κλ οὐ θαῦμά σ' ἡμᾶς ἀγνοεῖν, οἷς μὴ πάρος
πρεσῆκες· αἰνῶ δ' ὅτι σέβεις τὸ σωφρονεῖν.
Αχ τίς δ' εἶ; τί δ' ἦλθες Δαναΐδῶν ἐς σύλλογον,   825
γυνὴ πρὸς ἄνδρας ἀσπίσιν πεφραγμένους;
Κλ Λήδας μέν εἰμι παῖς, Κλυταιμήστρα δέ μοι
ὄνομα, πόσις δέ μούστιν 'Αγαμέμνων ἄναξ.
Αχ καλῶς ἔλεξας ἐν βραχεῖ τὰ καίρια.
αἰσχρὸν δέ μοι γυναιξὶ συμβάλλειν λόγους.   830
Κλ μεῖνον – τί φεύγεις; – δεξιάν τ' ἐμῇ χερὶ
σύναψον, ἀρχὴν μακαρίαν νυμφευμάτων.
Αχ τί φῄς; ἐγώ σοι δεξιάν; αἰδοίμεθ' ἂν
'Αγαμέμνον', εἰ ψαύοιμεν ὧν μή μοι θέμις.
Κλ θέμις μάλιστα, τὴν ἐμὴν ἐπεὶ γαμεῖς   835
παῖδ', ὦ θεᾶς παῖ ποντίας Νηρηΐδος.
Αχ ποίους γάμους φῄς; ἀφασία μ' ἔχει, γύναι·
εἰ μή τι παρανοοῦσα καινουργεῖς λόγον;
Κλ πᾶσιν τόδ' ἐμπέφυκεν, αἰδεῖσθαι φίλους
καινοὺς ὁρῶσι καὶ γάμου μεμνημένοις.   840
Αχ οὐπώποτ' ἐμνήστευσα παῖδα σύν, γύναι,
οὐδ' ἐξ' Ατρειδῶν ἦλθέ μοι λόγος γάμων.
Κλ τί δῆτ' ἂν εἴη; σὺ πάλιν αὖ λόγους ἐμοὺς
θαύμαζ'· ἐμοὶ γὰρ θαύματ' ἐστὶ τὰ παρὰ σοῦ.
Αχ εἴκαζε· κοινόν ἐστιν εἰκάζειν τάδε·   845
ἄμφω γὰρ οὐ ψευδόμεθα τοῖς λόγοις ἴσως.
Κλ ἀλλ' ἦ πέπονθα δεινά; μνηστεύω γάμους
οὐκ ὄντας, ὡς εἴξασιν· αἰδοῦμαι τάδε.

Tu, was du tun willst, oder schick uns heim.
Was soll dir der Atriden Zauderei!"

Klytaimestra *kommt aus dem Haus*

O Sohn der Meerfrau, deine Stimme klang
Ins Innere und lockte mich heraus.

Ach *erschreckt, für sich*
O hilf mir, scheue Göttin! Nie hab ich
So stolze Schönheit einer Frau gesehn!

Kl Streng hältst du dich zurück! Kein Wunder, da
Wir uns nicht kennen, uns noch nie gesehn.

Ach Wer bist du und wie kommst du hier zum Heer?
Die Frau zum schildbewehrten Kriegervolk?

Kl Ich heiße Klytaimestra, bin das Kind
Der Leda und des Agamemnon Weib.

Ach Mit wenig Worten hast du viel gesagt.
Doch ziemt mit Frauen mir kein lang Gespräch.

Kl So bleib doch! Gehe nicht! Dein Händedruck
Eröffne froh das neue Eheglück!

Ach Der Druck der Hände? Agamemnon soll
Nie hören, daß ich dich so frech berührt!

Kl Du darfst es, Sohn der Göttin aus dem Meer,
Du hast das Recht, als Gatte meines Kinds!

Ach Als welcher Gatte? Sprachlos steh ich da.
Warst du von Sinnen, als du dies erdacht?

Kl So ist es immer: man begrüßt mit Scheu
Verwandte eines neuen Ehebunds.

Ach Nie hab ich deiner Tochter Hand begehrt,
Noch sprachen die Atriden je davon!

Kl So muß mein Wort dir wie ein Wunder sein.
Das gleiche Wunder ist dein Wort für mich!

Ach Des Rätsels Lösung liegt uns beiden ob,
Denn keiner sinnt des anderen Betrug.

Kl Man spielt mir übel mit, ich bin beschämt.
Die Hochzeit, die ich feire, ist nur Schein!

Αχ ἴσως ἐκερτόμησε κἀμὲ καὶ σέ τις.
    ἀλλ' ἀμελίᾳ δὸς αὐτὰ καὶ φαύλως φέρε.   850
Κλ χαῖρ'· οὐ γὰρ ὀρθοῖς ὄμμασίν σ' ἔτ' εἰσορῶ,
    ψευδὴς γενομένη καὶ παθοῦσ' ἀνάξια.
Αχ καὶ σοὶ τόδ' ἐστὶν ἐξ ἐμοῦ· πόσιν δὲ σὸν
    στείχω ματεύσων τῶνδε δωμάτων ἔσω.

Πρ ὦ ξέν', Αἰακοῦ γένεθλον,
                μεῖνον· ὦ, σέ τοι λέγω,   tr⁸∧ 855
    τὸν θεᾶς γεγῶτα παῖδα,
                καὶ σέ, τὴν Λήδας κόρην.
Αχ τίς ὁ καλῶν πύλας παροίξας;
                ὡς τεταρβηκὼς καλεῖ.
Πρ δοῦλος, οὐχ ἁβρύνομαι τῷδ'·
                ἡ τύχη γὰρ οὐκ ἐᾷ.
Αχ τίνος; ἐμὸς μὲν οὐχί· χωρὶς
                τἀμὰ καὶ 'Αγαμέμνονος.
Πρ τῆσδε τῆς πάροιθεν οἴκων,
                Τυνδάρεω δόντος πατρός.   860
Αχ ἕσταμεν· φράζ', εἴ τι χρήζεις,
                ὧν μ' ἐπέσχες οὕνεκα.
Πρ ἦ μόνω παρόντε δῆτα
                ταῖσδ' ἐφέστατον πύλαις;
Αχ ὡς μόνοιν λέγοις ἄν, ἔξω
                δ' ἐλθὲ βασιλείων δόμων.
Πρ ὦ Τύχη πρόνοιά θ' ἡμή,
                σώσαθ' οὓς ἐγὼ θέλω.
Αχ ὁ λόγος ἐς μέλλοντ' ἀνοίσει
                χρόνον· ἔχει δ' ὄγκον τινά.   865
Κλ δεξιᾶς ἕκατι μὴ μέλλ',
                εἴ τί μοι χρήζεις λέγειν.
Πρ οἶσθα δῆτ' ἔμ', ὅστις ὢν σοὶ
                καὶ τέκνοις εὔνους ἔφυν;

Ach Es trieb wohl einer seinen Scherz mit uns.
     Vergiß es wieder! Trag es nicht so schwer!
Kl   Leb wohl! Ich kann dir nicht ins Auge sehn,
     Mein Wort war Trug und jeder Würde bar!
Ach Das gleiche leid ich selbst. Ich geh hinein
     Ins Haus und forsche deinen Gatten aus.

     er will hineingehen, der Alte erscheint

Der Alte

     Bleibe, Fremder! Ja, dich mein ich,
     Enkelsohn des Aiakos,
     Sohn der hohen Meeresgöttin!
     Und auch du, der Leda Kind!
Ach Wer da, der mich aus dem Türspalt
     Voller Angst gerufen hat?
Al   Nur ein Sklave, ohne Prahlen;
     So hat es mein Los bestimmt.
Ach Wessen Sklave? Doch nicht meiner!
     Andre gehen mich nichts an.
Al   Dieser Frau hier vor dem Hause,
     Ihr verlieh mich Tyndaros.
Ach Sieh, wir warten. Sag es offen,
     Warum hältst du mich hier auf?
Al   Steht ihr beide ganz allein hier
     Vor dem Tor, und niemand sonst?
Ach Nur wir beide werdens hören.
     Wage dich aus dem Palast!
Al   Hohes Schicksal! Ewge Vorsicht!
     Rettet, die ich retten will!
Ach Zukunft hast du angerufen,
     Doch auch schwere Gegenwart!
Kl   Fürchte nichts! Hier meine Rechte!
     Sage, was du sagen mußt!
Al   War ich nicht dir selber immer
     Und den Kindern treu gesinnt?

Κλ οἶδά σ' ὄντ' ἐγὼ παλαιὸν
  δωμάτων ἐμῶν λάτριν.
Πρ χὤτι μ' ἐν ταῖς σαῖσι φερναῖς
  ἔλαβεν Ἀγαμέμνων ἄναξ;
Κλ ἦλθες εἰς Ἄργος μεθ' ἡμῶν
  καὶ ἐμὸς ἦσθ' ἀεί ποτε.   870
Πρ ὧδ' ἔχει. καὶ σοὶ μὲν εὔνους
  εἰμί, σῷ δ' ἧσσον πόσει.
Κλ ἐκκάλυπτε νῦν ποθ' ἡμῖν
  οὕστινας λέγεις λόγους.
Πρ παῖδα σὴν πατὴρ ὁ φύσας
  αὐτόχειρ μέλλει κτενεῖν.
Κλ πῶς; ἀπέπτυσ', ὦ γεραιέ,
  μῦθον· οὐ γὰρ εὖ φρονεῖς.
Πρ φασγάνῳ λευκὴν φονεύων
  τῆς ταλαιπώρου δέρην.   875
Κλ ὦ τάλαιν' ἐγώ. μεμηνὼς
  ἆρα τυγχάνει πόσις;
Πρ ἀρτίφρων, πλὴν ἐς σὲ καὶ σὴν
  παῖδα· τοῦτο δ' οὐ φρονεῖ.
Κλ ἐκ τίνος λόγου; τίς αὐτὸν
  οὑπάγων ἀλαστόρων;
Πρ θέσφαθ', ὥς γέ φησι Κάλχας,
  ἵνα πορεύηται στρατός.
Κλ ποῖ; τάλαιν' ἐγώ, τάλαινα
  δ' ἣν πατὴρ μέλλει κτενεῖν.   880
Πρ Δαρδάνου πρὸς δώμαθ', Ἑλένην
  Μενέλεως ὅπως λάβῃ.
Κλ εἰς ἄρ' Ἰφιγένειαν Ἑλένης
  νόστος ἦν πεπρωμένος;
Πρ πάντ' ἔχεις· Ἀρτέμιδι θύσειν
  παῖδα σὴν μέλλει πατήρ.
Κλ ὁ δὲ γάμος τίν' εἶχε πρόφασιν,
  ᾧ μ' ἐκόμισεν ἐκ δόμων;
Πρ ἵν' ἀγάγοις χαίρουσ' Ἀχιλλεῖ
  παῖδα νυμφεύσουσα σήν.   885

Kl   Alter Diener meines Hauses,
       Zweifle nicht, daß ich es weiß!

Al   Zog ich nicht mit deinem Brautgut
       In das Haus des Königs ein?

Kl   Ja, du kamst mit mir nach Argos
       Als getreues Eigentum.

Al   Und so bin ich auch dir selber
       Mehr als deinem Gatten treu.

Kl   Halte nicht mehr hinterm Berge!
       Sag, was du zu sagen hast!

Al   Deine Tochter will der Vater
       Töten mit der eignen Hand!

Kl   Bist du, Alter, ganz von Sinnen?
       Unsagbares sprachst du aus!

Al   Schon bereitet er das Messer
       Für der Tochter weißen Hals.

Kl   Wehe, weh, ich Unglückselge!
       Wann verließ ihn der Verstand?

Al   Er ist heil, und nur ihr beide
       Seid von seinem Wahn bedroht.

Kl   Was geschah, und welcher Teufel
       Brachte ihn auf diesen Weg?

Al   Kalchas' Spruch, der euren Schiffen
       Ihre freie Fahrt verhieß.

Kl   Welche Fahrt? Ich arme Mutter!
       Vaters Opfer, ärmstes Kind!

Al   Fahrt nach Troja! Menelaos
       Holt sich Helena zurück.

Kl   Und die Rückkehr ist vom Schicksal
       An den Tod des Kinds geknüpft?

Al   Ja, der Vater will sie opfern
       Am Altar der Artemis.

Kl   Und wozu die falsche Hochzeit,
       Die mein Kind hieher geführt?

Al   Als Achilleus' Braut - so dacht er -
       Brächtest du sie freudig mit.

200 'Ιφιγένεια ἡ ἐν Αὐλίδι

Κλ ὦ θύγατερ, ἥκεις ἐπ' ὀλέθρῳ
καὶ σὺ καὶ μήτηρ σέθεν.
Πρ οἰκτρὰ πάσχετον δύ' οὖσαι·
δεινὰ δ' 'Αγαμέμνων ἔτλη.
Κλ οἴχομαι τάλαινα, δακρύων τ'
ὄμματ' οὐκέτι στέγω.
Πρ εἴπερ ἀλγεινὸν τὸ τέκνων
στερόμενον, δακρυρρόει.
Κλ σὺ δὲ τάδ', ὦ γέρον, πόθεν φῂς
εἰδέναι πεπυσμένος;   890
Πρ δέλτον ᾠχόμην φέρων σοι
πρὸς τὰ πρὶν γεγραμμένα.
Κλ οὐκ ἐῶν ἢ ξυγκελεύων
παῖδ' ἄγειν θανουμένην;
Πρ μὴ μὲν οὖν ἄγειν· φρονῶν γὰρ
ἔτυχε σὸς πόσις τότ' εὖ.
Κλ κᾆτα πῶς φέρων γε δέλτον
οὐκ ἐμοὶ δίδως λαβεῖν;
Πρ Μενέλεως ἀφείλεθ' ἡμᾶς,
ὃς κακῶν τῶνδ' αἴτιος.   895
Κλ ὦ τέκνον Νηρῇδος, ὦ παῖ
Πηλέως, κλύεις τάδε;
Αχ ἔκλυον οὖσαν ἀθλίαν σε,
τὸ δ' ἐμὸν οὐ φαύλως φέρω.
Κλ παῖδά μου κατακτενοῦσι
σοῖς δολώσαντες γάμοις.
Αχ μέμφομαι κἀγὼ πόσει σῷ,
κοὐχ ἁπλῶς οὕτω φέρω.

Κλ οὐκ ἐπαιδεσθήσομαί γε
προσπεσεῖν τὸ σὸν γόνυ,   900
θνητὸς ἐκ θεᾶς γεγῶτα·
τί γὰρ ἐγὼ σεμνύνομαι;
ἢ τίνος σπουδαστέον μοι
μᾶλλον ἢ τέκνου πέρι;

Kl Kind, es war nur unser beider
    Ende, was uns hier empfing!

Al Agamemnon hat euch beiden
    Jammer nur und Tod beschert.

Kl O, verloren! Ich gebiete
    Länger nicht dem Tränenstrom.

Al Weine nur, wie jede Mutter,
    Der man ihre Kinder raubt.

Kl Woher hast du es vernommen?
    Woher weißt du es gewiß?

Al Einen Brief sollt ich verbringen,
    Zweite Botschaft seiner Hand!

Kl Hat er mich aufs neu entboten?
    Ließ er von dem Todesgang?

Al Er gebot, daheim zu bleiben.
    Voller Einsicht war der Brief.

Kl Warum hast du dieses Schreiben
    Nicht in meine Hand gelegt?

Al Menelas hats mir entrissen,
    Und am Weitern ist er schuld.

Kl Hörst du, Sohn der Nereïde
    Und des Peleus, was er sagt?

Ach Ich beklage dich und trage
    Selber schwer an meinem Teil.

Kl Mit der schlau erdachten Ehe
    Bringen sie das Kind zum Tod.

Ach Unerhörtes tat dein Gatte,
    Was sich nicht so schnell vergißt!

Kl *fällt ihm zu Füßen*

    Keine Scham soll es verhindern:
    Deine Kniee fleh ich an,
    Ich, ein Mensch, den Sohn der Göttin!
    Fort mit meinem alten Stolz!
    Was soll andres mich bekümmern
    Als das Leben meines Kinds?

άλλ' άμυνον, ὦ θεᾶς παῖ,
                    τῇ τ' ἐμῇ δυσπραξίᾳ
τῇ τε λεχθείσῃ δάμαρτι
                    σῇ, μάτην μέν, άλλ' ὅμως.
σοι καταστέψασ' ἐγώ νιν
                    ἦγον ὡς γαμουμένην,   905
νῦν δ' ἐπὶ σφαγὰς κομίζω·
                    σοι δ' ὄνειδος ἵξεται,
ὅστις οὐκ ἤμυνας· εἰ γὰρ
                    μὴ γάμοισιν ἐζύγης,
άλλ' ἐκλήθης γοῦν ταλαίνης
                    παρθένου φίλος πόσις.
πρὸς γενειάδος σε, πρός σε
                    δεξιᾶς, πρὸς μητέρος –
ὄνομα γὰρ τὸ σόν μ' ἀπώλεσ',
                    ᾧ σ' ἀμυναθεῖν χρεών –   910
οὐκ ἔχω βωμὸν καταφυγεῖν
                    ἄλλον ἢ τὸ σὸν γόνυ·
οὐδὲ φίλος οὐδεὶς γελᾷ μοι·
                    τὰ δ' 'Αγαμέμνονος κλύεις,
ὠμὰ καὶ πάντολμ'. ἀφῖγμαι δ',
                    ὥσπερ εἰσορᾷς, γυνὴ
ναυτικὸν στράτευμ' ἄναρχον
                    κἀπὶ τοῖς κακοῖς θρασύ,
χρήσιμον δ', ὅταν θέλωσιν.
                    ἢν δὲ τολμήσῃς σύ μου   915
χεῖρ' ὑπερτεῖναι, σεσώσμεθ'·
                    εἰ δὲ μή, οὐ σεσώσμεθα.

Χο δεινὸν τὸ τίκτειν καὶ φέρει φίλτρον μέγα   ia[6]
     πᾶσίν τε κοινὸν ὥσθ' ὑπερκάμνειν τέκνων.

Αχ ὑψηλόφρων μοι θυμὸς αἴρεται πρόσω·
     ἐπίσταμαι δὲ τοῖς κακοῖσί τ' ἀσχαλᾶν   920
     μετρίως τε χαίρειν τοῖσιν ἐξωγκωμένοις.

Ja, als Sohn der Göttin stehe
Mir im Elend bei wie ihr,
Die man deine Gattin nannte,
Fälschlich zwar, doch hieß sie so.
Dir war sie geschmückt, dir hab ich
Sie als Braut hiehergeführt.
Wenn sie hier zum Schlachttier würde,
Ohne daß du Hilfe bringst,
Blieb es ewig deine Schande!
Ob du nie mit ihr vermählt,
Einmal hießest du der Gatte,
Lieber Gatte dieses Kinds!
Bei der Wange, bei der Rechten,
Bei der Mutter, höre mich!
Was dein Name mir getan hat,
Mache selbst es wieder gut!
Sieh, dein Knie ist meine Zuflucht,
Ist mein einziger Altar!
Keines Freundes Auge tröstet!
Agamemnons Mörderherz
Kennst du jetzt! So sieh mich Arme,
Sieh die Frau im Kriegerlärm;
Schiffsvolk ringsum, ohne Zügel,
Unbotmäßig in der Not,
Brauchbar nur, wo sie es wollen!
Nur wenn deine starke Hand
Uns beschützt, sind wir gerettet.
Tut sies nicht, so sind wirs nicht.

Chorführerin

O Macht der Mütter, starke Zauberkraft,
Die nie ermattet für das eigne Kind!
Ach Mein hoher Sinn strebt in die Weite, doch
Ich weiß, wieweit man Unglücksfällen grollt,
Wieweit man hohes Glück berühmen darf,

λελογισμένοι γὰρ οἱ τοιοίδ᾽ εἰσὶν βροτῶν
ὀρθῶς διαζῆν τὸν βίον γνώμης μέτα.
ἔστιν μὲν οὖν ἵν᾽ ἡδὺ μὴ λίαν φρονεῖν,
ἔστιν δὲ χὤπου χρήσιμον γνώμην ἔχειν.   925
ἐγὼ δ᾽, ἐν ἀνδρὸς εὐσεβεστάτου τραφεὶς
Χείρωνος, ἔμαθον τοὺς τρόπους ἁπλοῦς ἔχειν.
καὶ τοῖς Ἀτρείδαις, ἢν μὲν ἡγῶνται καλῶς,
πεισόμεθ᾽, ὅταν δὲ μὴ καλῶς, οὐ πείσομαι.
ἀλλ᾽ ἐνθάδ᾽ ἐν Τροίᾳ τ᾽ ἐλευθέραν φύσιν   930
παρέχων, Ἄρη τὸ κατ᾽ ἐμὲ κοσμήσω δορί.
σὲ δ᾽, ὦ σχέτλια παθοῦσα πρὸς τῶν φιλτάτων,
ἃ δὴ κατ᾽ ἄνδρα γίγνεται νεανίαν,
τοσοῦτον οἶκτον περιβαλὼν καταστελῶ,
κοὔποτε κόρη σὴ πρὸς πατρὸς σφαγήσεται,   935
ἐμὴ φατισθεῖσ᾽· οὐ γὰρ ἐμπλέκειν πλοκὰς
ἐγὼ παρέξω σῷ πόσει τοὐμὸν δέμας.
τοὔνομα γάρ, εἰ καὶ μὴ σίδηρον ἤρατο,
τοὐμὸν φονεύσει παῖδα σήν. τὸ δ᾽ αἴτιον
πόσις σός. ἁγνὸν δ᾽ οὐκέτ᾽ ἐστὶ σῶμ᾽ ἐμόν,   940
εἰ δι᾽ ἔμ᾽ ὀλεῖται διά τε τοὺς ἐμοὺς γάμους
ἡ δεινὰ τλᾶσα κοὐκ ἀνεκτὰ παρθένος,
θαυμαστὰ δ᾽ ὡς ἀνάξι᾽ ἠτιμασμένη.
ἐγὼ κάκιστος ἦν ἄρ᾽ Ἀργείων ἀνήρ,
ἐγὼ τὸ μηδέν, Μενέλεως δ᾽ ἐν ἀνδράσιν,   945
ὡς οὐχὶ Πηλέως, ἀλλ᾽ ἀλάστορος γεγώς,
εἴπερ φονεύει τοὐμὸν ὄνομα σῷ πόσει.
μὰ τὸν δι᾽ ὑγρῶν κυμάτων τεθραμμένον
Νηρέα, φυτουργὸν Θέτιδος ἥ μ᾽ ἐγείνατο,
οὐχ ἅψεται σῆς θυγατρὸς Ἀγαμέμνων ἄναξ,   950
οὐδ᾽ εἰς ἄκραν χεῖρ᾽, ὥστε προσβαλεῖν πέπλοις·
ἢ Σίπυλος ἔσται πόλις, ὅρισμα βαρβάρων,
ὅθεν πεφύκασ᾽ οἱ στρατηλάται γένος,
Φθίας δὲ τοὔνομ᾽ οὐδαμοῦ κεκλήσεται.
πικροὺς δὲ προχύτας χέρνιβάς τ᾽ ἀνάξεται   955
Κάλχας ὁ μάντις. τίς δὲ μάντις ἔστ᾽ ἀνήρ,
ὃς ὀλίγ᾽ ἀληθῆ, πολλὰ δὲ ψευδῆ λέγει

Und bin ein solcher, der entschlossen ist,
Sein ganzes Tun zu gründen auf Vernunft.
Zwar kann das ewge Sorgen lästig sein,
Doch manchmal braucht man eben den Verstand.
Mein Lehrer Chiron, unser frömmster Mann,
Hat mir gerades Handeln eingepflanzt,
Und wenn sich das Atridenpaar bewährt,
Folg ich ihm gern; wenn nicht, so laß ichs sein.
Hier, wie in Troja, bin ich, was ich bin,
Und diene Ares, wo und wie ich will.
Von deinen Liebsten bist du schwer bedroht,
So will ich mit der ganzen Jugendkraft
Mich dein erbarmen, dein Beschützer sein.
Nie fällt dies Kind von eines Vaters Hand,
Der sie die meine hieß! Nie durfte er
Achills Gestalt verflechten in sein Netz.
Mein Name greift zwar nicht zur Waffe, doch
Er tötet deine Tochter. Schuldig ist
Der Vater, doch ich selber bin nicht rein,
Wenn dieses unerhört geprüfte Kind
Durch mich, als meine zugeschriebne Braut,
Schuldlos, in Schmach und Schande untergeht.
Ich wäre dieses Heeres Schlechtester,
Ein wahres Nichts, ein zweiter Menelas
Und nicht des Peleus, – eines Teufels Sohn,
Wenn hier mein Name Schlächterdienste tut.
Bei Nereus, der im tiefen Meer erwuchs,
Dem Vater meiner Mutter Thetis: nie
Berührt Fürst Agamemnons Hand dein Kind,
Und keine Fingerspitze faßt ihr Kleid!
Sonst wird der Feldherrn Stammburg Sipylos,
Das Lydernest, noch hoch in Ehren stehn,
Wenn Phthias Name ruhmlos unterging.
Das Wasser und die Gerste, die er weiht,
Wird Kalchas reuen! Ist er ein Prophet?
Mehr Trug als Wahrheit kündet uns der Mann;

τυχών, ὅταν δὲ μὴ τύχῃ, διοίχεται;
οὐ τῶν γάμων ἕκατι — μυρίαι κόραι
θηρῶσι λέκτρον τοὐμόν — εἴρηται τόδε·   960
ἀλλ' ὕβριν ἐς ἡμᾶς ὕβρισ' 'Αγαμέμνων ἄναξ.
χρῆν δ' αὐτὸν αἰτεῖν τοὐμὸν ὄνομ' ἐμοῦ πάρα,
θήραμα παιδός· ἡ Κλυταιμήστρα δ' ἐμοὶ
μάλιστ' ἐπείσθη θυγατέρ' ἐκδοῦναι πόσει.
ἔδωκά τἂν ῞Ελλησιν, εἰ πρὸς ῎Ιλιον   965
ἐν τῷδ' ἔκαμνε νόστος· οὐκ ἠρνούμεθ' ἂν
τὸ κοινὸν αὔξειν ὧν μέτ' ἐστρατευόμην.
νῦν δ' οὐδέν εἰμι, παρὰ δὲ τοῖς στρατηλάταις
ἐν εὐμαρεῖ με δρᾶν τε καὶ μὴ δρᾶν κακῶς.
τάχ' εἴσεται σίδηρος, ὃν πρὶν ἐς Φρύγας   970
ἐλθεῖν, φόνου κηλῖσιν αἵματος χρανῶ,
εἴ τίς με τὴν σὴν θυγατέρ' ἐξαιρήσεται.
ἀλλ' ἡσύχαζε· θεὸς ἐγὼ πέφηνά σοι
μέγιστος, οὐκ ὤν· ἀλλ' ὅμως γενήσομαι.
Χο ἔλεξας, ὦ παῖ Πηλέως, σοῦ τ' ἄξια   975
     καὶ τῆς ἐναλίας δαίμονος, σεμνῆς θεοῦ.
Κλ φεῦ·
     πῶς ἄν σ' ἐπαινέσαιμι μὴ λίαν λόγοις,
     μηδ' ἐνδεὴς τοῦδ' ἀπολέσαιμι τὴν χάριν;
     αἰνούμενοι γὰρ οἱ ἀγαθοὶ τρόπον τινὰ
     μισοῦσι τοὺς αἰνοῦντας, ἢν αἰνῶσ' ἄγαν.   980
     αἰσχύνομαι δὲ παραφέρουσ' οἰκτροὺς λόγους,
     ἰδίᾳ νοσοῦσα· σὺ δ' ἄνοσος κακῶν ἐμῶν.
     ἀλλ' οὖν ἔχει τοι σχῆμα, κἂν ἄπωθεν ᾖ
     ἀνὴρ ὁ χρηστός, δυστυχοῦντας ὠφελεῖν.
     οἴκτιρε δ' ἡμᾶς· οἰκτρὰ γὰρ πεπόνθαμεν·   985
     ἣ πρῶτα μέν σε γαμβρὸν οἰηθεῖσ' ἔχειν,
     κενὴν κατέσχον ἐλπίδ'· εἶτά σοι τάχα
     ὄρνις γένοιτ' ἂν τοῖσι μέλλουσιν γάμοις
     θανοῦσ' ἐμὴ παῖς, ὅ σε φυλάξασθαι χρεών.
     ἀλλ' εὖ μὲν ἀρχὰς εἶπας, εὖ δὲ καὶ τέλη·   990
     σοῦ γὰρ θέλοντος παῖς ἐμὴ σωθήσεται.
     βούλῃ νιν ἱκέτιν σὸν περιπτύξαι γόνυ;

Er trifft, verfehlt – was geht er uns noch an?
Nicht um der Heirat willen sprech ich so,
Denn vielen Mädchen steht der Sinn nach mir.
Agamemnons Frechheit hat mich schwer beschimpft:
Er hat mich um den Namen nicht ersucht,
Den Köder für das Kind; denn mir allein
Gab Klytaimestra ihre Tochter hin.
Ich hätte, wenn die Fahrt nach Ilion
Nur daran krankte, nie den Griechen mich
Versagt und nie den Heereszug bedroht.
Nun bin ich nichts, die Feldherrn können mich
Gut oder schlecht behandeln, je nachdem.
Dies Schwert wird, noch bevor es Troja sieht,
Mit roten Flecken zeigen, daß kein Mensch
Dein Kind von meiner Seite reißen kann.
So fasse Mut! Du sahst in mir den Gott:
Ich bin es nicht, dir will ich einer sein.

Chf   Pelide, jedes Wort ist deiner wert
Und zeigt die hohe Mutter aus dem Meer.

Kl   Wie preis ich dich mit einem kurzen Wort
Und bringe doch die Fülle meines Danks?
Die Guten, die man lobt, sind nur zu leicht
Dem Überschwang der langen Rede feind.
Auch schäm ich mich des eignen Klagelieds:
Ich bin in Nöten, du bist frei davon.
Doch steht es allen Guten an, im Glück
Den fremden Unglücksmenschen beizustehn.
So leide meine schweren Leiden mit!
Als Eidam hab ich dich zuerst begrüßt,
In leerer Hoffnung. Stürbe dieses Kind,
So wär es jedem Bett, das du erwählst,
Ein böses Vogelzeichen; hüte dich!
Vom Anfang bis zum Ende hast du selbst
Bekannt: ihr Leben ruht in deiner Hand.
Soll sie dein Knie umschlingen? Wenig stünds

ἀπαρθένευτα μὲν τάδ'· εἰ δέ σοι δοκεῖ,
ἥξει, δι' αἰδοῦς ὄμμ' ἔχουσ' ἐλεύθερον.
εἰ δ' οὐ παρούσης ταὐτὰ τεύξομαι σέθεν,   995
μενέτω κατ' οἴκους· σεμνὰ γὰρ σεμνύνεται.
ὅμως δ' ὅσον γε δυνατὸν αἰδεῖσθαι χρεών.
Αχ σὺ μήτε σὴν παῖδ' ἔξαγ' ὄψιν εἰς ἐμήν,
μήτ' εἰς ὄνειδος ἀμαθὲς ἔλθωμεν, γύναι·
στρατὸς γὰρ ἀθρόος, ἀργὸς ὢν τῶν οἴκοθεν,   1000
λέσχας πονηρὰς καὶ κακοστόμους φιλεῖ.
πάντως δέ μ' ἱκετεύοντέ θ' ἥξετ' εἰς ἴσον,
εἴ τ' ἀνικέτευτος· εἰς ἐμοὶ γάρ ἐστ' ἀγὼν
μέγιστος ὑμᾶς ἐξαπαλλάξαι κακῶν.
ὡς ἕν γ' ἀκούσασ' ἴσθι, μὴ ψευδῶς μ' ἐρεῖν·   1005
ψευδῆ λέγων δὲ καὶ μάτην ἐγκερτομῶν,
θάνοιμι· μὴ θάνοιμι δ', ἢν σώσω κόρην.
Κλ ὄναιο συνεχῶς δυστυχοῦντας ὠφελῶν.
Αχ ἄκουε δή νυν, ἵνα τὸ πρᾶγμ' ἔχῃ καλῶς.
Κλ τί τοῦτ' ἔλεξας; ὡς ἀκουστέον γέ σου.   1010
Αχ πείθωμεν αὖθις πατέρα βέλτιον φρονεῖν.
Κλ κακός τίς ἐστι καὶ λίαν ταρβεῖ στρατόν.
Αχ ἀλλ' οἱ λόγοι γε καταπαλαίουσιν λόγους.
Κλ ψυχρὰ μὲν ἐλπίς· ὃ τι δὲ χρή με δρᾶν φράσον.
Αχ ἱκέτευ' ἐκεῖνον πρῶτα μὴ κτείνειν τέκνα·   1015
ἢν δ' ἀντιβαίνῃ, πρὸς ἐμέ σοι πορευτέον.
ἢ γὰρ τὸ χρῇζον ἐπίθετ', οὐ τοὐμὸν χρεὼν
χωρεῖν· ἔχει γὰρ αὐτὸ τὴν σωτηρίαν.
κἀγώ τ' ἀμείνων πρὸς φίλον γενήσομαι,
στρατός τ' ἂν οὐ μέμψαιτό μ', εἰ τὰ πράγματα   1020
λελογισμένως πράσσοιμι μᾶλλον ἢ σθένει.   1021
Κλ ὡς σῶφρον' εἶπας. δραστέον δ' ἅ σοι δοκεῖ.   1024
ἢν δ' αὖ τι μὴ πράσσωμεν ὧν ἐγὼ θέλω,   1025
ποῦ σ' αὖθις ὀψόμεσθα; ποῦ χρή μ' ἀθλίαν
ἐλθοῦσαν εὑρεῖν σὴν χέρ' ἐπίκουρον κακῶν;

─────────────

καλῶς δὲ κρανθέντων πρὸς ἡδονὴν φίλοις   1022
σοί τ' ἂν γένοιτο κἂν ἐμοῦ χωρὶς τάδε.

Dem Mädchen an, doch wenn du es verlangst,
Tritt sie vor dich, den freien Blick gesenkt.
Gewährst dus ohne ihre Gegenwart,
So laß ich sie, und Strenges bleibe streng.
Doch beugt die Scham sich jedem harten Zwang.

Ach O führ das Kind nicht vor mein Angesicht,
Das brächte beiden törichten Verruf!
Ein Kriegerhauf, der keine Sorgen hat,
Liebt übles und gefährliches Geschwätz.
Ob ihr bittflehend vor mir niederkniet,
Ob nicht, ich kenne nur das gleiche Ziel:
Den schweren Kampf, der euch erretten soll.
Das Eine glaube: daß Achill nicht lügt.
Ich möchte sterben, spräch ich leeres Wort,
Und leben nur, wenn sie gerettet ist.

Kl Gott helfe dir, wie du den andern hilfst!

Ach Nun höre, wie das Ziel gewonnen wird.

Kl Nichts hört mein Ohr mit größerer Begier.

Ach Der Vater muß für uns gewonnen sein.

Kl Der Feige lebt in Ängsten vor dem Volk.

Ach Man muß ihn überzeugen, Wort um Wort.

Kl Geringe Aussicht. Doch was muß ich tun?

Ach Erst fleh ihn an, daß er das Kind verschont,
Und wenn ers dir verweigert, komm zu mir.
Denn, hört er deine Bitte, braucht es mich
Nicht weiter, keiner ist fortan bedroht.
Ich steh dann besser mit dem Freund, und auch
Dem Heer ists lieber, wenn ich mit Vernunft
Die Dinge regle, nicht mit der Gewalt.

Kl Du rätst uns gut, und so gescheh es auch!
Doch wenn wir nicht erreichen, was ich will,
Wo geh ich hin? Wo treff ich arme Frau
Dann wieder deinen starken Retterarm?

Αχ ἡμεῖς σε φύλακες οὗ χρεών φυλάξομεν,
    μή τίς σ' ἴδῃ στείχουσαν ἐπτοημένην
    Δαναῶν δι' ὄχλου· μηδὲ πατρῷον δόμον   1080
    αἴσχυν'· ὁ γάρ τοι Τυνδάρεως οὐκ ἄξιος
    κακῶς ἀκούειν· ἐν γὰρ Ἕλλησιν μέγας.
Κλ ἔσται τάδ'· ἄρχε· σοί με δουλεύειν χρεών.
    εἰ δ' εἰσὶ θεοί, δίκαιος ὢν ἀνὴρ θεῶν
    ἐσθλῶν κυρήσεις· εἰ δὲ μή, τί δεῖ πονεῖν;   1085

Χο τίν' ἄρ' Ὑμέναιος διὰ λωτοῦ Λίβυος   ch³   στρ.
    μετά τε φιλοχόρου κιθάρας   tr² ch
    συρίγγων θ' ὑπὸ καλαμοεσ-   gl
    σᾶν ἔστασεν ἰαχάν,   gl‸
    ὅτ' ἀνὰ Πήλιον αἱ καλλιπλόκαμοι   gl‸ ch   1040
    δαιτὶ θεῶν ἔνι Πιερίδες   da³-
    χρυσεοσάνδαλον ἴχνος   hem◡
    ἐν γᾷ κρούουσαι   sp²-
    Πηλέως ἐς γάμον ἦλθον,   gl‸
    μελῳδοῖς Θέτιν ἀχήμασι τόν τ' Αἰακίδαν, ◡-ch³   1045
    Κενταύρων ἐν ὄρεσι κλέουσαι   gl-
    Πηλιάδα καθ' ὕλαν.   cr ba

    ὁ δὲ Δαρδανίδας, Διὸς   .gl
    λέκτρων τρύφημα φίλον,   sp×ch   1050
    χρυσέοισιν ἄφυσσε λοιβὰν   .gl-
    ἐν κρατήρων γυάλοις,   sp-ch

Ach   Als Wächter wache ich am rechten Ort,
      Daß keiner dich durch unser Kriegervolk
      Bestürzt enteilen sieht! Beschäme nicht
      Dein Haus! Dein hoher Vater Tyndaros
      Hat keinen solchen Schimpf von dir verdient.
Kl   So seis! Ich tu, was immer du befiehlst.
      Sind Götter, wird gerechtes Tun belohnt,
      Sind keine, wozu braucht es einer Müh?

                ins Haus, Achilleus ab

          DRITTES STANDLIED

                Chor

               Strophe

      Noch nie hat helleren Jubelruf
      Hymenaios zur libyschen Flöte,
      Zur reigenbegeisterten Kithara,
      Zum Schilfrohr der Syrinx
      Angestimmt als am Tage,
      Da auf Pelions Hängen
      Piérias Musen
      Schönsten Gelockes
      Zur Hochzeit des Peleus erschienen,
      Zum Festmahl der Götter
      Ihrer Schuhe goldene Spur
      In den Boden stampften
      Und mit melodischem Widerhall
      Im Tal der Kentauren, im pelischen Wald
      Thetis besangen und Aiakos' Sohn.
      Dardanos' Enkel, des Zeus
      Liebster Lagergespiele,
      Ganymedes, der Phryger,
      Schenkte aus goldengetriebenem Krug

ὁ Φρύγιος Γανυμήδης.	gl⌃
παρὰ δὲ λευκοφαῆ ψάμαθον	gl
εἱλισσόμεναι κύκλια	⌃gl 1055
πεντήκοντα κόραι γάμους	gl
Νηρέως ἐχόρευσαν.	gl⌃

ἀνὰ δ' ἐλάταισι στεφανώδει τε χλόᾳ	ἀντ.
θίασος ἔμολεν ἱπποβάτας	
Κενταύρων ἐπὶ δαῖτα τὰν	1060
θεῶν κρατῆρά τε Βάκχου.	
μέγα δ' ἀνέκλαγον· 'Ὢ Νηρῇ κόρα,	
παῖδα σὲ Θεσσαλίᾳ μέγα φῶς	
μάντις ὁ φοιβάδα μοῦσαν	
εἰδὼς γεννάσειν	1065
Χείρων ἐξονόμαζεν,	
ὃς ἥξει χθόνα λογχήρεσι σὺν Μυρμιδόνων	
ἀσπισταῖς Πριάμοιο κλεινὰν	
γαῖαν ἐκπυρώσων,	1070
περὶ σώματι χρυσέων	
ὅπλων Ἡφαιστοπόνων	
κεκορυθμένος ἔνδυτ', ἐκ θεᾶς	
ματρὸς δωρήματ' ἔχων	
Θέτιδος, ἅ νιν ἔτικτεν.	1075
μακάριον τότε δαίμονες	
τᾶς εὐπάτριδος γάμον	
Νηρῇδων ἔθεσαν πρώτας	
Πηλέως θ' ὑμεναίους.	

σὲ δ' ἐπὶ κάρα στέψουσι καλλικόμαν	ch sp⌣ch 1080
πλόκαμον Ἀργεῖοι, βαλιὰν	tr² ch
ὥστε πετραίων ἀπ' ἄντρων	ch tr²

Allen die Spende.
Doch am silbernen Ufer
Tanzten fünfzig Töchter des Nereus
Gewundene Kreise
Der bräutlichen Tänze.

Gegenstrophe

Mit Tannenästen und frisch bekränzt
Kam im Pferdegetrappel der Haufe
Der wilden Kentauren des Pelion
Zum Mahle der Götter,
Bacchus' seligen Krügen,
Mit den jubelndsten Rufen:
„O Tochter des Nereus!
Chiron, der Seher,
Prophetischer Weisheiten mächtig,
Hat es allen verkündet:
Du gebierst den herrlichsten Sohn,
Seines Landes Leuchte,
Der myrmidonische Kriegerschar
Mit Schilden und Speeren nach Ilion führt,
Priamos' herrliche Fluren verheert,
Ringsum gerüstet am Leib
Mit den goldenen Waffen,
Die Hephaistos geschmiedet,
Die ihm die Göttin als Gabe verlieh,
Thetis, die Mutter."
So bestellten die Götter
Erstem Kind des göttlichen Nereus
Die seligste Hochzeit
Und Peleus das Brautlied.

Schluß

Doch dir, dir kränzen die Krieger von Argos
Das lockige Haar,
Und als wärst du ein scheckiges Kalb,

ἐλθοῦσαν ὀρέων	–ch	
μόσχον ἀκήρατον, βρότειον	ch ia²	
αἱμάσσοντες λαιμόν·	sp³	
οὐ σύριγγι τραφεῖσαν οὐδ'	gl	1085
ἐν ῥοιβδήσεσι βουκόλων,	gl	
παρὰ δὲ ματέρι νυμφοκόμον	gl	
Ἰναχίδαις γάμον.	ch◡–	
ποῦ τὸ τᾶς Αἰδοῦς	cr sp	
ἢ τὸ τᾶς Ἀρετᾶς ἔχει	gl	1090
σθένειν τι πρόσωπον,	◡ch◡	
ὁπότε τὸ μὲν ἄσεπτον ἔχει	tr² ch	
δύνασιν, ἁ δ' Ἀρετὰ κατόπι-	tr²◡ch	
σθεν θνατοῖς ἀμελεῖται,	gl⌃	
Ἀνομία δὲ νόμων κρατεῖ,	gl	1095
καὶ μὴ κοινὸς ἀγὼν βροτοῖς	gl	
μή τις θεῶν φθόνος ἔλθῃ;	gl⌃	

Κλ ἐξῆλθον οἴκων προσκοπουμένη πόσιν,
χρόνιον ἀπόντα κἀκλελοιπότα στέγας.
ἐν δακρύοισι δ' ἡ τάλαινα παῖς ἐμή,   1100
πολλὰς ἱεῖσα μεταβολὰς ὀδυρμάτων,
θάνατον ἀκούσασ', ὃν πατὴρ βουλεύεται.
μνήμην δ' ἄρ' εἶχον πλησίον βεβηκότος
Ἀγαμέμνονος τοῦδ', ὃς ἐπὶ τοῖς αὑτοῦ τέκνοις
ἀνόσια πράσσων αὐτίχ' εὑρεθήσεται.   1105

Αγ Λήδας γένεθλον, ἐν καλῷ σ' ἔξω δόμων
ηὕρηχ', ἵν' εἴπω παρθένου χωρὶς λόγους
οὓς οὐκ ἀκούειν τὰς γαμουμένας πρέπει.

Makelfreies Opfertier,
Aus Bergeshöhlen entstammt,
So wird man den Hals,
Deinen menschlichen Hals
Dir röten mit Blut,
Die doch nicht beim Klang der Schalmei,
Nicht beim Lockruf der Hirten erwuchs,
Nein, bei der Mutter als künftige Braut
Eines Inachossohnes.
Wie soll euer Antlitz,
Göttin der Scham, Göttin der Tugend
Seine Macht noch beweisen,
Wenn der Frevelmut blüht,
Die vergessene Tugend im Rücken verbleibt,
Die Willkür alle Gesetze beherrscht,
Und nur wenige Menschen noch fragen
Nach der Strafe der Götter?

VIERTE HAUPTSZENE

Klytaimestra *tritt heraus*

Ich komm und will nach meinem Gatten spähn,
Der vor so langer Zeit das Haus verließ.
In Tränen badet sich mein armes Kind,
Stimmt immer neue Klageweisen an,
Seitdem sie weiß, was ihr vom Vater droht.
Da kommt er schon, von dem die Rede ist,
Hier dieser Agamemnon! Schnell ist er
Entlarvt als Mörder seines eignen Kinds.

Agamemnon

Ich treff dich, Ledas Tochter, glücklich hier
Vorm Haus, ich will dir etwas sagen, was
Das neuverlobte Kind nicht hören soll.

Κλ τί δ' ἔστιν, οὗ σοι καιρὸς ἀντιλάζυται;
Αγ ἔκπεμπε παῖδα δωμάτων πατρὸς μέτα·   1110
   ὡς χέρνιβες πάρεισιν εὐτρεπισμέναι,
   προχύται τε βάλλειν πῦρ καθάρσιον χεροῖν,
   μόσχοι τε, πρὸ γάμων ἃς θεᾷ πεσεῖν χρεών.   1118
Κλ τοῖς ὀνόμασιν μὲν εὖ λέγεις, τὰ δ' ἔργα σου   1115
   οὐκ οἶδ' ὅπως χρή μ' ὀνομάσασαν εὖ λέγειν.

   χώρει δέ, θύγατερ, ἐκτός – οἶσθα γὰρ πατρὸς
   πάντως ἃ μέλλει – χὐπὸ τοῖς πέπλοις ἄγε
   λαβοῦσ' Ὀρέστην, σὸν κασίγνητον, τέκνον.

   Ἰδοὺ πάρεστιν ἥδε πειθαρχοῦσά σοι.   1120
   τὰ δ' ἄλλ' ἐγὼ πρὸ τῆσδε κἀμαυτῆς φράσω.
Αγ τέκνον, τί κλαίεις, οὐδ' ἔθ' ἡδέως ὁρᾷς,
   ἐς γῆν δ' ἐρείσασ' ὄμμα πρόσθ' ἔχεις πέπλους;
Κλ φεῦ·
   τίν' ἂν λάβοιμι τῶν ἐμῶν ἀρχὴν κακῶν;
   ἅπασι γὰρ πρώτοισι χρήσασθαι πάρα   1125
   κἀν ὑστάτοισι κἀν μέσοισι πανταχοῦ.
Αγ τί δ' ἔστιν; ὡς μοι πάντες εἰς ἓν ἥκετε,
   σύγχυσιν ἔχοντες καὶ ταραγμὸν ὀμμάτων.
Κλ εἴφ' ἂν ἐρωτήσω σε γενναίως, πόσι.
Αγ οὐδὲν κελευσμοῦ δεῖ σ'· ἐρωτᾶσθαι θέλω.   1130
Κλ τὴν παῖδα τὴν σὴν τήν τ' ἐμὴν μέλλεις κτενεῖν;
Αγ ἔα·
   τλήμονά γ' ἔλεξας, ὑπονοεῖς θ' ἃ μή σε χρή.
Κλ ἔχ' ἥσυχος.
   κἀκεῖνό μοι τὸ πρῶτον ἀπόκριναι πάλιν.
Αγ σὺ δ', ἤν γ' ἐρωτᾷς εἰκότ', εἰκότ' ἂν κλύοις.
Κλ οὐκ ἄλλ' ἐρωτῶ, καὶ σὺ μὴ λέγ' ἄλλα μοι.   1185

   'Αρτέμιδι, μέλανος αἵματος φυσήματα   1114

Kl   Was ist es, was so schnell geschehen muß?

Ag   Schick mir die Tochter mit auf diesen Gang.
     Geweihte Spenden stehen schon bereit.
     Die Gerste wartet reiner Feuersglut,
     Die Kälber ihrer Schlachtung vor dem Fest.

Kl   Die Worte klingen fromm, doch weiß ich nicht,
     Was ich zu deinen Taten sagen soll.

sie ruft hinein

So komm heraus, mein Kind, du weißt ja schon,
Was Vater will, und unter deinem Kleid
Bring auch Orestes, deinen Bruder, mit.

sie kommen

Hier steht sie schon, gehorsam deinem Wunsch.
Ich rede nun für sie und mich zugleich.

Ag   Du weinst, mein Kind? Dein Blick ist voller Schmerz,
     Du blickst zu Boden, hüllst dich in dein Kleid!

Kl   O weh!
     Wie fang ich alle meine Klagen an?
     Denn jede taugt zum Anfang und zum Schluß,
     Taugt in die Mitte, taugt an jeden Platz.

Ag   Was habt ihr? Beide fiel das gleiche an:
     Ihr seid bestürzt, das Auge ist verstört.

Kl   Gib mir getreue Antwort, mein Gemahl!

Ag   Unnötger Aufruf! Frag und höre mich!

Kl   Bist du zur Tötung unsres Kinds bereit?

Ag   Furchtbare Rede, törichter Verdacht!

Kl   Beruhige dich! Noch einmal frag ich dich.

Ag   Frag sinnvoll! Sinnvoll gibt man dir Bescheid.

Kl   Die klare Frage will dein klares Wort.

Αγ ὦ πότνια μοῖρα καὶ τύχη δαίμων τ' ἐμός.
Κλ κἀμός γε καὶ τῆσδ', εἰς τριῶν δυσδαιμόνων.
Αγ τίν' ἠδίκησαι;
Κλ   τοῦτ' ἐμοῦ πεύθῃ πάρα;
    ὁ νοῦς ὅδ' αὐτός νοῦν ἔχων οὐ τυγχάνει.
Αγ ἀπωλόμεσθα. προδέδοται τὰ κρυπτά μου.   1140
Κλ πάντ' οἶδα, καὶ πεπύσμεθ' ἃ σὺ μέλλεις με δρᾶν·
    αὐτὸ δὲ τὸ σιγᾶν ὁμολογοῦντός ἐστί σου
    καὶ τὸ στενάζειν· πολλὰ μὴ κάμῃς λέγων.
Αγ ἰδοὺ σιωπῶ· τὸ γὰρ ἀναίσχυντον τί δεῖ
    ψευδῆ λέγοντα προσλαβεῖν τῇ συμφορᾷ;   1145
Κλ ἄκουε δή νυν· ἀνακαλύψω γὰρ λόγους,
    κοὐκέτι παρῳδοῖς χρησόμεσθ' αἰνίγμασιν.
    πρῶτον μέν, ἵνα σοι πρῶτα τοῦτ' ὀνειδίσω,
    ἔγημας ἄκουσάν με κἄλαβες βίᾳ,
    τὸν πρόσθεν ἄνδρα Τάνταλον κατακτανών·   1150
    βρέφος τε τοὐμὸν σῷ προσούδισας πάλῳ,
    μαστῶν βιαίως τῶν ἐμῶν ἀποσπάσας.
    καὶ τὼ Διός σε παῖδ', ἐμὼ δὲ συγγόνω,
    ἵπποισι μαρμαίροντ' ἐπεστρατευσάτην·
    πατὴρ δὲ πρέσβυς Τυνδάρεώς σ' ἐρρύσατο   1155
    ἱκέτην γενόμενον, τἀμὰ δ' ἔσχες αὖ λέχη.
    οὗ σοι καταλλαχθεῖσα περὶ σὲ καὶ δόμους
    συμμαρτυρήσεις ὡς ἄμεμπτος ἦ γυνή,
    ἔς τ' Ἀφροδίτην σωφρονοῦσα καὶ τὸ σὸν
    μέλαθρον αὔξουσ', ὥστε σ' εἰσιόντα τε   1160
    χαίρειν θύραζέ τ' ἐξιόντ' εὐδαιμονεῖν.
    σπάνιον δὲ θήρευμ' ἀνδρὶ τοιαύτην λαβεῖν
    δάμαρτα· φλαύραν δ' οὐ σπάνις γυναῖκ' ἔχειν.
    τίκτω δ' ἐπὶ τρισὶ παρθένοισι παῖδά σοι
    τόνδ', ὧν μιᾶς σὺ τλημόνως μ' ἀποστερεῖς.   1165
    κἄν τίς σ' ἔρηται τίνος ἕκατί νιν κτενεῖς,
    λέξον, τί φήσεις; ἢ 'μὲ χρὴ λέγειν τὰ σά;
    Ἑλένην Μενέλεως ἵνα λάβῃ. καλόν γέ τοι
    κακῆς γυναικὸς μισθὸν ἀποτεῖσαι τέκνα.
    τἄχθιστα τοῖσι φιλτάτοις ὠνούμεθα.   1170

Ag	O Moira! Tyche! O mein Unglücksgeist!

Kl Er ist auch meiner, ist auch dieses Kinds.

Ag Was tat man dir zuleid?

Kl   Du fragst es noch?
    Der Sinn der Frage selbst ist ohne Sinn!

Ag Ich bin verloren, alles ist entdeckt!

Kl Ich weiß von allem, kenne deinen Plan.
    Dein Schweigen und dein Seufzen schon gesteht,
    Was du getan. Mach keine Worte mehr!

Ag So schweig ich denn und füge meinem Leid
    Nicht noch die Schande übler Lügen zu.

Kl So höre jetzt mein unverhülltes Wort,
    Die alten Rätselsprüche sind vorbei.
    Vor allem – dieses sei mein erster Pfeil –
    Du hast mich nicht gefreit, hast mich geraubt,
    Erschlugst den ersten Gatten Tantalos,
    Entrissest meiner Brust das kleine Kind,
    Von deiner Hand zerschmettert lag es da.
    Im Glanz der Rosse zog mein Brüderpaar,
    Die Dioskuren, gegen dich. Da bot
    Mein alter Vater Tyndar auf dein Flehn
    Dir Schutz und machte mich zu deinem Weib.
    Mit dir versöhnt – du mußt es zugestehn –,
    War ich dem Haus und dir die beste Frau;
    Nicht aphroditetoll, die Mehrerin
    Des Hauses: freudig gingst du ein und aus.

    Nur selten holt ein Mann sich solches Weib,
    An schlechten hat es nie und nie gefehlt.
    Drei Töchter schenkt ich dir und diesen Sohn.
    Nun soll mir eine schnöd entrissen sein.
    Und fragt man dich: „Wozu bringst du sie um?"
    Was sagst du dann? Ich tus an deiner Statt:
    „Für Menelas und seine Helena."
    Was hat mein Kind mit ihrer Schuld zu tun?
    Bezahlt mein Schönstes für das Gräßlichste?

ἄγ', εἰ στρατεύσῃ καταλιπών μ' ἐν δώμασιν,
κἀκεῖ γενήσῃ διὰ μακρᾶς ἀπουσίας,
τίν' ἐν δόμοις με καρδίαν ἕξειν δοκεῖς;
ὅταν θρόνους τῆσδ' εἰσίδω πάντας κενούς,
κενοὺς δὲ παρθενῶνας, ἐπὶ δὲ δακρύοις   1175
μόνη κάθωμαι, τήνδε θρηνῳδοῦσ' ἀεί·
'Απώλεσέν σ', ὦ τέκνον, ὁ φυτεύσας πατήρ,
αὐτὸς κτανών, οὐκ ἄλλος οὐδ' ἄλλῃ χερί,
τοιόνδε μισθὸν καταλιπὼν πρὸς τοὺς δόμους.
ἐπεὶ βραχείας προφάσεως ἔδει μόνον,   1180
ἐφ' ᾗ σ' ἐγὼ καὶ παῖδες αἱ λελειμμέναι
δεξόμεθα δέξιν ἣν σε δέξασθαι χρεών.
μὴ δῆτα πρὸς θεῶν μήτ' ἀναγκάσῃς ἐμὲ
κακὴν γενέσθαι περὶ σέ, μήτ' αὐτὸς γένῃ.
εἶέν·
θύσεις δὲ παῖδ', ἐνταῦθα τίνας εὐχὰς ἐρεῖς;   1185
τί σοι κατεύξῃ τἀγαθόν, σφάζων τέκνον;
νόστον πονηρόν, οἴκοθέν γ' αἰσχρῶς ἰών;
ἀλλ' ἐμὲ δίκαιον ἀγαθὸν εὔχεσθαί τί σοι;
οὔ τἄρ' ἀσυνέτους τοὺς θεοὺς ἡγοίμεθ' ἄν,
εἰ τοῖσιν αὐθένταισιν εὖ φρονήσομεν;   1190
ἥκων δ' ἂν "Αργος προσπέσοις τέκνοισι σοῖς;
ἀλλ' οὐ θέμις σοι. τίς δὲ καὶ προσβλέψεται
παίδων σ', ἵν' αὐτῶν προσέμενος κτάνῃς τινά;
ταῦτ' ἦλθες ἤδη διὰ λόγων, ἢ σκῆπτρά σοι
μόνον διαφέρειν καὶ στρατηλατεῖν μέλει;   1195
ὃν χρῆν δίκαιον λόγον ἐν 'Αργείοις λέγειν·
Βούλεσθ', 'Αχαιοί, πλεῖν Φρυγῶν ἐπὶ χθόνα;
κλῆρον τίθεσθε παῖδ' ὅτου θανεῖν χρεών.
ἐν ἴσῳ γὰρ ἦν τόδ', ἀλλὰ μὴ σὲ ἐξαίρετον
σφάγιον παρασχεῖν Δαναΐδαισι παῖδα σήν,   1200
ἢ Μενέλεων πρὸ μητρὸς 'Ερμιόνην κτανεῖν,
οὗπερ τὸ πρᾶγμ' ἦν. νῦν δ' ἐγὼ μὲν ἡ τὸ σὸν
σῴζουσα λέκτρον παιδὸς ἐστερήσομαι,
ἡ δ' ἐξαμαρτοῦσ', ὑπόροφον νεάνιδα
Σπάρτῃ κομίζουσ', εὐτυχὴς γενήσεται.   1205

Wenn du ins Feld ziehst und für lange Zeit
Mich ganz allein im öden Hause läßt,
Wie, glaubst du, ist mir dann ums Herz, seh ich
Den Stuhl der Tochter leer, das Zimmer leer,
Und sitze einsam, jammre um mein Kind
Und ruf ihm nach: „Dein Vater schlug dich tot!
Kein andrer, er, mit seiner eignen Hand.
Dies war dein Lohn! Dies deine Wiederkehr!"
Nur einen kleinen Anlaß braucht es dann,
Daß ich und meine andern Töchter dich
Empfangen, wie man dich empfangen muß.
Bei allen Göttern, mach nicht, daß ich dann
Schlimm an dir handle! Tu es selber nicht!

Gut denn,
Du opferst sie. Was betest du dazu?
Erflehst du Gutes für den Tochtermord?
Zur üblen Ausfahrt frohe Wiederkehr?
Darf ich es wünschen, dieses große Glück?
Das müßten Narren und nicht Götter sein,
Die man für Mörder gnädig stimmen kann.
Wie fällst du dann den Kindern um den Hals?
Du darfst es nicht! Sie wenden ihren Blick
Und sagen: dich umarmen bringt den Tod.
Hast du das nie bedacht? Liegt nur der Stab
Der Fürsten und des Feldherrn dir im Sinn?
Warum erging nicht dieser Ruf ans Heer:
„Wollt ihr auf hoher See ins Phrygerland,
So werft das Los, wes Tochter sterben soll!"
Das wäre gleich für alle! Warum wird
Gerade unser Kind dazu erwählt?
Was schont denn Menelas, um den es geht,
Sein Kind Hermione für Helena?
Ich hielt die Ehe rein: mir stirbt das Kind!
Die Ehebrecherin führt ihres heim
Ins Haus nach Sparta, freut sich ihres Glücks!

τούτων ἄμειψαί μ' εἴ τι μὴ καλῶς λέγω·
εἰ δ' εὖ λέλεκται, νῶϊ μὴ δή γε κτάνῃς
τὴν σήν τε κἀμὴν παῖδα, καὶ σώφρων ἔσῃ.

Χο   πιθοῦ. τὸ γάρ τοι τέκνα συνσῴζειν καλόν,
        Ἀγάμεμνον· οὐδεὶς πρὸς τάδ' ἀντερεῖ βροτῶν.   1210

Ιφ   εἰ μὲν τὸν Ὀρφέως εἶχον, ὦ πάτερ, λόγον,
        πείθειν ἐπᾴδουσ', ὥσθ' ὁμαρτεῖν μοι πέτρας,
        κηλεῖν τε τοῖς λόγοισιν οὓς ἐβουλόμην,
        ἐνταῦθ' ἂν ἦλθον· νῦν δέ. τἀπ' ἐμοῦ σοφά,
        δάκρυα παρέξω· ταῦτα γὰρ δυναίμεθ' ἄν.   1215
        ἱκετηρίαν δὲ γόνασιν ἐξάπτω σέθεν
        τὸ σῶμα τοὐμόν, ὅπερ ἔτικτεν ἥδε σοι,
        μή μ' ἀπολέσῃς ἄωρον· ἡδὺ γὰρ τὸ φῶς
        βλέπειν· τὰ δ' ὑπὸ γῆς μή μ' ἰδεῖν ἀναγκάσῃς.
        πρώτη σ' ἐκάλεσα πατέρα καὶ σὺ παῖδ' ἐμέ·   1220
        πρώτη δὲ γόνασι σοῖσι σῶμα δοῦσ' ἐμὸν
        φίλας χάριτας ἔδωκα κἀντεδεξάμην.
        λόγος δ' ὁ μὲν σὸς ἦν ὅδ· Ἆρά σ', ὦ τέκνον,
        εὐδαίμον' ἀνδρὸς ἐν δόμοισιν ὄψομαι,
        ζῶσάν τε καὶ θάλλουσαν ἀξίως ἐμοῦ;   1225
        οὑμὸς δ' ὅδ' ἦν αὖ περὶ σὸν ἐξαρτωμένης
        γένειον, οὗ νῦν ἀντιλάζυμαι χερί·
        Τί δ' ἄρ' ἐγὼ σέ; πρέσβυν ἄρ' ἐσδέξομαι
        ἐμῶν φίλαισιν ὑποδοχαῖς δόμων, πάτερ,
        πόνων τιθηνοὺς ἀποδιδοῦσά σοι τροφάς;   1280
        τούτων ἐγὼ μὲν τῶν λόγων μνήμην ἔχω,
        σὺ δ' ἐπιλέλησαι, καί μ' ἀποκτεῖναι θέλεις.
        μή, πρός σε Πέλοπος καὶ πρὸς Ἀτρέως πατρὸς
        καὶ τῆσδε μητρός, ἣ πρὶν ὠδίνουσ' ἐμὲ
        νῦν δευτέραν ὠδῖνα τήνδε λαμβάνει.   1285

Gestehe, daß sich alles so verhält,
Und ist es wahr, so schone unser Kind!
Dann wird dein weiser Sinn in Ehren stehn.

Chorführerin

Gib nach und schützt gemeinsam euer Kind!
Das ist das Rechte, jeder heißt es gut.

Iphigenie

Hätt ich, mein Vater, Orpheus' Sangeskunst,
Daß Felsen willig folgten meinem Wort
Und ich verzaubern könnte, wen ich will,
Griff ich zu ihr. Doch meine Kunst beruht
Nur in den Tränen. Darin bin ich stark.
Bittflehend schmieg ich meinen Leib, den dir
Die Mutter hier geboren, an dein Knie.
So jung schon sterben! Süß ist auch für mich
Das Licht! O stoß mich nicht ins dunkle Reich.
Als erste rief ich „Vater", du: „mein Kind!"
Als erstes saß dies Kind auf deinem Schoß,
Liebkoste dich und war von dir liebkost.
Einst sagtest du: „O könnt ich dieses Kind
Als Gattin eines reichen Fürsten sehn,
Im Glanz des Glücks, das meiner würdig ist!"
Da sprach ich, und ich hing an deinem Kinn,
Am gleichen Kinn, das meine Hand umfaßt:
„Was tu ich dann? Den alten Vater nehm
Ich in mein Haus als lieben, lieben Gast
Und zahl ihm alle Müh und Plage heim."
Ich habe diese Reden treu bewahrt,
Du denkst nicht mehr daran und tötest mich.
Tus nicht bei Pelops, nicht bei Atreus, nicht
Bei dieser Mutter, die mit Schmerzen mich
Gebar und heut die gleichen Wehen spürt.

τί μοι μέτεστι τῶν Ἀλεξάνδρου γάμων
Ἑλένης τε; πόθεν ἦλθ᾽ ἐπ᾽ ὀλέθρῳ τὠμῷ, πάτερ;
βλέψον πρὸς ἡμᾶς, ὄμμα δὸς φίλημά τε,
ἵν᾽ ἀλλὰ τοῦτο κατθανοῦσ᾽ ἔχω σέθεν
μνημεῖον, ἢν μὴ τοῖς ἐμοῖς πεισθῇς λόγοις.   1240
ἀδελφέ, μικρὸς μὲν σύ γ᾽ ἐπίκουρος φίλοις,
ὅμως δὲ συνδάκρυσον, ἱκέτευσον πατρὸς
τὴν σὴν ἀδελφὴν μὴ θανεῖν· αἴσθημά τοι
κἂν νηπίοις γε τῶν κακῶν ἐγγίγνεται.
ἰδοὺ σιωπῶν λίσσεταί σ᾽ ὅδ᾽, ὦ πάτερ.   1245
ἀλλ᾽ αἴδεσαί με καὶ κατοίκτιρον βίου.
ναί, πρὸς γενείου σ᾽ ἀντόμεσθα δύο φίλω·
ὁ μὲν νεοσσός ἐστιν, ἡ δ᾽ ηὐξημένη.
ἐν συντεμοῦσα πάντα νικήσω λόγον·
τὸ φῶς τόδ᾽ ἀνθρώποισιν ἥδιστον βλέπειν,   1250
τὰ νέρθε δ᾽ οὐδέν· μαίνεται δ᾽ ὃς εὔχεται
θανεῖν. κακῶς ζῆν κρεῖσσον ἢ καλῶς θανεῖν.

Χο ὦ τλῆμον Ἑλένη, διὰ σὲ καὶ τοὺς σοὺς γάμους
ἀγὼν Ἀτρείδαις καὶ τέκνοις ἥκει μέγας.

Αγ ἐγὼ τά τ᾽ οἰκτρὰ συνετός εἰμι καὶ τὰ μή,   1255
φιλῶ τ᾽ ἐμαυτοῦ τέκνα· μαινοίμην γὰρ ἄν.
δεινῶς δ᾽ ἔχει μοι ταῦτα τολμῆσαι, γύναι,
δεινῶς δὲ καὶ μή· τοῦτο γὰρ πρᾶξαί με δεῖ.
ὁρᾶθ᾽ ὅσον στράτευμα ναύφρακτον τόδε,
χαλκέων θ᾽ ὅπλων ἄνακτες Ἑλλήνων ὅσοι,   1260
οἷς νόστος οὐκ ἔστ᾽ Ἰλίου πύργους ἔπι,
εἰ μή σε θύσω, μάντις ὡς Κάλχας λέγει,
οὐδ᾽ ἔστι Τροίας ἐξελεῖν κλεινὸν βάθρον.
μέμηνε δ᾽ Ἀφροδίτη τις Ἑλλήνων στρατῷ
πλεῖν ὡς τάχιστα βαρβάρων ἐπὶ χθόνα,   1265
παῦσαί τε λέκτρων ἁρπαγὰς Ἑλληνικῶν·
οἳ τὰς ἐν Ἄργει παρθένους κτενοῦσί μου
ὑμᾶς τε κἀμέ, θέσφατ᾽ εἰ λύσω θεᾶς.
οὐ Μενέλεώς με καταδεδούλωται, τέκνον,
οὐδ᾽ ἐπὶ τὸ κείνου βουλόμενον ἐλήλυθα,   1270
ἀλλ᾽ Ἑλλάς, ᾗ δεῖ, κἂν θέλω κἂν μὴ θέλω,

Was gilt mir Paris' Bund mit Helena?
Muß ich, mein Vater, daran untergehn?
O schau mich an, o gib mir Blick und Kuß,
Dies eine gönne mir vor meinem Tod
Als Angedenken, wenn du mich nicht hörst.
Mein Bruder, du bist klein und ohne Macht,
Doch weine mit und fleh den Vater an,
Daß er die Schwester schont. Ein kleines Kind
Verspürt oft viel von unsrer schweren Not.
Sieh, Vater, wie er ohne Stimme fleht!
Laß mich noch leben und verschone mich!
Zwei deiner Lieben rühren an dein Kinn:
Das jüngste Kind, die große Älteste.
Von einem kurzen Wort wirst du besiegt:
Dies Sonnenlicht ist allen süß, dort scheint
Uns keines. Sinnlos, wer den Tod begehrt,
Wer schönen Tod vor schlechtes Leben stellt.

Chf Elende Hélena! Dein Liebesbund
     Schuf allen Atreuskindern schwerstes Leid!

Ag Ich hab gelernt, was Jammer ist, was nicht;
    Ein Narr auch, wer nicht seine Kinder liebt.
    Wie furchtbar ist es, diese Tat zu tun,
    Wie furchtbar, sie zu lassen; denn sie muß
    Geschehn! O sieh die tausend Schiffe an,
    All diese Fürsten hier im Panzerkleid:
    Nie segeln sie nach Trojas Veste ab,
    Sagt Kalchas, wenn du nicht geopfert wirst.
    Nie wird die stolze Phrygerburg zerstört.
    Das Heer entbrennt in heißer Leidenschaft
    Zur schnellsten Abfahrt ins Barbarenland:
    Der Raub der Griechenfrauen sei vorbei!
    Sie töten eure Mädchen, euch und mich,
    Wenn ich verweigre, was die Göttin heischt.
    Kein Menelaos hat mich unterjocht,
    Hat seinen Willen meinem auferlegt,
    Nein, Hellas zwingt mich, ob ich will, ob nicht,

θῦσαί σε· τούτου δ' ἥσσονες καθέσταμεν.
ἐλευθέραν γὰρ δεῖ νιν ὅσον ἐν σοί, τέκνον,
κἀμοὶ γενέσθαι, μηδὲ βαρβάρων ὕπο
Ἕλληνας ὄντας λέκτρα συλᾶσθαι βίᾳ.   1275

Κλ ὦ τέκνον, ὦ ξέναι,   an²
     οἳ 'γὼ θανάτου τοῦ σοῦ μελέα.   an⁴
     φεύγει σε πατὴρ Ἅιδῃ παραδούς.

Ιφ οἳ 'γώ, μᾶτερ· ταὐτὸν τόδε γὰρ
     μέλος εἰς ἄμφω πέπτωκε τύχης,   1280
     κοὐκέτι μοι φῶς
     οὐδ' ἀελίου τόδε φέγγος.

     ἰὼ ἰώ.
     νιφόβολον Φρυγῶν νάπος Ἴδας τ' ὄρεα,   do²
     Πρίαμος ὅθι ποτὲ βρέφος ἁπαλὸν ἔβαλε   do²   1285
     ματέρος ἀποπρὸ νοσφίσας ἐπὶ μόρῳ   do²
     θανατόεντι Πάριν, ὃς Ἰδαῖος Ἰ-   do²
     δαῖος ἐλέγετ' ἐλέγετ' ἐν Φρυγῶν πόλει,   do hyp 1290
     μή ποτ' ὤφελεν τὸν ἀμφὶ   tr⁴
     βουσὶ βουκόλον τραφέντ'   tr⁴‸

Zu dieser Tat, und Hellas steht voran!
Mein Kind, durch dich und mich wird dieses Land
Ein freies Land, und keine Griechenfrau
Wird fortan von Barbaren weggeschleppt!

enteilt

KLAGELIED DER IPHIGENIE

Klytaimestra

Mein Kind! Ihr fremden Frauen!
Ich Unglücksweib,
Deines Todes gewiß!
Dein Vater enteilte,
Übergibt dich dem Hades!

Iphigenie

O liebste Mutter, o weh!
Die gleiche Klageweise
Fiel auf dich und auf mich!
O Licht dieses Tags,
Des Helios strahlender Glanz,
Ihr sankt mir hinab!
Oh! oh!
Beschneites phrygisches Tal,
O Idagebirge,
Wo Priamos einst
Das zarte Knäblein verstieß,
Von der Mutter es trennte,
Dem Todeslos weihte,
Páris, der in der Phrygerstadt
Den Namen, den Namen
Idaios, Idaios empfing.
Bei Kühen, als Kuhhirt

Ἀλέξανδρον οἰκίσαι	ba ia²	
ἀμφὶ τὸ λευκὸν ὕδωρ, ὅθι κρῆναι	da⁴	
Νυμφᾶν κεῖνται	da²	1295
λειμών τ' ἔρνεσι θάλλων	da²	
χλωροῖς καὶ ῥοδόεντ'	da²-	
ἄνθε' ὑακίνθινά τε θεαῖς δρέπειν· ἔνθα ποτὲ	cr⁴	
Παλλὰς ἔμολε καὶ δολιόφρων Κύπρις	tr² cr²	1300
Ἥρα θ' Ἑρμᾶς θ', ὁ Διὸς ἄγγελος,	sp² tr²◡	
ἃ μὲν ἐπὶ πόθῳ τρυφῶσα	tr⁴	
Κύπρις, ἃ δὲ δορὶ Παλλάς,	cr tr²	1305
Ἥρα τε Διὸς ἄνακτος εὐ-	ia⁴	
ναῖσι βασιλίσιν,	tr²-	
κρίσιν ἐπὶ στυγνὰν ἔριν τε	tr⁴	
καλλονᾶς, ἐμοὶ δὲ θάνατον —	tr⁴	
πομπὰν φέροντα Δαναΐδαισιν, ἃς κόραν	ia⁶	1810
προθύματ' ἔλαχεν Ἄρτεμις, πρὸς Ἴλιον.	ia⁶	

ὁ δὲ τεκών με τὰν τάλαιναν,	tr⁴	
ὢ μᾶτερ ὢ μᾶτερ,	-tr²◡	
οἴχεται προδοὺς ἔρημον.	tr⁴	
ὢ δυστάλαιν' ἐγώ, πικρὰν	ia⁴	1815
πικρὰν ἰδοῦσα δυσελέναν,	ia⁴	
φονεύομαι διόλλυμαι	ia⁴	
σφαγαῖσιν ἀνοσίοισιν ἀνοσίου πατρός.	ia⁶	
μή μοι ναῶν χαλκεμβολάδων	an⁴	
πρύμνας Αὐλὶς δέξασθαι		1820
τούσδ' εἰς ὅρμους ἐς Τροίαν		
ὤφελεν ἐλάταν πομπαίαν,		

Wuchs Alexándros dort auf:
O hätt er niemals bewohnt
Die klaren Gewässer
Am Brunnen der Nymphen,
An den grünenden Wiesen,
Wo rote Rosen,
Wo Hyazinthen
Der pflückenden Göttinnen warten!
Pallas kam in das Tal,
Die listige Kypris und Hera,
Hermes voran, der Bote des Zeus,
Kypris schwelgend im Liebreiz,
Pallas stolz auf den Speer,
Hera im Glanze des Lagers
Des Fürsten der Götter.
Sie kamen zum leidigen Streit,
Zum Wettkampf der Schönheit,
Mir selber zum Tode,
Denn er brachte den Griechen
Die Heerfahrt, als deren
Vortagsopfer (so nannten sie es)
Sich Artemis (hört es, ihr Frauen!)
Ein Mädchen bedang.
O weh!
Der mich Ärmste gezeugt hat,
O Mutter, o Mutter,
Ging hinweg, ach, er ließ mich allein!
Ich Elende mußte, ach mußte
Das bittere, bittere Bild
Einer höllischen Helena schauen
Und muß daran sterben, muß fallen
Vom frevelnden Streich eines frevelnden Manns.
Hätte Aulis niemals bewirtet
Die ehernen Schnäbel, die Spiegel der Schiffe!
Zu dieser trojanischen Fahrt
Sie nie mit den Rudern geleitet!

μηδ' ἀνταίαν Εὐρίπῳ
πνεῦσαι πομπὰν Ζεύς, μειλίσσων
αὔραν ἄλλοις ἄλλαν θνατῶν   1825
λαίφεσι χαίρειν,
τοῖσι δὲ λύπαν, τοῖσι δ' ἀνάγκαν,
τοῖς δ' ἐξορμᾶν, τοῖς δὲ στέλλειν,
τοῖσι δὲ μέλλειν.
ἦ πολύμοχθον ἄρ' ἦν γένος, ἦ πολύμοχθον   da⁵   1830
ἀμερίων, τὸ χρεὼν δέ τι δύσποτμον   da⁴
ἀνδράσιν ἀνευρεῖν.   ia²-
Ἰὼ Ἰώ,
μεγάλα πάθεα, μεγάλα δ' ἄχεα   ia⁴
Δαναΐδαις τιθεῖσα Τυνδαρὶς κόρα.   cr ia⁴   1835

Χο ἐγὼ μὲν οἰκτίρω σε συμφορᾶς κακῆς   ia⁶
    τυχοῦσαν, οἵας μήποτ' ὤφελες τυχεῖν.

Ιφ ὦ τεκοῦσα μῆτερ, ἀνδρῶν
                ὄχλον εἰσορῶ πέλας.   tr⁸ʌ

Κλ τόν τε τῆς θεᾶς παῖδα, τέκνον,
                ᾧ σὺ δεῦρ' ἐλήλυθας.
Ιφ διαχαλᾶτέ μοι μέλαθρα,
                δμῶες, ὡς κρύψω δέμας.   1840
Κλ τί δέ, τέκνον, φεύγεις;
Ιφ   'Αχιλλέα
                τόνδ' ἰδεῖν αἰσχύνομαι.

Hätte nie den widrigen Fahrtwind
Zeus zu des Eúripos Ufern entsandt,
Zeus, der den Segeln der Menschen
Bald diesen, bald jenen Hauch,
Dem diesen, dem jenen
Bald freundlich spendet, bald leidvoll,
Bald als drückenden Zwang,
Die Segel lichtet und einzieht,
Die Stille verhängt.
Mühevolles Geschlecht,
Mühvolles Tagvolk,
Einzig geschickt,
Ein furchtbares Schicksal zu finden.
Wehe, wehe,
Welche Leiden, welche Schmerzen
Hat Tyndars Tochter
Dem Danaervolke verhängt!

Chf Wie klag ich, Fürstin, um dein bittres Los!
Nie durfte solches dir beschieden sein!

FÜNFTE HAUPTSZENE

Iphigenie

Mutter, Mutter, sieh, ein Haufen
Männer nähert sich dem Tor!

Klytaimestra

Mit dem Sohn der Göttin, dem man
Dich zulieb hieher geschickt.

Iph Öffnet schnell mir die Gemächer,
Daß ich mich verbergen kann!

Kl   Und vor wem denn?

Iph   Vor Achilleus!
Ihn zu sehn, ertrag ich nicht!

Κλ   ὡς τί δή;
Ιφ   τὸ δυστυχές μοι
                    τῶν γάμων αἰδῶ φέρει.
Κλ   οὐκ ἐν ἁβρότητι κεῖσαι
                    πρὸς τὰ νῦν πεπτωκότα.
      ἀλλὰ μίμν'· οὐ σεμνότητος
                    ἔργον, ἣν ὀνώμεθα.

Αχ   ὦ γύναι τάλαινα, Λήδας
                    θύγατερ –
Κλ   οὐ ψευδῆ θροεῖς.   1845
Αχ   δείν' ἐν 'Αργείοις βοᾶται –
Κλ   τίνα βοήν; σήμαινέ μοι.
Αχ   ἀμφὶ σῆς παιδός –
Κλ   πονηρὸν
                    εἶπας οἰωνὸν λόγον.
Αχ   ὡς χρεὼν σφάξαι νιν.
Κλ   οὐδεὶς
                    τοῖσδ' ἐναντίον λέγει;
Αχ   ἐς θόρυβον ἔγωγε καὐτὸς
                    ἤλυθον –
Κλ   τίν', ὦ ξένε;
Αχ   σῶμα λευσθῆναι πέτροισι.
Κλ   μῶν κόρην σῴζων ἐμήν;   1850

Αχ   αὐτὸ τοῦτο.
Κλ   τίς δ' ἂν ἔτλη
                    σώματος τοῦ σοῦ θιγεῖν;
Αχ   πάντες Ἕλληνες.
Κλ   στρατὸς δὲ
                    Μυρμιδὼν οὔ σοι παρῆν;
Αχ   πρῶτος ἦν ἐκεῖνος ἐχθρός.
Κλ   δι' ἄρ' ὀλώλαμεν, τέκνον.

Kl   Und warum?
Iph   Die unglückselge
        Brautschaft ist an allem schuld.
Kl   Das, was hier geschah, verbietet
        Jede Überheblichkeit.
        Bleibe! Kann ein Mensch sich zieren,
        Wenn es um sein Leben geht?

                Achilleus *mit Kriegern*

        Ganz unselge Ledatochter!

Kl   Ja, die bin ich! Ganz und gar!
Ach   Furchtbar tobt das ganze Kriegsvolk. ...
Kl   Was verlangt es? Sags heraus!
Ach   Daß dein Kind...
Kl   O böser Vogel,
        Der auf deiner Rede schwebt!
Ach   Sterben muß!
Kl   O Gott, und keiner
        Von den Vielen widersprach?
Ach   Nein, bald wandten sich die Schreier
        Gegen mich.
Kl   Was drohten sie?
Ach   Tod durch Steinigung!
Kl   Als Strafe,
        Daß ein Mann mein Kind beschützt?
Ach   Nur deshalb!
Kl   Und wagt es einer,
        Daß er dir zu Leibe geht?
Ach   Alle! Alle!
Kl   Standen keine
        Myrmidonen neben dir?
Ach   Diese waren noch die Schlimmsten!
Kl   Dann, mein Kind, ist alles aus!

Αχ οἴ με τὸν γάμων ἀπεκάλουν
         ἥσσονα.
Κλ   ἀπεκρίνω δὲ τί;
Αχ τὴν ἐμὴν μέλλουσαν εὐνήν,
         μὴ κτανεῖν –
Κλ   δίκαια γάρ.   1855
Αχ ἣν ἐφήμισεν πατήρ μοι.
Κλ   καὶ 'Αργόθεν γ' ἐπέμψατο.
Αχ ἀλλ' ἐνικώμην κεκραγμοῦ.
Κλ   τὸ πολὺ γὰρ δεινὸν κακόν.

Αχ ἀλλ' ὅμως ἀρήξομέν σοι.
Κλ   καὶ μαχῇ πολλοῖσιν εἷς;
Αχ εἰσορᾷς τεύχη φέροντας
         τούσδε;
Κλ   ὄναιο τῶν φρενῶν.
Αχ ἀλλ' ὀνησόμεσθα.
Κλ   παῖς ἄρ'
         οὐκέτι σφαγήσεται;   1360
Αχ οὔκ, ἐμοῦ γ' ἑκόντος.
Κλ   ἥξει δ' ὅστις ἅψεται κόρης;
Αχ μυρίοι γ', ἄξει δ' 'Οδυσσεύς.
Κλ   ἆρ' ὁ Σισύφου γόνος;
Αχ αὐτὸς οὗτος.
Κλ   ἴδια πράσσων,
         ἢ στρατοῦ ταχθεὶς ὕπο;
Αχ αἱρεθεὶς ἑκών.
Κλ   πονηράν γ' αἵρεσιν, μιαιφονεῖν.
Αχ ἀλλ' ἐγὼ σχήσω νιν.
Κλ   ἄξει
         δ' οὐχ ἑκοῦσαν ἀρπάσας;   1365
Αχ δηλαδὴ ξανθῆς ἐθείρας.
Κλ   ἐμὲ δὲ δρᾶν τί χρὴ τότε;
Αχ ἀντέχου θυγατρός.
Κλ   ὡς τοῦδ',
         εἵνεκ' οὐ σφαγήσεται.

Ach	Ich sei Opfer meiner Liebschaft,
	Hieß es.
Kl	Und was sagtest du?
Ach	Daß ich meine künftge Gattin
	Niemals töte...
Kl	Gut gesagt!
Ach	Die ihr Vater mir verlobte...
Kl	Und von Argos holen ließ.
Ach	Doch die Schreier siegten.
Kl	Immer
	Siegt die böse Macht der Zahl.
Ach	Dennoch will ich dich beschützen!
Kl	Gegen alle? Du allein?
Ach	Siehst du diese Schar in Waffen?

Kl	Sei dein Glaube dir gelohnt!
Ach	Doch, wir glauben und wir siegen!
Kl	So, daß sie am Leben bleibt?

Ach	Alles wird von mir geschehen!
Kl	Holt sie keiner mit Gewalt?
Ach	Tausend Krieger, mit Odysseus!
Kl	Kommt der Sohn des Sisyphos?
Ach	Eben der!
Kl	Aus freien Stücken?
	Oder von dem Heer entsandt?
Ach	Gerne ließ er sich erwählen...
Kl	Gern zu diesem Henkerdienst!
Ach	Ich verwehrs!
Kl	Schleppt er gewaltsam
	Sie hinweg, wenn sie sich sträubt?
Ach	Ja, an ihren blonden Haaren!
Kl	Und was müßt ich selber tun?
Ach	Klammre dich an sie!
Kl	Liegts daran,
	Wird das Opfer nie geschehn!

Αχ   ἀλλὰ μὴν ἐς τοῦτό γ' ἥξει.

Ιφ   μῆτερ, εἰσακούσατε
τῶν ἐμῶν λόγων· μάτην γάρ σ'
               εἰσορῶ θυμουμένην
σῷ πόσει· τὰ δ' ἀδύναθ' ἡμῖν
               καρτερεῖν οὐ ῥᾴδιον.   1870
τὸν μὲν οὖν ξένον δίκαιον
               αἰνέσαι προθυμίας·
ἀλλὰ καὶ σὲ τοῦθ' ὁρᾶν χρή,
               μὴ διαβληθῇ στρατῷ,
καὶ πλέον πράξωμεν οὐδέν,
               ὅδε δὲ συμφορᾶς τύχῃ.
οἷα δ' εἰσῆλθέν μ', ἄκουσον,
               μῆτερ, ἐννοουμένην·
κατθανεῖν μέν μοι δέδοκται·
               τοῦτο δ' αὐτὸ βούλομαι   1875
εὐκλεῶς πρᾶξαι, παρεῖσά γ'
               ἐκποδὼν τὸ δυσγενές.
δεῦρο δὴ σκέψαι μεθ' ἡμῶν,
               μῆτερ, ὡς καλῶς λέγω·
εἰς ἔμ' 'Ελλὰς ἡ μεγίστη
               πᾶσα νῦν ἀποβλέπει,
κἄν ἐμοὶ πορθμός τε ναῶν
               καὶ Φρυγῶν κατασκαφαὶ
τάς τε μελλούσας γυναῖκας,
               ἤν τι δρῶσι βάρβαροι,   1880
μηκέθ' ἁρπάζειν ἐᾶν τούσδ'
               ὀλβίας ἐξ 'Ελλάδος,
τὸν 'Ελένης τείσαντας ὄλεθρον,
               ἣν ἀνήρπασεν Πάρις.
ταῦτα πάντα κατθανοῦσα
               ῥύσομαι, καί μου κλέος,
'Ελλάδ' ὡς ἠλευθέρωσα,
               μακάριον γενήσεται.

Ach Sicher wird es dazu kommen!
Iph *fällt ein*
     Mutter! Hört mich beide an!
     Dieser Zorn auf deinen Gatten,
     Sag ich dir, ist ungerecht:
     Das Unmögliche bekennen,
     Starken Sinns, fällt keinem leicht!
     Dieses fremden Mannes Eifer
     Ist des höchsten Dankes wert,
     Doch du mußt verhüten, daß man
     Seinen Ruf im Heer zerstört,
     Daß er, ohne uns zu retten,
     Selbst in schwere Not gerät.
     Alles dies hab ich erwogen,
     Und es kam in meinen Sinn:
     Sterben ist mein Teil, so nehm ich
     Selber diesen Tod auf mich,
     Ehrenvoll, und ferne bleibe
     Jede feige Niedrigkeit!
     Überleg es, liebste Mutter,
     Du wirst sehn, dein Kind hat recht.
     Heute blickt das große Hellas,
     Blickt ganz Griechenland auf mich.
     Unsre Ausfahrt, Trojas Ende
     Liegt allein in meiner Hand,
     Auch daß fremde Männer künftig
     Nie sich wieder unterstehn,
     Unsre Frauen fortzuschleppen
     Aus dem stolzen Griechenland,
     Wenn der große Räuber Paris
     Seine Tat so schwer bezahlt!
     All das wird mein Tod beenden,
     Hoher Ruhm wird mir zuteil,
     Und mich nennen alle Zungen
     Griechenlands Befreierin.

καὶ γὰρ οὐδέ τοί τι λίαν

ἐμὲ φιλοψυχεῖν χρέων· 1385

πᾶσι γάρ μ' Ἕλλησι κοινὸν

ἔτεκες, οὐχὶ σοὶ μόνῃ.

ἀλλὰ μυρίοι μὲν ἄνδρες

ἀσπίσιν πεφραγμένοι,

μυρίοι δ' ἐρέτμ' ἔχοντες,

πατρίδος ἠδικημένης,

δρᾶν τι τολμήσουσιν ἐχθροὺς

χὐπὲρ Ἑλλάδος θανεῖν,

ἡ δ' ἐμὴ ψυχὴ μί' οὖσα

πάντα κωλύσει τάδε; 1390

τί τὸ δίκαιον τοῦτό γε; ἆρ' ἔ-

χοιμ' ἂν ἀντειπεῖν ἔπος;

κἀπ' ἐκεῖν' ἔλθωμεν· οὐ δεῖ

τόνδε διὰ μάχης μολεῖν

πᾶσιν Ἀργείοις γυναικὸς

εἵνεκ' οὐδὲ κατθανεῖν.

εἷς γ' ἀνὴρ κρείσσων γυναικῶν

μυρίων ὁρᾶν φάος.

εἰ βεβούληται δὲ σῶμα

τοὐμὸν Ἄρτεμις λαβεῖν, 1395

ἐμποδὼν γενήσομαι 'γὼ

θνητὸς οὖσα τῇ θεῷ;

ἀλλ' ἀμήχανον· δίδωμι

σῶμα τοὐμὸν Ἑλλάδι.

θύετ', ἐκπορθεῖτε Τροίαν.

ταῦτα γὰρ μνημεῖά μου

διὰ μακροῦ, καὶ παῖδες οὗτοι

καὶ γάμοι καὶ δόξ' ἐμή.

βαρβάρων δ' Ἕλληνας ἄρχειν

εἰκός, ἀλλ' οὐ βαρβάρους, 1400

μῆτερ, Ἑλλήνων· τὸ μὲν γὰρ

δοῦλον, οἱ δ' ἐλεύθεροι.

Χο τὸ μὲν σόν, ὦ νεᾶνι, γενναίως ἔχει· ia⁶

𝔰 τὸ τῆς τύχης δὲ καὶ τὸ τῆς θεοῦ νοσεῖ.

Warum soll denn dieses Leben
Immerfort behütet sein,
Das du mir für alle Griechen,
Nicht für dich allein geschenkt?
Tausend tapfre Männer drängen
Schild an Schild in Reih und Glied,
Tausend sitzen an den Rudern,
Weil die Heimat in Gefahr,
Stürzen sich auf ihre Feinde,
Sterben für ihr Griechenland.
Und da soll mein kleines Leben
Alledem entgegen sein?
Was gibt mir das Recht? Ich weiß nicht,
Was ich dem erwidern soll.
Dann das Andre: niemals darf doch
Dieser eine Mann allein
Für ein Weib mit allen Griechen
Kämpfen noch zugrunde gehn,
Der doch mehr als tausend Frauen
Dieses Tageslicht verdient!
Und wenn Artemis das Opfer
Dieses meines Lebens will,
Soll ich Sterbliche der Göttin
Lange noch im Wege stehn,
Ohne jeden Sinn? So geb ich
Diesen Leib für Hellas hin.
Opfert mich, verwüstet Troja!
Dieses ist für alle Zeit
Mein Gedenken, meine Hochzeit,
Meine Kinder und mein Stolz.
Der Barbar darf nur des Griechen
Diener, nie sein Herrscher sein,
Denn er ist als Knecht geboren,
Jener als ein freier Mensch.

Chf Was Tyche, ja was Artemis vergaß,
Das ist dir eigen, Kind: der hohe Sinn.

Αχ Ἀγαμέμνονος παῖ, μακάριόν μέ τις θεῶν
    ἔμελλε θήσειν, εἰ τύχοιμι σῶν γάμων.   1405
    ζηλῶ δὲ σοῦ μὲν 'Ελλάδ', 'Ελλάδος δὲ σέ.
    εὖ γὰρ τόδ' εἶπας ἀξίως τε πατρίδος·
    τὸ θεομαχεῖν γὰρ ἀπολιποῦσ', ὃ σου κρατεῖ,
    ἐξελογίσω τὰ χρηστὰ τἀναγκαῖά τε.
    μᾶλλον δὲ λέκτρων σῶν πόθος μ' ἐσέρχεται   1410
    ἐς τὴν φύσιν βλέψαντα· γενναία γὰρ εἶ.
    ὅρα δ'· ἐγὼ γὰρ βούλομαί σ' εὐεργετεῖν
    λαβεῖν τ' ἐς οἴκους· ἄχθομαί τ', ἴστω Θέτις,
    εἰ μή σε σώσω Δαναΐδαισι διὰ μάχης
    ἐλθών. ἄθρησον· ὁ θάνατος δεινὸν κακόν.   1415
Ιφ λέγω τάδ' οὐδὲν οὐδέν' εὐλαβουμένη.
    ἡ Τυνδαρὶς παῖς διὰ τὸ σῶμ' ἀρκεῖ μάχας
    ἀνδρῶν τιθεῖσα καὶ φόνους· σὺ δ', ὦ ξένε,
    μὴ θνῆσκε δι' ἐμὲ μηδ' ἀποκτείνῃς τινά,
    ἔα δὲ σῶσαί μ' 'Ελλάδ', ἢν δυνώμεθα.   1420
Αχ ὦ λῆμ' ἄριστον, οὐκ ἔχω πρὸς τοῦτ' ἔτι
    λέγειν, ἐπεί σοι τάδε δοκεῖ· γενναῖα γὰρ
    φρονεῖς· τί γὰρ τἀληθὲς οὐκ εἴποι τις ἄν;
    ὅμως δ', ἴσως γὰρ κἂν μεταγνοίης τάδε,   1424
    ἐλθὼν τάδ' ὅπλα θήσομαι βωμοῦ πέλας,   1426
    ὡς οὐκ ἐάσων σ' ἀλλὰ κωλύσων θανεῖν.   1427

Ιφ μῆτερ, τί σιγῇ δακρύοις τέγγεις κόρας;   1433
Κλ ἔχω τάλαινα πρόφασιν ὥστ' ἀλγεῖν φρένα.
Ιφ παῦσαι· 'μὲ μὴ κάκιζε· τάδε δέ μοι πιθοῦ.   1435
Κλ λέγ'· ὡς παρ' ἡμῶν οὐδὲν ἀδικήσῃ, τέκνον.

    ὡς οὖν ἂν εἰδῇς τἀπ' ἐμοῦ λελεγμένα   1425
    χρήσῃ δὲ καὶ σὺ τοῖς ἐμοῖς λόγοις τάχα,   1428
    ὅταν πέλας σῆς φάσγανον δέρης ἴδῃς.
    οὔκουν ἐάσω σ' ἀφροσύνῃ τῇ σῇ θανεῖν·   1430
    ἐλθὼν δὲ σὺν ὅπλοις τοῖσδε πρὸς ναὸν θεᾶς
    καραδοκήσω σὴν ἐκεῖ παρουσίαν.

Ach Agamemnons Kind, wie würde mich ein Gott
Beglücken durch den Ehebund mit dir!
Der Preis des Landes fällt auf dich zurück,
Und würdig seiner fandest du dein Wort,
Bekämpfst nicht mehr der Götter starke Macht
Und wählst, was recht und was notwendig ist.
Erblick ich diese deine edle Art,
So lockt mich stärker dieser Ehe Band.
Vernimm: ich rette dich und führ dich heim!
Ich schwörs bei Thetis: schwer bin ich bedrückt,
Wenn heut mein Schwert dich nicht befreien kann.
Bedenk es! Sterben ist kein leichtes Ding!

Iph Was ich gesagt, war ohne Widerruf.
Genug, was um der Helena Besitz
Gekämpft wird und gemordet! Sterbe nicht!
Und töt auch keinen anderen für mich!
Laß mich doch Hellas retten, wenn ich kann!

Ach O hoher Wille! Dein Entschluß steht fest,
Und nichts entgegn ich deinem edlen Sinn.
So wie ich denke, sei es auch gesagt.
Doch siehst du – falls du noch dein Wort bereust –
Mich wohlgerüstet nahe dem Altar
Und weißt, wer deinen Tod verhindern wird!

ab mit den Kriegern

Iph Was weinst du, Mutter, schweigend vor dich hin?
Kl Mein armes Herz hat wahrlich Grund genug!
Iph Hör auf! Mach mich nicht mutlos! Und versprich...
Kl Sprich, jede gute Bitte wird erfüllt!

Ιφ   μήτ' οὖν γε τὸν σὸν πλόκαμον ἐκτέμῃς τριχός,
     μήτ' ἀμφὶ σῶμα μέλανας ἀμπίσχῃ πέπλους.
Κλ   τί δὴ τόδ' εἶπας, τέκνον; ἀπολέσασά σε;
Ιφ   οὐ σύ γε· σέσωσμαι, κατ' ἐμὲ δ' εὐκλεὴς ἔσῃ.   1440
Κλ   πῶς εἶπας; οὐ πενθεῖν με σὴν ψυχὴν χρεών;
Ιφ   ἥκιστ', ἐπεί μοι τύμβος οὐ χωσθήσεται.
Κλ   τί δαί; τὸ θνῄσκειν, οὐ τάφος, νομίζεται;
Ιφ   βωμὸς θεᾶς μοι μνῆμα τῆς Διὸς κόρης.
Κλ   ἀλλ', ὦ τέκνον, σοὶ πείσομαι· λέγεις γὰρ εὖ.   1445
Ιφ   ὡς εὐτυχοῦσά γ' Ἑλλάδος τ' εὐεργέτις.
Κλ   τί δὴ κασιγνήταισιν ἀγγελῶ σέθεν;
Ιφ   μηδ' ἀμφὶ κείναις μέλανας ἐξάψῃ πέπλους.
Κλ   εἴπω δὲ παρὰ σοῦ φίλον ἔπος τι παρθένοις;
Ιφ   χαίρειν γε. Ὀρέστην τ' ἔκτρεφ' ἄνδρα τόνδε μοι.   1450

Κλ   προσέλκυσαί νιν ὕστατον θεωμένη.
Ιφ   ὦ φίλτατ', ἐπεκούρησας ὅσον εἶχες φίλοις.
Κλ   ἔσθ' ὅ τι κατ' Ἄργος δρῶσά σοι χάριν φέρω;
Ιφ   πατέρα τὸν ἀμὸν μὴ στύγει, πόσιν γε σόν.
Κλ   δεινοὺς ἀγῶνας διὰ σὲ δεῖ κεῖνον δραμεῖν.   1455
Ιφ   ἄκων μ' ὑπὲρ γῆς Ἑλλάδος διώλεσεν.
Κλ   δόλῳ δ', ἀγεννῶς Ἀτρέως τ' οὐκ ἀξίως.
Ιφ   τίς μ' εἶσιν ἄξων πρὶν σπαράσσεσθαι κόμης;
Κλ   ἐγώ, μετά γε σοῦ –
Ιφ   μὴ σύ γ'· οὐ καλῶς λέγεις.
Κλ   πέπλων ἐχομένη σῶν –
Ιφ   ἐμοί, μῆτερ, πιθοῦ·   1460
     μέν'· ὡς ἐμοί τε σοί τε κάλλιον τόδε.
     πατρὸς δ' ὀπαδῶν τῶνδέ τίς με πεμπέτω
     Ἀρτέμιδος ἐς λειμῶν', ὅπου σφαγήσομαι.

Κλ   ὦ τέκνον, οἴχῃ;
Ιφ   καὶ πάλιν γ' οὐ μὴ μόλω.
Κλ   λιποῦσα μητέρα;
Ιφ   ὡς ὁρᾷς γ', οὐκ ἀξίως.   1465

Iph	So schneide keine Locke von dem Haar
	Und lege keine schwarzen Kleider an!
Kl	Wenn ich mein Kind verliere! Sei doch still!
Iph	Du hast mich noch! Ich bin dein höchster Ruhm!
Kl	So darf dein Leben nicht betrauert sein?
Iph	Kein Hügel wölbt sich über meinem Leib!
Kl	Wie kann das sein, ein Toter ohne Grab?
Iph	Mein Denkstein ist der Artemis Altar.
Kl	So ist es leider und wir fügen uns.
Iph	Wie glücklich ist des Landes Retterin!
Kl	Und was bestell ich deinem Schwesterpaar?
Iph	Auch diese hülle nicht in schwarzes Kleid!
Kl	Und welchen Gruß?
Iph	Ein frohes Lebetwohl!
	Und aus dem Knaben mach mir einen Mann!
Kl	Drück ihn ans Herz, du wirst ihn nie mehr sehn!
Iph	Mein Lieb, nach Kräften standest du uns bei!
Kl	Was kann ich dir in Argos Liebes tun?
Iph	Sei meinem Vater, dem Gemahl, nicht bös!
Kl	Um dich hat er noch Schweres auszustehn!
Iph	Gezwungen gab er mich für Hellas hin.
Kl	Heimtückisch, niedrig, keines Atreus Sohn!
Iph	Wer führt mich, eh man mich am Haare zerrt?
Kl	Ich will mit dir...
Iph	Nein, nein! Das darf nicht sein!
Kl	Am Zipfel deines Kleids...
Iph	Nein, Mutter, hör!
	Bleib hier! Der Anblick ziemt uns beiden nicht.
	Ein Mann des Vaters gibt mir das Geleit
	Zum Richtplatz, zu dem Hain der Artemis.

ein Krieger tritt zu ihr

Kl	Mein Kind will fort?
Iph	Und kehrt nicht mehr zurück!
Kl	Fort von der Mutter?
Iph	Nicht, wie dus gedacht!

Κλ   σχές, μή με προλίπῃς.
Ιφ   οὐκ ἐῶ στάζειν δάκρυ.

Ιφ   ὑμεῖς δ' ἐπευφημήσατ', ὦ νεάνιδες,
     παιᾶνα τῇ μῇ συμφορᾷ Διὸς κόρην
     Ἄρτεμιν· ἴτω δὲ Δαναΐδαις εὐφημία.
     κανᾶ δ' ἐναρχέσθω τις, αἰθέσθω δὲ πῦρ   1470
     προχύταις καθαρσίοισι, καὶ πατὴρ ἐμὸς
     ἐνδεξιούσθω βωμόν· ὡς σωτηρίαν
     Ἕλλησι δώσουσ' ἔρχομαι νικηφόρον.

     ἄγετέ με τὰν 'Ιλίου   iaᵃ cr   1475
     καὶ Φρυγῶν ἐλέπτολιν.   cr iaᵃ
     στέφεα περίβολα δίδοτε, φέρε- iaᵃ
     τε — πλόκαμος ὅδε καταστέφειν — iaᵃ
     χερνίβων τε παγάς.   cr ba
     ἑλίσσετ' ἀμφὶ ναὸν   iaᵃ ba   1480
     ἀμφὶ βωμὸν Ἄρτεμιν,   cr iaᵃ
     τὰν ἄνασσαν Ἄρτεμιν,   cr iaᵃ
     τὰν μάκαιραν· ὡς ἐμοῖσιν, εἰ χρεών, cr iaᵃ
     αἵμασι θύμασί τε   do   1485
     θέσφατ' ἐξαλείψω.   cr ba

Kl   Halt ein, verweile!

Iph   Nur wenn du nicht weinst!

Abschied

AUFBRUCH DER IPHIGENIE

I p h i g e n i e *reißt sich los*

Ihr Frauen, stimmt mir jetzt den Hymnus an,
Den Paian für die hohe Artemis,
Mein Totenlied, und alles lausche stumm!
Bekränzt die Körbe, reine Flamme soll
Die Gerste glühen, und mein Vater wird
Den Opferherd umschreiten! Seht, ich komm,
Die euch die Rettung und den Sieg gebracht!

sie wird als Opfer geschmückt und geweiht

So geleitet mich jetzt,
Die große Zerstörerin
Feindlicher Stadt,
Der Phrygerstadt!
Bringt Kränze, bringt Kränze genug,
Bringt Kränze und Binden,
Dieses Haar will bekränzt sein,
Bringt heiliges Wasser in Strömen!
Tanzt Reigen um Artemis' Haus,
Um der Göttin Altar,
Unsrer Herrin Altar,
Der seligen Herrin!
Denn mit meinem, wenn sie es heischt,
Meinem Blut, meinem Opfer,
Lösch ich die Sprüche des Sehers.

ὦ πότνια πότνια μᾶτερ, οὐ δάκρυά γε σοι   ia⁶
δώσομεν ἀμέτερα·   do
παρ' ἱεροῖς γὰρ οὐ πρέπει.   cr ia²   1490
ὦ νεάνιδες,   -ia²
συνεπαείδετ' Ἄρτεμιν   cr ia²
Χαλκίδος ἀντίπορον,   do
ἵνα τε δόρατα μέμονε δά-   cr ia²   1495
ια δι' ἐμὸν ὄνομ' Αὐλίδος   ia⁶
στενοπόροις ἐν ὅρμοις.   cr ba
Ἰὼ γᾶ μᾶτερ ὦ Πελασγία,   ba cr ia²
Μυκηναῖαί τ' ἐμαὶ θεράπναι –   ba cr ba

Χο καλεῖς πόλισμα Περσέως,   ia⁴   1500
     Κυκλωπίων πόνον χερῶν;   ia⁴
Ιφ ἐθρέψαθ' Ἑλλάδι με φάος·   ia⁴
     θανοῦσα δ' οὐκ ἀναίνομαι.   ia⁴

Χο κλέος γὰρ οὔ σε μὴ λίπῃ.   ia⁴
Ιφ ἰὼ ἰώ.   1505
     λαμπαδοῦχος ἀμέρα   cr ia²
     Διός τε φέγγος, ἕτερον ἕτερον   ia⁴◡
     αἰῶνα καὶ μοῖραν οἰκήσομεν.   ia² cr²
     χαῖρέ μοι, φίλον φάος.   cr ia²

Χο ἰὼ ἰώ.
     ἴδεσθε τὰν Ἰλίου   ia² cr   1510
     καὶ Φρυγῶν ἐλέπτολιν   cr ia²

O fürstlichste, fürstlichste Mutter,
Ich verhalte die Tränen
Am festlichen, freudigen Opfer.
Ihr Frauen, ihr Frauen von Chalkis,
Besingt sie mit mir:
Artemis, Artemis,
Die Göttin jenseits eures Sunds,
Wo die Schiffe liegen in Aulis
Im engen Gedränge,
Durch mich gebannt!
O Mutterflur der Pelasger,
Mykenai, heimische Mauern...

Chor

Du rufst des Perseus Umwallung,
Von kyklopischen Händen getürmt...
Iph   Ihr habt mich für Hellas genährt,
Als Licht dieses Lands!
Ich dank euchs im Tode.
Ch   Nie sei es vergessen!
Iph   O Heil, o Heil!
Fackeltragender Tag,
Leuchte des Zeus!
Andere, andere Zeit,
Andern Schicksalsort
Muß ich bewohnen.
Leb wohl, mein süßes Licht!

sie schreitet voran

Ch   *nachschreitend*
I-oh, i-oh!
Nun zieht sie dahin,
Die große Zerstörerin
Feindlicher Stadt,

στείχουσαν, ἐπὶ κάρα στέφη	ia⁴
βαλουμέναν χερνίβων τε παγάς,	ia² cr ba
βωμὸν γε δαίμονος θεᾶς	ia⁴
ῥανίσιν αἱματορρύτοις	cr ia² 1515
χρανοῦσαν εὐφυῆ τε σώματος δέρην	ia⁶
σφαγεῖσαν. εὔδροσοι παγαὶ	ia² ba-
πατρῷαι μένουσί χέρνιβές τέ σε	ba ia⁴
στρατός τ' 'Αχαιῶν θέλων	ia² cr
'Ιλίου πόλιν μολεῖν.	cr ia² 1520
ἀλλὰ τὰν Διὸς κόραν	cr ia²
κλήσωμεν "Αρτεμιν,	sp ia²
θεῶν ἄνασσαν, ὡς ἐπ' εὐτυχεῖ πότμῳ.	ia⁶
ὦ πότνια, πότνια, θύμασιν βροτησίοις	ia⁶
χαρεῖσα, πέμψον ἐς Φρυγῶν	ia⁴ 1525
γαῖαν 'Ελλάνων στρατὸν	cr ia²
καὶ δολόεντ' ἕδη Τροίας,	ch ia²
'Αγαμέμνονά τε λόγχαις	ia² sp
'Ελλάδι κλεινότατον στέφα-	da³
νον δὸς ἀμφὶ κάρα ἑὸν	cr ia² 1530
κλέος ἀείμνηστον ἀμφιθεῖναι.	cr² ba

Der Phrygerstadt,
Das Haupt bekränzt,
Mit heiligen Wassern benetzt,
Ja, sie schreitet dahin,
Den Altar der grausamen Göttin
Mit blutigen Tropfen zu färben,
Mit dem Blut ihres herrlichen Nackens.
Es harren deiner
Des Vaters reine Begießung
Mit heiligem Wasser
Und das Heer, das entbrannt ist,
Nach Trojas Veste zu ziehn.
So preisen wir, preisen wir Artemis,
Die Tochter des Zeus,
Die fürstliche Göttin,
Zum seligsten Fest!
Herrin, o Herrin,
Wenn dich Menschenopfer erfreuen,
So entsende ins phrygische Land,
Zu den Sitzen der Tücke
Das hellenische Heer,
Und laß Agamemnon,
Herrlichsten Sieger der Lanze in Hellas,
Bekränzen sein Haupt
Mit ewigem Ruhm!

sie ziehen ab

SCHLUSSZENE[1])

[Klytaimestra *sieht dem Zuge nach*

Mit Jubelliedern zieht die Schar dahin
Zum Richtplatz meines schwer getäuschten Kinds
Und preist den Mörder noch, dem sie verfällt,
Den Lügner, der zur Hochzeit sie entbot.
Sie sind von Sinnen, und das Schlachttier selbst
Führt diesen ganzen Taumel selig an.
Wie gut, daß ich mich fernhielt vom Altar!
Der Blutrausch hätte selbst die Mutter noch
Ergriffen, ihren Geist in Nacht gehüllt.
So kehr ich ohne mein geliebtes Kind,
Doch ohne Makel in mein Haus zurück,
Und kein Verzögern hält mich noch am Ort,
Wo solches droht und solches schon geschah.
Wie soll dem Gatten ich begegnen, der
Mit blutbefleckten Händen vor mich tritt?
Dem Feldherrn, der beim ersten Hauch des Winds
Noch vom Altar durch der Trompete Mund
Zur Ausfahrt ruft, zuerst die Anker hebt?
Was ist ihm Klytaimestra, die dem Glanz
Des neuen Aufbruchs nur im Wege stand,
Weil sie am Leben einer Tochter hing?
Doch sollen ihn – ich ruf es laut hinaus –
Die Götter noch bestrafen für das Blut,
Das er aus eitler Ruhmbegier vergoß!

Artemis *erscheint in der Luft*

Vernimm, o Tochter der Leda,
Diese Stimme der Götter, vernimm
Das Gebot der Herrin von Aulis,

---

[1]) Siehe Anhang S. 378 und 387.

Die das Opfer so drohend gefordert,
Aber höher es lenkt und gnädiger führt
Als die Sterblichen wissen und ahnen,
Und bezähme dein wild aufloderndes Herz,
Das auf Atreus' Sohn,
Auf des Gatten Haupt,
Die Flüche der Götter gerufen!
Vernimm zuerst, was er an mir verbrach:
Als kaum in Aulis er sein Schiff verließ,
Zog er zu meinem altgerühmten Hain,
Der im Gehölz so manchem scheuen Tier
Obdach gewährt und Schutz vor Menschenhand.
Der König hatte sein Gebet am Opferstein
Noch kaum begonnen, als ein Reh, erschreckt
Vom Nahn der Männer, aus dem Dickicht floh.
Da brach er, von der Jägergier gepackt,
Das Opfer ab und ruhte nicht, bevor
Sein Speer die lang verfolgte Hindin traf.
Zwar hatten seine Krieger ihn gewarnt,
Doch schwur er laut: „Kein Mensch und auch kein Gott
Verdirbt mir diesen Fang!" Ich schwieg dazu,
Doch hat er seine Überheblichkeit
Mit schimpflichster Erniedrigung bezahlt:
Kein Segel hat sich mehr mit Wind gefüllt,
Die ganze stolze Heerfahrt sank dahin,
Der König wurde zum gemeinen Mann.
Dann stellte ich durch Kalchas' Sehermund
Den schon Geprüften vor die schwerste Wahl:
Das Opfer seines heißgeliebten Kinds
Als meiner neuen Gnade Unterpfand.
Nach langem Schwanken, tiefster Seelennot
Entschied er sich für Heer und Griechenland;
Der Tochter freier Wille und Entschluß
Zieht ihm als leuchtendes Gestirn voran.
Und ich beschloß, die Rettung deines Kinds
Heimlich zu knüpfen an den letzten Gang.

Schon steht das Heer versammelt am Altar,
Die Spenden, die Geräte sind bereit,
Der Zug der Frauen trat schon durch das Tor.
Doch wenn der Opfrer seine Hand erhebt,
Ist Iphigenie nicht mehr bedroht
Und unsichtbar an fernen Ort entrückt.]

Den Griechen spiel ich ein gehörntes Reh
In ihre Hände, und sie schlachten es
Im Wahn, es sei dein Kind. [1)   [Kaum fließt das Blut,
Bläht Rückenwind die Segel jedes Schiffs,
Die Flotte fährt ins ferne Phrygerland,
Das Agamemnons sichre Beute wird.
Im Kranz des Siegers kehrt er in sein Land.
Und gleiches Glück winkt Iphigenie:
Da, wo sie weilt, ist fürstlich sie geehrt,
Und in der Heimat strahlt ihr heller Ruhm,
Weil sie für Hellas selbst ihr Blut vergoß.
Bewahre das Geheimnis! Bleibe stolz
Auf ihre Tat und ihres Vaters Tat,
Der für ein großes Land sein Liebstes gab!
Und freue dich der Tochter, die den Tod
Nicht sah und meine volle Gunst erfuhr!

Kl   Hohe Schwester Apolls, die in Aulis thront,
       Von allen Frauen geehrteste Frau!
       Was du heut meinem armen Kinde verleihst,
       Wie soll ich dirs danken,
       Die Rettung vom Tod, alles fernere Glück!
       Doch sag noch, wohin du die Tochter verbringst:
       An nahes Gestade, ans Ende der Welt,
       In himmlische Reiche? Wo darf
       Mein Sehnen sie suchen?

---

1) Ἔλαφον δ' Ἀχαιῶν χερσὶν ἐνθήσω φίλαις
κεροῦσσαν, ἣν σφάζοντες αὐχήσουσι σὴν
σφάζειν θυγατέρα.

Ar   Dies alles,
       Es muß dir verborgen sein!

Kl   Und gibt es, wann gibt es ein Wiedersehn?

Ar   Auch dies liegt verborgen
       Im Schoße der Götter.

Kl   Und das Heer, wann kommt es von Troja zurück?
       Wann kann ich den Gatten erwarten?

Ar   Die Frist ist lang, doch übe Geduld,
       Vergiß deinen Groll!
       Denke freudig der Tochter!
       Und wahre das Schweigen!

            sie entschwindet

Kl   *ruft ihr nach*
       So bleib ich ewig von dem Kind getrennt!
       O stolze Jungfrau, die noch nie gebar,
       Dies war kein Trost für einer Mutter Herz!
       Für mich verschwand sie in ein dunkles Reich,
       Wie soll ich einer Toten mich erfreun?
       Das Schweigen wahr ich, übe auch Geduld,
       Doch anders, als du selber es gewollt!
         Ja, noch andres verberg ich
         Und übe noch andre Geduld
         Im verwaisten Haus, vor dem leeren Stuhl,
         Vor dem einsamen Bett des verlorenen Kinds.
         Ich bereite, und sei es in langer Frist,
         Täglich neu den gerechten Empfang
         Des siegreichen Feldherrn. –
       Nun rüstet den Wagen und bringt mir das Kind,
       Orest, der mir blieb! Führt mich schleunigst hinweg
       Von dem Ort, zu dem wir so freudig geeilt!
       O Aulis, wie hast du
       Mein Haus verwaist,
       Mir den Gatten gezeigt,
       Viel neue Übel gegründet!

               ab]

DIE MÄNADEN

ΒΑΚΧΑΙ

Τὰ τοῦ δράματος πρόσωπα

Διόνυσος · Χορός · Τειρεσίας · Κάδμος
Πενθεύς · Θεράπων · Βουκόλος
Ἕτερος Θεράπων · Ἀγαύη

Διόνυσος

Ἥκω Διὸς παῖς τήνδε Θηβαίων χθόνα
Διόνυσος, ὃν τίκτει ποθ' ἡ Κάδμου κόρη
Σεμέλη λοχευθεῖσ' ἀστραπηφόρῳ πυρί·
μορφὴν δ' ἀμείψας ἐκ θεοῦ βροτησίαν
πάρειμι Δίρκης νάματ' Ἰσμηνοῦ θ' ὕδωρ.   5
ὁρῶ δὲ μητρὸς μνῆμα τῆς κεραυνίας
τόδ' ἐγγὺς οἴκων καὶ δόμων ἐρείπια
τυφόμενα Δίου πυρὸς ἔτι ζῶσαν φλόγα,
ἀθάνατον Ἥρας μητέρ' εἰς ἐμὴν ὕβριν.
αἰνῶ δὲ Κάδμον, ἄβατον ὃς πέδον τόδε   10
τίθησι, θυγατρὸς σηκόν· ἀμπέλου δέ νιν
πέριξ ἐγὼ 'κάλυψα βοτρυώδει χλόῃ.
λιπὼν δὲ Λυδῶν τοὺς πολυχρύσους γύας

DIE MÄNADEN

Personen des Dramas

Dionysos · Chor *der lydischen Mänaden* (*Bacchen*)
Teiresias, *der blinde Seher*
Kadmos, *der frühere König von Theben*
Pentheus, *König von Theben, Sohn des Echion,*
Enkel des Kadmos
Trabant *des Pentheus* (*Erster Bote*) · Hirte (*Zweiter Bote*)
Diener *des Pentheus* (*Dritter Bote*)
Agaue, *Tochter des Kadmos, Mutter des Pentheus*

Die Szene ist vor dem Königspalast von Theben, beim Grab
der Semele
Die Aufführung fand nach dem Tod des Dichters (406 v. Chr.)
statt.

VORSZENE

Dionysos

Ich, Sohn des Zeus, bin Thebens Land genaht,
Dionýsos, den einst Kadmos' Kind gebar
Vom Feuerstrahl des Blitzes, Sémele.
Ich tauschte Gottgestalt in Menschenleib
Und kam zu Dirkes und Ismenos' Flut,
Zu meiner blitzversehrten Mutter Grab
Hier vor dem Haus. Die Trümmer des Palasts,
Vom Strahl des Zeus noch glimmend, unverlöscht,
Verkünden ewig Heras grimmen Neid.
Ich preise Kadmos, der der Tochter Grab
Unnahbar eingehegt, ich selber schuf
Des Weinstocks Laube, traubenreiches Dach.
  Der Lyder und der Phryger goldnes Land,

Φρυγῶν τε, Περσῶν θ' ἡλιοβλήτους πλάκας
Βάκτριά τε τείχη τήν τε δύσχιμον χθόνα   15
Μήδων ἐπελθὼν Ἀραβίαν τ' εὐδαίμονα
Ἀσίαν τε πᾶσαν, ἣ παρ' ἀλμυρὰν ἅλα
κεῖται μιγάσιν Ἕλλησι βαρβάροις θ' ὁμοῦ
πλήρεις ἔχουσα καλλιπυργώτους πόλεις,
κἀκεῖ χορεύσας καὶ καταστήσας ἐμὰς   21
τελετάς, ἵν' εἴην ἐμφανὴς δαίμων βροτοῖς,   22
ἐς τήνδε πρῶτον ἦλθον Ἑλλήνων πόλιν.   20
πρώτας δὲ Θήβας τῆσδε γῆς Ἑλληνίδος   23
ἀνωλόλυξα, νεβρίδ' ἐξάψας χροὸς
θύρσον τε δοὺς ἐς χεῖρα, κίσσινον βέλος·   25
ἐπεί μ' ἀδελφαὶ μητρός, ἃς ἥκιστα χρῆν,
Διόνυσον οὐκ ἔφασκον ἐκφῦναι Διός,
Σεμέλην δὲ νυμφευθεῖσαν ἐκ θνητοῦ τινος
ἐς Ζῆν' ἀναφέρειν τὴν ἁμαρτίαν λέχους,
Κάδμου σοφίσμαθ', ὧν νιν οὕνεκα κτανεῖν   30
Ζῆν' ἐξεκαυχῶνθ', ὅτι γάμους ἐψεύσατο.
τοιγάρ νιν αὐτὰς ἐκ δόμων ᾤστρησ' ἐγὼ
μανίαις, ὄρος δ' οἰκοῦσι παράκοποι φρενῶν·
σκευήν τ' ἔχειν ἠνάγκασ' ὀργίων ἐμῶν,
καὶ πᾶν τὸ θῆλυ σπέρμα Καδμείων, ὅσαι   35
γυναῖκες ἦσαν, ἐξέμηνα δωμάτων·
ὁμοῦ δὲ Κάδμου παισὶν ἀναμεμειγμέναι
χλωραῖς ὑπ' ἐλάταις ἀνορόφοις ἧνται πέτραις.
δεῖ γὰρ πόλιν τήνδ' ἐκμαθεῖν, κεἰ μὴ θέλει,
ἀτέλεστον οὖσαν τῶν ἐμῶν βακχευμάτων,   40
Σεμέλης τε μητρὸς ἀπολογήσασθαί μ' ὕπερ
φανέντα θνητοῖς δαίμον' ὃν τίκτει Διί.
Κάδμος μὲν οὖν γέρας τε καὶ τυραννίδα
Πενθεῖ δίδωσι θυγατρὸς ἐκπεφυκότι,
ὃς θεομαχεῖ τὰ κατ' ἐμὲ καὶ σπονδῶν ἄπο   45
ὠθεῖ μ', ἐν εὐχαῖς τ' οὐδαμοῦ μνείαν ἔχει.
ὧν οὕνεκ' αὐτῷ θεὸς γεγὼς ἐνδείξομαι
πᾶσίν τε Θηβαίοισιν. ἐς δ' ἄλλην χθόνα,
τἀνθένδε θέμενος εὖ, μεταστήσω πόδα,

Der Perser Sonnenglut, der Baktrer Burg
Durchzog ich und der Meder Winterreich,
Arabiens Reichtum und ganz Asien,
Das seine Salzflut mit den Griechen teilt
Im Schmuck so mancher türmereichen Stadt.

Sie sind in meine Tänze eingeweiht
Und haben meine Göttlichkeit bezeugt.
Nun wend ich mich den Griechenstädten zu.
Als erste hab ich Theben angefüllt
Mit Jubelruf, verlieh der Rehe Fell,
Gab in die Hand des Efeus grünen Speer.
Der Mutter eigne Schwestern, unerhört,
Bestritten mir die Vaterschaft des Zeus:
Seméle, menschlich schwanger, habe Zeus
Den Fehltritt ihres Betts zur Last gelegt
Auf Kadmos' Rat; auch haben sie gerühmt,
Daß Zeus der Lügnerin den Tod verhängt.
Sie hab ich aus den Häusern aufgescheucht,
In hellem Wahnsinn ziehn sie durchs Gebirg
Und tragen meiner Weihen wilde Tracht.
Auch hab ich alle Frauen Thebens heut
Im gleichen Taumel aus der Stadt gejagt,
Mit Kadmos' Töchtern hausen sie vereint
Im grünen Tann, auf Felsen ohne Dach.
Denn schwer bereuen soll es diese Stadt,
Daß sie der Weihen nicht teilhaftig ist
Und daß sie meine Mutter falsch verklagt,
Die mich, den Gott, der Welt von Zeus gebar.
Nun hinterließ Fürst Kadmos Thron und Stab
Pentheus, dem Tochtersohn, der seinen Gott
Verfolgt, ihm Opfer weigert und Gebet.
So will ich ihm und seinem Volk als Gott
Mich kundtun, und wenn dieses hier erfüllt,
In andren Ländern zeigen meine Macht.

δεικνὺς ἐμαυτόν· ἦν δὲ Θηβαίων πόλις   50
ὀργῇ σὺν ὅπλοις ἐξ ὄρους βάκχας ἄγειν
ʒητῇ, ξυνάψω μαινάσι στρατηλατῶν.
ὧν οὕνεκ' εἶδος θνητὸν ἀλλάξας ἔχω
μορφήν τ' ἐμὴν μετέβαλον εἰς ἀνδρὸς φύσιν.
ἀλλ', ὦ λιποῦσαι Τμῶλον ἔρυμα Λυδίας,   55
θίασος ἐμός, γυναῖκες, ἃς ἐκ βαρβάρων
ἐκόμισα παρέδρους καὶ ξυνεμπόρους ἐμοί,
αἴρεσθε τἀπιχώρι' ἐν πόλει Φρυγῶν
τύμπανα, ʻΡέας τε μητρὸς ἐμά θ' εὑρήματα,
βασίλειά τ' ἀμφὶ δώματ' ἐλθοῦσαι τάδε   60
κτυπεῖτε Πενθέως, ὡς ὁρᾷ Κάδμου πόλις.
ἐγὼ δὲ βάκχαις, ἐς Κιθαιρῶνος πτυχὰς
ἐλθὼν ἵν' εἰσί, συμμετασχήσω χορῶν.

Χορός

ʼΑσίας ἀπὸ γᾶς	io∧ io∧
ἱερὸν Τμῶλον ἀμείψασα θοάʒω	io³ 65
Βρομίῳ πόνον ἡδὺν	io∧ io
κάματόν τ' εὐκάματον, Βάκ-	io²
χιον εὐαʒομένα.	io²∧
τίς ὁδῷ τίς ὁδῷ; τίς;	io∧ io
μελάθροις ἔκτοπος ἔστω, στόμα τ' εὔφη-	io³
μον ἅπας ἐξοσιούσθω·	io² 70
τὰ νομισθέντα γὰρ αἰεὶ	io²
Διόνυσον ὑμνήσω.	io∧ ba-

ὦ μάκαρ, ὅστις εὐδαί-	ch ba	στρ.
μων τελετὰς θεῶν εἰ-	ch ba	
δὼς βιοτὰν ἁγιστεύει	ch ba-	
καὶ θιασεύεται ψυ-	ch ba	75

Doch sucht mir Theben mit der Waffen Trotz
Die Bacchen vom Gebirg zu treiben, stell
Ich an die Spitze mich der Rasenden.
So hab ich meine göttliche Gestalt
Mit diesem Menschenleibe ausgetauscht.
    Auf, mein Gefolg! Vom fernen Lydien,
Vom steilen Tmolos bracht ich euch hieher,
Genossen meiner Fahrt und meiner Ruh;
Erhebt die Pauken aus der Phrygerstadt,
Mein Werk und unsrer Göttermutter Werk,
Schlagt sie und tanzt um Pentheus' Herrscherhaus,
Schlagt sie, daß Kadmos' ganze Stadt erdröhnt!
Ich steige zu Kithairons Schluchten auf
Und führe jener Frauen Reigen an.

ab

EINZUGSLIED

Chor

Asiens Länder,
Den heiligen Tmolos verließ ich und übe
Bromios' selige Mühe,
Glückliche Mühsal,
Bacchos umjubelnd.

Frei die Wege! Wer verharrt noch?
Leert die Straßen! Schweigt in Ehrfurcht!
Altheilige Weise,
Dionýsos soll sie ertönen!

Erste Strophe

O dreimal selig,
Wer kundig der Weihen
Sein Leben läutert,
Die Seele begeistert,

χἀν ἐν ὄρεσσι βακχεύ-   ch ba
ων ὁσίοις καθαρμοῖσιν,   ch ba-
τά τε ματρὸς μεγάλας ὄρ-   io²
για Κυβέλας θεμιτεύων,   io²
ἀνὰ θύρσον τε τινάσσων,   io²   80
κισσῷ τε στεφανωθεὶς   io²
Διόνυσον θεραπεύει.   io²
ἴτε βάκχαι, ἴτε βάκχαι,   io²
Βρόμιον παῖδα θεὸν θεοῦ   io²
Διόνυσον κατάγουσαι   io²   85
Φρυγίων ἐξ ὀρέων Ἑλ-   io²
λάδος εἰς εὐρυχόρους ἀ-   io²
γυιάς, τὸν Βρόμιον·   io²∧

ὃν ποτ' ἔχουσ' ἐν ὠδί-   ἀντ.
νων λοχίαις ἀνάγκαι-
σι πταμένας Διὸς βροντᾶς   90
νηδύος ἔκβολον μά-
τηρ ἔτεκεν, λιποῦσ' αἰ-
ῶνα κεραυνίῳ πλαγᾷ·
λοχίοις δ' αὐτίκα νιν δέ-
ξατο θαλάμαις Κρονίδας Ζεύς,   95
κατὰ μηρῷ δὲ καλύψας
χρυσέαισιν συνερείδει
περόναις κρυπτὸν ἀφ' Ἥρας.
ἔτεκεν δ', ἀνίκα Μοῖραι
τέλεσαν, ταυρόκερων θεὸν   100
στεφάνωσέν τε δρακόντων
στεφάνοις, ἔνθεν ἄγραν θη-
ροτρόφον μαινάδες ἀμφι-
βάλλονται πλοκάμοις.

In Bergen schwärmt
Zu reiner Entsühnung,
Wer nach der Großen Mutter,
Nach Kybeles Satzung
Hochschwingend den Thyrsus,
Im Efeukranze
Dionýsos verehrt!
   Auf, ihr Bacchen, ihr Bacchen,
   Verbringen wir den Gott und Gottessohn,
   Dionýsos,
   Unsern Bromios,
   Aus der Phryger
   Steilen Bergen
   In der Griechen
   Weitgedehnte Reigenplätze!

Gegenstrophe

Den einst in Wehen
Die Mutter getragen,
Beim Fall des Blitzstrahls
Entließ aus dem Schoß sie
Die Frucht und starb,
Vom Donner getroffen.
Schleunig verbarg ihn im Winkel
Zeus, der Kronide,
Er hielt ihn im Schenkel
Mit goldenen Nadeln
Vor Hera versteckt.
   Als die Moiren es wollten
   Gebar er unsern stiergehörnten Gott,
   Er bekränzt sein
   Haupt mit Schlangen,
   Und so fangen
   Die Mänaden
   Gleiche Beute,
   Flechten sie in ihre Locken.

ὦ Σεμέλας τροφοὶ Θῆ-	ch ba	στρ. 105
βαι, στεφανοῦσθε κισσῷ·	ch ba	
βρύετε βρύετε χλοήρει	ch ba	
μίλακι καλλικάρπῳ	ch ba	
καὶ καταβακχιοῦσθε δρυὸς	ch ia²	
ἢ ἐλάτας κλάδοισι,	ch ba	110
στικτῶν τ᾽ ἐνδυτὰ νεβρίδων	gl	
στέφετε λευκοτρίχων πλοκάμων	⌣⌣⌣hem	
μαλλοῖς· ἀμφὶ δὲ νάρθηκας ὑβριστὰς	io³	
ὁσιοῦσθ᾽· αὐτίκα γᾶ πᾶσα χορεύσει,	io³	
Βρόμιος εὖτ᾽ ἂν ἄγῃ θιάσους	⌣⌣⌣hem	115
εἰς ὄρος εἰς ὄρος, ἔνθα μένει	da³-	
θηλυγενὴς ὄχλος	da²	
ἀφ᾽ ἱστῶν παρὰ κερκίδων τ᾽	.gl	
οἰστρηθεὶς Διονύσῳ.	gl⌃	

ὦ θαλάμευμα Κουρή-	ἀντ.	120
των ζάθεοί τε Κρήτας		
Διογενέτορες ἔναυλοι,		
ἔνθα τρικόρυθες ἄντροις		
βυρσότονον κύκλωμα τόδε		
μοι Κορύβαντες ηὗρον,		125
βακχείᾳ δ᾽ ἀνὰ συντόνῳ		
κέρασαν ἁδυβόᾳ Φρυγίων		
αὐλῶν πνεύματι ματρός τε ῾Ρέας ἐς		
χέρα θῆκαν, κτύπον εὐάσμασι Βακχᾶν·		
παρὰ δὲ μαινόμενοι Σάτυροι		130
ματέρος ἐξανύσαντο θεᾶς,		

Zweite Strophe

O Sémeles Amme, o Theben,
Bekränze dein Haupt mit dem Efeu,
O strotze vom Laub,
Den Beerengewinden!
O schwärme mit den Zweigen
Der Eiche, den Reisern der Tanne!
Schmücke das scheckige Rehfell
Mit dem Weiß der wollenen Bänder!
Schwinge des Narthex
Mutwilligen Stengel!
Bald wird das ganze Land
Im Tanze wirbeln!
    Bromios führt alle Reigen an,
    Hat die Scharen der Frauen
    Aufgescheucht von Webstuhl und Spindel,
    Hat sie hinauf in die Berge,
    Die Berge getrieben.

Gegenstrophe

Ehrwürdiges Haus der Kureten,
O heilige kretische Höhlen,
O Wiege des Zeus!
O Grotte, wo einst uns
Behelmte Korybanten
Die dröhnenden Pauken erfanden,
Hauch der phrygischen Flöte
Mit den Jubelrufen vermählten.
Rhea, der Mutter,
Verliehen sie beides,
Dröhnendes Lärmgerät
Zum Sang der Mänaden.
    Rasende Satyrn, sie heischten es bald
    Von der Mutter der Götter,

ἐς δὲ χορεύματα
συνῆψαν τριετηρίδων,
αἷς χαίρει Διόνυσος.

ἡδύ γ' ἐν ὄρεσσιν ὅταν   cr²   135
ἐκ θιάσων δρομαίων   hem
πέσῃ πεδόσε, νεβρίδος ἔχων   ia⁴
ἱερὸν ἐνδυτόν, ἀγρεύων   gl
αἷμα τραγοκτόνον, ὠμοφάγον χάριν, da⁴
ἱέμενος ἐς ὄρεα Φρύγια,   ia⁴   140
Λύδι', ὁ δ' ἔξαρχος Βρόμιος, εὐοῖ. da³ ba
ῥεῖ δὲ γάλακτι πέδον, ῥεῖ δ' οἴνῳ, da⁴
ῥεῖ δὲ μελισσᾶν νέκταρι.   da³
Συρίας δ' ὡς λιβάνου κα-   io²
πνὸν ὁ Βακχεὺς ἀνέχων   io²⌃   145
πυρσώδη φλόγα πεύκας   io²
ἐκ νάρθηκος ἀίσσει   io²
δρόμῳ καὶ χοροῖσιν   ⌃io ⌃io
πλανάτας ἐρεθίζων   ⌃io²
ἰαχαῖς τ' ἀναπάλλων,   ⌃io²
τρυφερόν τε πλόκαμον εἰς αἰθέρα ῥίπτων. io³   150
ἅμα δ' εὐάσμασι τοιάδ' ἐπιβρέμει· io³⌃
Ὦ ἴτε βάκχαι,   -io
ὦ ἴτε βάκχαι,   -io
Τμώλου χρυσορόου χλιδᾷ   gl
μέλπετε τὸν Διόνυσον   ch io   155
βαρυβρόμων ὑπὸ τυμπάνων,   gl
εὔια τὸν εὔιον ἀγαλλόμεναι θεὸν cr² da²
ἐν Φρυγίαισι βοαῖς ἐνοπαῖσί τε, da⁴
λωτὸς ὅταν εὐκέλαδος   cr²   160
ἱερὸς ἱερὰ παίγματα βρέμῃ, σύνοχα tr⁴ cr

Brachten Sturm in stete Begehung
Altgeheiligter Tänze
Zur Freude des Gottes.

Schlußgesang

Süßer Anblick,
Wenn in den Bergen vom rasenden Lauf
Er hinsinkt zur Erde
Im heiligen Kleide des Rehfells,
Dürstend nach rohem Genusse,
Dem Blute des Zickleins,
Jagend im phrygischen, lydischen Bergwald,
Unser Führer Dionýsos –
Euoi! Euoi!
Von Milch trieft das Land,
Vom Wein,
Vom Nektar der Bienen!
Syrischer Weihrauchswolke gleich
Läßt der Gott seinem Narthex
Flamme des Fichtenharzes entströmen,
Stürmt im Lauf, stürmt in Tänzen dahin,
Die Wandrer erschreckend,
Mit wilden Rufen verstörend;
Die üppige Locke, sie weht gen Himmel,
In jubelnde Rufe dröhnt er die Worte:
„Ach, auf, ihr Bacchen!
Auf, auf, ihr Mänaden!
In des Tmolos Goldprunk
Preist Dionýsos
Zum Dröhnen der Pauken!"
Jubelnd umfeiert den jubelnden Gott
Mit phrygischen Rufen und Schreien!
Wenn die liebliche Flöte
Heilig die heiligen Weisen spielt,
Zieht in Scharen

φοιτάσιν εἰς ὅρος εἰς ὅρος· ἡδομέ-   da⁴   165
να δ' ἄρα, πῶλος ὅπως ἅμα ματέρι   da⁴
φορβάδι, κῶλον ἄγει ταχύπουν σκιρτήμασι βάκχα.   da⁶

Τειρεσίας

τίς ἐν πύλαισι; Κάδμον ἐκκάλει δόμων,   170
'Αγήνορος παῖδ', ὃς πόλιν Σιδωνίαν
λιπὼν ἐπύργωσ' ἄστυ Θηβαίων τόδε.
ἴτω τις, εἰσάγγελλε Τειρεσίας ὅτι
ζητεῖ νιν· οἶδε δ' αὐτὸς ὧν ἥκω πέρι
ἅ τε ξυνεθέμην πρέσβυς ὢν γεραιτέρῳ,   175
θύρσους ἀνάπτειν καὶ νεβρῶν δορὰς ἔχειν
στεφανοῦν τε κρᾶτα κισσίνοις βλαστήμασιν.

Κάδμος

ὦ φίλταθ', ὡς σὴν γῆρυν ἠσθόμην κλύων
σοφὴν σοφοῦ παρ' ἀνδρός, ἐν δόμοισιν ὤν·
ἥκω δ' ἕτοιμος τήνδ' ἔχων σκευὴν θεοῦ·   180
δεῖ γάρ νιν ὄντα παῖδα θυγατρὸς ἐξ ἐμῆς   181
ὅσον καθ' ἡμᾶς δυνατὸν αὔξεσθαι μέγαν.   183
ποῖ δεῖ χορεύειν, ποῖ καθιστάναι πόδα
καὶ κρᾶτα σεῖσαι πολιόν; ἐξηγοῦ σύ μοι   185
γέρων γέροντι, Τειρεσία· σὺ γὰρ σοφός.
ὡς οὐ κάμοιμ' ἂν οὔτε νύκτ' οὔθ' ἡμέραν
θύρσῳ κροτῶν γῆν· ἐπιλελήσμεθ' ἡδέως
γέροντες ὄντες.
Τε   ταῦτ' ἐμοὶ πάσχεις ἄρα·
κἀγὼ γὰρ ἡβῶ κἀπιχειρήσω χοροῖς.   190

Διόνυσον ὃς πέφηνεν ἀνθρώποις θεὸς   182

Ins Gebirg, ins Gebirge voll Freude!
Wie das Fohlen zur Seite der Mutter,
Hebt die Mänade
Schnelle Glieder im hüpfenden Sprung.

ERSTE HAUPTSZENE

Teiresias

Wer ist am Tor? Den Kadmos ruf heraus,
Den Sohn Agenors, der von Sidon kam
Und Thebens feste Stadt gegründet hat.
Sagt, daß Teiresias ihn sehen will.
Er selber weiß, weshalb ich zu ihm kam,
Was alter Mann noch älteren gelehrt:
Den Thyrsus tragen und das Fell des Rehs
Und auf dem Haupt den wilden Efeukranz.

Kadmos

Mein Liebster, drinnen noch im Haus vernahm
Ich weise Stimme eines weisen Manns
Und zeige mich in diesem Kleid des Gotts.
Denn da er meiner eignen Tochter Kind,
Muß er bei uns in höchsten Ehren stehn.
Wie muß ich tanzen? Wohin meinen Fuß,
Wohin das graue Haupt bewegen? Sag
Du weiser Alter es dem alten Mann!
Nicht müde will ich werden Tag und Nacht,
Den Thyrsus aufzustoßen. Süß verspür
Ich neue Jugend.
Te   Wie ich selber auch:
Mit jungen Kräften schreite ich zum Tanz.

Κα   οὐκοῦν ὄχοισιν εἰς ὄρος περάσομεν;

Τε   ἀλλ' οὐχ ὁμοίως ἂν ὁ θεὸς τιμὴν ἔχοι.

Κα   γέρων γέροντα παιδαγωγήσω σ' ἐγώ.

Τε   ὁ θεὸς ἀμοχθὶ κεῖσε νῷν ἡγήσεται.

Κα   μόνοι δὲ πόλεως Βακχίῳ χορεύσομεν;   195

Τε   μόνοι γὰρ εὖ φρονοῦμεν, οἱ δ' ἄλλοι κακῶς.

Κα   μακρὸν τὸ μέλλειν· ἀλλ' ἐμῆς ἔχου χερός.

Τε   ἰδού, ξύναπτε καὶ ξυνωρίζου χέρα.

Κα   οὐ καταφρονῶ 'γὼ τῶν θεῶν θνητὸς γεγώς.

Τε   οὐδὲν σοφιζόμεσθα τοῖσι δαίμοσιν.   200
    πατρίους παραδοχάς, ἅς θ' ὁμήλικας χρόνῳ
    κεκτήμεθ', οὐδεὶς αὐτά καταβαλεῖ λόγος,
    οὐδ' εἰ δι' ἄκρων τὸ σοφὸν ηὕρηται φρενῶν.
    ἐρεῖ τις ὡς το γῆρας οὐκ αἰσχύνομαι,
    μέλλων χορεύειν κρᾶτα κισσώσας ἐμόν.   205
    οὐ γὰρ διῄρηχ' ὁ θεός, οὔτε τὸν νέον
    εἰ χρὴ χορεύειν οὔτε τὸν γεραίτερον,
    ἀλλ' ἐξ ἁπάντων βούλεται τιμὰς ἔχειν
    κοινάς, διαριθμῶν δ' οὐδέν' αὔξεσθαι θέλει.

Κα   ἐπεὶ σὺ φέγγος, Τειρεσία, τόδ' οὐχ ὁρᾷς,   210
    ἐγὼ προφήτης σοι λόγων γενήσομαι.
    Πενθεὺς πρὸς οἴκους ὅδε διὰ σπουδῆς περᾷ,
    Ἐχίονος παῖς, ᾧ κράτος δίδωμι γῆς.
    ὡς ἐπτόηται· τί ποτ' ἐρεῖ νεώτερον;

Πενθεύς

ἔκδημος ὢν μὲν τῆσδ' ἐτύγχανον χθονός,   215
κλύω δὲ νεοχμὰ τήνδ' ἀνὰ πτόλιν κακά,
γυναῖκας ἡμῖν δώματ' ἐκλελοιπέναι
πλασταῖσι βακχείαισιν, ἐν δὲ δασκίοις
ὄρεσι θοάζειν, τὸν νεωστὶ δαίμονα
Διόνυσον, ὅστις ἔστι, τιμώσας χοροῖς·   220
πλήρεις δὲ θιάσοις ἐν μέσοισιν ἑστάναι
κρατῆρας, ἄλλην δ' ἄλλοσ' εἰς ἐρημίαν
πτώσσουσαν εὐναῖς ἀρσένων ὑπηρετεῖν,

Ka   So fahren wir im Wagen schnell hinauf!
Te   O kleine Ehre für den großen Gott!
Ka   So führ ich Alter blinden alten Mann.
Te   Und beide führt der Gott zum frohen Ziel.
Ka   Kein andrer Bürger tanzt dem großen Gott!
Te   Kein andrer ist bei Sinnen, wir allein.
Ka   Nicht länger säumen! Fasse meine Hand!
Te   Zum Reigen zieht ein eng verschlungnes Paar.
Ka   Ich bin ein Mensch und füge mich dem Gott.
Te   Wir rechnen beide nicht mit Göttern ab.
     Was uns von Alters überliefert ist,
     Macht kein Verstand zunichte, wenn er auch
     Den Gipfel aller Klugheit sich erklimmt.
     Da sagt wohl einer: ,,Alter, schäme dich,
     Laß deinen Efeukranz und deinen Tanz!"
     Doch hat der Gott sein Weihefest nicht nur
     Der Jugend, auch dem Alter aufgetan,
     Von allen will der Gott den frohen Dienst,
     Und niemand schränke sein Gefolge ein.
Ka   Da du das Licht des Tages nicht erblickst,
     Will ich dein Seher sein und sage dir:
     Pentheus kommt eilig her zu seinem Haus,
     Echions Sohn, dem ich den Thron vererbt,
     Ganz außer sich. Laß sehen, was er spricht!

Pentheus

Ich weilte außerhalb der Mauern, da
Vernehm ich schlimmste Dinge dieser Stadt:
Die Frauen seien aus den Häusern heut
In irrem Taumel auf den Berg gerannt,
Im Wald den neuen Gott zu feiern, der
Sich Dionýsos – wie man sagt – benennt.
Aus vollen Krügen schlürft man dort den Wein
Und eine nach der andern schleicht sich fort
In stille Winkel, in des Buhlen Arm;

πρόφασιν μὲν ὡς δὴ μαινάδας θυοσκόους,
τὴν δ' 'Αφροδίτην πρόσθ' ἄγειν τοῦ Βακχίου.   225
ὅσας μὲν οὖν εἴληφα, δεσμίους χέρας
σῴζουσι πανδήμοισι πρόσπολοι στέγαις·
ὅσαι δ' ἄπεισιν, ἐξ ὄρους θηράσομαι,   228
καὶ σφᾶς σιδηραῖς ἁρμόσας ἐν ἄρκυσιν   231
παύσω κακούργου τῆσδε βακχείας τάχα.
λέγουσι δ' ὥς τις εἰσελήλυθε ξένος,
γόης ἐπῳδὸς Λυδίας ἀπὸ χθονός,
ξανθοῖσι βοστρύχοισιν εὐοσμῶν κόμην,   235
οἰνῶπας ὄσσοις χάριτας 'Αφροδίτης ἔχων,
ὃς ἡμέρας τε κεὐφρόνας συγγίγνεται
τελετὰς προτείνων εὐίους νεάνισιν.
εἰ δ' αὐτὸν εἴσω τῆσδε λήψομαι στέγης,
παύσω κτυποῦντα θύρσον ἀνασείοντά τε   240
κόμας, τράχηλον σώματος χωρὶς τεμών.
ἐκεῖνος εἶναί φησι Διόνυσον θεόν,
ἐκεῖνος ἐν μηρῷ ποτ' ἐρράφθαι Διός,
ὃς ἐκπυροῦται λαμπάσιν κεραυνίαις
σὺν μητρί, Δίους ὅτι γάμους ἐψεύσατο.   245
ταῦτ' οὐχὶ δεινῆς ἀγχόνης ἔστ' ἄξια,
ὕβρεις ὑβρίζειν, ὅστις ἔστιν ὁ ξένος;
ἀτὰρ τόδ' ἄλλο θαῦμα, τὸν τερασκόπον
ἐν ποικίλαισι νεβρίσι Τειρεσίαν ὁρῶ
πατέρα τε μητρὸς τῆς ἐμῆς — πολὺν γέλων —   250
νάρθηκι βακχεύοντ'· ἀναίνομαι, πάτερ,
τὸ γῆρας ὑμῶν εἰσορῶν νοῦν οὐκ ἔχον.
οὐκ ἀποτινάξεις κισσόν; οὐκ ἐλευθέραν
θύρσου μεθήσεις χεῖρ', ἐμῆς μητρὸς πάτερ;
σὺ ταῦτ' ἔπεισας, Τειρεσία· τόνδ' αὖ θέλεις   255
τὸν δαίμον' ἀνθρώποισιν ἐσφέρων νέον
σκοπεῖν πτερωτοὺς κἀμπύρων μισθοὺς φέρειν.
εἰ μή σε γῆρας πολιὸν ἐξερρύετο,

'Ινώ τ' 'Αγαύην θ', ἥ μ' ἔτικτ' 'Εχίονι,   229
'Ακταίονός τε μητέρ', Αὐτονόην λέγω.

Sie nennen es des Bacchos Opferdienst,
Doch Aphrodite ist ihr wahrer Gott.
Die ich ergriff, hält meiner Diener Schar
In harten Fesseln und in strenger Haft,
Und die noch fehlen, hol ich mir vom Berg,
Leg sie in Ketten und belehre sie,
Daß dieser Frevelwahn ein Ende hat.
Man sagt, ein Fremder kam in diese Stadt,
Ein Zaubersänger aus dem Lyderland
Mit blonden Locken voller Wohlgeruch
Und Aphrodites Glut im Angesicht,
Der Tag und Nacht zu unsern Frauen geht
Und für den Tanz und Lärm des Bacchos wirbt.
Hab ich ihn fest, ists mit dem Thyrsusstoß
Und wilden Schwung der Locken jäh vorbei,
Denn von dem Rumpfe trenn ich ihm das Haupt.
Den Dionýsos preist er laut als Gott,
Den Zeus in seinen Schenkel eingenäht,
Derselbe Zeus, des Blitz ihn tödlich traf
Samt seiner Mutter, der Verleumderin.
Wer er auch sei, der diese Lügen drischt –
Der Fremde hat den Galgen längst verdient.
Und nun das neue Wunder: buntes Fell
Trägt unser Zaubermann Teiresias!
Und meiner Mutter Vater – welcher Hohn! –
Schwingt seinen Thyrsus! Ich verleugne dich,
Dein hohes Alter, das der Geist verließ!
Fort mit dem Efeu! Diesen Thyrsusstab,
O, meiner Mutter Vater, wirf ihn weg!
Du triebst ihn an, Teiresias, du willst
Dir Geld verdienen mit dem neuen Gott,
Mit neuer Vogel-, neuer Opferschau.
Dich schützt dein graues Haupt, sonst säßest du

καθῆσ' ἂν ἐν βάκχαισι δέσμιος μέσαις,
τελετὰς πονηρὰς εἰσάγων· γυναιξὶ γὰρ   260
ὅπου βότρυος ἐν δαιτὶ γίγνεται γάνος,
οὐχ ὑγιὲς οὐδὲν ἔτι λέγω τῶν ὀργίων.

Χο   τῆς δυσσεβείας. ὦ ξέν', οὐκ αἰδῇ θεοὺς
Κάδμον τε τὸν σπείραντα γηγενῆ στάχυν,
'Εχίονος δ' ὢν παῖς καταισχύνεις γένος;   265
Τε   ὅταν λάβη τις τῶν λόγων ἀνὴρ σοφὸς
καλὰς ἀφορμάς, οὐ μέγ' ἔργον εὖ λέγειν·
σὺ δ' εὔτροχον μὲν γλῶσσαν ὡς φρονῶν ἔχεις,
ἐν τοῖς λόγοισι δ' οὐκ ἔνεισί σοι φρένες.
θράσει δὲ δυνατὸς καὶ λέγειν οἷός τ' ἀνὴρ   270
κακὸς πολίτης γίγνεται νοῦν οὐκ ἔχων.
οὗτος δ' ὁ δαίμων ὁ νέος, ὃν σὺ διαγελᾷς,
οὐκ ἂν δυναίμην μέγεθος ἐξειπεῖν ὅσος
καθ' 'Ελλάδ' ἔσται. δύο γάρ, ὦ νεανία,
τὰ πρῶτ' ἐν ἀνθρώποισι· Δημήτηρ θεά·   275
γῆ δ' ἐστίν, ὄνομα δ' ὁπότερον βούλῃ κάλει·
αὕτη μὲν ἐν ξηροῖσιν ἐκτρέφει βροτούς·
ὃς δ' ἦλθ' ἔπειτ', ἀντίπαλον ὁ Σεμέλης γόνος·
βότρυος ὑγρὸν πῶμ' ηὗρε κεἰσηνέγκατο
θνητοῖς, ὃ παύει τοὺς ταλαιπώρους βροτοὺς   280
λύπης, ὅταν πλησθῶσιν ἀμπέλου ῥοῆς,
ὕπνον τε λήθην τῶν καθ' ἡμέραν κακῶν
δίδωσιν, οὐδ' ἔστ' ἄλλο φάρμακον πόνων.
οὗτος θεοῖσι σπένδεται θεὸς γεγώς,
ὥστε διὰ τοῦτον τἀγάθ' ἀνθρώπους ἔχειν.   285
καὶ καταγελᾷς νιν, ὡς ἐνερράφη Διὸς
μηρῷ; διδάξω σ' ὡς καλῶς ἔχει τόδε.
ἐπεί νιν ἥρπασ' ἐκ πυρὸς κεραυνίου
Ζεύς, ἐς δ' 'Ολυμπον βρέφος ἀνήγαγεν θεόν,
'Ηρα νιν ἤθελ' ἐκβαλεῖν ἀπ' οὐρανοῦ·   290
Ζεὺς δ' ἀντεμηχανήσαθ' οἷα δὴ θεός.

Gefangen mit den Bacchen, als Prophet
Verruchter Weihen: wo beim Opfermahl
Die Frau mit vollem Zug den Becher leert,
Ist nichts Gesundes an dem ganzen Fest.

Chorführerin

Kein Wort mehr! Scheust du denn die Götter nicht?
Ehrst Kadmos nicht, den Herrn der Drachensaat?
Echions Sohn verleugnet seinen Stamm!
Te   Ein weiser Mann, der guten Untergrund
Der Rede hat, führt sie zum guten Ziel.
Dir rollt die Zunge zwar geschickt davon,
Doch fehlt den Worten jeder wahre Sinn.
Der kecke Mensch, der große Zungenheld,
Verdirbt die Stadt, wenn Einsicht ihm gebricht.
Der neue Gott, den du so sehr verhöhnst –
Wie unbeschreiblich groß wird seine Macht
In Hellas sein! Zwei Gaben ehrt der Mensch
Als höchste Güter: die der Démeter,
Der Mutter Erde (nenn sie, wie du willst),
Die mit der trocknen Frucht die Menschen nährt;
Dann kam Seméles Sohn, von gleichem Rang,
Erfand den Trank der Traube, brachte ihn
Den armen Menschen, linderte den Schmerz
Jedwedem, der des Weinstocks Becher leert;
Bringt Schlaf, Vergessen aller Tagesmüh,
Kein andrer heilt die Leiden so wie er.
Man gießt den Gott vor allen Göttern aus,
Und alle Güter werden uns zuteil.
Du spottest über jenen Schenkelsohn
Des Zeus: vernimm, was wirklich dort geschah:

Dem Kind, das Zeus aus jenem Feuer barg,
Verhängte Hera Sturz vom Himmelstor,
Doch Zeus blieb stärker: einem Ätherstück

ῥήξας μέρος τι τοῦ χθόν' ἐγκυκλουμένου
αἰθέρος, ἔθηκε τόνδ' ὅμηρον ἐκδιδούς
Διόνυσον Ἥρας νεικέων· χρόνῳ δέ νιν
βροτοὶ ῥαφῆναί φασιν ἐν μηρῷ Διός,   295
ὄνομα μεταστήσαντες, ὅτι θεᾷ θεὸς
Ἥρᾳ ποθ' ὡμήρευσε, συνθέντες λόγον.

μάντις δ' ὁ δαίμων ὅδε· τὸ γὰρ βακχεύσιμον
καὶ τὸ μανιῶδες μαντικὴν πολλὴν ἔχει·
ὅταν γὰρ ὁ θεὸς ἐς τὸ σῶμ' ἔλθῃ πολύς,   300
λέγειν τὸ μέλλον τοὺς μεμηνότας ποιεῖ.
Ἄρεώς τε μοῖραν μεταλαβὼν ἔχει τινά·
στρατὸν γὰρ ἐν ὅπλοις ὄντα κἀπὶ τάξεσιν
φόβος διεπτόησε πρὶν λόγχης θιγεῖν.
μανία δὲ καὶ τοῦτ' ἐστὶ Διονύσου πάρα.   305
ἔτ' αὐτὸν ὄψῃ κἀπὶ Δελφίσιν πέτραις
πηδῶντα σὺν πεύκαισι δικόρυφον πλάκα,
πάλλοντα καὶ σείοντα βακχεῖον κλάδον,
μέγαν τ' ἀν' Ἑλλάδα. ἀλλ' ἐμοί, Πενθεῦ, πιθοῦ·
μὴ τὸ κράτος αὔχει δύναμιν ἀνθρώποις ἔχειν,   310
μηδ', ἢν δοκῇς μέν, ἡ δὲ δόξα σου νοσῇ,
φρονεῖν δόκει τι· τὸν θεὸν δ' ἐς γῆν δέχου
καὶ σπένδε καὶ βάκχευε καὶ στέφου κάρα.
οὐχ ὁ Διόνυσος σωφρονεῖν ἀναγκάσει
γυναῖκας ἐς τὴν Κύπριν, ἀλλ' ἐν τῇ φύσει   315
τοῦτο σκοπεῖν χρή· καὶ γὰρ ἐν βακχεύμασιν   317
οὖσ' ἥ γε σώφρων οὐ διαφθαρήσεται.
ὁρᾷς, σὺ χαίρεις, ὅταν ἐφεστῶσιν πύλαις
πολλοί, τὸ Πενθέως δ' ὄνομα μεγαλύνῃ πόλις·   320
κἀκεῖνος, οἶμαι, τέρπεται τιμώμενος.
ἐγὼ μὲν οὖν καὶ Κάδμος, ὃν σὺ διαγελᾷς,
κισσῷ τ' ἐρεψόμεσθα καὶ χορεύσομεν,
πολιὰ ξυνωρίς, ἀλλ' ὅμως χορευτέον,
κοὐ θεομαχήσω σῶν λόγων πεισθεὶς ὕπο.   325

τὸ σωφρονεῖν ἔνεστιν εἰς τὰ πάντ' ἀεί   316

Verlieh er Kindsgestalt, vertauschte es
Und gabs der Gattin. Das „geschenkte Kind"
Machten die Sagen dann zum „Schenkelkind".

Der Gott ist auch prophetisch, denn sein Tanz,
Sein Taumel ist des Sehergeistes voll.
Und wen er ganz mit seiner Kraft durchdringt,
Verkündet oft im Rausch das Künftige.
Und selbst an Ares hat er seinen Teil:
Ein Heer in Waffen und in Reih und Glied
Hat oft längst vor der Schlacht die Angst gepackt
Und solcher Wahn stammt von Diónysos.
Auf Delphis Doppelgipfeln wird man ihn
Noch stürmen sehen in der Fackel Glanz,
Den heilgen Thyrsus schwingt er himmelan,
Der Herr von Hellas! Pentheus, folge mir
Und glaube nicht an menschliche Gewalt!
Den eignen Irrtum hältst du für Verstand:
Du fehlst! So nimm den Gott in Theben auf,
Zum heilgen Reigen kränze dir das Haupt!
Der Frauen Keuschheit liegt ja nicht bei ihm,
Liegt ganz bei ihnen! Wer den Reigentanz
Des Gottes tanzt, verliert nicht, was er hat.

Du freust dich, wenn an deinem Tor das Volk
Sich drängt und Pentheus in den Himmel hebt;
So freut sich auch der Gott der Huldigung.
Ich will mit Kadmos, den du höhnst, das Haupt
Mit Efeu kränzen und im Reigen ziehn,
Ein greises Paar, doch stets zum Tanz bereit,
Zum Dienst am Gott, den du verfolgen willst.

μαίνῃ γὰρ ὡς ἄλγιστα, κοὔτε φαρμάκοις
ἄκη λάβοις ἂν οὔτ' ἄνευ τούτων νόσου.
Χο ὦ πρέσβυ, Φοῖβόν τ' οὐ καταισχύνεις λόγοις,
τιμῶν τε Βρόμιον σωφρονεῖς, μέγαν θεόν.
Κα ὦ παῖ, καλῶς σοι Τειρεσίας παρῄνεσεν.   330
οἴκει μεθ' ἡμῶν, μὴ θύραζε τῶν νόμων.
νῦν γὰρ πέτῃ τε καὶ φρονῶν οὐδὲν φρονεῖς.
κεἰ μὴ γὰρ ἔστιν ὁ θεὸς οὗτος, ὡς σὺ φῄς,
παρὰ σοὶ λεγέσθω· καὶ καταψεύδου καλῶς
ὡς ἔστι, Σεμέλη θ' ἵνα δοκῇ θεὸν τεκεῖν,   335
ἡμῖν τε τιμὴ παντὶ τῷ γένει προσῇ.
ὁρᾷς τὸν Ἀκτέωνος ἄθλιον μόρον,
ὃν ὠμόσιτοι σκύλακες ἃς ἐθρέψατο
διεσπάσαντο, κρείσσον' ἐν κυναγίαις
Ἀρτέμιδος εἶναι κομπάσαντ', ἐν ὀργάσιν.   340
ὃ μὴ πάθῃς σύ· δεῦρό σου στέψω κάρα
κισσῷ· μεθ' ἡμῶν τῷ θεῷ τιμὴν δίδου.
Πε οὐ μὴ προσοίσεις χεῖρα, βακχεύσεις δ' ἰών,
μηδ' ἐξομόρξῃ μωρίαν τὴν σὴν ἐμοί;
τῆς σῆς δ' ἀνοίας τόνδε τὸν διδάσκαλον   345
δίκην μέτειμι. στειχέτω τις ὡς τάχος,
ἐλθὼν δὲ θάκους τοῦδ' ἵν' οἰωνοσκοπεῖ
μοχλοῖς τριαίνου κἀνάτρεψον ἔμπαλιν,
ἄνω κάτω τὰ πάντα συγχέας ὁμοῦ,
καὶ στέμματ' ἀνέμοις καὶ θυέλλαισιν μέθες.   350
μάλιστα γάρ νιν δήξομαι δράσας τάδε.
οἳ δ' ἀνὰ πόλιν στείχοντες ἐξιχνεύσατε
τὸν θηλύμορφον ξένον, ὃς ἐσφέρει νόσον
καινὴν γυναιξὶ καὶ λέχη λυμαίνεται.
κἄνπερ λάβητε, δέσμιον πορεύσατε   355
δεῦρ' αὐτόν, ὡς ἂν λευσίμου δίκης τυχὼν
θάνῃ, πικρὰν βάκχευσιν ἐν Θήβαις ἰδών.
Τε ὦ σχέτλι', ὡς οὐκ οἶσθα ποῦ ποτ' εἶ λόγων.
μέμηνας ἤδη· καὶ πρὶν ἐξέστης φρενῶν.
στείχωμεν ἡμεῖς, Κάδμε, κἀξαιτώμεθα   360
ὑπέρ τε τούτου καίπερ ὄντος ἀγρίου

O deine Krankheit wird von keinem Kraut
Geheilt, noch weicht sie ohne Kraut von dir.

Chf O Greis, des weiser Sinn Apollon ehrt
Und auch den großen Dionýsos preist!

Ka Mein Sohn, der Seher hat dich gut belehrt:
O bleibe bei uns, bleibe im Gesetz!
Nun schwebst du zwischen Sinn und Unverstand.
Wenn dieser auch kein Gott ist, wie du sagst,
Verkünd ihn dennoch, lüge, daß ers ist!
Wenn Sémele als Gottesmutter gilt,
Wird unser ganzes Haus in Ehren stehn!
Schau auf Aktaions traurig Los, den einst
Die wilden Hunde, die er auferzog,
Zerrissen, weil er kühn geprahlt, er sei
Ein größrer Jäger noch als Artemis.
Laß dirs gesagt sein! Nimm den Efeukranz
Aus meiner Hand und ehre diesen Gott!

Pe Zurück die Hand! Geh nur zu deinem Tanz,
Doch bleib mir fern mit deiner Narretei!
Und dieser Lehrer, der sie dich gelehrt,
Er soll es büßen: gehe einer schnell
Hin zu dem Sitze seiner Vogelschau!
Mit Hebeln und mit Spießen stürzt ihn um,
Das Untre sei nach oben hochgewälzt,
Die heilgen Binden in den Wind verstreut:
Kein schlimmrer Hohn kann diesem Mann geschehn!
Ihr andern sucht den Fremden in der Stadt,
Den Weichling, der die Frauen rings verdirbt
Und alle Betten schändet! Nehmt ihn fest,
Bringt ihn in Ketten her zur Steinigung,
Zum bittren Tanze lädt ihn Theben ein.

Te Unseliger, du weißt nicht, was du tust,
Du bist von Sinnen und du warst es schon.
Auf, Kadmos, gehen wir und rufen wir
Für diesen Mann, und tobt er noch so sehr,

ὑπέρ τε πόλεως τὸν θεὸν μηδὲν νέον
δρᾶν. ἀλλ᾽ ἕπου μοι κισσίνου βάκτρου μέτα,
πειρῶ δ᾽ ἀνορθοῦν σῶμ᾽ ἐμόν, κἀγὼ τὸ σόν·
γέροντε δ᾽ αἰσχρὸν δύο πεσεῖν· ἴτω δ᾽ ὅμως,   365
τῷ Βακχίῳ γὰρ τῷ Διὸς δουλευτέον.
Πενθεὺς δ᾽ ὅπως μὴ πένθος εἰσοίσει δόμοις
τοῖς σοῖσι, Κάδμε· μαντικὴ μὲν οὐ λέγω,
τοῖς πράγμασιν δέ· μῶρα γὰρ μῶρος λέγει.

Χο Ὁσία πότνα θεῶν,   io²⌒ στρ.   370
    Ὁσία δ᾽ ἃ κατὰ γᾶν   io²⌒
    χρυσέαν πτέρυγα φέρεις,   io²⌒
    τάδε Πενθέως ἀίεις;   io²⌒
    ἀίεις οὐχ ὁσίαν   io²⌒
    ὕβριν ἐς τὸν Βρόμιον, τὸν   io²   375
    Σεμέλας, τὸν παρὰ καλλι-   io²
    στεφάνοις εὐφροσύναις δαί-   io²
    μονα πρῶτον μακάρων; ὃς τάδ᾽ ἔχει, io³⌒
    θιασεύειν τε χοροῖς   io²⌒
    μετά τ᾽ αὐλοῦ γελάσαι   io²⌒   380
    ἀποπαῦσαί τε μερίμνας,   io²
    ὁπόταν βότρυος ἔλθῃ   io²
    γάνος ἐν δαιτὶ θεῶν, κισ-   io²
    σοφόροις δ᾽ ἐν θαλίαις ἀν-   io²
    δράσι κρατὴρ ὕπνον ἀμ-   io²⌒   385
    φιβάλλῃ.   ⌒io

Und für die Stadt den Gott um Schonung an.
Nun folge mir mit deinem Efeustab,
Sei meine Stütze wie die deine ich.
Zwei alte Männer stolpern so dahin,
Für Bacchos geben sie das Letzte her.
Der Leidmann Pentheus bringe euch kein Leid!
Er selbst erschreckt mich, nicht die Seherkunst,
Denn Narrenworte hat der Narr gesagt.

ERSTES STANDLIED

Chor

Erste Strophe

Heilige Göttin des Himmels,
Heilige, die du auf Erden
Goldenen Flügel regst,
Hörst du, was Pentheus gesagt?
Hörst du den Frevel,
Frevel an Sémeles Sohn,
Dem ersten der seligen Götter
Beim heiteren Feste der Kränze?
Ihm ist gegeben,
Selige Tänze zu schwärmen,
Selig zur Flöte zu lachen,
Sorgen zu scheuchen,
Wenn er am göttlichen Tisch
Weinstocks Gabe verteilt,
Aus dem Mischkrug
Efeubekränzten Tänzern
Träufelt den Schlaf.

ἀχαλίνων στομάτων		ἀντ.
ἀνόμου τ' ἀφροσύνας		
τὸ τέλος δυστυχία·		
ὁ δὲ τᾶς ἡσυχίας		
βίοτος καὶ τὸ φρονεῖν		390
ἀσάλευτόν τε μένει καὶ		
συνέχει δώματα· πόρσω		
γὰρ ὅμως αἰθέρα ναίον-		
τες ὁρῶσιν τὰ βροτῶν οὐρανίδαι.		
τὸ σοφὸν δ' οὐ σοφία		395
τό τε μὴ θνητὰ φρονεῖν.		
βραχὺς αἰών· ἐπὶ τούτῳ		
δέ τις ἂν μεγάλα διώκων		
τὰ παρόντ' οὐχὶ φέροι. μαι-		
νομένων οἴδε τρόποι καὶ		400
κακοβούλων παρ' ἔμοι-		
γε φωτῶν.		

ἱκοίμαν ποτὶ Κύπρον,	.gl⌃	στρ.
νᾶσον τᾶς 'Αφροδίτας,	gl⌃	
ἵν' οἱ θελξίφρονες νέμον-	.gl	
ται θνατοῖσιν Ἔρωτες,	gl⌃	405
Πάφον θ' ἂν ἑκατόστομοι	.gl	
βαρβάρου ποταμοῦ ῥοαὶ	gl	
καρπίζουσιν ἄνομβροι.	gl⌃	
οὗ δ' ἀ καλλιστευομένα	sp² ch	
Πιερία μούσειος ἕδρα,	tr² ch	410
σεμνὰ κλιτὺς 'Ολύμπου,	gl⌃	
ἐκεῖσ' ἄγε με, Βρόμιε Βρόμιε,	ia⁴	
πρόβακχ' εὔιε δαῖμον.	.gl⌃	
ἐκεῖ Χάριτες,	ia²	
ἐκεῖ δὲ Πόθος· ἐκεῖ δὲ βάκ-	ia⁴	
χαις θέμις ὀργιάζειν.	ch ba	415

Gegenstrophe

Ungezügeltes Reden,
Ungefesseltes Treiben
Stürzt nur in Jammer und Not.
Leben des ruhigen Glücks,
Maßvolles Leben
Bleibt ohne Wanken bestehn,
Ein Bollwerk der irdischen Häuser.
Denn droben im Äther die Götter
Schauen hernieder.
Nicht nur der Weise ist weise!
Denkt auch der irdischen Dinge!
Kurz ist das Leben!
Wenn ihr das Ferne begehrt,
Schwindet das Nahe hinweg!
Ja, so glaub ich:
Toren nur zieht es nach oben,
Leer ist der Traum.

Zweite Strophe

O käm ich nach Kypros,
Aphrodite zu grüßen,
Ihre holden Eroten,
Die die Herzen verführen,
Hundertarmige Mündung
Jenes Flusses, der Paphos
Ohne Regen ernährt.
Zu Pieriens Gärten,
Den Sitzen der Musen,
Zu dem heiligen Hang des Olympos,
Führ uns, Bromios, Bromios hin!
Gott der jauchzenden Reigen und Rufe!
Dort tanzen Chariten
Mit Pothos, dort kann
Echtes Fest die Mänade begehen.

ὁ δαίμων ὁ Διὸς παῖς   ἀντ.
χαίρει μὲν θαλίαισιν,
φιλεῖ δ' ὀλβοδότειραν Εἰ-
ρήναν, κουροτρόφον θεάν.   420
ἴσαν δ' ἔς τε τὸν ὄλβιον
τόν τε χείρονα δῶκ' ἔχειν
οἴνου τέρψιν ἄλυπον·
μισεῖ δ' ᾧ μὴ ταῦτα μέλει,
κατὰ φάος νύκτας τε φίλας   425
εὐαίωνα διαζῆν,
σοφὸν δ' ἀπέχειν πραπίδα φρένα τε   ⌣ch ia²
περισσῶν παρὰ φωτῶν·
τὸ πλῆθος ὅ τι   430
τὸ φαυλότερον ἐνόμισε χρῆ-
ταί τε, τόδ' ἂν δεχοίμαν.

Θεράπων

Πενθεῦ, πάρεσμεν τήνδ' ἄγραν ἠγρευκότες
ἐφ' ἣν ἔπεμψας, οὐδ' ἄκρανθ' ὡρμήσαμεν.   435
ὁ θὴρ δ' ὅδ' ἡμῖν πρᾶος οὐδ' ὑπέσπασεν
φυγῇ πόδ', ἀλλ' ἔδωκεν οὐκ ἄκων χέρας
οὐδ' ὠχρός, οὐδ' ἤλλαξεν οἰνωπὸν γένυν,
γελῶν δὲ καὶ δεῖν κἀπάγειν ἐφίετο
ἔμενέ τε, τοὐμὸν εὐτρεπὲς ποιούμενος.   440
κἀγὼ δι' αἰδοῦς εἶπον· Ὦ ξέν', οὐχ ἑκὼν
ἄγω σε, Πενθέως δ' ὃς μ' ἔπεμψ' ἐπιστολαῖς.
ἃς δ' αὖ σὺ βάκχας εἶρξας, ἃς συνήρπασας
κἄδησας ἐν δεσμοῖσι πανδήμου στέγης,
φροῦδαί γ' ἐκεῖναι λελυμέναι πρὸς ὀργάδας   445

Gegenstrophe

Der göttliche Zeussohn
Liebt die frohen Gelage,
Liebt die Göttin des Friedens,
Liebt den nährenden Segen,
Schenkt dem Armen, dem Reichen
Die erlösende Gabe,
Gleiche Freude des Weins.
Und er haßt die Verächter
Der festlichen Tage,
Haßt die Feinde der nächtlichen Feiern,
Haßt den Klugen, der nie sich befreit
Von der Macht der Großen des Geistes.
Was Stimme des Volkes,
Was einfacher Sinn
Je für recht hält, dem will ich vertrauen.

ZWEITE HAUPTSZENE

Trabant

Pentheus, wir haben jenen Fang gemacht,
Den du befahlst, und gingen nicht umsonst.
Das Tier war willig und entzog sich nicht
Durch Flucht, bot gerne seine Hände dar,
Die Rosenwange hat sich nicht verfärbt,
Mit Lachen gab er sich in meine Haft
Und half in allem mir bei meiner Pflicht,
So daß beschämt ich sagte, daß nicht ich
Ihn hole, sondern Pentheus es befahl.
Doch die Mänaden, die du hergebracht
Und festgekettet im Verlies der Stadt,
Sind fort und frei und schwärmen wie vorher,

σκιρτῶσι Βρόμιον ἀνακαλούμεναι θεον·
αὐτόματα δ' αὐταῖς δεσμὰ διελύθη ποδῶν
κλῇδές τ' ἀνῆκαν θύρετρ' ἄνευ θνητῆς χερός.
πολλῶν δ' ὅδ' ἀνὴρ θαυμάτων ἥκει πλέως
ἐς τάσδε Θήβας. σοὶ δὲ τἄλλα χρὴ μέλειν.   450

Πε μέθεσθε χειρῶν τοῦδ'· ἐν ἄρκυσιν γὰρ ὤν
    οὐκ ἔστιν οὕτως ὠκὺς ὥστε μ' ἐκφυγεῖν.
    – ἀτὰρ τὸ μὲν σῶμ' οὐκ ἄμορφος εἶ, ξένε,
    ὡς ἐς γυναῖκας, ἐφ' ὅπερ ἐς Θήβας πάρει·
    πλόκαμός τε γάρ σου ταναός, οὐ πάλης ὕπο,   455
    γένυν παρ' αὐτὴν κεχυμένος, πόθου πλέως·
    λευκὴν δὲ χροιὰν ἐκ παρασκευῆς ἔχεις,
    οὐχ ἡλίου βολαῖσιν, ἀλλ' ὑπὸ σκιᾶς,
    τὴν Ἀφροδίτην καλλονῇ θηρώμενος.
    πρῶτον μὲν οὖν μοι λέξον ὅστις εἶ γένος.   460
Δι οὐ κόμπος οὐδείς· ῥάδιον δ' εἰπεῖν τόδε.
    τὸν ἀνθεμώδη Τμῶλον οἶσθά που κλύων.
Πε οἶδ', ὃς τὸ Σάρδεων ἄστυ περιβάλλει κύκλῳ.
Δι ἐντεῦθέν εἰμι, Λυδία δέ μοι πατρίς.
Πε πόθεν δὲ τελετὰς τάσδ' ἄγεις ἐς Ἑλλάδα;   465
Δι Διόνυσος ἡμᾶς εἰσέβησ', ὁ τοῦ Διός.
Πε Ζεὺς δ' ἔστ' ἐκεῖ τις, ὃς νέους τίκτει θεούς;
Δι οὔκ, ἀλλ' ὁ Σεμέλην ἐνθάδε ζεύξας γάμοις.
Πε πότερα δὲ νύκτωρ σ' ἢ κατ' ὄμμ' ἠνάγκασεν;
Δι ὁρῶν ὁρῶντα, καὶ δίδωσιν ὄργια.   470
Πε τὰ δ' ὄργι' ἐστὶ τίν' ἰδέαν ἔχοντά σοι;
Δι ἄρρητ' ἀβακχεύτοισιν εἰδέναι βροτῶν.
Πε ἔχει δ' ὄνησιν τοῖσι θύουσιν τίνα;
Δι οὐ θέμις ἀκοῦσαί σ', ἔστι δ' ἄξι' εἰδέναι.
Πε εὖ τοῦτ' ἐκιβδήλευσας, ἵν' ἀκοῦσαι θέλω.   475
Δι ἀσέβειαν ἀσκοῦντ' ὄργι' ἐχθαίρει θεοῦ.
Πε τὸν θεὸν ὁρᾶν γὰρ φῂς σαφῶς, ποῖός τις ἦν;
Δι ὁποῖος ἤθελ'· οὐκ ἐγὼ 'τασσον τόδε.

Umhüpfen Bacchos, rufen ihren Gott.
Von selber fielen ihre Ketten ab
Und keine Hand stieß ihre Riegel auf.
Der Fremde kam als rechter Wundermann
Nach Theben. Sage, was geschehen soll!

Pentheus

Macht seine Hände frei! Er ist im Netz,
Aus dem der noch so Flinke nicht entrinnt. –
Du bist nicht häßlich, doch ein halbes Weib –
Auf Weiber gingst du nur in Theben aus –
Die Locken lang und nicht nach Ringerart,
Auf Wangen hingegossen, sehnsuchtsvoll,
Die weiße Haut seit langem wohlgepflegt
Im Schatten, ohne jeden Sonnenstrahl,
Auf Aphrodites Siege stets bedacht.
Nun sage mir vor allem deinen Stamm!

Di   Das ist mit wenig Worten leicht gesagt.
Vom grünen Tmolos hast du schon gehört?
Pe   Ich weiß, daß er der Sarder Stadt umgibt.
Di   Dort stamm ich her, ein Sohn des Lyderlands.
Pe   Was bringst du fremde Bräuche in das Land?
Di   Dionýsos sandte mich, der Sohn des Zeus.
Pe   Ist dort ein Zeus, der neue Götter zeugt?
Di   Mit Thebens Sémele war er vermählt.
Pe   Hat er im Traum, im Wachen dich gesandt?
Di   Am hellen Tage weihte er mich ein.
Pe   Was ist der Orgien geheimer Sinn?
Di   Nur Eingeweihten wird er mitgeteilt.
Pe   Und welchen Nutzen trägt der Opferdienst?
Di   Unsagbar großen – du erfährst ihn nicht.
Pe   Du weckst die Neugier mit verstecktem Wort.
Di   Wer ihn nicht übt, der fürchte unsern Brauch!
Pe   Und deutlich hast du diesen Gott gesehn?
Di   Wie er es wollte – ich gebot es nicht.

Πε   τοῦτ' αὖ παρωχέτευσας εὖ κοὐδὲν λέγων.

Δι   δόξει τις ἀμαθεῖ σοφὰ λέγων οὐκ εὖ φρονεῖν.   480

Πε   ἦλθες δὲ πρῶτα δεῦρ' ἄγων τὸν δαίμονα;

Δι   πᾶς ἀναχορεύει βαρβάρων τάδ' ὄργια.

Πε   φρονοῦσι γὰρ κάκιον Ἑλλήνων πολύ.

Δι   τάδ' εὖ γε μᾶλλον· οἱ νόμοι δὲ διάφοροι.

Πε   τὰ δ' ἱερὰ νύκτωρ ἢ μεθ' ἡμέραν τελεῖς;   485

Δι   νύκτωρ τὰ πολλά· σεμνότητ' ἔχει σκότος.

Πε   τοῦτ' ἐς γυναῖκας δόλιόν ἐστι καὶ σαθρόν.

Δι   κἀν ἡμέρᾳ τό γ' αἰσχρὸν ἐξεύροι τις ἄν.

Πε   δίκην σε δοῦναι δεῖ σοφισμάτων κακῶν.

Δι   σὲ δ' ἀμαθίας γε κἀσεβοῦντ' ἐς τὸν θεόν.   490

Πε   ὡς θρασὺς ὁ βάκχος κοὐκ ἀγύμναστος λόγων.

Δι   εἴφ' ὅ τι παθεῖν δεῖ· τί με τὸ δεινὸν ἐργάσῃ;

Πε   πρῶτον μὲν ἁβρὸν βόστρυχον τεμῶ σέθεν.

Δι   ἱερὸς ὁ πλόκαμος· τῷ θεῷ δ' αὐτὸν τρέφω.

Πε   ἔπειτα θύρσον τόνδε παράδος ἐκ χεροῖν.   495

Δι   αὐτός μ' ἀφαιροῦ· τόνδε Διονύσου φορῶ.

Πε   εἱρκταῖσί τ' ἔνδον σῶμα σὸν φυλάξομεν.

Δι   λύσει μ' ὁ δαίμων αὐτός, ὅταν ἐγὼ θέλω.

Πε   ὅταν γε καλέσῃς αὐτὸν ἐν βάκχαις σταθείς.

Δι   καὶ νῦν ἃ πάσχω πλησίον παρὼν ὁρᾷ.   500

Πε   καὶ ποῦ 'στιν; οὐ γὰρ φανερὸς ὄμμασίν γ' ἐμοῖς.

Δι   παρ' ἐμοί· σὺ δ' ἀσεβὴς αὐτὸς ὢν οὐκ εἰσορᾷς.

Πε   λάζυσθε· καταφρονεῖ με καὶ Θήβας ὅδε.

Δι   αὐδῶ με μὴ δεῖν σωφρονῶν οὐ σώφροσιν.

Πε   ἐγὼ δὲ δεῖν γε, κυριώτερος σέθεν.   505

Δι   οὐκ οἶσθ' ὅ τι ζῇς, οὐδ' ὃ δρᾷς, οὐδ' ὅστις εἶ.

Πε   Πενθεύς, Ἀγαύης παῖς, πατρὸς δ' Ἐχίονος.

Δι   ἐνδυστυχῆσαι τοὔνομ' ἐπιτήδειος εἶ.

Πε   χώρει· καθείρξατ' αὐτὸν ἱππικαῖς πέλας

φάτναισιν, ὡς ἂν σκότιον εἰσορᾷ κνέφας.   510

ἐκεῖ χόρευε· τάσδε δ' ἃς ἄγων πάρει

κακῶν συνεργοὺς ἢ διεμπολήσομεν

ἢ χεῖρα δούπου τοῦδε καὶ βύρσης κτύπου

παύσας, ἐφ' ἱστοῖς δμωίδας κεκτήσομαι.

Pe	Du bogst die Rede in das leere Nichts.
Di	Dem Ungeschulten ist die Weisheit leer.
Pe	Hast du den Gott zuerst hierher gebracht?
Di	Schon tanzen alle Fremden seinen Tanz.
Pe	Weil sie den Griechen unterlegen sind!
Di	In diesen Bräuchen stehen sie voran.
Pe	Begeht man sie am Tage? In der Nacht?
Di	Meist in der hohen Einsamkeit der Nacht.
Pe	Wo Frauenreinheit kaum zu retten ist!
Di	Wer unrein ist, der ist es auch bei Tag.
Pe	Für deine Lehren sollst du Rede stehn!
Di	Und du für deinen Frevel an dem Gott.
Pe	Frech ist der Bacche und die Zunge schnell.
Di	Und welche Strafe hast du mir bestimmt?
Pe	Als erstes nehm ich dir die Lockenpracht.
Di	Sie ist dem Gotte heilig und geweiht.
Pe	So übergib mir diesen Thyrsusstab!
Di	Er ist des Gottes! Raube ihn dir selbst!
Pe	Dann wirft man dich ins dunkle Kerkerloch!
Di	Wenn ich ihn rufe, macht der Gott mich frei.
Pe	Da mußt du erst bei seinen Bacchen sein.
Di	Von nahem sieht er alles, was geschieht.
Pe	Wo ist er? Meine Augen sehn ihn nicht.
Di	Unreines Auge hat ihn nie erblickt.
Pe	Ergreift ihn! Theben höhnte er und mich.
Di	Tuts nicht! Unklugen geb ich klugen Rat.
Pe	Ich sage: tuts! Ich bin der Stärkere!
Di	Du weißt nicht, was du tust und wer du bist.
Pe	Pentheus, Agaues und Echions Sohn.
Di	Der Leidmann, dem das schwerste Leiden droht.
Pe	Nun fort und sperrt ihn in den Pferdestall,
	Wo ihm das Tageslicht verfinstert ist!
	Dort tanze! Und die Helferinnen, die
	Du brachtest, werden allesamt verkauft –
	Nein, an den Webstuhl werden sie gesetzt,
	Und statt der Pauke schlagen sie das Schiff.

Δι στείχοιμ' ἄν· ὅ τι γὰρ μὴ χρεών, οὗτοι χρεών   515
    παθεῖν. ἀτάρ τοι τῶνδ' ἄποιν' ὑβρισμάτων
    μέτεισι Διόνυσός σ', ὃν οὔκ εἶναι λέγεις·
    ἡμᾶς γὰρ ἀδικῶν κεῖνον εἰς δεσμοὺς ἄγεις.

Χο . . . .
    'Αχελῴου θύγατερ,   io²ᴗ   στρ.
    πότνι' εὐπάρθενε Δίρκα,   io²   520
    σὺ γὰρ ἐν σαῖς ποτε παγαῖς   io²
    τὸ Διὸς βρέφος ἔλαβες,   io²ᴗ
    ὅτε μηρῷ πυρὸς ἐξ ἀ-   io²
    θανάτου Ζεὺς ὁ τεκὼν ἥρ-   iu²
    πασέ νιν, τάδ' ἀναβοάσας·   io²   525
    Ἴθι, Διθύραμβ', ἐμὰν ἄρ-   io²a
    σενα τάνδε βᾶθι νηδύν·   io²a
    ἀναφαίνω σε τόδ', ὦ Βάκ-   io²
    χιε, Θήβαις ὀνομάζειν.   io²
    σὺ δέ μ', ὦ μάκαιρα Δίρκα,   io²a   580
    στεφανηφόρους ἀπωθῇ   io²a
    θιάσους ἔχουσαν ἐν σοί.   io²a
    τί μ' ἀναίνῃ; τί με φεύγεις;   io²
    ἔτι ναὶ τὰν βοτρυώδη   io²
    Διονύσου χάριν οἴνας,   io²   585
    ἔτι σοι τοῦ Βρομίου μελήσει.   io²ᴗ ᴗio

    οἵαν οἵαν ὀργὰν   io²   ἀντ.
    ἀναφαίνει χθόνιον
    γένος ἐκφύς τε δράκοντός
    ποτε Πενθεύς, ὃν 'Εχίων   540
    ἐφύτευσε χθόνιος,

Di   Ich geh und leide nur, was mir beliebt.
     Doch deinem Hochmut setzt Diónysos,
     Der, den du leugnest, sein gerechtes Ziel.
     Was du mir antust, hast du ihm getan!

              ZWEITES STANDLIED

                    Chor

                  Strophe
            [Höre, Schwester,]
             O Acheloos' Kind,
         Stolze Jungfrau, hohe Dirke!
         Deine Flut hat einst gebadet
            Neugebornes Kind des Zeus,
         Als im Schenkel der Erzeuger
         Aus des Blitzes ewgem Feuer
            Ihn verbarg und rief:
         „Ziehe ein im Schoß des Mannes,
            O Dithyrambos!
         Ich verkünde laut, daß einst dich
            Theben so nennt!"
         Dirke! Mich und meine Tänze
            Stößt du fort!
            Du verleugnest mich, du fliehst mich.
         Bei der traubenreichen Gabe
         Meines Gottes will ichs schwören:
            Einmal wirst du Bromios,
         Einmal Bromios noch feiern!

                Gegenstrophe
         Welchen, welchen
         Unersättlichen Zorn
         Schnaubt das Erdgeschlecht von Theben,
         Schnaubt uns Pentheus, den der Erde
            Sohn Echion sich gezeugt:

ἀγριωπὸν τέρας, οὐ φῶ-
τα βρότειον, φόνιον δ' ὥστε γίγαντ' ἀντίπαλον θεοῖς·
ὃς ἔμ' ἐν βρόχοισι τὰν τοῦ   545
Βρομίου τάχα ξυνάψει,
τὸν ἐμὸν δ' ἐντὸς ἔχει δώ-
ματος ἤδη θιασώταν
σκοτίαις κρυπτὸν ἐν εἱρκταῖς.   io²
ἐσορᾷς τάδ', ὦ Διὸς παῖ   550
Διόνυσε, σοὺς προφήτας
ἐν ἁμίλλαισιν ἀνάγκας;
μόλε, χρυσῶπα τινάσσων,
ἀνά, θύρσον κατ' Ὄλυμπον,
φονίου δ' ἀνδρὸς ὕβριν κατάσχες.   555

πόθι Νύσας ἄρα τᾶς θη-   io²
ροτρόφου θυρσοφορεῖς   io²∧
θιάσους, ὦ Διόνυσ', ἢ   io²
κορυφαῖς Κωρυκίαις;   io²∧
τάχα δ' ἐν ταῖς πολυδένδρεσ-   io²   560
σιν Ὀλύμπου θαλάμαις, ἔν-   io²
θα ποτ' Ὀρφεὺς κιθαρίζων   io²
σύναγεν δένδρεα μούσαις,   io²
σύναγεν θῆρας ἀγρώτας.   io²
μάκαρ ὦ Πιερία,   io²∧   565
σέβεταί σ' Εὔιος, ἥξει   io²
τε χορεύσων ἅμα βακχεύ-   io²
μασι, τόν τ' ὠκυρόαν   io²∧
διαβὰς Ἀξιὸν εἱλισ-   io²
σομένας Μαινάδας ἄξει,   io²   570
Λυδίαν πατέρα τε, τὸν   gl∧
τᾶς εὐδαιμονίας βροτοῖς   gl
ὀλβοδόταν, τὸν ἔκλυον   ch ia²
εὔιππον χώραν ὕδασιν   sp² ch
καλλίστοισι λιπαίνειν.   gl∧   575

Wildes Tier und keinen Menschen,
Blutig-blutigen Giganten,
   Der mit Göttern kämpft.
Mir, der Dienerin des Gottes,
   Droht er mit Ketten!
Meinen Herrn hält er in Hauses
   Dunkelster Haft!
Siehst du, siehst du die Propheten,
   Sohn des Zeus,
Wie sie kämpfen, wie sie leiden!
Steige nieder vom Olympos,
Goldgelockter, mit dem Thyrsus,
   Hemme dieses wilden Manns,
Dieses blutgen Mannes Wüten!

Schlußstrophe

Wo, ach wo
Schwingst du den Thyrsus,
Führst du den Reigen?
Auf Nysas Triften?
Korykischen Gipfeln?
Auf des Olympos
Waldigen Hängen,
Wo einst Orpheus mit der Leier
Bäume berückte,
Tiere verzückte?
Glückliches Pierien:
Ja, dich liebt er,
Und so kommt er
Mit den Scharen:
Über den reißenden Axios
Trieb er schon der Mänaden Schwarm,
Über den Ludias,
Väterlichen Reichtumsspender,
Der das roßreiche Land
Herrlich bewässert.

Δι Ἰώ,
    κλύετ' ἐμᾶς κλύετ' αὐδᾶς,   gl‿
    Ἰὼ βάκχαι, Ἰὼ βάκχαι.   sp⁴

Χο τίς ὅδε, τίς πόθεν ὁ κέλαδος   cr tr²
    ἀνά μ' ἐκάλεσεν Εὐίου;   tr⁴‿

Δι Ἰὼ Ἰώ, πάλιν αὐδῶ,   gl‿   580
    ὁ Σεμέλας, ὁ Διὸς παῖς.   gl‿

Χο Ἰὼ Ἰὼ δέσποτα δέσποτα,   cr da²
    μόλε νυν ἡμέτερον ἐς   cr²
    θίασον, ὦ Βρόμιε Βρόμιε.   cr tr²

Δι σεῖε πέδον χθονὸς Ἔννοσι πότνια.   da⁴   585

Χο ἆ ἆ,
    τάχα τὰ Πενθέως μέλαθρα διατι-   tr⁴
    νάξεται πεσήμασιν.   tr⁴‿
    ὁ Διόνυσος ἀνὰ μέλαθρα·   tr⁴
    σέβετέ νιν. σέβομεν ὤ.   cr²   590
    εἴδετε λάινα κίοσιν ἔμβολα   da⁴
    διάδρομα τάδε; Βρόμιος ὅδ' ἀλα-   tr⁴
    λάζεται στέγας ἔσω.   tr⁴‿

Δι ἅπτε κεραύνιον αἴθοπα λαμπάδα·   da⁴
    σύμφλεγε σύμφλεγε δώματα Πενθέος.   da⁴   595

DRITTE HAUPTSZENE

Wechselrufe

Dionysos *von innen*

Ioh!
Hört meinen Ruf!
Hört meinen Ruf!
Auf, ihr Bacchen, auf!

Chor

Welcher Ruf, welcher Ruf?
Woher rief mich
Die Stimme des Herrn?

Di *von innen*
Ioh, Ioh!
Wieder ruft euch
Der Sémele Sohn, der Sohn des Zeus.

Ch Ioh, Ioh, mein Herr, mein Herr!
Führ unsern Reigen,
Bromios, Bromios!

Di *von innen*
Erschüttre die Erde, Herrin des Bebens,
Mit deiner Erschütterung!

Ch Ah! Ah!
Bald wird des Pentheus Palast
Im Fallen zertrümmert.
Dionýsos ist drinnen, o ehrt ihn! –
Wir ehren! –
Saht ihr die steinernen Balken der Säulen
Wanken und fallen?
Bromios drinnen
Ruft uns und jubelt.

Di *von innen*
Nimm deines Donnerlauts blitzenden Feuerstrahl!
Brenne, verbrenne des Frevelnden Herrschersitz!

Χο ἆ ἆ,
πῦρ οὐ λεύσσεις, οὐδ' αὐγάζῃ,   sp⁴
Σεμέλας ἱερὸν ἀμφὶ τάφον, ἂν   ia⁴
ποτε κεραυνόβολος ἔλιπε φλόγα   tr⁴⏑
Δίου βροντᾶς·   sp²
δίκετε πεδόσε τρομερὰ σώματα   tr⁴⏑   600
δίκετε, Μαινάδες· ὁ γὰρ ἄναξ   gl
ἄνω κάτω τιθεὶς ἔπει-   ia⁴
σι μέλαθρα τάδε Διὸς γόνος.   ia⁴

Δι βάρβαροι γυναῖκες, οὕτως
            ἐκπεπληγμέναι φόβῳ   tr⁸⌒
πρὸς πέδῳ πεπτώκατ'; ᾔσθησθ',
            ὡς ἔοικε, Βακχίου   605
διατινάξαντος τὰ Πενθέως·
            ἀλλ' ἄγ' ἐξανίστατε
σῶμα καὶ θαρσεῖτε σαρκὸς
            ἐξαμείψασαι τρόμον.
Χο ὦ φάος μέγιστον ἡμῖν
            εὐίου βακχεύματος,
ὡς ἐσεῖδον ἀσμένη σε,
            μονάδ' ἔχουσ' ἐρημίαν.
Δι εἰς ἀθυμίαν ἀφίκεσθ',
            ἡμίκ' εἰσεπεμπόμην,   610
Πενθέως ὡς ἐς σκοτεινὰς
            ὁρκάνας πεσούμενος;
Χο πῶς γὰρ οὔ; τίς μοι φύλαξ ἦν,
            εἰ σὺ συμφορᾶς τύχοις;
ἀλλὰ πῶς ἠλευθερώθης
            ἀνδρὸς ἀνοσίου τυχών;
Δι αὐτὸς ἐξέσωσ' ἐμαυτὸν
            ῥᾳδίως ἄνευ πόνου.

Ch   Ah! Ah!
Siehst du das Feuer?
Schaue die Flamme
Auf Sémeles heiligem Grab,
Flamme, die einst
Blitzstrahl des Zeus hier zurückließ?
Nieder zur Erde die bebenden Glieder,
Nieder zur Erde!
Unser Herr,
Der Sohn des Zeus,
Ist diesem Haus genaht,
Stürzt es in Trümmer.

Di   *tritt heraus*
Frauen aus dem fremden Lande,
Sagt, was hat euch so erschreckt,
Daß ihr euch zu Boden warfet?
War es nicht Diónysos,
Der dies Haus in Trümmer legte?
Nun erhebt euch, stehet auf
Und vertauscht der Glieder Beben
Mit dem neuen frischen Mut!

Ch   Du bist in des Bacchos Feiern
Unsre Leuchte, unser Licht;
Froh begrüßen wir dich wieder!
Wie verlassen waren wir!

Di   Aller Mut hat euch verlassen,
Als man mich hineingeschleppt,
Als man mich in dieses Hauses
Finsterstes Verlies gesperrt?

Ch   Hatt ich einen andren Schützer,
Wenn dich ein Geschick ereilt?
Aber wer hat dich errettet
Von dem götterlosen Mann?

Di   Ganz allein und ohne Mühe
Hab ich selber mich befreit.

Χο οὐδέ σου συνῆψε χεῖρε

             δεσμίοισιν ἐν βρόχοις;   615

Δι ταῦτα καὶ καθύβρισ' αὐτόν,

             ὅτι με δεσμεύειν δοκῶν

οὔτ' ἔθιγεν οὔθ' ἥψαθ' ἡμῶν,

             ἐλπίσιν δ' ἐβόσκετο.

πρὸς φάτναις δὲ ταῦρον εὑρών,

             οὗ καθεῖρξ' ἡμᾶς ἄγων,

τῷδε περὶ βρόχους ἔβαλλε

             γόνασι καὶ χηλαῖς ποδῶν,

θυμὸν ἐκπνέων, ἱδρῶτα

             σώματος στάζων ἄπο,   620

χείλεσιν διδοὺς ὀδόντας·

             πλησίον δ' ἐγὼ παρὼν

ἥσυχος θάσσων ἔλευσσον.

             ἐν δὲ τῷδε τῷ χρόνῳ

ἀνετίναξ' ἐλθὼν ὁ Βάκχος

             δῶμα καὶ μητρὸς τάφῳ

πῦρ ἀνῆψ'· ὁ δ' ὡς ἐσεῖδε,

             δώματ' αἴθεσθαι δοκῶν,

ᾖσσ' ἐκεῖσε κᾆτ' ἐκεῖσε,

             δμωσὶν Ἀχελῷον φέρειν   625

ἐννέπων, ἅπας δ' ἐν ἔργῳ

             δοῦλος ἦν, μάτην πονῶν.

διαμεθεὶς δὲ τόνδε μόχθον,

             ὡς ἐμοῦ πεφευγότος,

ἵεται ξίφος κελαινὸν

             ἁρπάσας δόμων ἔσω.

κᾆθ' ὁ Βρόμιος, ὡς ἔμοιγε

             φαίνεται, δόξαν λέγω,

φάσμ' ἐποίησεν κατ' αὐλήν·

             ὁ δ' ἐπὶ τοῦθ' ὡρμημένος   630

ᾖσσε κἀκέντει φαεννὸν

             αἰθέρ', ὡς σφάζων ἐμέ.

πρὸς δὲ τοῖσδ' αὐτῷ τάδ' ἄλλα

             Βάκχιος λυμαίνεται·

Ch   Aber waren deine Hände
     Mit der Fessel nicht verschnürt?
Di   Darin hab ich ihn getäuscht: als
     Er zu fesseln mich geglaubt,
     Konnt er meine Haut nicht streifen,
     Wiegte sich in falschem Wahn.
     Als er mich zur Krippe führte,
     Traf er einen wilden Stier,
     Diesem wand er seine Stricke
     Um die Beine, um den Huf,
     Wut verschnaubte seine Seele,
     Von den Gliedern troff der Schweiß,
     Zornig biß er seine Lippen.
     Ich saß ruhig neben ihm
     Und sah zu. Da stürzte Bacchos
     Schon die Wände, schürte hoch
     Feuer auf dem Grab der Mutter.
     Pentheus sah es, hielt das Haus
     Schon verloren, rannte blindlings
     Hier- und dorthin im Palast,
     Schrie nach Wasser, jeder brachte,
     Alles löschte – doch umsonst.

     Plötzlich kam ihm der Gedanke,
     Daß ich längst entronnen sei,
     Und er stürzt mit blanker Waffe,
     Wieder in das Haus hinein.
     Da schafft Bromios ein Trugbild
     (Er muß es gewesen sein)
     In den Hof, und Pentheus stürzt sich
     Auf das Bild und trifft die Luft.

     Und noch andre schwere Strafe
     Hat ihm Bacchios verhängt,

δώματ' ἔρρηξεν χαμᾶζε·
         συντεθράνωται δ' ἅπαν
πικροτάτους ἰδόντι δεσμούς
         τοὺς ἐμούς· κόπου δ' ὕπο
διαμεθεὶς ξίφος παρεῖται·
         πρὸς θεὸν γὰρ ὢν ἀνὴρ   635
ἐς μάχην ἐλθεῖν ἐτόλμησε.
         ἥσυχος δ' ἐκβὰς ἐγὼ
δωμάτων ἥκω πρὸς ὑμᾶς,
         Πενθέως οὐ φροντίσας.
ὡς δέ μοι δοκεῖ – ψοφεῖ γοῦν
         ἀρβύλη δόμων ἔσω –
ἐς προνώπι' αὐτίχ' ἥξει.
         τί ποτ' ἄρ' ἐκ τούτων ἐρεῖ;
ῥᾳδίως γὰρ αὐτὸν οἴσω,
         κἂν πνέων ἔλθῃ μέγα.   640
πρὸς σοφοῦ γὰρ ἀνδρὸς ἀσκεῖν
         σώφρον' εὐοργησίαν.

Πε πέπονθα δεινά· διαπέφευγέ μ' ὁ ξένος,
     ὃς ἄρτι δεσμοῖς ἦν κατηναγκασμένος.
     ἔα ἔα·
     ὅδ' ἐστὶν ἀνήρ· τί τάδε; πῶς προνώπιος   645
     φαίνῃ πρὸς οἴκοις τοῖς ἐμοῖς, ἔξω βεβώς;
Δι στῆσον πόδ', ὀργῇ δ' ὑπόθες ἥσυχον πόδα.
Πε πόθεν σὺ δεσμὰ διαφυγὼν ἔξω περᾷς;
Δι οὐκ εἶπον – ἢ οὐκ ἤκουσας – ὅτι λύσει μέ τις;
Πε τίς; τοὺς λόγους γὰρ ἐσφέρεις καινοὺς ἀεί.   650
Δι ὃς τὴν πολύβοτρυν ἄμπελον φύει βροτοῖς.
Πε . . . .
Δι ὠνείδισας δὴ τοῦτο Διονύσῳ καλόν.
Πε κλῄειν κελεύω πάντα πύργον ἐν κύκλῳ.
Δι τί δ'; οὐχ ὑπερβαίνουσι καὶ τείχη θεοί;
Πε σοφὸς σοφὸς σύ, πλὴν ἃ δεῖ σ' εἶναι σοφόν.   655

Stürzte ihm das Haus zu Boden,
Machte es zum Trümmerfeld,
Grausam mußte er bezahlen,
Daß er mich in Fesseln warf.
Todmüd läßt das Schwert er fallen:
Dieser Mensch hat es gewagt,
Gegen einen Gott zu kämpfen!
Ruhig zog ich aus dem Haus,
Kehr zurück in eure Mitte,
Pentheus kümmerte mich nicht.
Doch es scheint, ich höre schwere
Schritte aus dem leeren Haus.
Gleich wird er vor mir erscheinen,
Sein Gepolter rührt mich nicht.
Ruhig will ich ihn ertragen,
Wenn er noch so Großes schnaubt.
Klugen Mannes kluge Waffe
Bleibt doch die Gelassenheit.

Pentheus

O Schreck! Der Fremde ist nicht mehr zu sehn,
Den eben noch die harte Fessel band.
Doch wie?
Seht her! Da steht er! Steht vor meinem Aug?
Tritt frei heraus und stellt sich vor das Haus?

Di Halt ein und zähme deinen wilden Schritt!
Pe Ganz ohne Fesseln gehst du frei herum?
Di Du glaubtest nicht, daß einer mich befreit.
Pe Wer war es? Tische neue Lügen auf!
Di Der Gott wars, der der Welt den Wein gebracht.
Pe Und alle Welt in Raserei versetzt!
Di Ist diese Gabe nicht sein höchster Ruhm?
Pe Ich schließe ihr die Tore unsrer Stadt!
Di Die Götter setzen über Mauern weg.
Pe Klug bist du, nur nicht da, wo Klugheit not.

Δι   ἃ δεῖ μάλιστα, ταῦτ᾽ ἔγωγ᾽ ἔφυν σοφός.
      κείνου δ᾽ ἀκούσας πρῶτα τοὺς λόγους μάθε,
      ὃς ἐξ ὄρους πάρεστιν ἀγγελῶν τί σοι·
      ἡμεῖς δέ σοι μενοῦμεν, οὐ φευξούμεθα.

                    Βουκόλος

      Πενθεῦ κρατύνων τῆσδε Θηβαίας χθονός,   660
      ἥκω Κιθαιρῶν᾽ ἐκλιπών, ἵν᾽ οὔποτε
      λευκῆς χιόνος ἀνεῖσαν εὐαγεῖς βολαί.
Πε   ἥκεις δὲ ποίαν προστιθεὶς σπουδὴν λόγου;
Βο   βάκχας ποτνιάδας εἰσιδών, αἳ τῆσδε γῆς
      οἴστροισι λευκὸν κῶλον ἐξηκόντισαν,   665
      ἥκω φράσαι σοὶ καὶ πόλει χρῄζων, ἄναξ,
      ὡς δεινὰ δρῶσι θαυμάτων τε κρείσσονα.
      θέλω δ᾽ ἀκοῦσαι, πότερά σοι παρρησίᾳ
      φράσω τὰ κεῖθεν ἢ λόγον στειλώμεθα·
      τὸ γὰρ τάχος σου τῶν φρενῶν δέδοικ᾽, ἄναξ,   670
      καὶ τοὐξύθυμον καὶ τὸ βασιλικὸν λίαν.
Πε   λέγ᾽, ὡς ἀθῷος ἐξ ἐμοῦ πάντως ἔσῃ.
      τοῖς γὰρ δικαίοις οὐχὶ θυμοῦσθαι χρεών.
      ὅσῳ δ᾽ ἂν εἴπῃς δεινότερα βακχῶν πέρι,
      τοσῷδε μᾶλλον τὸν ὑποθέντα τὰς τέχνας   675
      γυναιξὶ τόνδε τῇ δίκῃ προσθήσομεν.
Βο   ἀγελαῖα μὲν βοσκήματ᾽ ἄρτι πρὸς λέπας
      μόσχων ὑπεξήκριζον, ἡνίχ᾽ ἥλιος
      ἀκτῖνας ἐξίησι θερμαίνων χθόνα.
      ὁρῶ δὲ θιάσους τρεῖς γυναικείων χορῶν,   680
      ὧν ἦρχ᾽ ἑνὸς μὲν Αὐτονόη, τοῦ δευτέρου
      μήτηρ Ἀγαύη σή, τρίτου δ᾽ Ἰνὼ χοροῦ.
      ηὗδον δὲ πᾶσαι σώμασιν παρειμέναι,
      αἳ μὲν πρὸς ἐλάτης νῶτ᾽ ἐρείσασαι φόβην,
      αἳ δ᾽ ἐν δρυὸς φύλλοισι πρὸς πέδῳ κάρα   685
      εἰκῇ βαλοῦσαι σωφρόνως, οὐχ ὡς σὺ φῂς
      ᾠνωμένας κρατῆρι καὶ λωτοῦ ψόφῳ
      θηρᾶν καθ᾽ ὕλην Κύπριν ἠρημωμένας.

Di Gerade, wo sie nötig, bin ich klug.
    Doch höre vorher dieses Manns Bericht,
    Der aus den Bergen neue Botschaft bringt.
    Ich warte ruhig, laufe nicht davon.

Hirte

O Pentheus, Herrscher dieses unsres Lands,
Ich komme vom Kithairon, wo der Strahl
Der Sonne nie den weißen Schnee durchbricht.
Pe Und was beflügelt deine Worte so?
Hi Ich sah die Bacchen, die in Raserei
    Die Glieder wirbelten aus dieser Stadt.
    Ich muß dir sagen und dem ganzen Volk,
    Welch zauberhafte Dinge sie begehn.
    Doch muß ich wissen, ob ich frank und frei
    Berichten kann, ob halb versteckten Worts.
    Ich fürchte, Herrscher, deinen raschen Sinn,
    Den zorngeneigten, allzu fürstlichen.
Pe Sprich frei, und nichts wird dir von mir geschehn!
    Gerechtes Wort wird nie mit Zorn bedacht.
    Je Schlimmres du von diesen Bacchen sagst,
    So strenger fällt das Urteil diesem Mann,
    Der alle diese Künste sie gelehrt.
Hi Die Kälberherde trieben wir hinauf
    Zum Gipfel, als die Sonne ihren Pfeil
    Erwärmend auf die Erde niederschoß.
    Drei Frauenchöre sahn wir da vor uns,
    Von deiner Mutter, der Agaue, und
    Von Ino und Autonoë geführt.
    Sie schliefen alle friedlich hingestreckt,
    Auf Tannenzweige oder Eichenlaub
    Das Haupt gelagert, züchtig, nicht wie du
    Gesagt: von Wein und Flötenklang berauscht
    Und abseits auf der Kypris Werk bedacht.

ἡ σὴ δὲ μήτηρ ὠλόλυξεν ἐν μέσαις
σταθεῖσα βάκχαις, ἐξ ὕπνου κινεῖν δέμας,   690
μυκήμαθ' ὡς ἤκουσε κεροφόρων βοῶν.
αἱ δ' ἀποβαλοῦσαι θαλερὸν ὀμμάτων ὕπνον
ἀνῆξαν ὀρθαί, θαῦμ' ἰδεῖν εὐκοσμίας,
νέαι παλαιαὶ παρθένοι τ' ἔτ' ἄζυγες.
καὶ πρῶτα μὲν καθεῖσαν εἰς ὤμους κόμας   695
νεβρίδας τ' ἀνεστείλανθ' ὅσαισιν ἀμμάτων
σύνδεσμ' ἐλέλυτο, καὶ καταστίκτους δορὰς
ὄφεσι κατεζώσαντο λιχμῶσιν γένυν.
αἱ δ' ἀγκάλαισι δορκάδ' ἢ σκύμνους λύκων
ἀγρίους ἔχουσαι λευκὸν ἐδίδοσαν γάλα,   700
ὅσαις νεοτόκοις μαστὸς ἦν σπαργῶν ἔτι
βρέφη λιπούσαις· ἐπὶ δ' ἔθεντο κισσίνους
στεφάνους δρυός τε μίλακός τ' ἀνθεσφόρου.
θύρσον δέ τις λαβοῦσ' ἔπαισεν ἐς πέτραν,
ὅθεν δροσώδης ὕδατος ἐκπηδᾷ νοτίς·   705
ἄλλη δὲ νάρθηκ' ἐς πέδον καθῆκε γῆς,
καὶ τῇδε κρήνην ἐξανῆκ' οἴνου θεός·
ὅσαις δὲ λευκοῦ πώματος πόθος παρῆν,
ἄκροισι δακτύλοισι διαμῶσαι χθόνα
γάλακτος ἐσμοὺς εἶχον· ἐκ δὲ κισσίνων   710
θύρσων γλυκεῖαι μέλιτος ἔσταζον ῥοαί.
ὥστ', εἰ παρῆσθα, τὸν θεὸν τὸν νῦν ψέγεις
εὐχαῖσιν ἂν μετῆλθες εἰσιδὼν τάδε.
ξυνήλθομεν δὲ βουκόλοι καὶ ποιμένες,
κοινῶν λόγων δώσοντες ἀλλήλοις ἔριν·   715
καὶ τις πλάνης κατ' ἄστυ καὶ τρίβων λόγων   717
ἔλεξεν εἰς ἅπαντας· ῏Ω σεμνὰς πλάκας
ναίοντες ὀρέων, θέλετε θηρασώμεθα
Πενθέως Ἀγαύην μητέρ' ἐκ βακχευμάτων   720
χάριν τ' ἄνακτι θώμεθα; εὖ δ' ἡμῖν λέγειν
ἔδοξε, θάμνων δ' ἐλλοχίζομεν φόβαις
κρύψαντες αὑτούς· αἱ δὲ τὴν τεταγμένην

──────────

ὡς δεινὰ δρῶσι θαυμάτων τ' ἐπάξια·   716

Da sprang mit wildem Ruf Agaue hoch
Und trieb die Ruhenden aus ihrem Schlaf,
Als sie des Kälberzugs Gebrüll vernahm.
Sie schüttelten den süßen Schlummer ab
Und sprangen auf, ein Wunder strenger Zucht,
Ob alt, ob jung, ob Frauen oder Kind.
Die Locken fielen auf den Hals hinab,
Das Rehfell, dessen Spangen sie gelöst,
Ward frisch gebunden, Schlangen züngelten
Als Gürtel um der Hirsche bunten Pelz.
Sie nahmen kleine Rehlein auf den Arm
Und wilde Wölfchen, gaben ihnen Milch,
Wenn sie noch junge Mütter waren und
Die Brust noch strotzte, setzten Kränze auf
Von Eichen, Winden und des Efeus Grün.
Schlug eine mit dem Thyrsus an den Fels,
Entsprang ihm augenblicks ein kühler Quell,
Und stieß der Narthex auf den Boden auf,
So quoll des Gottes süßer Wein empor.
Wer nach dem weißen Tranke durstig war,
Der schürfte mit den Nägeln sich ein Loch,
Fand Milch die Fülle; von den Thyrsen troff
Des süßen Honigs überreicher Strom.
Wer solches Wunderland mit Augen sah,
Der betet zu dem Gott, den du verhöhnst.
    Wir Hirten, die es sahen, setzten uns
Und gaben um die Wette klugen Rat.
Ein wortgewandter halber Städter war
Dabei und sprach: „Ihr Männer des Gebirgs
Und höchster Felsen! Fangen wir uns nicht
Agaue, Pentheus' Mutter, aus der Schar
Und bringen sie dem Herrn?" Sein Rat schien gut,
Wir legten im Gebüsch den Hinterhalt
Und lauerten. Zur festgesetzten Zeit

ὥραν ἐκίνουν θύρσον ἐς βακχεύματα.
Ἴακχον ἀθρόῳ στόματι τὸν Διὸς γόνον   725
Βρόμιον καλοῦσαι· πᾶν δὲ συνεβάκχευ' ὄρος
καὶ θῆρες, οὐδὲν δ' ἦν ἀκίνητον δρόμῳ.
κυρεῖ δ' Ἀγαύη πλησίον θρῴσκουσά μου·
κἀγὼ 'ξεπήδησ' ὡς συναρπάσαι θέλων,
λόχμην κενώσας ἔνθ' ἐκρυπτόμην δέμας.   730
ἢ δ' ἀνεβόησεν· Ὢ δρομάδες ἐμαὶ κύνες,
θηρώμεθ' ἀνδρῶν τῶνδ' ὕπ'· ἀλλ' ἕπεσθέ μοι,
ἕπεσθε θύρσοις διὰ χερῶν ὡπλισμέναι.
ἡμεῖς μὲν οὖν φεύγοντες ἐξηλύξαμεν
βακχῶν σπαραγμόν, αἳ δὲ νεμομέναις χλόην   735
μόσχοις ἐπῆλθον χειρὸς ἀσιδήρου μέτα.
καὶ τὴν μὲν ἂν προσεῖδες εὔθηλον πόριν
μυκωμένην ἔχουσαν ἐν χεροῖν δίχα,
ἄλλαι δὲ δαμάλας διεφόρουν σπαράγμασιν.
εἶδες δ' ἂν ἢ πλεύρ' ἢ δίχηλον ἔμβασιν   740
ῥιπτόμεν' ἄνω τε καὶ κάτω· κρεμαστὰ δὲ
ἔσταζ' ὑπ' ἐλάταις ἀναπεφυρμέν' αἵματι.
ταῦροι δ' ὑβρισταὶ κἀς κέρας θυμούμενοι
τὸ πρόσθεν ἐσφάλλοντο πρὸς γαῖαν δέμας,
μυριάσι χειρῶν ἀγόμενοι νεανίδων.   745
θᾶσσον δὲ διεφοροῦντο σαρκὸς ἔνδυτα
ἢ σὲ ξυνάψαι βλέφαρα βασιλείοις κόραις.
χωροῦσι δ' ὥστ' ὄρνιθες ἀρθεῖσαι δρόμῳ
πεδίων ὑποτάσεις, αἳ παρ' Ἀσωποῦ ῥοαῖς
εὔκαρπον ἐκβάλλουσι Θηβαίων στάχυν·   750
Ὑσιάς τ' Ἐρυθράς θ', αἳ Κιθαιρῶνος λέπας
νέρθεν κατῳκήκασιν, ὥστε πολέμιοι,
ἐπεσπεσοῦσαι πάντ' ἄνω τε καὶ κάτω
διέφερον· ἥρπαζον μὲν ἐκ δόμων τέκνα·
ὁπόσα δ' ἐπ' ὤμοις ἔθεσαν, οὐ δεσμῶν ὕπο   755
προσείχετ' οὐδ' ἔπιπτεν ἐς μέλαν πέδον,
οὐ χαλκός, οὐ σίδηρος· ἐπὶ δὲ βοστρύχοις
πῦρ ἔφερον, οὐδ' ἔκαιεν. οἱ δ' ὀργῆς ὕπο
ἐς ὅπλ' ἐχώρουν φερόμενοι βακχῶν ὕπο·

Hob jede Schar den Thyrsus, alles rief
Aus einem Mund den hohen Sohn des Zeus,
Bromios Iacchos. Alle Berge tanzten mit
Und alle Tiere regten sich im Lauf.
Agaue stürmte eben vor mir hin;
Da sprang ich aus dem Busch, der mich verbarg,
Und machte auf sie Jagd. Sie aber schrie:
„Ihr flinken Hunde! Seht die Jäger hier!
Auf, folgt mir mit des Thyrsus scharfem Speer!"
Und sie zerrissen, was nicht floh. Das Vieh
Erlegten sie mit eisenloser Hand.

Da sah man manche Milchkuh mit Gebrüll
Verenden in dem gnadenlosen Arm,
Dort wurden Kälber gleicherweis zerstückt
Und manche Rippe, manch gespaltner Huf
Flog durch die Luft, verfing sich im Geäst
Der Tannen, träufelte den blutgen Tau.
Die Stiere senkten erst zum wilden Stoß
Die spitzen Hörner, wurden aber bald
Von tausendfacher Frauenhand gestürzt
Und schneller wurde noch ihr Fleisch zerteilt,
Als deine königliche Braue zuckt.
Nun stürmten sie wie Vögel übers Feld
Zum Ufer des Asopos, wo der Strom
Dem Volk von Theben seine Ernten reift.
Hysa, Erýthra an Kithairons Fuß
Ward wie vom schlimmsten Feinde heimgesucht
Und alle Habe auf den Kopf gestellt.
Die Kinder schleppten sie den Bauern fort
Und was die Schultern trugen, hielt von selbst
Und nichts fiel auf den Boden, war es auch
Von Erz, von Eisen. Auf den Locken saß
Ein Feuer, das nicht brannte. Voller Wut
Zog man mit Waffen gegen sie ins Feld.

οὕπερ τὸ δεινὸν ἦν θέαμ' ἰδεῖν, ἄναξ.   760
τοῖς μὲν γὰρ οὐχ ἥμασσε λογχωτὸν βέλος,
κεῖναι δὲ θύρσους ἐξανιεῖσαι χερῶν
ἐτραυμάτιζον κἀπενώτιζον φυγῇ
γυναῖκες ἄνδρας, οὐκ ἄνευ θεῶν τινος.
πάλιν δ' ἐχώρουν ὅθεν ἐκίνησαν πόδα,   765
κρήνας ἐπ' αὐτὰς ἃς ἀνῆκ' αὐταῖς θεός.
νίψαντο δ' αἷμα, σταγόνα δ' ἐκ παρηίδων
γλώσσῃ δράκοντες ἐξεφαίδρυνον χροός.
τὸν δαίμον' οὖν τόνδ' ὅστις ἔστ', ὦ δέσποτα,
δέχου πόλει τῇδ'· ὡς τά τ' ἄλλ' ἐστὶν μέγας,   770
κἀκεῖνό φασιν αὐτόν, ὡς ἐγὼ κλύω,
τὴν παυσίλυπον ἄμπελον δοῦναι βροτοῖς.
οἴνου δὲ μηκέτ' ὄντος οὐκ ἔστιν Κύπρις
οὐδ' ἄλλο τερπνὸν οὐδὲν ἀνθρώποις ἔτι.
Χο ταρβῶ μὲν εἰπεῖν τοὺς λόγους ἐλευθέρους   775
πρὸς τὸν τύραννον, ἀλλ' ὅμως εἰρήσεται·
Διόνυσος ἥσσων οὐδενὸς θεῶν ἔφυ.
Πε ἤδη τόδ' ἐγγὺς ὥστε πῦρ ὑφάπτεται
ὕβρισμα βακχῶν, ψόγος ἐς Ἕλληνας μέγας.
ἀλλ' οὐκ ὀκνεῖν δεῖ· στεῖχ' ἐπ' Ἠλέκτρας ἰὼν   780
πύλας· κέλευε πάντας ἀσπιδηφόρους
ἵππων τ' ἀπαντᾶν ταχυπόδων ἐπεμβάτας
πέλτας θ' ὅσοι πάλλουσι καὶ τόξων χερὶ
ψάλλουσι νευράς, ὡς ἐπιστρατεύσομεν
βάκχαισιν· οὐ γὰρ ἀλλ' ὑπερβάλλει τάδε,   785
εἰ πρὸς γυναικῶν πεισόμεσθ' ἃ πάσχομεν.
Δι πείθῃ μὲν οὐδέν, τῶν ἐμῶν λόγων κλύων,
Πενθεῦ· κακῶς δὲ πρὸς σέθεν πάσχων ὅμως
οὔ φημι χρῆναί σ' ὅπλ' ἐπαίρεσθαι θεῷ,
ἀλλ' ἡσυχάζειν· Βρόμιος οὐκ ἀνέξεται   790
κινοῦντα βάκχαις σ' εὐίων ὀρῶν ἄπο.
Πε οὐ μὴ φρενώσεις μ', ἀλλὰ δέσμιος φυγὼν
σώσῃ τόδ'; ἢ σοὶ πάλιν ἀναστρέψω δίκην;
Δι θύοιμ' ἂν αὐτῷ μᾶλλον ἢ θυμούμενος
πρὸς κέντρα λακτίζοιμι θνητὸς ὢν θεῷ.   795

Da aber tritt das größte Wunder ein:
Die Lanzen schlagen keine Wunden, um
So mehr die Thyrsen, ja die Frauenschar
Vertreibt die Männer, weil ein Gott ihr hilft,
Kehrt unversehrt zum steilen Berg zurück,
Zu Wassern, die ein Gott entspringen ließ,
Und wäscht das Blut ab; manche Schlange leckt
Die roten Tupfen von der weißen Haut.

    Nimm diesen Gott, und sei er wer er sei,
In Theben auf! Er ist ein großer Gott
Und jeder sagt, er habe dieser Welt
Den Wein gebracht, der alle Schmerzen löst,
Und wo kein Wein ist, bleibt auch Kypris fern
Und alles, was das Herz erfreuen kann.

Chf	Ich scheue vor dem Herrscher freies Wort
	Zu sprechen, aber dieses sei gesagt:
	Kein Gott ist größer als Diónysos.
Pe	Schon wälzt der Wahnsinn dieser Bacchen sich
	Heran wie Feuer, Schande Griechenlands.
	Da gilt kein Zaudern: Zum Elektra-Tor
	Ruft alle Schützen und das Reitervolk,
	Das Heer des schweren und des leichten Schilds!
	Kampf den Mänaden! Gipfel jeder Schmach,
	Daß uns von Weibern alles dies geschah!

Di	Du hörst zwar, Pentheus, nicht auf meinen Rat,
	Und ob ich Schlimmes nur von dir erfuhr,
	Warn ich dich doch vor diesem Waffenzug.
	Halt stille! Niemals duldet Bromios,
	Daß du die Bacchen von den Bergen treibst.
Pe	Willst du mich lehren? Einmal kamst du aus;
	Gelüstet dich nach zweitem Strafgericht?
Di	O opfre ihm und schlag nicht voller Wut,
	Ein Mensch nur, gegen Gottes Stachel aus!

Πε θύσω, φόνον γε θῆλυν, ὥσπερ ἄξιαι,
    πολὺν ταράξας ἐν Κιθαιρῶνος πτυχαῖς.

Δι φεύξεσθε πάντες· καὶ τόδ' αἰσχρόν, ἀσπίδας
    θύρσοισι βακχῶν ἐκτρέπειν χαλκηλάτους.

Πε ἀπόρῳ γε τῷδε συμπεπλέγμεθα ξένῳ,   800
    ὃς οὔτε πάσχων οὔτε δρῶν σιγήσεται.

Δι ὦ τᾶν, ἔτ' ἔστιν εὖ καταστῆσαι τάδε.

Πε τί δρῶντα; δουλεύοντα δουλείαις ἐμαῖς;

Δι ἐγὼ γυναῖκας δεῦρ' ὅπλων ἄξω δίχα.

Πε οἴμοι· τόδ' ἤδη δόλιον ἔς με μηχανᾷ.   805

Δι ποῖόν τι, σῶσαί σ' εἰ θέλω τέχναις ἐμαῖς;

Πε ξυνέθεσθε κοινῇ τάδ', ἵνα βακχεύητ' ἀεί.

Δι καὶ μὴν ξυνεθέμην τοῦτό γ', ἴσθι, τῷ θεῷ.

Πε ἐκφέρετέ μοι δεῦρ' ὅπλα, σὺ δὲ παῦσαι λέγων.

Δι ἆ.   810
    βούλῃ σφ' ἐν ὄρεσι συγκαθημένας ἰδεῖν;

Πε μάλιστα, μυρίον γε δοὺς χρυσοῦ σταθμόν.

Δι τί δ' εἰς ἔρωτα τοῦδε πέπτωκας μέγαν;

Πε λυπρῶς νιν εἰσίδοιμ' ἂν ἐξῳνωμένας.

Δι ὅμως δ' ἴδοις ἂν ἡδέως ἅ σοι πικρά;   815

Πε σάφ' ἴσθι, σιγῇ γ' ὑπ' ἐλάταις καθήμενος.

Δι ἀλλ' ἐξιχνεύσουσίν σε, κἂν ἔλθῃς λάθρᾳ.

Πε ἀλλ' ἐμφανῶς· καλῶς γὰρ ἐξεῖπας τάδε.

Δι ἄγωμεν οὖν σε κἀπιχειρήσεις ὁδῷ;

Πε ἄγ' ὡς τάχιστα, τοῦ χρόνου δ' οὔ σοι φθονῶ.   820

Δι στεῖλαί νυν ἀμφὶ χρωτὶ βυσσίνους πέπλους.

Πε τί δὴ τόδ'; ἐς γυναῖκας ἐξ ἀνδρὸς τελῶ;

Δι μή σε κτάνωσιν, ἢν ἀνὴρ ὀφθῇς ἐκεῖ.

Πε εὖ γ' εἶπας αὖ τόδ'· ὥς τις εἶ πάλαι σοφός.

Δι Διόνυσος ἡμᾶς ἐξεμούσωσεν τάδε.   825

Πε πῶς οὖν γένοιτ' ἂν ἃ σύ με νουθετεῖς καλῶς;

Δι ἐγὼ στελῶ σε δωμάτων ἔσω μολών.

Πε τίνα στολήν; ἦ θῆλυν; ἀλλ' αἰδώς μ' ἔχει.

Δι οὐκέτι θεατὴς μαινάδων πρόθυμος εἶ.

Πε στολὴν δὲ τίνα φῂς ἀμφὶ χρῶτ' ἐμὸν βαλεῖν;   830

Δι κόμην μὲν ἐπὶ σῷ κρατὶ ταναὸν ἐκτενῶ.

Pe   Ich opfre ihm ein edles Frauenblut,
     Das im Kithairon ihm vergossen wird!

Di   Dein ganzes Heer wird fliehen. Ewge Schmach:
     Der Erzschild weicht dem grünen Efeustab.

Pe   Schwer schafft man diesen Fremden sich vom Hals;
     Im Tun und Lassen hat er letztes Wort.

Di   Du kannst es noch zum Guten lenken, Freund.

Pe   Wenn sich der Herr den Untertanen beugt!

Di   Ich führe kampflos dir die Frauen zu.

Pe   O weh! In welche Schlinge lockst du mich?

Di   Zu deinem Besten wend ich meine Kunst.

Pe   Ihr plant nur ewge Dauer eures Fests.

Di   Das ist mein Wille, Wille meines Gotts.

Pe   Die Waffen her! – Dich hör ich nicht mehr an.

Di   Halt!
     Willst du ihr Lager sehen auf dem Berg?

Pe   Viel Barren Goldes gäbe ich darum!

Di   Wie überfiel dich diese große Lust?

Pe   Aufdecken wollt ich ihren wüsten Rausch.

Di   Und dennoch heimlich dich daran erfreun?

Pe   Ja, ganz geheim, im Tannengrün versteckt –

Di   Wer noch so heimlich kommt, wird aufgespürt.

Pe   Ganz, wie du willst. So komm ich öffentlich.

Di   Soll ich dich führen? Machst du dich bereit?

Pe   Geh gleich voran, die Frist ist dir gegönnt!

Di   So lege schnell die Byssuskleider an!

Pe   Wozu? Was soll der Mann im Frauenkleid?

Di   Der ist des Todes, der als Mann erscheint.

Pe   O guter Rat! Schon immer warst du schlau.

Di   Der Geist des Dionýsos weht in mir.

Pe   Und wie vollführ ich deinen guten Plan?

Di   Im Hause reich ich dir die neue Tracht.

Pe   Nur keine Frauentracht, ich schäme mich!

Di   Und die Mänaden willst du nicht mehr sehn?

Pe   So sage, wie du mich dort ausstaffierst!

Di   Von deinem Scheitel falle langes Haar!

Πε   τὸ δεύτερον δὲ σχῆμα τοῦ κόσμου τί μοι;
Δι   πέπλοι ποδήρεις· ἐπὶ κάρᾳ δ' ἔσται μίτρα.
Πε   ἦ καί τι πρὸς τοῖσδ' ἄλλο προσθήσεις ἐμοί;
Δι   θύρσον γε χειρὶ καὶ νεβροῦ στικτὸν δέρας.   835
Πε   οὐκ ἂν δυναίμην θῆλυν ἐνδῦναι στολήν.
Δι   ἀλλ' αἷμα θήσεις συμβαλὼν βάκχαις μάχην.
Πε   ὀρθῶς· μολεῖν χρὴ πρῶτον εἰς κατασκοπήν.
Δι   σοφώτερον γοῦν ἢ κακοῖς θηρᾶν κακά.
Πε   καὶ πῶς δι' ἄστεως εἶμι Καδμείους λαθών;   840
Δι   ὁδοὺς ἐρήμους ἵμεν· ἐγὼ δ' ἡγήσομαι.
Πε   πᾶν κρεῖσσον ὥστε μὴ 'γγελᾶν βάκχας ἐμοί.
      ἐλθών γ' ἐς οἴκους ἂν δοκῇ βουλεύσομαι.
Δι   ἔξεστι· πάντῃ τό γ' ἐμὸν εὐτρεπὲς πάρα.
Πε   στείχοιμ' ἄν· ἢ γὰρ ὅπλ' ἔχων πορεύσομαι   845
      ἢ τοῖσι σοῖσι πείσομαι βουλεύμασιν.
Δι   γυναῖκες, ἁνὴρ ἐς βόλον καθίσταται,   848
      ἥξει δὲ βάκχας, οὗ θανὼν δώσει δίκην.   847
      Διόνυσε, νῦν σὸν ἔργον· οὐ γὰρ εἶ πρόσω·
      τεισώμεθ' αὐτόν. πρῶτα δ' ἔκστησον φρενῶν,   850
      ἐνεὶς ἐλαφρὰν λύσσαν· ὡς φρονῶν μὲν εὖ
      οὐ μὴ θελήσῃ θῆλυν ἐνδῦναι στολήν,
      ἔξω δ' ἐλαύνων τοῦ φρονεῖν ἐνδύσεται.
      χρῄζω δέ νιν γέλωτα Θηβαίοις ὀφλεῖν
      γυναικόμορφον ἀγόμενον δι' ἄστεως   855
      ἐκ τῶν ἀπειλῶν τῶν πρίν, αἷσι δεινὸς ἦν.
      ἀλλ' εἶμι κόσμον ὅνπερ εἰς Ἅιδου λαβὼν
      ἄπεισι μητρὸς ἐκ χεροῖν κατασφαγείς,
      Πενθεῖ προσάψων· γνώσεται δὲ τὸν Διὸς
      Διόνυσον, ὃς πέφυκεν ἐν τέλει θεός,   860
      δεινότατος, ἀνθρώποισι δ' ἠπιώτατος.

Pe Was ist das zweite an der neuen Tracht?
Di Das Schleppkleid, und die Binde um das Haupt.
Pe Was hast du außerdem mir zugedacht?
Di Den Thyrsus und des Rehes buntes Fell.
Pe Nein, niemals leg ich Frauenkleider an.
Di Doch wenns zum Kampfe kommt, fließt euer Blut.
Pe Der Hinterhalt ist freilich sicherer.
Di Weit besser als durch Kämpfe neuer Kampf.
Pe Wie komm ich heimlich durch des Kadmos Stadt?
Di Durch leere Gassen. Ich will Führer sein.
Pe O mach mich nur den Bacchen nicht zum Spott! –
    Gehn wir hinein und rüsten unser Werk!
Di Zu jedem Dienste steh ich dir bereit.
Pe Noch weiß ich nicht, ob ich zu Felde zieh,
    Ob ich mich deinem Rate fügen soll.
Di Ihr Frauen, seht, nun läuft er in das Netz:
    Anblick der Bacchen zahlt er mit dem Tod.
    Dionýsos, auf, ans Werk! Du bist ja nah.
    Er soll es büßen. Stör ihm den Verstand
    Mit lockrem Wahn; denn ist er bei Vernunft,
    Wird nie er in die Frauenkleider gehn,
    Er tut es nur, wenn er von Sinnen ist.
    Ich will, daß er, der ganzen Stadt zum Spott,
    In Weiberröcken durch die Straßen zieht,
    Nach allem, was er eben noch gedroht.
    Den Schmuck, mit dem er in den Hades zieht,
    Geschlachtet von der eignen Mutter Hand,
    Leg ich ihm an, daß er Diónysos,
    Den Sohn des Zeus und aller Menschen Freund,
    Begreifen soll in seiner Schrecklichkeit.

Χο ἆρ' ἐν παννυχίοις χοροῖς   gl   στρ.
θήσω ποτὲ λευκὸν   -ch-
πόδ' ἀναβακχεύουσα, δέραν   tr² ch
εἰς αἰθέρα δροσερὸν ῥίπτουσ',   gl   885
ὡς νεβρὸς χλοεραῖς ἐμπαί-   gl
ζουσα λείμακος ἡδοναῖς,   gl
ἡνίκ' ἂν φοβερὰν φύγῃ   gl
θήραν ἔξω φυλακᾶς   sp×ch
εὐπλέκτων ὑπὲρ ἀρκύων,   gl   870
θωύσσων δὲ κυναγέτας   gl
συντείνῃ δράμημα κυνῶν·   sp-×ch
μόχθοις τ' ὠκυδρόμοις τ' ἀέλ-   gl
λαις θρῴσκει πεδίον   sp ch
παραποτάμιον, ἡδομένα   ch²
βροτῶν ἐρημίαις σκιαρο-   ia⁴   875
κόμοιό τ' ἔρνεσιν ὕλας.   ᴗgl˄

τί τὸ σοφόν; ἢ τί τὸ κάλλιον   ᴗgl
παρὰ θεῶν γέρας ἐν βροτοῖς   gl
ἢ χεῖρ' ὑπὲρ κορυφᾶς   spᴗch
τῶν ἐχθρῶν κρείσσω κατέχειν;   sp² ch   880
ὃ τι καλὸν φίλον ἀεί.   gl˄

ὁρμᾶται μόλις, ἀλλ' ὅμως   ἀντ.
πιστόν τι τὸ θεῖον
σθένος· ἀπευθύνει δὲ βροτῶν
τούς τ' ἀγνωμοσύναν τιμῶν-   885

DRITTES STANDLIED

Chor

Strophe

Wieder werd ich die lange Nacht
Heben den Fuß
Im bacchischen Tanz,
Wieder werfen das Haupt
In den Tau der Luft,
Wie das Rehkalb
Hüpfen durch grünende Wogen der Wiesen,
Wenn es den Schrecken der Jagd entrann,
Aus dem Gehege
Über das Flechtwerk der Zäune sprang.
Jäger spornt mit lautem Geschrei
Meute der Hunde,
Aber das Reh läuft
Leichten Sprunges davon,
Windschnell drüben den Bach entlang,
Freut sich menschenleeren Gefilds,
Freut sich der schattigen Zweige des Hains.
   Wo liegt Weisheit? Wo liegt Schönheit?
   Gibt es höheres Göttergeschenk
   Als über den Scheitel der Feinde
   Hoch erheben die Hand?
   Solche Schönheit
   Ist unser Glück.

Gegenstrophe

Langsam, aber der Hoffnung treu,
Macht sie sich auf,
Die göttliche Macht,
Straft den rasenden Geist,

τας καὶ μὴ τὰ θεῶν αὔξον-
τας σὺν μαινομένᾳ δόξᾳ.
κρυπτεύουσι δὲ ποικίλως
δαρὸν χρόνου πόδα καὶ
θηρῶσιν τὸν ἄσεπτον. οὐ   890
γὰρ κρεῖσσόν ποτε τῶν νόμων
γιγνώσκειν χρὴ καὶ μελετᾶν.
κούφα γὰρ δαπάνα νομί-
ζειν ἰσχὺν τόδ' ἔχειν,
ὅ τι ποτ' ἄρα τὸ δαιμόνιον,
τό τ' ἐν χρόνῳ μακρῷ νόμιμον   895
ἀεὶ φύσει τε πεφυκός.

τί τὸ σοφόν; ἢ τί τὸ κάλλιον
παρὰ θεῶν γέρας ἐν βροτοῖς
ἢ χεῖρ' ὑπὲρ κορυφᾶς
τῶν ἐχθρῶν κρείσσω κατέχειν;   900
ὅ τι καλὸν φίλον ἀεί.

εὐδαίμων μὲν ὃς ἐκ θαλάσσας   gl–
ἔφυγε χεῖμα, λιμένα δ' ἔκιχεν·   tr⁴
εὐδαίμων δ' ὃς ὕπερθε μόχθων   gl–
ἐγένεθ'· ἑτέρᾳ δ' ἕτερος ἕτερον   tr⁴   905
ὄλβῳ καὶ δυνάμει παρῆλθεν.   gl–
μυρίαι δ' ἔτι μυρίοις   gl
εἰσὶν ἐλπίδες· αἱ μὲν   gl⌢
τελευτῶσιν ἐν ὄλβῳ   .gl⌢
βροτοῖς, αἱ δ' ἀπέβησαν·   .gl⌢
τὸ δὲ κατ' ἦμαρ ὅτῳ βίοτος   gl   910
εὐδαίμων, μακαρίζω.   gl⌢

Der, dem blinden Wahn
Ganz verfallen,
Schuldige Ehren den Göttern verweigert.
Listig verbirgt sie den Schritt der Zeit,
Zögernden Schritt –
Dann ereilt sie den Frevelnden.
Nur nicht über das Maß hinaus
Denken und handeln!
Leicht ist die Mühe,
Dort zu ehren die Macht,
Wo der göttliche Wille ist,
Wo das uralt Gebräuchliche
Und alles ewig Natürliche siegt.
   Wo liegt Weisheit? Wo liegt Schönheit?
   Gibt es höheres Göttergeschenk,
   Als über den Scheitel der Feinde
   Hoch erheben die Hand?
   Solche Schönheit
   Ist unser Glück.

Schlußstrophe

Selig, wer aus des Meeres Sturm
In den sicheren Hafen kam,
Selig der Herr über alle Not.
Mancher ist stärker,
Mancher ist reicher,
Tausend Menschen –
Tausend Träume.
Manche führen zum Glück,
Manche zerflattern.
Ruhiges Leben des täglichen Tags,
Dich preis ich.

Δι σὲ τὸν πρόθυμον ὄνθ' ἃ μὴ χρεὼν ὁρᾶν
σπεύδοντά τ' ἀσπούδαστα, Πενθέα λέγω,
ἔξιθι πάροιθε δωμάτων, ὄφθητί μοι,
σκευὴν γυναικὸς μαινάδος βάκχης ἔχων,   915
μητρός τε τῆς σῆς καὶ λόχου κατάσκοπος·
πρέπεις δὲ Κάδμου θυγατέρων μορφὴν μιᾷ.

Πε καὶ μὴν ὁρᾶν μοι δύο μὲν ἡλίους δοκῶ,
δισσὰς δὲ Θήβας καὶ πόλισμ' ἑπτάστομον·
καὶ ταῦρος ἡμῖν πρόσθεν ἡγεῖσθαι δοκεῖς   920
καὶ σῷ κέρατα κρατὶ προσπεφυκέναι.
ἀλλ' ἦ ποτ' ἦσθα θήρ; τεταύρωσαι γὰρ οὖν.
Δι ὁ θεὸς ὁμαρτεῖ, πρόσθεν ὢν οὐκ εὐμενής,
ἔνσπονδος ἡμῖν· νῦν δ' ὁρᾷς ἃ χρή σ' ὁρᾶν.
Πε τί φαίνομαι δῆτ'; οὐχὶ τὴν Ἰνοῦς στάσιν   925
ἢ τὴν Ἀγαύης ἑστάναι, μητρός γ' ἐμῆς;
Δι αὐτὰς ἐκείνας εἰσορᾶν δοκῶ σ' ὁρῶν.
ἀλλ' ἐξ ἕδρας σοι πλόκαμος ἐξέστηχ' ὅδε,
οὐχ ὡς ἐγώ νιν ὑπὸ μίτρᾳ καθήρμοσα.
Πε ἔνδον προσείων αὐτὸν ἀνασείων τ' ἐγὼ   930
καὶ βακχιάζων ἐξ ἕδρας μεθώρμισα.
Δι ἀλλ' αὐτὸν ἡμεῖς, οἷς σε θεραπεύειν μέλει,
πάλιν καταστελοῦμεν· ἀλλ' ὄρθου κάρα.
Πε ἰδού, σὺ κόσμει· σοὶ γὰρ ἀνακείμεσθα δή.
Δι ζῶναί τέ σοι χαλῶσι κοὐχ ἑξῆς πέπλων   935
στολίδες ὑπὸ σφυροῖσι τείνουσιν σέθεν.
Πε κἀμοὶ δοκοῦσι παρά γε δεξιὸν πόδα·
τἀνθένδε δ' ὀρθῶς παρὰ τένοντ' ἔχει πέπλος.
Δι ἦ πού με τῶν σῶν πρῶτον ἡγήσῃ φίλων,
ὅταν παρὰ λόγον σώφρονας βάκχας ἴδῃς.   940

VIERTE HAUPTSZENE

Dionysos

O Pentheus, gierig nach geheimer Schau
Und allzu eifrig, wo kein Eifer ziemt,
Tritt aus dem Haus und laß dich vor mir sehn,
Im Weiberkleid, in der Mänaden Tracht,
Spion der Mutter und der großen Schar.
Nun gleichst du Kadmos' Töchtern auf ein Haar.

Pentheus

Zwei Sonnen seh ich dort am Himmel, hier
Zwei Städte, zweimal Thebens Mauerring.
Du aber schreitest mir als Stier voran
Und Hörner sprießen dir aus deinem Haupt.
Bist du kein Mensch mehr? Ganz ein wildes Tier?

Di Der Gott, der unser Feind war, hat sich jetzt
Uns ganz versöhnt und schließt dein Auge auf.

Pe Wie siehst du mich? Hab ich nicht Inos Schritt
Und nicht Agaues, meiner Mutter, Gang?

Di Wenn ich dich sehe, stehen sie vor mir.
Nur diese Locke hat sich vorgedrängt,
Die ich der Binde kunstvoll eingefügt.

Pe Vorwärts und aufwärts warf ich schon mein Haupt
Im Bacchentanz, da sprang sie mir heraus.

Di Da du mir schon den Kleiderdienst verliehst,
Leg ich sie richtig. Hebe nur dein Haupt!

Pe Ich unterwerfe mich der klugen Hand.

Di Der Gürtel sitzt nicht und der Faltensaum
Liegt nicht, wie sichs gehört, am Knöchel an.

Pe Nur diese Seite weist den Fehler auf,
Links fällt der Mantel wohlgelegt herab.

Di Du hältst mich noch für deinen besten Freund,
Wenn du der Bacchen keusche Ordnung siehst.

Πε πότερα δὲ θύρσον δεξιᾷ λαβὼν χερὶ
ἢ τῇδε, βάκχῃ μᾶλλον εἰκασθήσομαι;
Δι ἐν δεξιᾷ χρὴ χἅμα δεξιῷ ποδὶ
αἴρειν νιν· αἰνῶ δ' ὅτι μεθέστηκας φρενῶν.
Πε ἆρ' ἂν δυναίμην τὰς Κιθαιρῶνος πτυχὰς 945
αὐταῖσι βάκχαις τοῖς ἐμοῖς ὤμοις φέρειν;
Δι δύναι' ἄν, εἰ βούλοιο· τὰς δὲ πρὶν φρένας
οὐκ εἶχες ὑγιεῖς, νῦν δ' ἔχεις οἵας σε δεῖ.
Πε μοχλοὺς φέρωμεν; ἢ χεροῖν ἀνασπάσω
κορυφαῖς ὑποβαλὼν ὦμον ἢ βραχίονα; 950
Δι μὴ σύ γε τὰ Νυμφῶν διολέσῃς ἱδρύματα
καὶ Πανὸς ἕδρας ἔνθ' ἔχει συρίγματα.
Πε καλῶς ἔλεξας· οὐ σθένει νικητέον
γυναῖκας· ἐλάταισιν δ' ἐμὸν κρύψω δέμας.
Δι κρύψῃ σὺ κρύψιν ἥν σε κρυφθῆναι χρεών, 955
ἐλθόντα δόλιον μαινάδων κατάσκοπον.
Πε καὶ μὴν δοκῶ σφᾶς ἐν λόχμαις ὄρνιθας ὡς
λέκτρων ἔχεσθαι φιλτάτοις ἐν ἕρκεσιν.
Δι οὐκοῦν ἐπ' αὐτὸ τοῦτ' ἀποστέλλῃ φύλαξ·
λήψῃ δ' ἴσως σφᾶς, ἢν σὺ μὴ ληφθῇς πάρος. 960
Πε κόμιζε διὰ μέσης με Θηβαίας πόλεως·
μόνος γὰρ αὐτῶν εἰμ' ἀνὴρ τολμῶν τόδε.
Δι μόνος σὺ πόλεως τῆσδ' ὑπερκάμνεις, μόνος·
τοιγάρ σ' ἀγῶνες ἀναμένουσιν οὓς ἐχρῆν.
ἕπου δέ· πομπὸς δ' εἰμ' ἐγὼ σωτήριος, 965
κεῖθεν δ' ἀπάξει σ' ἄλλος.
Πε   ἡ τεκοῦσά γε.
Δι ἐπίσημον ὄντα πᾶσιν.
Πε   ἐπὶ τόδ' ἔρχομαι.
Δι φερόμενος ἥξεις —
Πε   ἁβρότητ' ἐμὴν λέγεις.
Δι ἐν χερσὶ μητρός.
Πε   καὶ τρυφᾶν μ' ἀναγκάσεις.
Δι τρυφάς γε τοιάσδε.
Πε   ἀξίων μὲν ἅπτομαι. 970
Δι δεινὸς σὺ δεινὸς κἀπὶ δείν' ἔρχῃ πάθη,

Pe   Ganz will ich ihnen gleichen. Diesen Stab,
Hebt ihn die rechte oder linke Hand?

Di   Die rechte Hand, mit deinem rechten Fuß!
Wie schön erfaßt dich die Begeisterung!

Pe   O lüd ich des Kithairon Felsenhaupt
Auf meine Schultern samt der Frauenschar!

Di   Du kannst es, wenn du willst. Nun ist dein Geist
Von seiner Krankheit endlich ganz erwacht!

Pe   Reiß ich den Gipfel mit dem Hebel los?
Mit nackter Hand? Mit angestemmtem Arm?

Di   Da geht der Nymphen Sitz in Trümmer und
Des Pan, der droben seine Röhren bläst.

Pe   Wohl wahr; so unterbleibe die Gewalt
Und ich verberge mich im dichten Tann.

Di   Wie bald verbirgt dich die Verborgenheit,
Die jedem Späher der Mänaden ziemt!

Pe   Schon seh ich sie wie Vögel in dem Nest
In süßer Enge sich der andern freun.

Di   Das ist dein hoher Auftrag und vielleicht
Ertappst du sie – bevor man dich ertappt.

Pe   O führe mitten mich durch Thebens Stadt!
Ich bin der einzige, der solches wagt.

Di   Nur du nimmst alles für die Stadt auf dich
Und kämpfst den Kampf, der dir allein bestimmt.
So folge mir, ich führe dich zum Glück!
Doch heimwärts bringt dich...

Pe   ...meiner Mutter Hand!

Di   Vor aller Augen!

Pe   O ersehntes Ziel!

Di   Du wirst getragen...

Pe   Stolzer Augenblick!

Di   Von Mutters Händen!

Pe   Man umjubelt mich!

Di   O, diesen Jubel...

Pe   ...hab ich mir verdient.

Di   So eilt ein großer Mann zu großer Tat

ὥστ' οὐρανῷ στηρίζον εὑρήσεις κλέος. —
ἔκτειν', 'Αγαύη, χεῖρας αἵ θ' ὁμόσποροι
Κάδμου θυγατέρες· τὸν νεανίαν ἄγω
τόνδ' εἰς ἀγῶνα μέγαν, ὁ νικήσων δ' ἐγὼ   975
καὶ Βρόμιος ἔσται. τἄλλα δ' αὐτὸ σημανεῖ.

Χο ἴτε θοαὶ Λύσσας κύνες ἴτ' εἰς ὄρος,   do²   στρ.
    θίασον ἔνθ' ἔχουσι Κάδμου κόραι,   do²
    ἀνοιστρήσατέ νιν   do
    ἐπὶ τὸν ἐν γυναικομίμῳ στολᾷ   do²   980
    λυσσώδη κατάσκοπον μαινάδων.   do²

    μάτηρ πρῶτά νιν λευρᾶς ἀπὸ πέτρας   do²
    ἢ σκόλοπος ὄψεται   cr²
    δοκεύοντα, μαινάσιν δ' ἀπύσει·   do²
    Τίς ὅδ' ὀρειδρόμων   do   985
    μαστὴρ Καδμείων ἐς ὄρος ἐς ὄρος ἔμολ'   do²
    ἔμολεν, ὦ βάκχαι; τίς ἄρα νιν ἔτεκεν;   do²
    οὐ γὰρ ἐξ αἵματος   cr²
    γυναικῶν ἔφυ, λεαίνας δέ τινος   do²
    ὅδ' ἢ Γοργόνων Λιβυσσᾶν γένος.   do²   990

    ἴτω δίκα φανερός, ἴτω ξιφηφόρος   ia⁶
    φονεύουσα λαιμῶν διαμπὰξ   ba²

Und zieht die Sterne auf sein stolzes Haupt. –
Agaue, streck die Hände aus, und ihr,
Des Kadmos andre Töchter! Diesen Mann
Führ ich zum Kampf. Doch Sieger bleib ich selbst
Und Bromios – und bald wird es enthüllt.

VIERTES STANDLIED

Chor

Strophe

Schnelle Hunde der Lyssa,
Jagt hinauf in die Berge
Zu der Kadmostöchter
Schwärmenden Scharen,
Hetzt sie auf
Gegen den Späher der Bacchen,
Rasenden Mann in Weiberkleidern!
Bald von der ragenden Klippe des Felsens
Wird ihn als erste die Mutter erblicken,
Zu den Mänaden
Erhebt sie den Ruf:
„Wer kam da, wer kam da
Herauf ins Gebirg,
Kadmos' Töchter
Zu erspähen?
Er ist kein menschliches Wesen,
Frucht keiner Mutter,
Ist Sohn einer Löwin,
Libyscher Gorgo
Furchtbar Vermächtnis!"
   Komm, leibhaftige Rache,
   Komm mit dem Schwerte,
   Durchschneide die Kehle

τὸν ἄθεον ἄνομον ἄδικον Ἐχίονος   do²   995
γόνον γηγενῆ,   do

ὃς ἀδίκῳ γνώμᾳ παρανόμῳ τ᾿ ὀργᾷ   ἀντ.
περὶ σὰ Βάκχι᾿, ὄργια ματρός τε σᾶς
μανείσᾳ πραπίδι
παρακόπῳ τε λήματι στέλλεται,   1000
τἀνίκατον ὡς κρατήσων βίᾳ.

γνωμᾶν σωφρόνα θάνατος ἀπροφάσι-
στος ἐς τὰ θεῶν ἔφυ·   ba cr
βροτείως τ᾿ ἔχειν ἄλυπος βίος.
τὸ σοφὸν οὐ φθονῶ·   1005
χαίρω θηρεύουσα τάδ᾿ ἕτερα μεγάλα
φανέρ᾿ ἄγοντ᾿ ἀεὶ ἐπὶ τὰ καλὰ βίον,
ἦμαρ ἐς νύκτα τ᾿ εὐ-
αγοῦντ᾿ εὐσεβεῖν, τὰ δ᾿ ἔξω νόμιμα
δίκας ἐκβαλόντα τιμᾶν θεούς.   1010

ἴτω δίκα φανερός, ἴτω ξιφηφόρος
φονεύουσα λαιμῶν διαμπὰξ
τὸν ἄθεον ἄνομον ἄδικον Ἐχίονος   1015
τόκον γηγενῆ.

Dem Mann ohne Gott,
Dem Mann ohne Brauch,
Dem Mann ohne Recht,
Dem Sohn des Echion,
Dem Sohn der Erde,

Gegenstrophe

Der mit frevelndem Mute,
Der mit gottlosem Wüten
Gegen Bacchos' Weihen,
Sémeles Weihen,
Sinnverstört
Aufsteht in trotzigem Wahnsinn,
Unüberwindliche Macht befehdet.
Frevles Bemessen der göttlichen Dinge
Richtet der Tod, den noch keiner bestochen.
Menschlich Bescheiden
Ist seligstes Glück.
Die Weisheit der Weisen
Beneide ich nicht.
Was ist besser,
Was ist größer,
Als fromm sein Leben verbringen,
Tage und Nächte
In schuldlosem Frieden,
Rechtloses meiden,
Götter verehren?
    Komm, leibhaftige Rache,
    Komm mit dem Schwerte,
    Durchschneide die Kehle
    Dem Mann ohne Gott,
    Dem Mann ohne Brauch,
    Dem Mann ohne Recht,
    Dem Sohn des Echion,
    Dem Sohn der Erde!

φάνηθι ταῦρος ἢ πολύκρανος ἰδεῖν	ia²⌣hem
δράκων ἢ πυριφλέγων ὁρᾶσθαι λέων.	do ia² cr
ἴθ', ὦ Βάκχε, θηραγρευτᾷ βακχᾶν	do² 1020
γελῶντι προσώπῳ περίβαλε βρόχον	do²
θανάσιμον ὑπ' ἀγέλαν πεσόν-	ia¹
τι τὰν μαινάδων.	do

Θεράπων

ὦ δῶμ' ὃ πρίν ποτ' εὐτύχεις ἀν' Ἑλλάδα,
Σιδωνίου γέροντος, ὃς τὸ γηγενὲς   1025
δράκοντος ἔσπειρ' ὄφεος ἐν γαίᾳ θέρος,
ὡς σε στενάζω, δοῦλος ὢν μέν, ἀλλ' ὅμως.   1027

Χο τί δ' ἔστιν; ἐκ βακχῶν τι μηνύεις νέον;   1029
Θε Πενθεὺς ὄλωλεν, παῖς Ἐχίονος πατρός.   1030

Χο ἄναξ ὦ Βρόμιε, θεὸς φαίνῃ μέγας.   do²

Θε πῶς φῄς; τί τοῦτ' ἔλεξας; ἢ 'πὶ τοῖς ἐμοῖς ia⁶
     χαίρεις κακῶς πράσσουσι δεσπόταις, γύναι; ia⁶

     χρηστοῖσι δούλοις συμφορὰ τὰ δεσποτῶν   1028

Schlußstrophe

Auf, erscheine als Stier,
Als hundertköpfige Schlange,
Als feuerschnaubender Löwe!
Bacchos, o Bacchos!
Wirf diesem Jäger der Bacchen,
Der sich unter deine Mänaden schleicht,
Mit lachendem Antlitz
Die tödliche Schlinge
Um seinen Nacken!

SCHLUSSZENE

Diener

O Haus, o glücklichstes in Griechenland,
Dem aus der Drachensaat das Erdgeschlecht
Des Kadmos aufging, des Sidoniers,
Wie tief beklagt der letzte Sklave dich!

Chorführerin

Was gibts? Bringst du uns Neues vom Gebirg?
Die Pentheus, der Sohn Echions, lebt nicht mehr!

Chor

Bromios! Herrscher!
Sei gepriesen,
Siegreicher Gott!
Die Was sagt ihr da? Seid ihr so hoch erfreut,
Wenn unsere Herren schweres Unglück trifft?

Χο εὐάζω ξένα μέλεσι βαρβάροις·   do²
   οὐκέτι γὰρ δεσμῶν ὑπὸ φόβῳ πτήσσω.   do²   1085

Θε Θήβας δ' ἀνάνδρους ὧδ' ἄγεις . . .   ia⁶
. . . .   ia⁶
Χο ὁ Διόνυσος ὁ Διόνυσος, οὐ Θῆβαι   do ia² sp
   κράτος ἔχουσ' ἐμόν.   do

Θε συγγνωστὰ μέν σοι, πλὴν ἐπ' ἐξειργασμένοις ia⁶
   κακοῖσι χαίρειν, ὦ γυναῖκες, οὐ καλόν.   ia⁶   1040
Χο ἔννεπέ μοι, φράσον, τίνι μόρῳ θνήσκει   do²
   ἄδικος ἄδικά τ' ἐκπορίζων ἀνήρ;   do²

Θε ἐπεὶ θεράπνας τῆσδε Θηβαίας χθονὸς
   λιπόντες ἐξέβημεν Ἀσωποῦ ῥοάς,
   λέπας Κιθαιρώνειον εἰσεβάλλομεν   1045
   Πενθεύς τε κἀγώ — δεσπότῃ γὰρ εἱπόμην —
   ξένος θ' ὃς ἡμῖν πομπὸς ἦν θεωρίας.
   πρῶτον μὲν οὖν ποιηρὸν ἵζομεν νάπος,
   τά τ' ἐκ ποδῶν σιγηλὰ καὶ γλώσσης ἄπο
   σώζοντες, ὡς ὁρῷμεν οὐχ ὁρώμενοι.   1050
   ἦν δ' ἄγκος ἀμφίκρημνον, ὕδασι διάβροχον,
   πεύκαισι συσκιάζον, ἔνθα μαινάδες
   καθῆντ' ἔχουσαι χεῖρας ἐν τερπνοῖς πόνοις.
   αἱ μὲν γὰρ αὐτῶν θύρσον ἐκλελοιπότα
   κισσῷ κομήτην αὖθις ἐξανέστεφον,   1055
   αἱ δ', ἐκλιποῦσαι ποικίλ' ὡς πῶλοι ζυγά,
   βακχεῖον ἀντέκλαζον ἀλλήλαις μέλος.
   Πενθεὺς δ' ὁ τλήμων θῆλυν οὐχ ὁρῶν ὄχλον
   ἔλεξε τοιάδ'· Ὦ ξέν', οὗ μὲν ἕσταμεν,
   οὐκ ἐξικνοῦμαι μαινάδων ὄσσοις νόθων·   1060
   ὄχθων δ' ἔπ', ἀμβὰς ἐς ἐλάτην ὑψαύχενα,
   ἴδοιμ' ἂν ὀρθῶς μαινάδων αἰσχρουργίαν.
   τοὐντεῦθεν ἤδη τοῦ ξένου τὸ θαῦμ' ὁρῶ·

Ch   Die Fremden jubeln,
      In Tönen der Ferne,
      Sie schaudern nicht mehr
      Vor Stricken und Ketten.
Die   Und scheint euch Thebens Stadt so männerleer,
      Daß eure Zunge nichts zu fürchten hat?
Ch   Dionýsos, Dionýsos,
      Nicht mehr Theben
      Regiert uns.
Die   Sie ist verzeihlich, aber nimmer ist sie gut,
      Die Freude über schwerstes, schlimmstes Los.
Ch   Sag uns, o sag sein Los!
      Wie starb der unheilige Mann,
      Der alles Unheilige tat?

Die   Wir hatten Thebens Höfe hinter uns
      Und kamen von Asopos' breitem Tal
      Zu des Kithairons steilem Hang hinauf,
      Pentheus und ich (sein Diener) und der Mann,
      Der fremde Führer zu dem Gottesfest.
      In einem Wiesental war erste Rast,
      Die Schritte und die Reden wurden leis,
      Wir wollten sehen, nicht gesehen sein.
      Die Schlucht war eng, viel Wasser floß hindurch,
      Im Fichtenschatten saß die Bacchenschar,
      Die Hände taten manches frohe Werk.
      Die einen schmückten ihren Thyrsusstab
      Aufs neue mit des Efeus Ranken auf,
      Die andern, froh wie abgeschirrtes Pferd,
      Sangen sich heitre Bacchusweisen zu.
      Der arme Pentheus, der nicht alles sah,
      Sprach: „Fremder, von dem Ort, auf dem wir stehn,
      Erfaßt mein Aug das tollste Treiben nicht.
      Von jenem Hang, von jener Tanne aus
      Erführ ich ihre ganze Schändlichkeit."
      Da seh ich jenen Mann ein Wunder tun.

λαβὼν γὰρ ἐλάτης οὐράνιον ἄκρον κλάδον
κατῆγεν, ἦγεν, ἦγεν ἐς μέλαν πέδον·   1065
κυκλοῦτο δ' ὥστε τόξον ἢ κυρτὸς τροχὸς
τόρνῳ γραφόμενος περιφορὰν ἕλκει δρόμον·
ὣς κλῶν' ὄρειον ὁ ξένος χεροῖν ἄγων
ἔκαμπτεν ἐς γῆν, ἔργματ' οὐχὶ θνητὰ δρῶν.
Πενθέα δ' ἱδρύσας ἐλατίνων ὄζων ἔπι,   1070
ὀρθὸν μεθίει διὰ χερῶν βλάστημ' ἄνω
ἀτρέμα, φυλάσσων μὴ ἀναχαιτίσειέ νιν,
ὀρθὴ δ' ἐς ὀρθὸν αἰθέρ' ἐστηρίζετο,
ἔχουσα νώτοις δεσπότην ἐφήμενον·
ὤφθη δὲ μᾶλλον ἢ κατεῖδε μαινάδας.   1075
ὅσον γὰρ οὔπω δῆλος ἦν θάσσων ἄνω,
καὶ τὸν ξένον μὲν οὐκέτ' εἰσορᾶν παρῆν,
ἐκ δ' αἰθέρος φωνή τις, ὡς μὲν εἰκάσαι
Διόνυσος, ἀνεβόησεν· Ὦ νεάνιδες,
ἄγω τὸν ὑμᾶς κἀμὲ τἀμά τ' ὄργια   1080
γέλων τιθέμενον· ἀλλὰ τιμωρεῖσθέ νιν.
καὶ ταῦθ' ἅμ' ἠγόρευε καὶ πρὸς οὐρανὸν
καὶ γαῖαν ἐστήριξε φῶς σεμνοῦ πυρός.
σίγησε δ' αἰθήρ, σῖγα δ' ὕλιμος νάπη
φύλλ' εἶχε, θηρῶν δ' οὐκ ἂν ἤκουσας βοήν.   1085
  αἱ δ' ὠσὶν ἠχὴν οὐ σαφῶς δεδεγμέναι
ἔστησαν ὀρθαὶ καὶ διήνεγκαν κόρας.
ὁ δ' αὖθις ἐπεκέλευσεν· ὡς δ' ἐγνώρισαν
σαφῆ κελευσμὸν Βακχίου Κάδμου κόραι,
ᾖξαν πελείας ὠκύτητ' οὐχ ἥσσονες,   1090
μήτηρ Ἀγαύη σύγγονοί θ' ὁμόσποροι   1092
πᾶσαί τε βάκχαι· διὰ δὲ χειμάρρου νάπης
ἀγμῶν τ' ἐπήδων θεοῦ πνοαῖσιν ἐμμανεῖς.
ὡς δ' εἶδον ἐλάτῃ δεσπότην ἐφήμενον,   1095
πρῶτον μὲν αὐτοῦ χερμάδας κραταιβόλους
ἔρριπτον, ἀντίπυργον ἐπιβᾶσαι πέτραν,
ὄζοισί τ' ἐλατίνοισιν ἠκοντίζετο.

ποδῶν ἔχουσαι συντόνοις δραμήμασι   1091

Er faßt der Tanne höchsten Wipfel an
Und zieht und zieht ihn nieder auf den Grund.
Der krümmt sich wie ein Bogen; wie der Schlag
Des Zirkels Kreise zieht auf einem Brett,
So zog der Fremde sich den Ast herab
Bis auf den Boden, übermenschlich Werk.
Dann setzt er Pentheus oben aufs Gezweig,
Läßt das Gewächs ganz langsam aus der Hand,
Den Reiter wahrend vor dem jähen Sturz,
Und senkrecht stieg es in die steile Luft
Mit unserm Herren auf dem Rücken, der
Nur wenig sah und den nun jeder sah.

Von da ab ward der Fremde nicht gesehn.
Doch eine Stimme aus dem Himmel, wohl
Des Dionýsos, rief: „Ihr jungen Fraun!
Ich bring euch den, der mich und meinen Dienst
Verhöhnte. Euer ist das Rachewerk!"
Bei diesen Worten glänzte heller Schein
Im Himmel und auf aller Erde auf;
Es schwieg die Luft, es schwieg ein jedes Blatt
Des Waldes und der Tiere Stimme schwieg.
   Die Frauen hatten nur Gedröhn gehört,
Sie standen still und blickten wild um sich.
Und wieder kam der strenge Ruf des Gotts.
Kaum hatten Kadmos' Töchter ihn erkannt,
Da stürzten schneller sie wie Tauben fort,
Voran Agaue, dann die Schwestern, dann
Der Bacchen Heer. Sie rasten durch die Schlucht,
Durch steile Felsen, ganz vom Gott durchweht.
Da sahen sie die Tanne mit dem Mann.
Von einem nahen Felsen ließen sie
Zuerst der Steine Hagel auf ihn los
Und spitze Tannenäste statt des Speers.

ἄλλαι δὲ θύρσους ἵεσαν δι' αἰθέρος
Πενθέως, στόχον δύστηνον· ἀλλ' οὐκ ἤνυτον.   1100
κρεῖσσον γὰρ ὕψος τῆς προθυμίας ἔχων
καθῆσθ' ὁ τλήμων, ἀπορίᾳ λελημμένος.
τέλος δὲ δρυΐνους συγκεραυνοῦσαι κλάδους
ῥίζας ἀνεσπάρασσον ἀσιδήροις μοχλοῖς.
ἐπεὶ δὲ μόχθων τέρματ' οὐκ ἐξήνυτον,   1105
ἔλεξ' Ἀγαύη· Φέρε, περιστᾶσαι κύκλῳ
πτόρθου λάβεσθε, μαινάδες, τὸν ἀμβάτην
θῆρ' ὡς ἕλωμεν, μηδ' ἀπαγγείλῃ θεοῦ
χορούς κρυφαίους.   αἱ δὲ μυρίαν χέρα
προσέθεσαν ἐλάτῃ κἀξανέσπασαν χθονός·   1110
ὑψοῦ δὲ θάσσων ὑψόθεν χαμαιριφὴς
πίπτει πρὸς οὖδας μυρίοις οἰμώγμασιν
Πενθεύς· κακοῦ γὰρ ἐγγὺς ὢν ἐμάνθανεν.
πρώτη δὲ μήτηρ ἦρξεν ἱερέα φόνου
καὶ προσπίτνει νιν· ὁ δὲ μίτραν κόμης ἄπο   1115
ἔρριψεν, ὥς νιν γνωρίσασα μὴ κτάνοι
τλήμων Ἀγαύη, καὶ λέγει, παρηίδος
ψαύων· Ἐγώ τοι, μῆτερ, εἰμί, παῖς σέθεν
Πενθεύς, ὃν ἔτεκες ἐν δόμοις Ἐχίονος·
οἴκτιρε δ' ὦ μῆτέρ με, μηδὲ ταῖς ἐμαῖς   1120
ἁμαρτίαισι παῖδα σὸν κατακτάνῃς.
ἡ δ' ἀφρὸν ἐξιεῖσα καὶ διαστρόφους
κόρας ἑλίσσουσ', οὐ φρονοῦσ' ἃ χρὴ φρονεῖν,
ἐκ Βακχίου κατείχετ', οὐδ' ἔπειθέ νιν.
λαβοῦσα δ' ὠλέναις ἀριστερὰν χέρα,   1125
πλευραῖσιν ἀντιβᾶσα τοῦ δυσδαίμονος
ἀπεσπάραξεν ὦμον, οὐχ ὑπὸ σθένους,
ἀλλ' ὁ θεὸς εὐμάρειαν ἐπεδίδου χεροῖν·
Ἰνὼ δὲ τἀπὶ θάτερ' ἐξειργάζετο,
ῥηγνῦσα σάρκας, Αὐτονόη τ' ὄχλος τε πᾶς   1130
ἐπεῖχε βακχῶν· ἦν δὲ πᾶσ' ὁμοῦ βοή,
ὁ μὲν στενάζων ὅσον ἐτύγχαν' ἐμπνέων,
αἱ δ' ἠλάλαζον. ἔφερε δ' ἣ μὲν ὠλένην,
ἣ δ' ἴχνος αὐταῖς ἀρβύλαις· γυμνοῦντο δὲ

Auch Thyrsusstäbe flogen nach dem Ziel –
Dem armen Pentheus –, doch sie trafen nicht,
Denn höher noch als aller Eifer ging,
Saß ganz verzweifelt dieser Unglücksmann.
Dann gruben sie des Baumes Wurzeln an,
Als Eisenhebel diente starker Ast,
Doch ihre Mühe krönte kein Erfolg.
Da rief Agaue: „Stellt euch rings herum!
Das Tier da oben muß gefangen sein,
Bevor es den geheimen Dienst verrät!
Faßt an!" Da griffen tausend Hände zu,
Die Riesentanne wich aus ihrem Grund,
Und Pentheus stürzt von seinem hohen Sitz
Hinunter auf die Erde, jammert laut
Und weiß, daß er dem Unheil nahe ist.
Die Mutter stürzt zuerst aufs Opfertier.
Da reißt er sich die Binde von dem Haar,
Daß sie ihn kenne und verschone, greift
Nach ihrer Wange und „Agaue!" ruft
Er, „Mutter! Sieh, ich bin dein lieber Sohn,
Pentheus, den du Echion einst gebarst!
Hab Mitleid, liebste Mutter, töte nicht
Das eigne Kind, das sich so schwer verstrickt!"
Doch sie, wild schäumend und mit irrem Blick,
Bedenkt nicht, was es zu bedenken gibt,
Ist ganz des Bacchus voll und bleibt ihm taub.
Sie tritt den Ärmsten in die Seite, packt
Mit beiden Armen seine Linke, reißt
Die Schulter aus, nicht mit der eignen Kraft,
Der Gott hat ihre Hände leicht gemacht.
Und Ino riß die andre Seite weg,
Autonoë, der ganze Bacchenchor
Griff zu und beider Schreie mischten sich:
Er brüllt vor Schmerzen bis zum letzten Hauch,
Sie jubeln. Eine trägt den Arm davon,
Die andre den beschuhten Fuß, der Rumpf

πλευραί σπαραγμοῖς· πᾶσα δ' ἡματωμένη   1135
χεῖρας διεσφαίριζε σάρκα Πενθέως.
κεῖται δὲ χωρὶς σῶμα, τὸ μὲν ὑπὸ στύφλοις
πέτραις, τὸ δ' ὕλης ἐν βαθυξύλῳ φόβῃ,
οὐ ῥᾴδιον ζήτημα· κρᾶτα δ' ἄθλιον,
ὅπερ λαβοῦσα τυγχάνει μήτηρ χεροῖν,   1140
πήξασ' ἐπ' ἄκρον θύρσον ὡς ὀρεστέρου
φέρει λέοντος διὰ Κιθαιρῶνος μέσου,
λιποῦσ' ἀδελφὰς ἐν χοροῖσι μαινάδων.
χωρεῖ δὲ θήρᾳ δυσπότμῳ γαυρουμένη
τειχέων ἔσω τῶνδ', ἀνακαλοῦσα Βάκχιον   1145
τὸν ξυγκύναγον, τὸν ξυνεργάτην ἄγρας,
τὸν καλλίνικον, ᾧ δάκρυα νικηφορεῖ.
ἐγὼ μὲν οὖν τῇδ' ἐκποδὼν τῇ ξυμφορᾷ
ἄπειμ', 'Αγαύην πρὶν μολεῖν πρὸς δώματα.
τὸ σωφρονεῖν δὲ καὶ σέβειν τὰ τῶν θεῶν   1150
κάλλιστον· οἶμαι δ' αὐτὸ καὶ σοφώτατον
θνητοῖσιν εἶναι κτῆμα τοῖσι χρωμένοις.

Χο ἀναχορεύσωμεν Βάκχιον,   cr do
ἀναβοάσωμεν ξυμφορὰν   cr do
τὰν τοῦ δράκοντος Πενθέος ἐκγενέτα·   ia²-hem 1155
ὃς τὰν θηλυγενῆ στολὰν   gl
νάρθηκά τε, πιστὸν "Αιδαν,   –ch ba
ἔλαβεν εὔθυρσον,   do
ταῦρον προηγητῆρα συμφορᾶς ἔχων.   ia⁶
βάκχαι Καδμεῖαι,   do   1160
τὸν καλλίνικον κλεινὸν ἐξεπράξατε   ia⁶
ἐς στόνον, ἐς δάκρυα.   do
καλὸς ἀγών, χέρ' αἵματι στάζουσαν   do²
περιβαλεῖν τέκνου.   do

ἀλλ', εἰσορῶ γὰρ ἐς δόμους ὁρμωμένην   ia⁶   1165
Πενθέως 'Αγαύην μητέρ' ἐν διαστρόφοις
ὄσσοις, δέχεσθε κῶμον εὐίου θεοῦ.

Ist bald zerrissen, jede Hand ward rot
Vom Fleisch, das sie den Lüften übergab.
So liegt der ganze Leib im Felsgeröll
Und in des Waldes Dickicht weit verstreut
Und kaum zu finden. Doch das arme Haupt
Hat seine eigne Mutter aufgespürt,
Sie hat es auf den Thyrsus aufgepfählt
Als eines Löwen Haupt und trägts herab
Von dem Kithairon, von der Schwestern Schwarm,
Voll Stolz auf diesen unglückselgen Fang,
In diese Mauern, ruft den Bacchos an,
Den Helfer ihrer Jagd und ihres Glücks,
Den Siegverleiher, der nur Tränen gab.
Ich gehe diesem Anblick aus dem Weg,
Bevor Agaue noch das Haus betritt.
Maßvoller frommer Sinn ist ganz gewiß
Das höchste Glück, ist höchste Weisheit auch
Für jeden Menschen, der ihn treu bewahrt.

Chor

Auf und tanzt dem Bacchios!
Auf und preist den Untergang
Des Pentheus, der der Drachensaat entsproß!
Der zum sicheren Tode sich
Frauentracht und den Thyrsus nahm.
Der Stier schritt seinem letzten Gang voran!
Kadmische Bacchen!
Gewandelt habt ihr ihm den Siegeskranz
In Seufzer und Tränen.
O stolzer Kampf, die Hand ins Blut
Des Sohns zu tauchen!

Doch seht, sie stürzt zu diesem Königshaus,
Agaue, Pentheus' Mutter, sinnverstört.
Empfangt im Tanz des Gottes Tänzerin!

'Αγαύη

	'Ασιάδες βάκχαι.	do	στρ.
Χο	τί μ' ὀροθύνεις, ὦ;	do	
Αγ	φέρομεν ἐξ ὀρέων	do	
	ἕλικα νεότομον ἐπὶ μέλαθρα,	ia⁴	1170
	μακάριον θήραν.	do	
Χο	ὁρῶ καί σε δέξομαι σύγκωμον.	do²	
Αγ	ἔμαρψα τόνδ' ἄνευ βρόχων	ia⁴	
	λέοντος ἀγροτέρου νέον ἶνιν·	ia² an²⌣	
	ὡς ὁρᾶν πάρα.	hyp	1175
Χο	πόθεν ἐρημίας;	do	
Αγ	Κιθαιρών –		
Χο	Κιθαιρών;	ba²	
Αγ	κατεφόνευσέ νιν.	do	
Χο	τίς ἁ βαλοῦσα;		
Αγ	πρῶτον ἐμὸν τὸ γέρας.	ia²-hem	
Χο	μάκαιρ' 'Αγαύη.		
Αγ	κλῃζόμεθ' ἐν θιάσοις.	ia²-hem	1180
Χο	τίς ἄλλα;		
Αγ	τὰ Κάδμου –	ba²	
Χο	τί Κάδμου;		
Αγ	γένεθλα	ba²	
	μετ' ἐμὲ μετ' ἐμὲ τοῦδ'	do	
	ἔθιγε θηρός· εὐτυχής γ' ἅδ' ἄγρα.	do²	

Αγ	μέτεχέ νυν θοίνας.		
Χο	τί; μετέχω, τλᾶμον;		ἀντ.
Αγ	νέος ὁ μόσχος ἄρ-		1185
	τι γένυν ὑπὸ κόρυθ' ἁπαλότριχα		
	κατάκομον θάλλει.		

Wechselgesang

Strophe

Agaue

Asiatische Bacchen!

Ch Du rufst uns zum Tanze?

Ag Neugeschnittene Ranke
Bring ich vom Berg,
Selige Beute!

Ch Wir sehen, wir grüßen, wir tanzen!

Ag Ganz ohne Netze
Ergriff ich den Löwen,
Ein jeder bezeugts.

Ch Wo war er versteckt?

Ag Kithairon...

Ch Kithairon?

Ag Er hat ihn getötet.

Ch Wer traf ihn zuerst?

Ag Mein, mein ist die Ehre!

Ch Stolze Agaue!

Ag So nennt mich der Reigen fortan!

Ch Wer half dir?

Ag Des Kadmos...

Ch Was, Kadmos?

Ag Des Kadmos Töchter
Griffen, griffen mit an,
Vollendeten den guten Fang.

Gegenstrophe

Ag O setzt euch zum Festmahl!

Ch Wir Armen? Zum Festmahl?

Ag Seht, wie jung ist mein Kälbchen.
Zartester Flaum
Sproßt um die Backe.

Χο πρέπει γ' ὥστε θὴρ ἄγραυλος φόβῃ.

Αγ ὁ Βάκχιος κυναγέτας
σοφὸς σοφῶς ἀνέπηλ' ἐπὶ θῆρα   1190
τόνδε μαινάδας.

Χο ὁ γὰρ ἄναξ ἀγρεύς.

Αγ ἐπαινεῖς;

Χο   ἐπαινῶ.

Αγ τάχα δὲ Καδμεῖοι –

Χο καὶ παῖς γε Πενθεὺς –

Αγ   ματέρ' ἐπαινέσεται,   1195

Χο λαβοῦσαν ἄγραν –

Αγ   τάνδε λεοντοφυῆ.

Χο περισσάν.

Αγ   περισσῶς.

Χο ἀγάλλῃ;

Αγ   γέγηθα,
μεγάλα μεγάλα καὶ
φανερὰ τᾷδ' ἄγρᾳ κατειργασμένα.

Χο δεῖξόν νυν, ὦ τάλαινα, σὴν νικηφόρον   ia*   1200
ἀστοῖσιν ἄγραν ἣν φέρουσ' ἐλήλυθας.

Αγ ὦ καλλίπυργον ἄστυ Θηβαίας χθονὸς
ναίοντες, ἔλθεθ' ὡς ἴδητε τήνδ' ἄγραν,
Κάδμου θυγατέρες θηρὸς ἣν ἠγρεύσαμεν,
οὐκ ἀγκυλητοῖς Θεσσαλῶν στοχάσμασιν,   1205
οὐ δικτύοισιν, ἀλλὰ λευκοπήχεσι
χειρῶν ἀκμαῖσιν. κᾆτα κομπάζειν χρεὼν
καὶ λογχοποιῶν ὄργανα κτᾶσθαι μάτην;
ἡμεῖς δέ γ' αὐτῇ χειρὶ τόνδε θ' εἵλομεν,
χωρίς τε θηρὸς ἄρθρα διεφορήσαμεν.   1210
ποῦ μοι πατὴρ ὁ πρέσβυς; ἐλθέτω πέλας.
Πενθεύς τ' ἐμὸς παῖς ποῦ 'στιν; αἱρέσθω λαβὼν
πηκτῶν πρὸς οἴκους κλιμάκων προσαμβάσεις,
ὡς πασσαλεύσῃ κρᾶτα τριγλύφοις τόδε
λέοντος ὃν πάρειμι θηράσασ' ἐγώ.   1215

Ch   Doch zeigt die Mähne das Tier des Gebirgs!
Ag   Der kluge Jäger
     Hat klug seine Bacchen
     Auf Fährte gesetzt.
Ch   Der Meister der Jagd!
Ag   So preiset!
Ch   Wir preisen.
Ag   Bald werden die Bürger..
Ch   ..wird Pentheus, dein Sohn...
Ag   Der Mutter frohlocken,
Ch   Ob dieser Beute!
Ag   Die diesen Löwen sich fing!
Ch   Den wilden!
Ag   Die Starke!
Ch   Frohlockst du?
Ag   Ich juble, juble!
     Großes, Großes geschah,
     Und weithin leuchtet diese Jagd!

Ch   Nun zeige, Unglückselge, deinen Fang,
     Die Siegesbeute, deinem ganzen Volk!
Ag   Ihr Bürger dieser türmereichen Stadt!
     Kommt her und seht dies Tier, den guten Fang,
     Den Kadmos' Töchter im Gebirg getan,
     Nicht mit der Schlinge des Thessalerspeers
     Und nicht mit Netzen, sondern mit der Kraft
     Der weißen Arme! Und da prunkt ihr noch
     Mit Waffen, die ihr bei den Schmieden kauft?
     Mit bloßen Händen fingen wir das Tier,
     Mit bloßen Händen haben wirs zerstückt.
     Wo ist mein alter Vater? Ruft ihn her!
     Wo mein Sohn Pentheus? Dieser steige schnell
     Auf fester Leiter Sprossen bis zum Dach
     Und nagle dieses Löwenhaupt, das ich
     Als stolze Beute brachte, ans Gebälk.

Κα ἕπεσθέ μοι φέροντες ἄθλιον βάρος
     Πενθέως, ἕπεσθε, πρόσπολοι, δόμων πάρος,
     οὗ σῶμα μοχθῶν μυρίοις ζητήμασιν
     φέρω τόδ᾽, εὑρὼν ἐν Κιθαιρῶνος πτυχαῖς
     διασπαρακτόν, κοὐδὲν ἐν ταὐτῷ πέδῳ   1220
     λαβών, ἐν ὕλῃ κείμενον δυσευρέτῳ.
     ἤκουσα γάρ του θυγατέρων τολμήματα,
     ἤδη κατ᾽ ἄστυ τειχέων ἔσω βεβὼς
     σὺν τῷ γέροντι Τειρεσίᾳ Βακχῶν πάρα·
     πάλιν δὲ κάμψας εἰς ὄρος κομίζομαι   1225
     τὸν κατθανόντα παῖδα Μαινάδων ὕπο.
     καὶ τὴν μὲν ᾽Ακτέων᾽ ᾽Αρισταίῳ ποτὲ
     τεκοῦσαν εἶδον Αὐτονόην ᾽Ινώ θ᾽ ἅμα
     ἔτ᾽ ἀμφὶ δρυμοὺς οἰστροπλῆγας ἀθλίας,
     τὴν δ᾽ εἶπέ τίς μοι δεῦρο βακχείῳ ποδὶ   1230
     στείχειν ᾽Αγαύην, οὐδ᾽ ἄκραντ᾽ ἠκούσαμεν·
     λεύσσω γὰρ αὐτήν, ὄψιν οὐκ εὐδαίμονα.
Αγ   πάτερ, μέγιστον κομπάσαι πάρεστί σοι,
     πάντων ἀρίστας θυγατέρας σπεῖραι μακρῷ
     θνητῶν· ἁπάσας εἶπον, ἐξόχως δ᾽ ἐμέ,   1235
     ἢ τὰς παρ᾽ ἱστοῖς ἐκλιποῦσα κερκίδας
     ἐς μεῖζον᾽ ἤκω, θῆρας ἀγρεύειν χεροῖν.
     φέρω δ᾽ ἐν ὠλέναισιν, ὡς ὁρᾷς, τάδε
     λαβοῦσα τἀριστεῖα, σοῖσι πρὸς δόμοις
     ὡς ἀγκρεμασθῇ· σὺ δέ, πάτερ, δέξαι χεροῖν·   1240
     γαυρούμενος δὲ τοῖς ἐμοῖς ἀγρεύμασιν
     κάλει φίλους ἐς δαῖτα· μακάριος γὰρ εἶ,
     μακάριος, ἡμῶν τοιάδ᾽ ἐξειργασμένων.
Κα   ὦ πένθος οὐ μετρητὸν οὐδ᾽ οἷόν τ᾽ ἰδεῖν.   1244
     καλὸν τὸ θῦμα καταβαλοῦσα δαίμοσιν   1246
     ἐπὶ δαῖτα Θήβας τάσδε κἀμὲ παρακαλεῖς.
     οἴμοι κακῶν μὲν πρῶτα σῶν, ἔπειτ᾽ ἐμῶν·

     φόνον ταλαίναις χερσὶν ἐξειργασμένων   1245

Kadmos *kommt vom Gebirge*

So folgt mir mit der jammervollen Last
Des Pentheus, Diener, folgt mir vor dies Haus!
An tausend Orten hab ich ihn gesucht
Und bringe, was ich im Kithairon fand,
Zerstückelt, nichts lag an dem gleichen Ort,
Im ganzen Wald war dieser Leib verstreut.
Ich hörte von der Töchter wilder Tat,
Als von den Bacchen, mit Teiresias,
Ich zu den Mauern Thebens niederstieg,
Und kehrte wieder ins Gebirg zurück,
Den Leib zu bergen des Gemordeten.

Dort tobten Ino und Autonoë,
Noch beide sinnverstört, im Eichenwald.
Ich hörte, daß Agaue heimwärts zog,
Bacchantisch rasend, und ich hörte recht:
Da steht sie vor mir: jammervolles Bild!

Ag Mein Vater, dieser Stolz ist dir erlaubt,
Daß du die besten Töchter dieser Welt
Gezeugt hast – alle, ganz besonders mich,
Die von dem Webstuhl hoch und höher stieg
Und wilde Tiere mit den Händen fing.
Sieh hier in meinem Arm den Siegespreis,
Den ich erhielt – er sei an deinem Dach
Befestigt. Vater, nimm ihn auf den Arm!
Und lade, stolz auf meine Jagd, zum Fest
Die Freunde! Dreimal selig bist du heut,
Da meine Hände dieses Werk vollbracht.

Ka O unermeßlich Leid, unschaubar Bild!
Ein herrlich Opfertier, zu dessen Schmaus
Du diese Stadt und mich geladen hast!
O, wie beklag ich dein und mein Geschick!

ὡς ὁ θεὸς ἡμᾶς ἐνδίκως μέν, ἀλλ' ἄγαν,
Βρόμιος ἄναξ ἀπώλεσ' οἰκεῖος γεγώς.   1250
Αγ ὡς δύσκολον τὸ γῆρας ἀνθρώποις ἔφυ
ἔν τ' ὄμμασι σκυθρωπόν. εἴθε παῖς ἐμὸς
εὔθηρος εἴη, μητρὸς εἰκασθεὶς τρόποις,
ὅτ' ἐν νεανίαισι Θηβαίοις ἅμα
θηρῶν ὀριγνῷτ'· ἀλλὰ θεομαχεῖν μόνον   1255
οἷός τ' ἐκεῖνος· νουθετητέος, πάτερ,
σούστίν. τίς αὐτὸν δεῦρ' ἂν ὄψιν εἰς ἐμὴν
καλέσειεν, ὡς ἴδῃ με τὴν εὐδαίμονα;
Κα φεῦ φεῦ· φρονήσασαι μὲν οἷ' ἐδράσατε
ἀλγήσετ' ἄλγος δεινόν· εἰ δὲ διὰ τέλους   1260
ἐν τῷδ' ἀεὶ μενεῖτ' ἐν ᾧ καθέστατε,
οὐκ εὐτυχοῦσαι δόξετ' οὐχὶ δυστυχεῖν.
Αγ τί δ' οὐ καλῶς τῶνδ' ἢ τί λυπηρῶς ἔχει;
Κα πρῶτον μὲν ἐς τόνδ' αἰθέρ' ὄμμα σὸν μέθες.
Αγ ἰδού· τί μοι τόνδ' ἐξυπεῖπας εἰσορᾶν;   1265
Κα ἔθ' αὑτὸς ἤ σοι μεταβολὰς ἔχειν δοκεῖ;
Αγ λαμπρότερος ἢ πρὶν καὶ διειπετέστερος.
Κα τὸ δὲ πτοηθὲν τόδ' ἔτι σῇ ψυχῇ πάρα;
Αγ οὐκ οἶδα τοὔπος τοῦτο. γίγνομαι δέ πως
ἔννους, μεταστᾶθεῖσα τῶν πάρος φρενῶν.   1270
Κα κλύοις ἂν οὖν τι κἀποκρίναι' ἂν σαφῶς;
Αγ ὡς ἐκλέλησμαί γ' ἃ πάρος εἴπομεν, πάτερ.
Κα ἐς ποῖον ἦλθες οἶκον ὑμεναίων μέτα;
Αγ Σπαρτῷ μ' ἔδωκας ἐς δόμους Ἐχίονι.
Κα τίς οὖν ἐν οἴκοις παῖς ἐγένετο σῷ πόσει;   1275
Αγ Πενθεύς, ἐμῇ τε καὶ πατρὸς κοινωνίᾳ.
Κα τίνος πρόσωπον δῆτ' ἐν ἀγκάλαις ἔχεις;
Αγ λέοντος, ὥς γ' ἔφασκον αἱ θηρώμεναι.
Κα σκέψαι νυν ὀρθῶς· βραχὺς ὁ μόχθος εἰσιδεῖν.
Αγ ἔα, τί λεύσσω; τί φέρομαι τόδ' ἐν χεροῖν;   1280
Κα ἄθρησον αὐτὸ καὶ σαφέστερον μάθε.
Αγ ὁρῶ μέγιστον ἄλγος ἡ τάλαιν' ἐγώ.
Κα μῶν σοι λέοντι φαίνεται προσεικέναι;
Αγ οὔκ, ἀλλὰ Πενθέως ἡ τάλαιν' ἔχω κάρα.

Uns hat der Gott, der unserm Haus entsproß,
Mit Recht, doch über alles Maß bestraft.

Ag   Wie macht das Alter doch die Menschen oft
So schwer, so trübe! Wäre doch mein Sohn
Ein Jäger, tät es seiner Mutter gleich
Und jedem andern in der Stadt zuvor!
Statt dessen hadert er mit einem Gott.
O beßre ihn! Und ruf ihn einer her,
Daß er die Mutter sieht in ihrem Glück!

Ka   O weh! Der Wahn verhüllt euch eure Tat
Und spart euch schweres Leid. Wenn bis zum Tod
Euch dieses Dunkel bleibt, so seid ihr zwar
Nicht glücklich, doch vom Unglück halb verschont.

Ag   Wer spricht vom Unglück, da das Glück uns krönt?
Ka   So schau zuerst zu diesem Himmel auf!
Ag   Ich tu es. Doch was ist an ihm zu sehn?
Ka   Ist er derselbe? Hat er sich verfärbt?
Ag   Er wurde heitrer, hat sich aufgehellt.
Ka   Und die Verfinstrung deiner Seele blieb?
Ag   Ich weiß nicht, was du sagst. Doch spür ich, daß
Vernunft, die fehlte, wieder in mich zieht.
Ka   Kannst du mich hören und mir Rede stehn?
Ag   Ich weiß nicht mehr, wovon ich eben sprach.
Ka   In welches Haus verbracht ich dich als Braut?
Ag   Echions Haus, das Haus der Drachensaat.
Ka   Und welchen Sohn gebarst du dem Gemahl?
Ag   Pentheus erwuchs in unser beider Bett.
Ka   Und wessen Antlitz trägst du hier im Arm!
Ag   Ein Löwenhaupt – so hieß es auf der Jagd.
Ka   Betracht es doch genau, die Mühe lohnt.
Ag   O Himmel! Himmel! Sagt, was halt ich in der Hand?
Ka   Noch einen Blick und alles wird dir klar!
Ag   Ich Ärmste seh das allergrößte Leid!
Ka   Und siehst du immer noch den Löwenkopf?
Ag   Nein, nein, es ist des toten Pentheus Haupt!

Κα ᾠμωγμένον γε πρόσθεν ἢ σὲ γνωρίσαι. 1285
Αγ τίς ἔκτανέν νιν; – πῶς ἐμὰς ἦλθεν χέρας;
Κα δύστην' ἀλήθει', ὡς ἐν οὐ καιρῷ πάρει.
Αγ λέγ', ὡς τὸ μέλλον καρδία πήδημ' ἔχει.
Κα σύ νιν κατέκτας καὶ κασίγνηται σέθεν.
Αγ ποῦ δ' ὤλετ'; ἢ κατ' οἶκον; ἢ ποίοις τόποις; 1290
Κα οὗπερ πρὶν 'Ακτέωνα διέλαχον κύνες.
Αγ τί δ' ἐς Κιθαιρῶν' ἦλθε δυσδαίμων ὅδε;
Κα ἐκερτόμει θεὸν σάς τε βακχείας μολών.
Αγ ἡμεῖς δ' ἐκεῖσε τίνι τρόπῳ κατήραμεν;
Κα ἐμάνητε, πᾶσά τ' ἐξεβακχεύθη πόλις. 1295
Αγ Διόνυσος ἡμᾶς ὤλεσ', ἄρτι μανθάνω.
Κα ὕβριν γ' ὑβρισθείς· θεὸν γὰρ οὐχ ἡγεῖσθέ νιν.
Αγ τὸ φίλτατον δὲ σῶμα ποῦ παιδός, πάτερ;
Κα ἐγὼ μόλις τόδ' ἐξερευνήσας φέρω.
Αγ ἦ πᾶν ἐν ἄρθροις συγκεκλημένον καλῶς; 1300
   Πενθεῖ δὲ τί μέρος ἀφροσύνης προσῆκ' ἐμῆς;
Κα ὑμῖν ἐγένεθ' ὅμοιος, οὐ σέβων θεόν.
   τοιγὰρ συνῆψε πάντας ἐς μίαν βλάβην,
   ὑμᾶς τε τόνδε θ', ὥστε διολέσαι δόμους
   κἄμ', ὅστις ἄτεκνος ἀρσένων παίδων γεγὼς 1305
   τῆς σῆς τόδ' ἔρνος, ὦ τάλαινα, νηδύος
   αἴσχιστα καὶ κάκιστα κατθανόνθ' ὁρῶ,
   ᾧ δῶμ' ἀνέβλεφ', ὃς συνεῖχες, ὦ τέκνον,
   τοὐμὸν μέλαθρον, παιδὸς ἐξ ἐμῆς γεγώς,
   πόλει τε τάρβος ἦσθα· τὸν γέροντα δὲ 1310
   οὐδεὶς ὑβρίζειν ἤθελ' εἰσορῶν τὸ σὸν
   κάρα· δίκην γὰρ ἀξίαν ἐλάμβανες.
   νῦν δ' ἐκ δόμων ἄτιμος ἐκβεβλήσομαι
   ὁ Κάδμος ὁ μέγας, ὃς τὸ Θηβαίων γένος
   ἔσπειρα κἀξήμησα κάλλιστον θέρος. 1315
   ὦ φίλτατ' ἀνδρῶν – καὶ γὰρ οὐκέτ' ὢν ὅμως
   τῶν φιλτάτων ἔμοιγ' ἀριθμήσῃ, τέκνον –
   οὐκέτι γενείου τοῦδε θιγγάνων χερί,
   τὸν μητρὸς αὐδῶν πατέρα προσπτύξῃ, τέκνον,
   λέγων· Τίς ἀδικεῖ, τίς σ' ἀτιμάζει, γέρον; 1320

Ka Von mir beweint, bevor du es erkannt.

Ag Wer schlug ihn tot? Wie kams in meine Hand?

Ka Unselge Wahrheit – allzusehr bereit!

Ag O sprich sie aus, mir stockt das arme Herz!

Ka Du warst es, deine Schwestern halfen mit.

Ag Starb er zu Hause? Auf dem freien Feld?

Ka Da, wo Aktaion Raub der Hunde ward.

Ag Was trieb den Ärmsten ins Gebirg hinauf?

Ka Der Hohn auf euren Gott und euren Dienst!

Ag Und wie gelangten w i r auf diesen Berg?

Ka Ihr wart von Sinnen und die ganze Stadt.

Ag Oh, Dionýsos hat uns dies getan!

Ka Er lacht nur derer, die ihn einst verlacht.

Ag Und wo ist meines Sohnes lieber Leib?

Ka Was ich noch auffand, brachte ich hierher.

Ag O ganz zerstückter Leib! Was ich verbrach,
    Hast du, mein Pentheus, bitter abgebüßt!

Ka Er war euch gleich und leugnete den Gott,
    Der uns mit einem Schlag zu Boden wirft,
    Euch drei und diesen, unser ganzes Haus,
    Auch mich, der ohne eigne Söhne ist
    Und deines Mutterschoßes einzgen Sproß
    Mit Schimpf und Schande ausgerottet sieht. –
    Zu dir, mein Kind, hat alles aufgeblickt,
    Der Sohn der Tochter schützte dieses Haus,
    Man scheute dich und keiner hat gewagt,
    Den Greis zu kränken, denn man sah auf dich
    Und wußte: teuer hätte mans bezahlt.
    Nun treibt man ohne Ehren ihn hinaus,
    Den großen Kadmos, der dies stolze Volk
    Aussäte und die schönste Ernte schnitt.
    Mein Liebster! Liebling mir im Tode noch!

    Nun greift die Hand nicht mehr an meinen Bart
    Und nimmer schlingst du deinen Arm um mich
    Und fragst den Ahn: „Sag, wer mißachtet dich?

τίς σὴν ταράσσει καρδίαν λυπηρὸς ὤν;
λέγ', ὡς κολάζω τὸν ἀδικοῦντά σ', ὦ πάτερ.
νῦν δ' ἄθλιος μέν εἰμ' ἐγώ, τλήμων δὲ σύ,
οἰκτρὰ δὲ μήτηρ, τλήμονες δὲ σύγγονοι.
εἰ δ' ἔστιν ὅστις δαιμόνων ὑπερφρονεῖ,   1325
ἐς τοῦδ' ἀθρήσας θάνατον ἡγείσθω θεούς.
Χο   τὸ μὲν σὸν ἀλγῶ, Κάδμε· σὸς δ' ἔχει δίκην
παῖς παιδὸς ἀξίαν μέν, ἀλγεινὴν δὲ σοί.
Αγ   ὦ πάτερ, ὁρᾷς γὰρ τἄμ' ὅσῳ μετεστράφη

. . . .
. . . .
. . . .
. . . .
. . . .
. . . .
. . . .

⟨πῶς καί νιν ἡ δύστηνος εὐλαβουμένη
πρὸς στέρνα θῶμαι;⟩

. . . .
                              ⟨σύμπαν μέλος
κυνοῦσα σάρκας ἅσπερ ἐξεθρεψάμην.
φέρ', ὦ γεραιέ, κρᾶτα τοῦ . . . .
ὀρθῶς προσαρμόσωμεν, εὔτονον δὲ πᾶν
σῶμ' ἐξακριβώσωμεν εἰς ὅσον πάρα.
ὦ φίλτατον πρόσωπον, ὦ νέα γένυς,
ἰδοὺ καλύπτρᾳ τῇδε σὴν κρύπτω . . ,
τὰ δ' αἱμόφυρτα καὶ κατηλοκισμένα
μέλη . . .⟩

. . . .
. . . .
. . . .
. . . .
. . . .
. . . .

Wer kränkt mein Väterchen, betrübt sein Herz?
Sag mirs, und Strafe fällt aufs schuldge Haupt."
Nun bin ich zu beklagen so wie du,
So wie die Mutter, wie das Schwesternpaar.
Wenn einer Götter noch verachten will,
Der schau auf diesen Tod und werde fromm!

Chf Dein Los beklag ich! Zwar des Enkels Los
War wohl verdient, doch allzu schwer für dich.

Ag Mein Vater, siehst du, wie mein Innres sich
Verwandelt hat? [Ich war noch bei Verstand,
Als ich den Gott verleugnete. Dann fiel
Mich Wahnsinn an und hat mich schwer gestraft.
Nun ist der Taumel fort und niemals kehrt
Mein Sinn zu jenen Tänzen je zurück. –
Bestatten will ich nun das liebe Kind.
O Sohn, o Sohn! Ist dies dein lieber Leib?
Wie kann ich Ärmste ihn umfangen, wie
Ihn sorglich drücken an die Brust, die ihm
Die erste Nahrung bot? Wie kann ich dir
Die lieben Glieder küssen, Stück für Stück
Das Kind liebkosen, das ich auferzog?
Komm, Alter, ordnen wir das teure Haupt
An seine Stelle! Fügen wir den Leib
Zum Ganzen wieder, wie es eben geht!
O liebstes Antlitz, jugendfrohes Haupt,
In diesen meinen Schleier hüll ich dich –
Doch all die Trümmer des zerstückten Leibs
Zu bergen, reicht auch dieser Mantel nicht,
Ach, viele Hände tragen sie zu Grab.
Oh, ewig klag ich diesen lieben Sohn
Und ewig meine eigne schwere Tat!

Chf Der Gott wird richten, er bestimmt dein Los.
Was seh ich? Schon erscheint er überm Dach!

Διόνυσος

. . . .
. . . .
. . . .
. . . .
. . . .

⟨λιπεῖν πόλιν τήνδ', ἀνοσίου μιάσματος
δίκην τίνοντας τῷδ' ὃν ἔκτειναν . .
καὶ μηκέτ' ἐσιδεῖν πατρίδ' . . . . .⟩

. . . .
. . . .
. . . .
. . . .
. . . .
. . . .

δράκων γενήσῃ μεταβαλών, δάμαρ τε σὴ   1330
ἐκθηριωθεῖσ' ὄφεος ἀλλάξει τύπον,
ἣν Ἄρεος ἔσχες Ἁρμονίαν θνητὸς γεγώς.
ὄχον δὲ μόσχων, χρησμὸς ὡς λέγει Διός,
ἐλᾷς μετ' ἀλόχου, βαρβάρων ἡγούμενος.
πολλὰς δὲ πέρσεις ἀναρίθμῳ στρατεύματι   1335
πόλεις· ὅταν δὲ Λοξίου χρηστήριον
διαρπάσωσι, νόστον ἄθλιον πάλιν
σχήσουσι· σὲ δ' Ἄρης Ἁρμονίαν τε ῥύσεται
μακάρων τ' ἐς αἶαν σὸν καθιδρύσει βίον.
ταῦτ' οὐχὶ θνητοῦ πατρὸς ἐκγεγὼς λέγω   1340
Διόνυσος, ἀλλὰ Ζηνός· εἰ δὲ σωφρονεῖν
ἔγνωθ', ὅτ' οὐκ ἠθέλετε, τὸν Διὸς γόνον
εὐδαιμονεῖτ' ἂν σύμμαχον κεκτημένοι.
Κα Διόνυσε, λισσόμεσθά σ', ἠδικήκαμεν.
Δι ὄψ' ἐμάθεθ' ἡμᾶς, ὅτε δὲ χρῆν, οὐκ ᾔδετε.   1345
Κα ἐγνώκαμεν ταῦτ'· ἀλλ' ἐπεξέρχῃ λίαν.
Δι καὶ γὰρ πρὸς ὑμῶν θεὸς γεγὼς ὑβριζόμην.
Κα ὀργὰς πρέπει θεοὺς οὐχ ὁμοιοῦσθαι βροτοῖς.
Δι πάλαι τάδε Ζεὺς οὑμὸς ἐπένευσεν πατήρ.

Dionysos

Der Sohn des Zeus, der dieses Haus so hoch
Erhoben und so tief erniedrigt hat,
Zeigt euch des hohen Vaters Willen an,
Den Willen, den er selber nur vollzieht.
Die Schwestern müssen in die Fremde ziehn,
Kein Bleiben ist für sie in dieser Stadt,
In der sie diesen grausen Mord verübt,
Und keine Rückkehr all ihr Leben lang.
Zu ihrem Gatten zieht Autonoë,
Auch ihre Schwestern finden dort ein Dach.
Und nun verkünd ich Kadmos' schweres Leid.
Mit seinem ganzen Haus muß auch der Greis
Aus Thebens Fluren ausgetrieben sein
In fernste Fernen des Illyrerlands:]
Dort wirst du Schlange. Auch Harmonia,
Des Ares Tochter, die, als Mensch vom Gott,
Du einst erhieltst, erleidet dieses Los.
Auf einem Kälberwagen, sagt der Spruch,
Führt ihr das fremde Volk in unser Land
Und viele Städte stürzt das Riesenheer.
Erst wann sie das Orakel des Apoll
Ausplündern, gibt es jämmerliche Flucht.
Doch dich führt Ares, samt Harmonia,
Ins Land der Seligen, zum schönsten Sitz.
Das sagt euch Dionýsos, welchen Zeus
Gezeugt hat und kein Sterblicher. Ihr wart
Nicht weise, habt den mächtgen Sohn des Zeus
Euch nicht zur rechten Zeit zum Freund gemacht!

Ka   Vergib uns, Dionýsos, schwere Schuld!
Di   Ihr habt den Gott nur allzu spät erkannt.
Ka   Nun wissen wirs. Doch du strafst allzu hart.
Di   Und allzu hart habt ihr den Gott gekränkt.
Ka   Im Götterzorn muß auch die Milde sein.
Di   Zeus hat die volle Rache mir gewährt.

Αγ αἰαῖ, δέδοκται, πρέσβυ, τλήμονες φυγαί.   1850
Δι τί δῆτα μέλλεθ' ἅπερ ἀναγκαίως ἔχει;
Κα ὦ τέκνον, ὡς ἐς δεινὸν ἤλθομεν κακὸν
    πάντες, σύ θ' ἡ τάλαινα σύγγονοί τε σαί,
    ἐγώ θ' ὁ τλήμων· βαρβάρους ἀφίξομαι
    γέρων μέτοικος· ἔτι δέ μοι τὸ θέσφατον   1855
    ἐς Ἑλλάδ' ἀγαγεῖν μιγάδα βάρβαρον στρατόν.
    καὶ τὴν Ἄρεως παῖδ' Ἁρμονίαν, δάμαρτ' ἐμήν,
    δράκων δρακαίνης σχῆμ' ἔχουσαν ἀγρίας
    ἄξω 'πὶ βωμοὺς καὶ τάφους Ἑλληνικούς,
    ἡγούμενος λόγχαισιν· οὐδὲ παύσομαι   1860
    κακῶν ὁ τλήμων, οὐδὲ τὸν καταιβάτην
    Ἀχέροντα πλεύσας ἥσυχος γενήσομαι.
Αγ ὦ πάτερ, ἐγὼ δὲ σοῦ στερεῖσα φεύξομαι.
Κα τί μ' ἀμφιβάλλεις χερσίν, ὦ τάλαινα παῖ,
    ὄρνις ὅπως κηφῆνα πολιόχρων κύκνος;   1865
Αγ ποῖ γὰρ τράπωμαι πατρίδος ἐκβεβλημένη;
Κα οὐκ οἶδα, τέκνον· μικρὸς ἐπίκουρος πατήρ.

Αγ χαῖρ', ὦ μέλαθρον, χαῖρ', ὦ πατρία   an⁴
    πόλις· ἐκλείπω σ' ἐπὶ δυστυχίᾳ
    φυγὰς ἐκ θαλάμων.   1870

Κα στεῖχέ νυν, ὦ παῖ, τὸν Ἀρισταίου.

Αγ στένομαί σε, πάτερ.

Κα   κἀγώ σέ, τέκνον,
    καὶ σὰς ἐδάκρυσα κασιγνήτας.

Αγ δεινῶς γὰρ τάνδ' αἰκείαν
    Διόνυσος ἄναξ τοὺς σοὺς εἰς   1375
    οἴκους ἔφερεν.

Ag O weh, mein Alter, dies stößt uns hinaus!

Di Wollt ihr verzögern, was geschehen muß?

Ka Mein Kind, wie sind wir alle tief gestürzt,
Du Ärmste, deine Schwestern und ich selbst.
Der arme Alte zieht ins ferne Land
Als Gast, und das Orakel treibt ihn dann
Nach Hellas mit dem fremden großen Heer.
Mein Weib, des Ares Kind, Harmonia,
Führ ich, der Drache, als ein Drachenweib
Zu Gräbern und Altären Griechenlands
Im Kampf der Speere. Niemals ruh ich aus.
Selbst drunten am Gestade Acherons
Find ich noch keine Ruhe vor der Not.

Ag Und ich muß ohne lieben Vater fort.

Ka Was legst du, liebes Kind, den Arm um mich,
Wie Schwanenkind um alten Vater tut?

Ag Wohin mich wenden in der fremden Welt?

Ka Ich weiß nicht – kleine Hilfe ist der Greis.

Wechsellied

Ag Leb wohl mein Haus,
Meiner Väter Stadt,
Im Unglück stößt man
Zur Tür mich hinaus.

Ka Zu des Schwähers Haus,
Aristaios' Haus
Müßt ihr ziehen.

Ag Wie beklag ich dich,
Lieber Vater!

Ka Und ich mein liebes Kind,
Auch bewein ich
Die Schwestern.

Ag Wie grausam hat
Dionýsos der Herr
Diese Schmach
In dein Haus gebracht!

Δι καὶ γὰρ ἔπασχον δεινὰ πρὸς ὑμῶν,
    ἀγέραστον ἔχων ὄνομ' ἐν Θήβαις.

Αγ χαῖρε, πάτερ, μοι.
Κα   χαῖρ', ὦ μελέα
    θύγατερ. χαλεπῶς δ' ἐς τόδ' ἂν ἥκοις.   1880

Αγ ἄγετ', ὦ πομποί, με κασιγνήτας
    ἵνα συμφυγάδας ληψόμεθ' οἰκτράς.
    ἔλθοιμι δ' ὅπου
    μήτε Κιθαιρὼν ἔμ' ἴδοι μιαρὸς
    μήτε Κιθαιρῶν' ὄσσοισιν ἐγώ,   1885
    μήθ' ὅθι θύρσου μνῆμ' ἀνάκειται·
    Βάκχαις δ' ἄλλαισι μέλοιεν.

Χο πολλαὶ μορφαὶ τῶν δαιμονίων,
    πολλὰ δ' ἀέλπτως κραίνουσι θεοί·
    καὶ τὰ δοκηθέντ' οὐκ ἐτελέσθη,   1890
    τῶν δ' ἀδοκήτων πόρον ηὗρε θεός.
    τοιόνδ' ἀπέβη τόδε πρᾶγμα.

Di Grausames ward
    Mir von euch zuteil,
    Als ehrlos blieb
    Mein Name in Theben.

ab

Ag Leb wohl, lieber Vater!
Ka Unglückliches Kind,
    Glück auf den Weg!
    Glück! Wo sollst du es finden?
Ag So führt mich schnell zu den Schwestern hinaus,
    Daß zusammen wir tragen das Elendslos!
    O käm ich dahin,
    Wo mich nie der befleckte Kithairon sieht,
    Wo ich nie den Kithairon mit Augen schau,
    Wo kein Thyrsus je die Erinnerung weckt!
    Mögen andere Bacchen ihn schwingen!

Chor
    In mancher Gestalt
    Naht sich das Göttliche,
    Vieles vollenden die Götter
    Ungeahnt.
    Was wir uns wünschten,
    Es ward nicht vollendet,
    Für nie Gehofftes
    Fanden die Götter den Weg!
    So kam auch dieses
    Zum Ende.

NACHWORT VON ERNST BUSCHOR

Orestes

Der „Orestes", den Euripides fünf Jahre nach der „Elektra" und drei bis vier Jahre nach der „Taurischen Iphigenie" auf die Bühne brachte, führt uns noch weiter in den „reichen Stil" hinein und ist überhaupt eines der umfangreichsten, rollenreichsten, inhaltsbuntesten seiner Dramen; ähnlich läßt er uns auch, tiefer noch als diese wenig älteren Werke, an der neuen musikalischen Bewegung seiner Zeit teilnehmen, als eine seiner klangreichsten, gesanglich vielfältigsten Schöpfungen. Er führt uns auch deutlich in ein vorgeschrittenes Stadium der dramatischen Kunstfertigkeit, der Beherrschung alter und neuer Mittel der Szenen- und Situationsführung, er ist eines der „gekonntesten" Werke des Meisters. Nicht ohne Zusammenhang mit der zunehmenden Abkehr jener Jahre vom alten Mythus, treibt der Dichter dabei seine kühnen Neuerfindungen und Umprägungen mit einer gewissen Geflissentlichkeit voran, gleicht er die sakrale und aristokratische Höhe des heroischen Dramas vielfach dem bürgerlich-politischen Alltag an, führt er das „Kunstdrama" zur stärksten Intensivierung. Hinter all dem steht treuester Dienst an dem dramatischen Hauptanliegen des Meisters: der Gestaltung eines aus neuen Quellen aufbrechenden Gefühlsstroms, der nunmehr den Menschen zum leidensstarken Nachfolger der alten göttergeführten Könige macht; auch die äußerste Erniedrigung und Verstoßung kann dieser Würde keinen Abbruch tun. Und das Erschütterndste: dieses Drama ist das verhüllte und doch ins Herz schneidende Bekenntnis einer vereinsamenden Seele, der innere Aufbruch des großen Dichters aus der Heimat.

Beginnen wir mit dem Alleräußerlichsten, der Verszahl. Die erhaltenen Dramen, die der Dichter bis zur „Elektra" (413) verfaßt hatte, übersteigen selten und nur wenig die 1400; die „Taurische Iphigenie" erreicht 1500, „Ion" steigt über 1600, „Hele-

na" (412) erreicht 1700, die „Phönikerinnen" (410/09) gehen
ein gutes Stück darüber, „Orestes" (408) liegt wieder bei 1700,
erheblich knapper war wohl die Urfassung der „Aulischen
Iphigenie", die „Mänaden" kehren zum frühen, begrenzten
Maß zurück. Da die hier gezeichnete Linie nur wenig von den
Entstehungszeiten abweichen kann, macht sie jedenfalls ihrer-
seits den „reichen Stil" des Euripides augenfällig und gewiß
nicht minder den Standort des „Orestes" nahe dem Gipfel.

Ein Zweites, nicht ganz so Äußerliches, ist die Ausfüllung
des weitgespannten Rahmens mit Begebenheiten. Daß die
„Phönikerinnen" hierin einen Gipfel bilden, springt ohne weiteres in die Augen, aber der „Orestes" steht wenig zurück. Man
kann ihn in zwei Teile zerlegen, in zwei Verzweiflungsdramen
verschiedener Tonart, die beide dem gleichen Ende zueilen:
dem Entschluß der drei Täter zum gemeinsamen Untergang.
In beiden Hälften ist das Drama so reich mit wechselvollen
Szenen beladen, daß man fast von zwei Dramen im gemeinsamen Rahmen sprechen kann.

Dem gesteigerten Szenenreichtum entspricht, nicht zufällig,
ein gesteigerter Rollenreichtum. Hatte sich Euripides von den
„Troerinnen" bis zu „Ion" und „Helena" mit 7 bis 8 Rollen
begnügt, so steigt die Zahl in den „Phönikerinnen" und dem
„Orestes" auf 11 und 10, in der „Aulischen Iphigenie" und den
„Mänaden" sinkt sie auf 8. Die Dreizahl der Schauspieler wird
vielfach voll ausgenützt, gelegentlich durch stumme Rollen über-
schritten; so braucht die Vorszene eine stumme Hermione, die
fünfte Hauptszene einen stummen Pylades, die Schlußszene hat
neben Orestes, Menelaos und Apollon eine Elektra in Hörweite,
einen stummen Pylades, eine stumme Hermione. Als Verteilung
der Rollen möchte man vorschlagen: Orestes spielt allein;
Elektra noch Menelaos, Phryger, Apollon; Pylades noch Helena, Tyndareos, Hermione und den Boten.

Zum reichbunten Charakter des Ganzen trägt die Art bei,
wie die sechs Chorlieder durch dramatische Wechsellieder oder
durch Arien oder durch einstrophige Lieder ersetzt werden, ja
wie sogar die „sechste Hauptszene" (mit dem letzten Boten-

bericht) völlig durchlyrisiert erscheint. An die Stelle des Einzugsliedes und des „dritten Standliedes" treten lebhafte Wechsellieder mit Elektra, wechselnde Platzanweisungen, die wohl nicht zufällig die beiden Hauptaktionen des Dramas einleiten. Die beiden ersten Standlieder beklagen, in je einer Doppelstrophe, den unheilbaren Fluch des Atridenhauses und umrahmen so die lange, rhythmisch zweigeteilte zweite Hauptszene. Die Komposition steigert sich zum Solo der klagenden Elektra, das an die Stelle des dritten Standlieds tritt. In der großen vierten Hauptszene tritt das ganze Drama in eine andere Tonart über und löst das Gefüge von „Standliedern" und „Hauptszenen" vollends auf. Dem schon genannten lebhaften Wechsellied („dritten Standlied") folgt noch eine kurze Sprechszene („fünfte Hauptszene"), dann umrahmen eine Strophe (als abgekürztes „viertes Standlied") und ihre Gegenstrophe (als abgekürztes „fünftes Standlied") symmetrisch und handlungsbezogen einen Botenbericht an Chor und Orestes („sechste Hauptszene"), der merkwürdig genug gestaltet ist: die Berichtszene ist zugleich eine rhythmisch zweigeteilte Verfolgungsszene, der eigentliche Bericht wird von einem stammelnden barbarischen Sklaven erstattet, und zwar in hastiger lyrischer Melodik; nur wenige Sprechverse des Chors sind dazwischengestreut, so daß man von einem reich ausgebauten Solo des Dieners sprechen kann. Schon die Lyrisierung der Sprechpartie und gerade auch die situationsgeladene Gesangspartie des Dieners erinnert an die Vorszene der „Aulischen Iphigenie"; darüber hinaus muß die musikalische Fassung der Partie eine radikale Neuerung, einen Übertritt in aufgelösteste orientalische Klangwelt und zugleich in die Groteske bedeutet haben, wie ja auch die anschließende Schlußpartie der Verfolgung in der Sphäre der Komik bleibt. Von der Groteske des musikalischen Schlußworts erholt sich das übrige Drama nicht mehr: die Schlußszene und gerade auch die Göttererscheinung führen die Würde der Tragik nicht mehr herauf, und der Chor verabschiedet sich mit wenigen, üblichen Versen.

Die Arien des Phrygers sind aber nicht nur mit der Dramatik

des folgenden Schlußteils verbunden, sie erheben sich sozusagen aus der gesamten Tonart des zweiten Dramenteils. Schon
von dem Wendepunkt, an dem Pylades, wie ein verzweifelt
parodierender, irdischer „deus ex machina", die Tötung der
Helena beschließt (1105), wird das Drama nicht mehr auf der
alten Höhe weitergespielt. Der tragende Ton geht ihm verloren, es bemächtigt sich seiner eine klirrende Scheinhaftigkeit,
ein hohler, fast mechanischer Ablauf. Zwar erhebt sich in dieser zweiten Dramenhälfte die alte Täter-Trias Orestes – Elektra – Pylades ähnlich wie in der „Taurischen Iphigenie" zu
neuer Aktivität, aber im „Orestes" ist sie krampfhaft, eine Zu-
fallsaktion, ein Schlag ins Leere und in keiner Weise wie die
große Bluttat des Muttermordes oder wie die taurische Ent-
führung des Artemisbildes mit göttlichem Auftrag, mit menschlichen Gewissensentscheidungen verbunden. Die Karikatur-
haftigkeit der Phrygerszene ist dem nahezu karikaturhaften
Charakter des Anschlags auf Helena und Hermione nicht
wesensfremd.

Nun ist aber dieser fast groteske Handlungteil des Dramas
keineswegs nur Anhang oder Bravourstück, Aufzeigung einer
unerschöpflichen Erfindungskraft und höchsten szenischen
Könnens, sondern voll hohen dramatischen Gewichts, nicht
nur innerhalb dieses Dramas, sondern auch innerhalb der drei
erhaltenen Orestesdramen des Meisters. Es ist sicher eine be-
merkenswerte Tatsache, daß Euripides innerhalb der sechs
Jahre von 413–408 den Sohn des Agamemnon dreimal in den
Mittelpunkt einer Tragödie gestellt hat; wenn er auch gewiß
nicht wie ein Dramatiker der Neuzeit um diese Gestalt gerun-
gen oder sein inneres Los in ihr gespiegelt hat, so kann doch
sicher von einer tiefen Befreundung mit ihr gesprochen werden,
und diese Befreundung führt zum zweiten Teil des „Orestes",
ja, wenn man so will, zur Phrygerszene.

Die „Elektra" zeigt, wie der Gesandte Apollons ins Schwanken kommt, von der Schwester aufgestachelt wird, den Muttermord widerwillig vollzieht; das Schlußbild zeigt das von der
Reue ergriffene blutüberströmte Paar, den von den Erinyen

gejagten Orestes. Die Götter haben ihre Sendboten irregeleitet, um ihr Menschliches betrogen und obendrein bestraft. Der Weg führt weiter zur „Taurischen Iphigenie", in ein späteres Stadium der Laufbahn Orestes. Noch wird er von den Erinyen verfolgt, noch stellt ihm Apollon lebenbedrohende Aufgaben, aber die völlige Befreiung von den Geistern bahnt sich an, die Aufgabe gelingt mit Athenas Hilfe; alles vollzieht sich in einem Zauberland, in dem selbst die hymnische Preisung des Apollonknäbleins Platz findet. Die Abrechnung, das Bekenntnis sind von der Poesie gebändigt, abgelöst. Aber im „Orestes" brechen beide, Abrechnung und Bekenntnis, wieder, von schwerster Erfahrung getrieben, mit neuem Ernst und mit neuen Zielen durch. Der Dichter will wissen, was mit dem armen Orestes geschieht, wo keine göttlichen Zaubersprüche wirken, wo hochgemute Menschen ohnmächtig bleiben und die Entscheidungen in die Hände der Menschen des Alltags gelegt sind. Zu diesem Zweck läßt er die Handlung am Tatort spielen, wo das Gesetz über sie befindet, und in einer Zeit, in der der Spruch gesprochen werden muß, in der auch der getreue Pylades wieder aus seiner Heimat zurück ist. Das Dasein dieser hochgemuten Dreiheit zerbricht an Gebrochenem, an der Brüchigkeit des Menelaos und der Volksversammlung, und es bleibt nur ein Finale der Sinnlosigkeit: ein aussichtsloser Trugplan; ein Vergessen der Furien; ein Rache- und Zweckmorden, begangen von Verzweifelten, die nun Apollon einmal zu Mördern gemacht hat; begangen an den hier schuldlosen Frauen. Es wird nur erreicht, daß Menelaos schwer gedemütigt, ohne Besitz der Frau und Tochter, vor dem brennenden Palast steht, in dem die todbereiten Atriden untergehen. Das Gebet vor der Tat, eine Wiederholung des Gebets vor der größeren Tat des Muttermordes der „Elektra", unterstreicht den fast parodistischen Charakter der letzten Aktion der verzweifelten Atriden. Das skurrile rettende Eingreifen des Zeus und des Apollon steigert die Parodie zum Zynismus: das Gemeinte ist der sinnlose Untergang der sich verzweifelt wehrenden Atriden im selbstentfachten Flammenmeer, gut genug für einen Operneffekt. Dieser zweite Dramenteil war der Ab-

schied des Dichters von „seinem" Orestesmythus, in ihn läßt
er den Phryger hineinmelodieren.

Der Erfindermacht des Dramas antwortet die szenische Ge-
stalterkraft. Die äußere Ordnung der ersten Dramenhälfte läßt
sich an der Gegenwart Elektras ablesen. Im ersten Abschnitt,
dessen beide Szenen das Einzugslied umrahmen, und im dritten, der vom Botenbericht der dritten Hauptszene über die Arie
an den Schlußteil hinanreicht, ist Elektra zugegen, in der großen
Doppelszene mit Menelaos-Tyndareos und dem ankommenden
Pylades weilt sie im Haus. Schon der Vorszene sind Helena
und Hermione, die Opfer der zweiten Dramenhälfte, eingewo-
ben, im übrigen ist der erste Abschnitt dem von der Schwester
treu umsorgten todkranken Orestes gewidmet. Im zweiten
Abschnitt wird der gefürchtete Greis Tyndareos vor unsern
Augen vollends zum Todfeind, der einzige Rettungsstern Menelaos geht spürbar unter, ein treuer, aber machtloser Freund
erscheint; düstere Chorgesänge umrahmen die Reden. Der
dritte Abschnitt bringt den Todesspruch des gegängelten Volkes, Elektras Klage als lyrische Mitte und den gemeinsamen
Abschied der drei Liebenden vom Leben. Das Krankenbild des
ersten Abschnitts wird im dritten, bei der Rückkehr vom Bürgerrat, nochmals verstärkt.

Dann folgt, mitten im Gespräch, der Übergang zum masken-
haften zweiten Verzweiflungsdrama mit dem Vorplan, mit der
Aktivierung des Chors, dem Wechselspiel von Hof und Ge-
mächern, den chorumrahmten Phrygerszenen und der höhnisch-
fruchtlosen Dachszene; alles glänzend verkettet und in rascher,
bunter Folge dem Auge und Ohr geboten. Das letzte Bild
(mit dem Theatergott) staffelt sich in drei Stockwerken der
Bühne.

Ist dem Meister sein Können zuvorgekommen? Ist dieses
Drama nur noch „Theater", ohne echte Verkündigung des
Mythus, ohne ewiges Wort? Worin liegt die Heilkraft?

Sie liegt erlösend im neuen Aufbrechen menschlicher Quellen, das die alten Ränge und Werte verschiebt. Die Gestaltenwelt wird durchweg schlichter. Das völlig entthronte Geschwi-

sterpaar, der vom Vater verstoßene Vetter Pylades, auf ihre Art
das Kind Hermione und die rechtschaffenen Bauern bewähren
Herzensadel, die Menelaos-Clique und die Demagogen des
Volks verraten ihn schmählich in verschiedenen Tonlagen.
Menschenrecht und Staatswohl, ja sogar Bürgerwillkür lösen
die Heiligkeit der Blutrache ab; Orestes selbst und, wie er sagt,
der Schatten der Erschlagenen treten dem neuen Recht bei. Die
Führung der Götter hat im Unglück kläglich versagt: den Täter, der doch der Mutter die letzten Ehren erwiesen hat, befällt
bittere Reue, Krankheit des Innern, Vergiftung des Sinnes. Mit
menschlichster Anteilnahme beschreibt der Dichter die Wahn-
ideen, die Zwangsvorstellungen des Orestes, die aus dem ver-
gossenen Blut aufsteigen. Aus den Zeugnissen neu erlebter
Gefühlstiefen ragt die Krankenpflege der Schwester am Beginn
des Dramas heraus, der am Schluß des ersten Verzweiflungsdramas der Abschied der zu Liebenden Gewordenen antwortet.
In die zerstörte Seele des verzweifelten Orestes leuchtet die
schmachvolle Helena-Anrufung vor dem schmachvollen Menelaos hinein.

Solche Dokumente sind alles andere als bloßes „Theater",
sie durchstrahlen die unheldische Nüchternheit, das götter-
verlassene Zweiflertum, die bürgerlich-profane Figurenwelt mit
neuem erwärmendem Licht. Sie entheben uns auch des Gedan-
kens, der Dichter habe hier einmal seiner Hohnlust geopfert
wie sein großer Nachfahr in „Troilus und Cressida", oder er
habe sich mit einem Meisterstück des Zynismus von seiner ver-
ständnislosen Vaterstadt verabschiedet. Ja, sie erläutern auf
ihre Art den parodistischen, fast marionettenhaften Ton der
zweiten Dramenhälfte und der Götterszene. Nach den menschlichen Enthüllungen des ersten Verzweiflungsdramas zieht der
Dichter unwillkürlich noch den Schleier von einer nichtge-
nannten verzweifelten Seele, seiner eigenen. Im Gewand des
Orestesmythus wird das Planen und Agieren der einsam gewordenen Menschen als klirrender Leerlauf des Sinnlosen in aller
Unerbittlichkeit gezeigt: das Mittelmaß beraubt die Hochgemuten des gesunden Atems. Bald darauf verläßt der Dichter

die Heimat. Wir stehen ergriffen vor diesen Ereignissen, die uns angehen, und verlernen das heitere Lachen über die Phrygerposse.

Iphigenie in Aulis

Euripides starb in Makedonien im Alter von etwa 78 Jahren, keine zwei Jahre nach der Aufführung des „Orestes". Er hinterließ drei unaufgeführte Dramen: die „Iphigenie in Aulis", den verlorenen „Alkmaion von Korinth" und die „Mänaden" („Bakchen"); alle drei wurden vom jüngeren Euripides bald nach dem Tode des Dichters auf die Bühne von Athen gebracht. Die Stücke waren neu: was erhalten ist, geht offenbar über die Stufe des „Orestes" hinaus, die „Iphigenie" war stellenweise noch unfertig, außerdem entstand am makedonischen Hof ein Festspiel „Archelaos" für den königlichen Gastgeber: der ungehemmte Schaffensdrang dieser letzten Lebensjahre ist deutlich genug – und nicht nur dieser, sondern eine ergreifende Wendung und Bekrönung des Lebenswerkes. In der „Iphigenie" erscheint die große Leistung des „Orestes" noch einmal gesteigert und von innerem Glanz überhöht; im Schicksal des Alkmaion, der in einer gekauften Sklavin die eigene, im Wahnsinn des Muttermordes gezeugte Tochter erkennt, nachdem er kurz vorher ihren Zwillingsbruder entdeckt hat, scheinen das Orestes-Los und die älteren Erkennungsdramen reich ausgebaut; das Festspiel auf Archelaos ging dann gewiß seine einfacheren Wege; wichtiger ist, daß das Mänadendrama, das große Festspiel auf den sich wandelnden Gott der Bühne, sich seinerseits vom „reichen Stil" zurückzieht, biegsamere, schlichtere Formen erobert, das ruhige Glück des schlichten Alltags an die Stelle des kultlichen Wahnsinns setzt. So wird wohl das aulische Drama noch in Athen begonnen und weitgehend gefördert worden sein, die „Mänaden" sind eher eine Konzeption der makedonischen Zeit.

In der „Iphigenie" erscheinen wiederum wie im vorausgehenden Stück die Atriden, wiederum Agamemnon und seine Kinder, wiederum Orestes, aber in einem etwa zwanzig Jahre früheren Abschnitt ihres Lebens, am Tag der Ausfahrt der Flotte von Aulis nach Troja. Dieser Tag empfängt ein Strahlenkleid erst durch die Tat eines Kindes. Ganz wie ein heller Stern sich aus nächtlichem Sturmgewölk erhebt und allen geängsteten Herzen seinen Frieden mitteilt, so durchstrahlt Iphigenies freiwilliger Todesgang das Ende dieses kunstvoll verschlungen Dramas, das im Nachtdunkel beginnt und in dem es nicht hell werden will, bis jener Stern seinen Glanz entfaltet. Wie vielfältig gebrochen sind durch lange Stunden die Verse und Lieder, Szenen und Menschen! Alles lebt im Halbdunkel, im schwankenden Auf und Ab, in der Verstrickung, bis die fast Gerettete mit fester Hand ihr Steuer zum eigenen tödlichen Ziele wendet. Der Zersplitterung der Gestaltenwelt steht eine sich steigernde Gruppierung um dieses Kind gegenüber, ein schweigendes Sichfinden benachbarter hoher Seelen, eine innere Gefolgschaft der Umwelt. Wir stehen erstaunt vor der Tatsache, daß diese neue Erfüllung der Dramatik einem fast Achtzigjährigen geglückt ist.

Die reich bewegte Dramatik wird immer noch von der alten Dreizahl der Schauspieler bewältigt, sogar ohne Zuhilfenahme bedeutsamer stummer Spieler, wenn man von dem Oresteknäblein der vierten Hauptszene absieht. Agamemnon kann den Achilleus mitspielen, Klytaimestra den Menelaos, Iphigenie die erscheinende Artemis, den Alten, den Boten. Das Spiel zu dreien wird – in steigendem Maße – in allen fünf Hauptszenen ausgenützt, nur in der Vorszene und in der Schlußszene gemieden; es scheint sich die Tatsache zu ergeben, daß die Neuerung des frühen Sophokles erst im späten Jahrhundert zum vollen Tönen gebracht wurde. Schließt diese Anwendung die fünf Hauptszenen zu einer gewissen Einheit zusammen, so sind die erste, dritte und fünfte jeweils durch Taktwechsel zweioder dreigeteilt, der Monotonie kunstvoll enthoben.

Am auffälligsten sind die Neuerungen der Vor- und Schlußszene. Die Vorszene sollte ursprünglich wohl, ähnlich wie der

Botenbericht des Phrygers im „Orestes", durchweg „gesungen" werden, also die Sprechverse des Mittelteils (49 ff.) nicht enthalten. Dieses „Duett" des Königs und des alten Dieners bei Sternen- und Lampenschein, in lebhaften anapästischen Takten, ist eine der kühnsten, malerischsten, stimmungsreichsten Erfindungen des Meisters, der gewiß die Musik nichts schuldig blieb. (Die nicht ganz fertige spätere Erweiterung ist hier wiedergegeben und durch kleine Brücken zusammengehalten.) An der nur in vier Versen erhaltenen Schlußszene fällt auf, daß sie den Abzug des Chors schon hinter sich hat, daß also die Königin in ihren Monologen und ihren Antworten an Artemis allein auf der Bühne steht; die hier versuchte Ergänzung möge den düsteren Ausklang veranschaulichen, der in seinem schwankenden Ton der Vorszene entsprochen haben wird.

Der enteilende Alte der Vorszene macht den einziehenden Frauen Platz, die ihre Neugierde von Chalkis herübergetrieben hat. Anschaulich schildern sie Weg und Ziel, den Hain der Artemis und das Lager, das Treiben der müßigen Trojafahrer; ihr Besuch bei den wohlgezählten Schiffen (231 ff.) ist wohl eine nachträgliche Erweiterung. Diesem farbig schimmernden Einzugslied steht das festlich-frohe Abzugslied (1475 ff.) gegenüber, die Prozession, die, unter Anführung Iphigenies, wieder zum Hain der Artemis, zu ihrem Opferaltar zurückschreitet.

Zwischen dem Einzugs- und Abzugslied des Chors breiten sich, mit vier musikalischen Unterbrechungen, die fünf genannten Hauptszenen, von denen wir drei durch Taktwechsel bereichert sahen. Die erste, eine dieser bereicherten, läßt das schwankende Auf und Ab der Vorszene im Gespräch der königlichen Brüder in mächtigen Wellen weiterschlagen, führt den entscheidenden Entschluß Agamemnons herbei, meldet dazwischen durch einen mitten in den Vers platzenden Boten die Ankunft der Königin und der bräutlichen Tochter samt dem kleinen Orest. Das vom Trug des Königs überschattete Wiedersehen der Familie verdüstert die zweite Hauptszene, das rührende Gespräch der Tochter erhellt ihre Mitte. Die dritte

Hauptszene, wieder eine reiche, gesellt den getäuschten, edel-
scheuen Achilleus der ebenso getäuschten „Brautmutter" und
ruft seine Ritterlichkeit wach; Aufdecker des Trugs ist der alte
Diener in der Szenenmitte. In der vierten Hauptszene rechnet
die Königin mit dem Gatten ab, die Tochter überhöht bittflehend, mit dem Kind zusammen, die Anklagen der Mutter.
In der letzten Hauptszene, der dritten reichen, die den tatberei-
ten Achilleus wieder zu den Frauen gesellt, steigt die Gestalt
Iphigenies plötzlich, mitten im Vers, zu standbildhafter Größe
auf; stellt sie sich neben, ja über Achilleus; übernimmt sie die
Führung des Chors.

Dieser Chor steht den königlichen Frauen anfangs als fremder, vom Zufall entsandter Besucher gegenüber, wird aber
stufenweise mit ihnen verwoben. Schon im Einzugslied zeigt
er sich unterrichtet: man hat den Frauen in Chalkis vom Paris-
urteil, vom Helenaraub, von den aufbrechenden Achäern er-
zählt, nun nehmen sie Anteil an den weiteren Geschicken des
Hauses und besonders Iphigenies. Das erste Standlied ist eine
Betrachtung über den besonnenen und über den zerstörerischen
Eros, der den neuen Krieg entfesselt hat. Die Ankunft der königlichen Familie gibt Anlaß zur Huldigung und zum hilfreichen
Empfang, schon ist die Königstochter keine Fremde mehr. Das
zweite Standlied sieht die Flotte in voller Fahrt nach Troja
segeln, sieht die Prophetin Kassandra und das zukünftige
Sklavenlos der trojanischen Frauen vor sich, verschuldet durch
eine leichtsinnige Frau. Nach den bewegten Achilleusbildern
der dritten Hauptszene singt das strahlende dritte Standlied
vom Ursprung dieses Helden, von der sagenberühmten Hochzeit seiner Eltern im Peliongebirg und Chirons Prophezeiung;
kläglich steht diesem Fest die Opferung Iphigenies gegenüber,
die der Chor hier und in der vierten Hauptszene als schlimmen
Frevel verurteilt. Was er in einem vierten Standlied zu sagen
hätte, wird dann – in musikalischer Steigerung – dem Klagelied des Mädchens (1276 ff.) überlassen: die furchtbaren Folgen
des Parisurteils auf aulischem Boden, für die sowohl die Mutter
als die Frauen zu Zeugen angerufen werden. Das letzte Stand-

lied geht im Wechselgesang der Prozession, in den Liedern von
Iphigenie und Chor, von Priesterin und Gemeinde auf. Die ge-
sprochene Handlung und der gesungene Teil, der Träger einer
neuen Musik, haben sich zur Einheit verschmolzen; aus dem
reichbunten Stil der „Orestes‟-Stufe hat sich eine neue, glanz-
volle Gesamtmelodie erhoben. – Was dann noch folgt, ist Epilog eines Zuschauers, zugleich geheime Wurzel eines neuen
Katastrophendramas. Dieser (verlorene) Epilog fügte dem Drama die ihm noch fehlende Note hinzu, vollendete sein Gewicht,
seine Schönheit.

Das Kind, das über den großen Achilleus hinauswächst, das
eben noch um sein junges Leben flehte und nun, hellsichtig
geworden, dieses Leben dahingibt, ja, das die Schicksale Griechenlands mit festem Griff in die Hand nimmt, hat in einzelnen
Zügen seiner Gestalt, hat als Handlungsstoff, auch als Stim-
mungsträger seine Vorgänger in älteren Dramen des Meisters.
Es fehlt nicht an jungen Frauen, die für ihren Gatten in den Tod
gehen (wie Alkestis) oder ihm auf den Scheiterhaufen folgen
(wie Kapaneus' Witwe in den „Bittflehenden‟), an Mädchen
und Knaben, die sich freiwillig als Opfer schlachten lassen (wie
Polyxene in der „Hekabe‟, Makaria in den „Herakleskindern‟,
Menoikeus in den „Phönikerinnen‟). Sie alle überragt Iphigenie durch die Fülle der dargestellten Seelenbewegung, durch
die Einsicht in den großen Rahmen der Tat. Daß der Todesgang so ganz zum Mittelpunkt, zur Krönung des dramatischen
Ablaufs wird, daß er aus dem Schwanken brüchiger Seelen als
feste Lösung herauswächst, die nicht nur dem Haus oder der
Stadt, sondern dem ganzen Griechenvolk den Weg der Freiheit
öffnet, läßt alle Vorstufen hinter sich. Die Bezwingerin ihrer
selbst, aber auch die Bewahrerin Achills, ja die „Eroberin der
Phrygerstadt‟ verläßt die Bühne.

Mit der Erschaffung dieser großen dramatischen Gestalt und
ihres so reichen dramatischen Rahmens hat der achtzigjährige
Dichter nicht nur der Kunst der Bühne, sondern auch seinem
eigenen Innern beglückendes Neuland erobert. Halten wir das
Ereignis fest: vielleicht nur ein Jahr, ja vielleicht nur wenige

Monate nach der Aufführung des „Orestes" wird der Grund
zu dieser Eroberung gelegt; wird die Brüchigkeit der Könige,
die nächtliche Qual des schlaflosen Heerführer, das Schwanken der Menge mit neuen Farben gemalt; entsteht Situations-
mäßiges, Momentanes, Landschaftliches, Stimmungshaftes in
ungekannter Anschaulichkeit; erstrahlt aber auch innerer Adel
junger Menschen in verborgener Unverbrüchlichkeit; weitet
sich eine begrenzte kindliche Welt in ein großes Geschicht-
liches; wölbt sich, durch Iphigenies plötzliches Verstehen, über
der Vielfalt von Wert und Unwert der Handlungen die Kuppel
eines hohen Sinns.

Mänaden

„Aulische Iphigenie" und „Mänaden" sind gewiß nur durch
einen geringen Zeitraum getrennt, und trotzdem erscheint die
Frage der Reihenfolge eher dringlich als müßig, deswegen, weil
es sich in den „Mänaden" um die Findung eines neuen, einfacheren, aber doch bewegteren und tiefenhaltigeren dramatischen Stils handelt, der kaum zwischen „Orestes" und „Iphigenie" seine Stelle findet. Umfang und Rollenzahl sind geringer.
Die Rollen verteilen sich zwanglos auf die drei Schauspieler:
der erste spielt fünfmal Dionysos, einmal Teiresias; der zweite
viermal Pentheus, einmal Agaue; der dritte zweimal Kadmos,
dazu die drei Botenrollen; das Spiel zu Dreien steigert sich nur
in der ersten Hauptszene und in der Schlußszene zum reichen
Bild; Erweiterung durch stumme Rollen wird nicht gefordert.
Die sechs Szenen führen von der einrolligen Vorszene über vier
Hauptszenen zur vierrolligen Schlußszene, und zwar so, daß je
eine kurze und eine lange Szene sich regelmäßig ablösen, also
insgesamt drei sich steigernde Paare bilden; die fünf Chorlieder
zwischen den Szenen verteilen sich auf ein reiches Einzugslied
und vier kürzere Standlieder der lydischen Mänaden; im übrigen halten sich Taktwechselpartien und Wechsellieder in engen
Grenzen, Arien und Auflösung ganzer Sprechszenen fehlen
ganz. Vergleicht man „Iphigenie" oder gar „Orestes", so steht

man vor einer schlichteren, monumentaleren Form, freilich neuen, offenbar bahnbrechenden Charakters.

Die drei Szenenpaare tragen nicht nur eine geradlinige, sondern eine dreigestufte Bewegung. Das Thema, ein altes der attischen Bühne, zeigt den Triumph des von Theben abgewiesenen Gottes über seine Feinde und Verleumder, über die Schwestern und den Schwestersohn seiner Mutter, in drei Durchbrüchen.

Im ersten Durchbruch ist die Stadt weitgehend erobert. Dionysos – in der Maske seines eigenen jungen Propheten – hat einen Schwarm seines halbgöttlichen Mänadengefolgs aus Lydien mitgebracht und mit ihnen die Schwestern Semeles, ja alle Frauen der Stadt angesteckt. Sogar der alte abgedankte König und sein greiser Seher mischen sich in der grandios-grotesken ersten Hauptszene unter die Tänzerinnen, als zwielichtige Gestalten. Schon treten neben den strahlenden Glanz des Einzugslieds die Schatten des Hohns, der Täuschung, der irregeführten Menschen. Pentheus fängt an ins Leere zu kämpfen. Das erste Standlied setzt den Jubel des Einzugsliedes fort.

Der zweite Durchbruch meldet die zauberhafte Befreiung der verhafteten Thebanerinnen, bringt die leere Bedrohung und Einkerkerung des siegesgewissen Propheten, seine triumphale Befreiung während der Zertrümmerung des brennenden Palastes und den erstaunlichen Bericht des Hirten über den großen Sieg der thebanischen Frauen. Zum Schluß läßt sich der kampfwütige, dabei auch lüsterne Mänadenjäger verblenden: er will, als Mänade verkleidet, zu Felde ziehen. Die Hohnwelt verstärkt sich. Das zweite und besonders das dritte Standlied der Lyderinnen prophezeien den Triumph des Gottes über den Frevler.

Der dritte Durchbruch fügt zum Sieg im Palast den Sieg im Gebirg. Der mit Wahnsinn geschlagene König wird in tiefster Erniedrigung, als erbarmenswerte Karikatur, vorgestellt und zieht, von den Hetzgesängen des vierten Standliedes begleitet, ins Gebirge, zum jämmerlichen Untergang, zur Zerreißung durch die Mutter und ihre Schwestern. Mit dem Kopf des Sohnes im Arm kehrt Agaue nach Theben zurück, wohin ihr Vater die Fetzen des Körpers gebracht hat. Die vom Gott Getäuschten erwachen und nehmen die gnadenlosen Weisungen des jetzt in seiner eigenen Gestalt erscheinenden Dionysos entgegen.

Blickt man zu „Orestes" und „Iphigenie" zurück, so ergibt sich trotz vieler innerer Bezüge eine neue Welt. Die Bewegung der Szenenführung ist in ihrer Lebhaftigkeit und Vielfalt erhalten geblieben, aber sie ist nicht mehr auseinandergelegt, sondern flüssiger, zielstrebiger, einheitlicher, mehr von innen herausgeholt. Das Naturleben, das sich in Schilderungen des Landschaftlichen, des Tageszeitlichen, des Triebhaften von Mensch und Tier, des Wogend-Seelischen mannigfachen Ausdruck verschafft hatte, wird in den großen Botenberichten aus den Bergen zu höchster Eindringlichkeit verdichtet, klingt auch in den Menschlichkeiten der Kinder, der Greise, des Pentheus mit neuer Note durch; es ist das gleiche Naturleben, das, im ganzen gesehen, in diesem Drama als Gefäß des Dionysischen erscheint und das im folgenden Jahrhundert sich des menschlichen Inneren bemächtigt, die mythische Welt entkräftet. Die „dionysische Welle" dieser Jahrzehnte, die dionysischen Mysterien dieser Zeit haben das neue Jahrhundert beschworen. So muß man auch die brüchigen, die schwankenden Seelen des „Orestes" und der „Iphigenie" durchaus als Vorläufer der von Dionysos gebrochenen und besessenen Seelen der sechs Fürstengestalten der „Mänaden" auffassen: der Ursprung der großen Umschmelzung, der Auflösung der apollinischen Welt, liegt in den zwielichtigen Gaben des Dionysos.

Weit über die Stufen der beiden älteren Dramen hinaus führt diese vielschichtige Vision des Göttlich-Menschlichen. Man muß das Drama gleichsam in drei Inhalten ablesen. Vom Anfang bis zum Ende ist es ein großer Triumphzug des Herrn der Natur, der ja auch zugleich der Herr des Theaters gewesen ist; eine Kette von Rufungen ganz im Sinn der alten vordramatischen Beschwörungstänze; eine Kette von Erscheinungen, von Epiphanieen, die in der Schlußerscheinung gipfeln. Diese Macht spottet jedes Angriffs, jeder Verhöhnung, vergilt Hohn mit Hohn.

So steht hinter der Preisung des Gottes der stete Blick auf seine Hohnlust, seine unbegrenzte Zauber- und Täuschungskunst, seine Wahnverhängung, ja die Anwendung seiner heiligsten Gaben als Mittel der grausamsten Bestrafung und Demütigung. Schaudernd wendet sich der vorübergehend beschenkte Sterbliche von diesen Gaben und ihrem Spender ab.

Diesem armen Sterblichen nun, und dies ist das dritte und tiefste Thema dieser Dichtung – wird am Ende der höhere Preis verliehen, gehört das fühlende Herz des Zuschauers. Immer mehr neigt sich die Waage des Dramas den von Dionysos, ihrem Vetter, genarrten und bestraften Fürstenkindern zu, die zum Schluß wie ein entblätterter Baum die Bühne erkälten.

Nach alter Überlieferung dient der Chor zwei Funktionen: der hymnischen Rühmung des Gottes und der Mitteilung eigener menschlicher Einsichten. In allen fünf Liedern erfüllt er ekstatisch seine erste Aufgabe; in drei Standliedern enthüllt er daneben eine Weisheit des Dichters, die in schroffem Widerspruch zu aller Ekstase steht: das Lob des bescheiden-friedlichen Alltags, der Stimme des einfachen Volkes, der gebräuchlichen, maßvoll-natürlichen Welt. Es ist des Dichters eigenste Stimme, wenn die am schwersten geprüfte Agaue die Bühne verläßt mit dem Ruf: „Nie wieder Thyrsus!" Die neue einfache Form, die der Dichter seinem Kunstwerk verleiht, ist Spiegel einer am Lebensende errungenen inneren klaren Einfachheit, ist wiederum Bekenntnis zu einer seherisch geschauten Zukunft, zur Menschlichkeit, zur Natürlichkeit des neuen Jahrhunderts.

ANHANG
DES HERAUSGEBERS

ΥΠΟΘΕΣΕΙΣ

Ὑπόθεσις Ὀρέστου

I

Ὀρέστης τὸν φόνον τοῦ πατρὸς μεταπορευόμενος ἀνεῖλεν Αἴγισθον καὶ Κλυταιμνήστραν· μητροκτονῆσαι δὲ τολμήσας παραχρῆμα τὴν δίκην ἔδωκεν ἐμμανὴς γενόμενος. Τυνδάρεω δὲ τοῦ πατρὸς τῆς ἀνῃρημένης κατηγορήσαντος κατ' αὐτοῦ, ἔμελλον Ἀργεῖοι κοινὴν ψῆφον ἐκφέρεσθαι περὶ τοῦ τί δεῖ παθεῖν τὸν ἀσεβήσαντα· κατὰ τύχην δὲ Μενέλαος ἐκ τῆς πλάνης ὑποστρέψας νυκτὸς μὲν Ἑλένην εἰσαπέστειλε, μεθ' ἡμέραν δὲ αὐτὸς ἦλθεν. καὶ παρακαλούμενος ὑπ' Ὀρέστου βοηθῆσαι αὐτῷ, ἀντιλέγοντα Τυνδάρεων μᾶλλον ηὐλαβήθη. λεχθέντων δὲ λόγων ἐν τοῖς ὄχλοις, ἐπηνέχθη τὸ πλῆθος ἀποκτείνειν Ὀρέστην. ...ἐπαγγειλάμενος αὐτὸν ἐκ τοῦ βίου προΐεσθαι. συνὼν δὲ τούτοις ὁ Πυλάδης, φίλος αὐτοῦ, συνεβούλευσε πρῶτον Μενελάου τιμωρίαν λαβεῖν Ἑλένην ἀποκτείναντας. αὐτοὶ μὲν οὖν ἐπὶ τούτοις ἐλθόντες διεψεύσθησαν τῆς ἐλπίδος θεῶν τὴν Ἑλένην ἁρπασάντων· Ἠλέκτρα δὲ Ἑρμιόνην ἐπιφανεῖσαν ἔδωκεν εἰς χεῖρας αὐτοῖς· οἱ δὲ ταύτην φονεύειν ἔμελλον. ἐπιφανεὶς δὲ Μενέλαος καὶ βλέπων ἑαυτὸν ἅμα γυναικὸς καὶ τέκνου στερούμενον ὑπ' αὐτῶν, ἐπεβάλλετο τὰ βασίλεια πορθεῖν· οἱ δὲ φθάσαντες ὑφάψειν ἠπείλησαν. ἐπιφανεὶς δὲ Ἀπόλλων Ἑλένην μὲν ἔφησεν εἰς θεοὺς διακομίζειν, Ὀρέστῃ δὲ Ἑρμιόνην ἐπέταξε λαβεῖν, Πυλάδῃ δὲ Ἠλέκτραν συνοικίσαι, καθαρθέντι δὲ τὸν φόνον Ἄργους ἄρχειν.

Ἀριστοφάνους Γραμματικοῦ ὑπόθεσις

II

Ὀρέστης διὰ τὴν τῆς μητρὸς σφαγὴν ἅμα καὶ ὑπὸ τῶν Ἐρινύων δειματούμενος καὶ ὑπὸ τῶν Ἀργείων κατακριθεὶς θανάτῳ, μέλλων φονεύειν Ἑλένην καὶ Ἑρμιόνην ἀνθ' ὧν Μενέλαος παρὼν οὐκ ἐβοήθησε, διεκωλύθη ὑπὸ Ἀπόλλωνος. παρ' οὐδενὶ κεῖται ἡ μυθοποιία.

Hypothesis zum Orestes

I

Orestes rächte seinen ermordeten Vater und tötete Aigisthos und Klytaimestra. Wegen des Muttermordes wurde er zur Strafe sogleich wahnsinnig. Als Tyndareos, der Vater der Getöteten, Klage gegen ihn erhob, wollten die Argiver einen gemeinsamen Beschluß darüber herbeiführen, was mit dem Frevler geschehen solle. Zufällig kam Menelaos gerade von seiner Irrfahrt zurück; er hatte Helena nachts vorausgeschickt und kam selbst am Tage. Von Orestes zu Hilfe gerufen, überwog seine Vorsicht gegenüber Tyndareos, der dagegen gesprochen hatte. Nachdem Reden in der Volksversammlung gehalten worden waren, beschloß die Menge, Orestes zu töten. (Er wurde entlassen), da er sich bereit erklärte, sich selbst zu töten. Sein Freund Pylades, der hinzugekommen war, riet, zuvor Rache an Menelaos zu nehmen und Helena zu töten. Als sie sich dazu anschickten, trog sie ihre Hoffnung; denn die Götter rafften Helena hinweg. Elektra aber lieferte ihnen Hermione, die dazukam, in die Hände, und sie beschlossen, diese zu töten. Als Menelaos hinzukam und sah, daß man ihm Frau und Kind zugleich raubte, wollte er den Palast stürmen. Sie aber drohten, ihn vorher in Brand zu stecken. Da erschien Apollon und sagte, er bringe Helena zu den Göttern; Orestes trug er auf, Hermione zu heiraten, Elektra Pylades zur Ehe zu geben und nach der Entsühnung vom Mord über Argos zu herrschen.

Hypothesis des Grammatikers Aristophanes

II

Orestes, wegen des Muttermordes zugleich von den Erinyen geschreckt und von den Argivern zum Tode verurteilt, wollte Helena und Hermione töten, weil ihm Menelaos, der doch dabei war, nicht helfen wollte, wurde aber von Apollon daran gehindert. Kein anderer Tragiker hat diesen Stoff benutzt.

---

[1] Zur Aulischen Iphigenie fehlen antike Einführungen.

ἡ μὲν σκηνὴ τοῦ δράματος ὑπόκειται ἐν Ἄργει· ὁ δέ χορὸς συνέστηκεν ἐκ γυναικῶν Ἀργείων, ἡλικιωτίδων Ἠλέκτρας, αἳ καὶ παραγίνονται ὑπὲρ τῆς τοῦ Ὀρέστου πυνθανόμεναι συμφορᾶς. προλογίζει δὲ Ἠλέκτρα. τὸ δρᾶμα κωμικωτέραν ἔχει τὴν καταστροφήν. ἡ δὲ διασκευὴ τοῦ δράματός ἐστι τοιαύτη· πρὸς τὰ τοῦ Ἀγαμέμνονος βασίλεια ὑπόκειται Ὀρέστης κάμνων καὶ κείμενος ὑπὸ μανίας ἐπὶ κλινιδίου, ᾧ προσκαθέζεται πρὸς τοῖς ποσὶν Ἠλέκτρα. διαπορεῖται δὲ τί δήποτε οὐ πρὸς τῇ κεφαλῇ καθέζεται· οὕτως γὰρ ἂν μᾶλλον ἐδόκει τὸν ἀδελφὸν τημελεῖν, πλησιαίτερον προσκαθεζομένη. ἔοικεν οὖν διὰ τὸν χορὸν ὁ ποιητὴς διασκευάσαι· διηγέρθη γὰρ ἂν Ὀρέστης, ἄρτι καὶ μόγις καταδραθείς, πλησιαίτερον αὐτῷ τῶν κατὰ τὸν χορὸν γυναικῶν παρισταμένων. ἔστι δὲ ὑπονοῆσαι τοῦτο ἐξ ὧν φησιν Ἠλέκτρα· 'σῖγα σῖγα, λεπτὸν ἴχνος ἀρβύλης'. πιθανὸν οὖν ταύτην εἶναι τὴν πρόφασιν τῆς τοιαύτης διαθέσεως.

Τὸ δρᾶμα τῶν ἐπὶ σκηνῆς εὐδοκιμούντων, χείριστον δὲ τοῖς ἤθεσι· πλὴν γὰρ Πυλάδου πάντες φαῦλοι ἦσαν.

Ὑπόθεσις Βακχῶν

I

Διόνυσον οἱ προσήκοντες οὐκ ἔφασαν εἶναι θεόν· ὁ δὲ αὐτοῖς τιμωρίαν ἐπέστησε τὴν πρέπουσαν. ἐμμανεῖς γὰρ ἐποίησε τὰς τῶν Θηβαίων γυναῖκας, ὧν αἱ τοῦ Κάδμου θυγατέρες ἀφηγούμεναι τοὺς θιάσους ἐξῆγον ἐπὶ τὸν Κιθαιρῶνα. Πενθεὺς δέ, ὁ τῆς Ἀγαύης παῖς, παραλαβὼν τὴν βασιλείαν ἐδυσφόρει τοῖς γινομένοις καί τινας μὲν τῶν Βακχῶν συλλαβὼν ἔδησεν, ἐπ' αὐτὸν δὲ τὸν θεὸν ἄλλως ἀπέστειλεν. οἱ δὲ ἑκόντος αὐτοῦ κυριεύσαντες ἦγον πρὸς τὸν Πενθέα, κἀκεῖνος ἐκέλευσεν δήσαντας αὐτὸν ἔνδον φυλάττειν, οὐ λέγων μόνον ὅτι θεὸς οὐκ ἔστι Διόνυσος, ἀλλὰ καὶ πράττειν πάντα ὡς κατ' ἀνθρώπου τολμῶν. ὁ δὲ σεισμὸν ποιήσας κατέστρεψε τὰ βασίλεια, ἀγαγὼν δὲ εἰς Κιθαιρῶνα ἔπεισε τὸν Πενθέα κατόπτην γενέσθαι τῶν γυναικῶν λαμβάνοντα γυναικὸς ἐσθῆτα· αἱ δ' αὐτὸν διέσπα-

Der Schauplatz des Dramas ist Argos. Der Chor besteht aus argivischen Frauen, Altersgenossinnen Elektras, die auch herbeikommen, um sich nach dem Unglück des Orestes zu erkundigen. Den Prolog spricht Elektra.

Das Drama hat einen eher komischen Ausgang. Die Bühnensituation des Dramas ist folgende: Vor dem Palast Agamemnons befindet sich Orestes, krank und unter der Wirkung eines Wahnsinnsanfalles auf einer Liege ruhend, ihm zu Füßen sitzt Elektra. Es ist eine offene Frage, warum sie nicht am Kopfende sitzt; denn so könnte sie den Bruder besser pflegen, da sie näher bei ihm säße. Der Dichter scheint diese Anordnung wegen des Chores gewählt zu haben; denn Orestes, der gerade erst mühsam eingeschlafen war, wäre aufgewacht, wenn die Frauen des Chores näher zu ihm getreten wären. Man kann dies aus den Worten der Elektra entnehmen: „Leise, ganz leise! Setzt leicht nur die Spur eurer Schuhe." Höchstwahrscheinlich ist das der Grund für diese Anordnung.

Das Drama gehört zu den besonders bühnenwirksamen, es ist jedoch außerordentlich schlecht durch die Charaktere; denn außer Pylades sind alle minderwertig.

Hypothesis zu den Mänaden

I

Die Verwandten des Dionysos bestritten, daß er ein Gott sei; er aber erlegte ihnen die gebührende Strafe auf. Er versetzte nämlich die Frauen der Thebaner in Wahnsinn. Ihnen voran führten die Töchter des Kadmos die schwärmenden Scharen auf den Kithairon hinaus. Pentheus jedoch, der Sohn der Agaue, der König geworden war, mißbilligte die Vorgänge, ließ einige Mänaden gefangensetzen und schickte eigens nach dem Gott selbst. Sie nahmen ihn fest, ohne Widerstand zu finden, und führten ihn zu Pentheus, der ihn fesseln und im Haus bewachen ließ, wobei er nicht nur behauptete, daß Dionysos kein Gott ist, sondern mit ihm ganz wie mit einem Menschen umzugehen wagte. Der aber verursachte ein Erdbeben und ließ den Palast einstürzen. Dann führte er Pentheus auf den Kithairon und überredete ihn, die Frauen, selbst als Frau verkleidet, zu beobachten; diese aber zerrissen ihn, wobei seine Mutter Agaue vor-

σαν, τῆς μητρὸς Ἀγαύης καταρξαμένης. Κάδμος δὲ τὸ γεγονὸς
καταισθόμενος τὰ διασπασθέντα μέλη συναγαγὼν τελευταῖον
τὸ πρόσωπον ἐν ταῖς τῆς τεκούσης ἐφώρασε χερσίν. Διόνυσος
δὲ ἐπιφανεὶς τὰ μὲν πᾶσι παρήγγειλεν, ἑκάστῳ δὲ ἃ συμβή-
σεται διεσάφησεν ἔργοις, ἵνα μὴ λόγοις ὑπό τινος τῶν ἐκτὸς
ὡς ἄνθρωπος καταφρονηθῇ.

Ἀριστοφάνους Γραμματικοῦ ὑπόθεσις

II

Διόνυσος ἀποθεωθεὶς μὴ βουλομένου Πενθέως τὰ ὄργια
αὐτοῦ ἀναλαμβάνειν εἰς μανίαν ἀγαγὼν τὰς τῆς μητρὸς
ἀδελφὰς ἠνάγκασε Πενθέα διασπάσαι. ἡ μυθοποιία κεῖται
παρ' Αἰσχύλῳ ἐν Πενθεῖ.

anging. Als Kadmos das Geschehene bemerkt und die zerrissenen Glieder gesammelt hatte, mußte er schließlich den Kopf in den Händen der Mutter erblicken. Dionysos erschien, erteilte allen Aufträge und machte jedem das zukünftige Schicksal an Taten deutlich, damit er nicht mehr von einem Außenstehenden mit Worten wie ein Mensch verächtlich behandelt werde.

Hypothesis des Grammatikers Aristophanes

II

Als Dionysos zum Gott geworden war und Pentheus sich weigerte, seinen Kult aufzunehmen, schlug er die Schwestern seiner Mutter mit Wahnsinn und zwang sie, Pentheus zu zerreißen. Aischylos hat den Stoff in seinem Pentheus verwendet.

Ἄγγελος

ὦ Τυνδαρεία παῖ, Κλυταιμήστρα, δόμων   1532
ἔξω πέρασον, ὡς κλύῃς ἐμῶν λόγων.

Κλυταιμήστρα

φθογγῆς κλύουσα δεῦρο σῆς ἀφικόμην,
ταρβοῦσα τλήμων κἀκπεπληγμένη φόβῳ·   1535
μὴ μοί τιν' ἄλλην ξυμφορὰν ἥκεις φέρων
πρὸς τῇ παρούσῃ,
Αγ   σῆς μὲν οὖν παιδὸς πέρι
θαυμαστά σοι καὶ δεινὰ σημῆναι θέλω.
Κλ μὴ μέλλε τοίνυν, ἀλλὰ φράζ' ὅσον τάχος.
Αγ ἀλλ', ὦ φίλη δέσποινα, πᾶν πεύσῃ σαφῶς.   1540
λέξω δ' ἀπ' ἀρχῆς, ἤν τι μὴ σφαλεῖσά μου
γνώμη ταράξῃ γλῶσσαν ἐν λόγοις ἐμήν.
ἐπεὶ γὰρ ἱκόμεσθα τῆς Διὸς κόρης
Ἀρτέμιδος ἄλσος λείμακάς τ' ἀνθεσφόρους,
ἵν' ἦν Ἀχαιῶν σύλλογος στρατεύματος,   1545
σὴν παῖδ' ἄγοντες, εὐθὺς Ἀργείων ὄχλος
ἠθροίζεθ'. ὡς δ' ἐσεῖδεν Ἀγαμέμνων ἄναξ
ἐπὶ σφαγὰς στείχουσαν εἰς ἄλσος κόρην,
ἀνεστέναξε, κἄμπαλιν στρέψας κάρα
δάκρυε, πρόσθεν ὀμμάτων πέπλον προθείς.   1550
ἡ δὲ σταθεῖσα τῷ τεκόντι πλησίον.
ἔλεξε τοιάδ'· "ὦ πάτερ, πάρειμί σοι·
τοὐμὸν δὲ σῶμα τῆς ἐμῆς ὑπὲρ πάτρας
καὶ τῆς ἀπάσης Ἑλλάδος γαίας ὕπερ
θῦσαι δίδωμ' ἑκοῦσα πρὸς βωμὸν θεᾶς   1555
ἄγοντας, εἴπερ ἐστὶ θέσφατον τόδε.
καὶ τοῦτ' ἔμ' εὐτυχεῖτε· καὶ νικηφόρου
δορὸς τύχοιτε πατρίδα τ' ἐξίκοισθε γῆν.

Unechter Schluß der Iphigenie in Aulis[1])

Bote

O Tyndaridin, Fürstin, Klytaimestra, tritt
Zum Zelt heraus, auf daß du meine Worte hörst!

Klytaimestra

Auf deiner Stimme lauten Ruf erschien' ich flugs,
Ich Ärmste, zitternd, schreckbetäubt und angsterfüllt,
Du könntest neuen Jammer zum vorhandenen
Mir bringen!

Bo   Nein, von deiner Tochter will ich dir
Seltsame, wunderbare Mähr verkündigen.

Kl   So zögere nimmer, sonder sprich sofort dich aus!

Bo   Wohlan, geliebte Herrin, hier ist mein Bericht:
Von vorn erzählen will ich dir ein jegliches,
Wofern das Wirrsal, welches meinen Geist ergriff,
Inmitten meiner Rede mich nicht stocken macht.
Als wir denn angelangt im Hain der Artemis,
Der Tochter Letos, und in ihren blumigen
Gefilden, wo das Danaerheer vereinigt stand,
Im Geleit mit deiner Tochter, da floß rings herbei
Alsbald der Schwall der Achäer! – Kaum erblickte nun
Agamemnon seine Tochter, wie heran sie schritt
Zu ihrer Opferung nach dem Hain, so seufzt' er auf,
Bog weg das Haupt und brach in helle Tränen aus,
Die Augen mit dem Mantel deckend. Sie indes
Trat nah zu ihrem Zeuger hin und sprach sofort:
„O Vater, deine Tochter kommt und ist bereit,
Freiwillig hinzugeben für das Vaterland
Und für des ganzen Hellas Heil auf Artemis'
Altar zur Opferung ihren Leib: so führt mich hin,
Wenn anders dies die Gottverheißung anbefiehlt!
Von meiner Seite seid gesegnet! Euer Speer
Mag siegbekränzt sein, glücklich Eure Wiederkehr

---

[1]) Die Übersetzung ist mit geringfügigen Änderungen übernommen aus:
Die Dramen des Euripides. 19: Iphigenie in Aulis, übers. von J. Minckwitz, Berlin 1911.

πρὸς ταῦτα μὴ ψαύσῃ τις Ἀργείων ἐμοῦ·
σιγῇ παρέξω γὰρ δέρην εὐκαρδίως.   1560
τοσαῦτ' ἔλεξε· πᾶς δ' ἐθάμβησεν κλύων
εὐψυχίαν τε κἀρετὴν τῆς παρθένου.
στὰς δ' ἐν μέσῳ Ταλθύβιος, ᾧ τόδ' ἦν μέλον,
εὐφημίαν ἀνεῖπε καὶ σιγὴν στρατῷ·
Κάλχας δ' ὁ μάντις ἐς κανοῦν χρυσήλατον   1565
ἔθηκεν ὀξὺ χειρὶ φάσγανον σπάσας
κολεῶν ἔσωθεν, κρᾶτά τ' ἔστεψεν κόρης.

ὁ παῖς δ' ὁ Πηλέως ἐν κύκλῳ βωμὸν θεᾶς
λαβὼν κανοῦν ἔρρεξε χέρνιβάς θ' ὁμοῦ,
ἔλεξε δ'· 'Ὦ παῖ Ζηνός, ὦ θηροκτόνε,   1570
τὸ λαμπρὸν εἱλίσσουσ' ἐν εὐφρόνῃ φάος,
δέξαι τὸ θῦμα τόδ' ὅ γέ σοι δωρούμεθα
στρατός τ' Ἀχαιῶν Ἀγαμέμνων ἄναξ θ' ὁμοῦ,
ἄχραντον αἷμα καλλιπαρθένου δέρης,
καὶ δὸς γενέσθαι πλοῦν νεῶν ἀπήμονα   1575
Τροίας τε πέργαμ' ἐξελεῖν ἡμᾶς δορί.
ἐς γῆν δ' Ἀτρεῖδαι πᾶς στρατός τ' ἔστη βλέπων.
ἱερεὺς δὲ φάσγανον λαβὼν ἐπεύξατο,
λαιμόν τ' ἐπεσκοπεῖθ', ἵνα πλήξειεν ἄν·
ἐμοὶ δέ τ' ἄλγος οὐ μικρὸν εἰσῄει φρενί,   1580
κἄστην νενευκώς· θαῦμα δ' ἦν αἴφνης ὁρᾶν.
πληγῆς κτύπον γὰρ πᾶς τις ᾔσθετ' ἂν σαφῶς,
τὴν παρθένον δ' οὐκ εἶδεν οὗ γῆς εἰσέδυ.
βοᾷ δ' ἱερεύς, ἅπας δ' ἐπήχησε στρατός,
ἄελπτον εἰσιδόντες ἐκ θεῶν τινος   1585
φάσμ', οὗ γε μηδ' ὁρωμένου πίστις παρῆν·
ἔλαφος γὰρ ἀσπαίρουσ' ἔκειτ' ἐπὶ χθονὶ
ἰδεῖν μεγίστη διαπρεπής τε τὴν θέαν,
ἧς αἵματι βωμὸς ἐραίνετ' ἄρδην τῆς θεοῦ.

κἀν τῷδε Κάλχας πῶς δοκεῖς χαίρων ἔφη·   1590
'Ὦ τοῦδ' Ἀχαιῶν κοίρανοι κοινοῦ στρατοῦ.
ὁρᾶτε τήνδε θυσίαν, ἣν ἡ θεὸς

Ins Vaterland! Nur eine Bitte hab ich noch:
Der Danaer keiner fasse mich mit Händen an!
Denn still die Kehle biet ich wohlbeherzt euch dar!
So sprach die Jungfrau. Jeder, der ihr Wort vernahm,
Erstaunt' ob ihres Heldenmuts und Tugendsinns.
Nun trat Talthybios, wie es ihm sein Amt gebot,
In Heeres Mitte, segensvolle Stille rings
Und Schweigen kündend; Kalchas dann, der Seher, schob
Den scharfen Schlachtstahl, aus der Scheide mit der Faust
Herausgerissen, in den goldenen Weidekorb
und kränzt' mit Binden dann das Haupt der jungen Maid.
Achill ergriff jetzt Schrotgefäß samt Sprengeflut
Und lief in rundem Bogen um der Göttin Herd.
Rief dann: „O Kind des Höchsten, ach, Wildtöterin,
Die du die lichte Scheibe rollst bei dunkler Nacht,
Nimm gnädig dieses Opfer an, das zum Geschenk
Das Danaerheer dir und der Fürst Agamemnon bringt:
Der schönen Jungfraukehle fleckenreines Blut!
Und gib in Huld, daß unsrer Flotte glückliche
Seefahrt zuteil wird, und die Zinnen Trojas wir
Mit unserm Speer zerstören!" – Unterdessen stand
Das Atridenpaar, wie auch das ganze Griechenheer,
Den Blick gesenkt zur Erden. Endlich griff nunmehr
Der Priester, gleichfalls betend, nach dem Opferstahl,
Und zielte nach dem Halse, für den Schlag bereit.
Durchzuckt von heftiger Trauer fühlt ich mein Gemüt
Und stand gebückt da. – Plötzlich trat ein Wunder ein!
Des Schlags Getöse hatte klar mit Deutlichkeit
Ein jeglich Ohr vernommen, doch verschwunden war
Die Maid vom Reich der Erde: Niemand sah sie mehr!
Laut schrie der Priester, laut zugleich das ganze Heer.
Ein Zaubervorgang war es, der sich unverhofft
Den Blicken darbot, möglich nur durch Götterhand,
Unglaublich für den Augenzeugen selbst sogar!
Wir sahn ein Hirschkalb, das am Boden zappelnd lag,
Ein Tier von größtem, schönstem Leib: mit seinem Blut
Umträufte bis zum Sockel sich der Göttin Herd!
Da nahm denn Kalchas – denke, wie enzückt! – das Wort:
„O Fürsten über Hellas' hier vereintes Heer.
Erblickt ihr dies Schlachtopfer? Artemis selber schob's

προύθηκε βωμίαν, ἔλαφον ὀρειδρόμον·
ταύτην μάλιστα τῆς κόρης ἀσπάζεται,
ὡς μὴ μιάνῃ βωμὸν εὐγενεῖ φόνῳ.   1595
ἡδέως τε τοῦτ' ἐδέξατο, καὶ πλοῦν οὔριον
δίδωσιν ἡμῖν 'Ιλίου τ' ἐπιδρομάς.
πρὸς ταῦτα πᾶς τις θάρσος αἶρε ναυβάτης,
χώρει τε πρὸς ναῦν· ὡς ἡμέρᾳ τῇδε δεῖ
λιπόντας ἡμᾶς Αὐλίδος κοίλους μυχοὺς   1600
Αἰγαῖον οἶδμα διαπερᾶν.
                    ἐπεὶ δ' ἅπαν
κατηνθρακώθη θῦμ' ἐν 'Ηφαίστου φλογί,
τὰ πρόσφορ' ηὔξαθ', ὡς τύχοι νόστου στρατός.
πέμπει δ' 'Αγαμέμνων μ' ὥστε σοι φράσαι τάδε,
λέγειν θ' ὁποίας ἐκ θεῶν μοίρας κυρεῖ   1605
καὶ δόξαν ἔσχεν ἄφθιτον καθ' 'Ελλάδα.
ἐγὼ παρὼν δὲ καὶ τὸ πρᾶγμ' ὁρῶν λέγω·
ἡ παῖς σαφῶς σοι πρὸς θεοὺς ἀφίπτατο.
λύπης δ' ἀφαίρει καὶ πόσει πάρες χόλον·

ἀπροσδόκητα δὲ βροτοῖς τὰ τῶν θεῶν,   1610
σώζουσί θ' οὓς φιλοῦσιν. ἦμαρ γὰρ τόδε
θανοῦσαν εἶδε καὶ βλέπουσαν παῖδα σήν.

Χορός

ὡς ἥδομαί τοι ταῦτ' ἀκούσασ' ἀγγέλου·
ζῶν δ' ἐν θεοῖσι σὸν μένειν φράζει τέκος.
Κλ ὦ παῖ, θεῶν τοῦ κλέμμα γέγονας;   1615
πῶς σε προσείπω; πῶς δ' οὐ φῶ
παραμυθεῖσθαι τούσδε μάτην μύθους,
ὡς σου πένθους λυγροῦ παυσαίμαν;

Χο καὶ μὴν 'Αγαμέμνων ἄναξ στείχει,
τούσδ' αὐτοὺς ἔχων σοι φράζειν μύθους.   1620

Auf ihren Herd, die bergestreifende Hindin hier!
Anstatt der Jungfrau wählt' den Hirsch sie lieber aus;
Den Herd beflecken mag sie nicht mit Menschenblut!
Ihr gnügt das Wild zum Opfer: günstige Fahrt dem Heer
Verleiht sie huldreich und Berennung Ilions.
Wohlan, ihr Schiffer, alle fasset frischen Mut
Und steigt an Bord; denn scheiden müssen wir noch heut
Aus Aulis' hohlen Schluchten und das wogende
Ägäermeer durchstechen!" – Als verkohlt denn lag
Das Opfer durch Hephaistos' Flamme ganz und gar,
So schloß er seine Bitten mit dem Segenswunsch,
Daß günstige Heimkehr unserm Heer beschieden sei.
Drauf schickte mich Agamemnon ab, damit ich dir
Berichte, was geschehen, welch ein schönes Los
Gefallen deiner Tochter durch der Götter Huld,
Und wie in Hellas ewiger Ruhm sie schmücken wird.
Als Augenzeuge sah ich denn und sag ich fest:
Ins Götterreich entflogen ist Iphigenie!
Drum laß die Trauer und verzeih dem Ehgemahl:
Die Götter schalten wunderbar mit Menschenlos
Und retten huldreich immer ihre Lieblinge.
Denn deine Tochter schaute dieser heut'ge Tag
Dahingestorben und dem Leben neu geschenkt.

ab

Chor

O süße Kunde hör ich aus des Boten Mund:
Dein Kind, so spricht er, lebend weilt's im Götterreich.

Kl Ach, Kind, wer war's von den Himmlischen, der
Dich gestohlen? Wie soll ich dich nennen hinfort?
Sind das nicht bloß Lugworte vielleicht?
Mich zu trösten, damit
       Ich entsage der schmerzlichen Trauer?

Ch Sieh, selbst naht dort Agamemnon, der Fürst,
Der, was du gehört,
       Dir kann gleichlautend verkünden!

'Αγαμέμνων

γύναι, θυγατρὸς ἕνεκ' ὄλβιοι γενοίμεθ' ἄν·
ἔχει γὰρ ὄντως ἐν θεοῖς ὁμιλίαν.

χρὴ δέ σε λαβοῦσαν τόνδε μόσχον νεαγενῆ
στείχειν πρὸς οἴκους· ὡς στρατὸς πρὸς πλοῦν ὁρᾷ.
καὶ χαῖρε· χρόνιά γε τἀμά σοι προσφθέγματα   1625
Τροίηθεν ἔσται. καὶ γένοιτό σοι καλῶς.

Χο χαίρων, 'Ατρείδη, γῆν ἱκοῦ Φρυγίαν,
χαίρων δ' ἐπάνηκε,
κάλλιστά μοι σκῦλ' ἀπὸ Τροίας ἑλών.

Agamemnon

O Weib, der Tochter wegen sind wir benedeit:
Dem Kreis der Götter wirklich lebt sie beigesellt!

auf Orestes deutend

Nimm also hier dies junge Lamm und wende dich
Mit ihm nach Hause; denn das Heer bricht auf zur Fahrt.
Und lebe wohl! Für langen Zeitraum wirst du nun
Auf Grüße warten müssen aus dem Troerland
Von meiner Lippe.
        Glücklich geh' es dir daheim!

ab

Chor

Zeuch fröhlich hinaus in das phrygische Land,
O des Atreus Sohn! Komm fröhlich zurück
Und beladen zugleich
        Mit der herrlichsten Beute von Troja!

Zu Text und Übersetzung[1])

Die drei Stücke Orestes, Aulische Iphigenie und Bakchen
hatte schon Buschor in einem Band zusammengefaßt. In seiner
Vorbemerkung schrieb er (1960):

„Diese Dramen sind für uns die letzten drei Worte, die der
76–78jährige Dichter zu uns spricht; Worte, die die nahende
Trennung von der Heimat, das Leben in der Fremde, den bevor-
stehenden Tod widerspiegeln; Worte von besonderer Eindringlichkeit und sich steigernder Reife; Worte eines sich Vollenden-
den und sich Verklärenden, seherische Worte eines zukunft-
begründenden Dramatikers. So wird der vorliegende Band zum
geschlossenen Dokument des Abschieds des Meisters, zu einer
der ergreifendsten Aussagen der griechischen Dichtung, zum
Nachbarwerk des sophokleischen ‚Oidipus auf Kolonos‘.“

Wie Buschors Nachwort zu diesen Stücken erkennen läßt,
formuliert er damit zugleich das Ergebnis seiner Auseinander-
setzung mit der neueren Forschung. Nicht immer wird dies
Alterswerk des Dichters so geschlossen gesehen und so warm
gewürdigt. Orestes und Aulische Iphigenie haben manch kühle
ja abfällige Beurteilung erfahren, und die Bakchen sind bis heute
ein fast schon sprichwörtliches Rätsel geblieben. Gewiß kann
auch Buschors Auffassung die wissenschaftliche Problematik
nicht ein für allemal auflösen, aber es ist gut zu wissen, daß der
Übersetzer bis zuletzt aus einer Gesamtschau heraus arbeitete
und daß er dabei seiner Sache sicher war.

Im einzelnen folgt Buschor hier denselben Prinzipien wie bei
der Übersetzung der meisten anderen Stücke. Er hält sich in den
Sprechpartien weitgehend an die Verszahl des Textes und folgt
ihm dem Sinne nach so eng wie möglich. Wo sich eine vielleicht
nicht sofort durchschaubare Distanz zum vordergründigen
Wortlaut des Originals ergibt, sollen die Anmerkungen die
innere Beziehung verdeutlichen.

Inhaltlich relevante Abweichungen vom Oxford-Text liegen
an folgenden Stellen vor:

---

[1]) Vgl. auch Band I–IV.

Orestes: 34, 38, 82, 103, 185, 206, 238, 321, 491, 497, 546, 729, 782, 813, 916, 1047, 1196, 1219, 1236, 1246, 1269, 1392, 1647.

Iphigenie: 72, 84, 290, 367, 417, 583, 604, 627, 652, 665, 682, 734, 748, 749, 795, 808, 865, 971, 1011, 1022, 1033, 1168, 1179, 1185, 1204, 1274, 1291, 1310f., 1320f., 1349, 1443, 1491, 1495, 1527.

Bakchen: 20, 115, 135, 153, 427, 578, 606, 716, 808, 820, 843, 961, 997, 1001, 1006, 1007, 1026, 1031, 1091, 1245, 1274, 1301, 1358.

Anfang und Schluß der Iphigenie in Aulis bieten der Forschung besondere Probleme:

Im Prolog (1–163) ist das Nebeneinander von anapästischen und iambischen Partien ungewöhnlich und hat zu der Hypothese geführt, es seien zwei verschiedene (unvollständige) Prologe miteinander kombiniert worden. Man hat darüber hinaus andere Unstimmigkeiten zu finden gemeint, die diese Vermutung zu bestätigen scheinen. Nach dieser Hypothese – sie wird in mehreren Varianten vertreten – stammt nur die eine Fassung von Euripides selbst. Buschor meint, Euripides habe den ursprünglichen, anapästischen Prolog selbst erweitert (s. S. 364). Er hält also den Text in seiner überlieferten Form insgesamt für euripideisch. Er liegt damit auf der Linie neuerer Untersuchungen, die gezeigt haben, wie wenig Argumente gegen Euripides als Verfasser des gesamten überlieferten Prologs sprechen[3]).

Der Schluß der Aulischen Iphigenie enthält etwa von Vers 1570 an zahlreiche metrische und sprachliche Anstöße, die sich kaum als gewöhnliche Textverderbnisse erklären lassen, sondern den Verdacht nahelegen, dieser Schluß sei erst lange nach der Zeit des Euripides entstanden. Dazu kommt, daß bei dem Schriftsteller Aelianus (etwa 170–240 n. Chr.) drei Verse aus der ‚Iphigenie‘ des Euripides überliefert sind, die in den Handschriften des Stücks nicht enthalten sind. Es wäre also denkbar, daß Aelianus noch den originalen Schluß kannte, der dann ver-

---

[3]) Mellert-Hoffmann, Knox (s. Literaturhinweise).

loren ging und durch eine Nachdichtung ersetzt wurde.
Buschor hat die Konsequenz daraus gezogen, in seiner Übersetzung eine eigene Nachdichtung dieses verlorenen Schlusses
zu versuchen. Die Forschung geht heute meist nicht ganz so
weit. Man meint eher, daß Euripides das Stück nicht vollendet
habe und daß sich in seinem Nachlaß verschiedene Entwürfe
für den Schluß gefunden hätten. Die Abgrenzung der vermut-
lich unechten Partie ist umstritten. Manche Kenner meinen, sie
beginne schon 1510, andere rechnen erst ab 1570 mit einer
fremden Hand.

Zur Metrik

Als metrische Einheiten werden benutzt:

ia	= Iambus	⏑–
		nur paarweise, Varianten ⏒ ⏖ ⏑ ⏖
tr	= Trochäus	–⏑
		nur paarweise, Varianten –⏑–⏒
sp	= Spondeus	– –
da	= Daktylus	–⏑⏑
		Varianten –⏖
an	= Anapäst	⏑⏑–
		Varianten ⏖ ⏖
cr	= Creticus	–⏑–
		gelegentlich statt einer Länge zwei Kür-
		zen
ba	= Bakcheus	⏑– –
		Schlußsilbe gelegentlich kurz
io	= Ionicus	⏑⏑– –
		gelegentlich mit Anaklasis
		⏑⏑–⏑–⏑– – io^2 a

ch = Choriambus   – ◡ ◡ –
                      gelegentlich statt einer Länge zwei Kür-
                      zen

do = Dochmius   ◡ – – ◡ –
                      bei Reihenbildung mit vielen Varianten
                      ◡̆ ◡◡ ◡◡ ◡̆ –

hem = Hemiepes   – ◡ ◡ – ◡ ◡ –
                      Doppelkürze durch Länge ersetzbar

gl   = Glykoneus   – ◡ – ◡ ◡ – ◡ –
                      Einfachkürze durch Länge ersetzbar,
                      Länge (bes. die erste) gelegentlich in
                      Doppelkürze aufgelöst, der Beginn
                      ◡– oder ◡◡ (statt –◡) wird durch einen
                      Punkt angezeigt: .gl

Längen sind gelegentlich über die hier angegebenen Varianten hinaus durch zwei Kürzen ersetzt.

Zusätzliche Silben (als Auftakt, Verbindung oder Abschluß)
werden durch – oder ◡ oder × (Länge, Kürze, Länge oder
Kürze) gekennzeichnet. Eine Minussilbe (d. h. das Fehlen einer
Silbe am Anfang oder Ende einer metrischen Einheit) wird
durch ∧ angezeigt.

Hochgestellte Ziffern geben die Zahl der Einheiten an. Bei
anapästischer Reihenbildung werden Versvarianten wie an[2] und
an[4] ∧ gewöhnlich nicht gesondert angegeben.

Literaturhinweise

Ausgaben

Euripides tragoediae, hrsg. v. *A. Nauck*, 2 Bde, 3. Aufl. Leipzig
    1871 (von Buschor herangezogen, im ganzen jedoch ver-
    altet).

Euripides fabulae, hrsg. v. *G. Murray,* 3 Bde, Oxford 1902–1910.

Euripide, hrsg. m. franz. Übers. von *L. Méridier, L.Parmentier, H.Gregoire* u.a., 6 Bde, Paris 1923 ff.

Kommentare

Euripides, Orestes, erkl. v. *W.Biehl,* Berlin 1965.

Euripides Orestes, introduzione, testo critico, commento e appendice metrica a cura di *V. Di Benedetto,* Firenze 1965.

The Iphigeneia at Aulis of Euripides, edited with introd. and critical and explanatory notes by *E.B.England,* London 1891.

Euripides, Bacchae, edited with introd. and commentary by *E.R.Dodds,* Oxford 1960.

Sept tragédies d'Euripide, par *H.Weil,* 3. Aufl. Paris 1905.

Sekundärliteratur

Entretiens sur l'antiquité classique, 6: Euripides, Vandoeuvres-Genf 1960 (Vorträge und Diskussionen).

Wege der Forschung 89: Euripides, hrsg. v. *E.-R. Schwinge,* Wissenschaftliche Buchgesellschaft, Darmstadt 1968. (Aufsätze verschiedener Verfasser, Bibliographie).

E.M.Blaiklock, The Male Characters of Euripides, Wellington 1952.

W.Burkert, Die Absurdität der Gewalt und das Ende der Tragödie: Euripides' Orestes, Antike und Abendland 20, 1974, 97–109.

A.P. Burnett, Catastrophe Survived, Euripides' Plays of Mixed Reversal, Oxford 1971.

Ch.Chromik, Göttlicher Anspruch und menschliche Verantwortung bei Euripides, Diss. Kiel 1967.

D.J.Conacher, Euripidean Drama. Myth, Theme, and Structure, Univ. of Toronto Press 1967.

H.Diller, Die Bakchen und ihre Stellung im Spätwerk des Euripides, Abh. Ak. Mainz 1955, 5 (auch in Wege d. Forschung 89).

H.Erbse, Zum ,Orestes' des Euripides, Hermes 103, 1975, 434–459.

H.Förs, Dionysos und die Stärke der Schwachen im Werk des Euripides, Diss. Tübingen 1964.

A.Garzya, Pensiero e tecnica dramatica in Euripide, Saggio sul motive della salvazione nei suoi drammi, Neapel 1962.

B.M.W.Knox, Euripides' Iphigenia in Aulide 1–163 (in that order), Yale Classical Studies 22, 1972, 239–261.

A.Lesky, Die tragische Dichtung der Hellenen, 3. Aufl. Göttingen 1972 (umfassende Darstellung mit Diskussion vieler Einzelprobleme, reiche bibliographische Angaben).

W.Ludwig, Sapheneia, Ein Beitrag zur Formkunst im Spätwerk des Euripides, Diss. Tübingen 1954.

G.Mellert-Hoffmann, Untersuchungen zur „Iphigenie in Aulis" des Euripides, Heidelberg 1969.

H.Merklin, Gott und Mensch in „Hippolytos" und in den „Bakchen" des Euripides, Diss. Freiburg i.Br. 1964.

W.Schmidt, Der Deus ex machina bei Euripides, Diss. Tübingen 1963.

H.-M.Schreiber, Iphigenies Opfertod, Diss. Frankfurt 1963.

E.-R.Schwinge, Die Verwendung der Stichomythie in den Dramen des Euripides, Heidelberg 1968.

A.Spira, Untersuchungen zum Deus ex machina bei Sophokles und Euripides, Kallmünz 1960.

W.*Steidle,* Studien zum antiken Drama, München 1968.

H.*Strohm,* Euripides, München 1957, Zetemata 15.

T.B.L.*Webster,* The Tragedies of Euripides, London 1967.

R.P.*Winnington-Ingram,* Euripides and Dionysos, An Interpretation of the Bacchae, Cambridge 1948.

W.*Zürcher,* Die Darstellung des Menschen im Drama des Euripides, Basel 1947.

Hilfsmittel zu Metrik und Mythologie

B.*Snell,* Griechische Metrik, 3. Aufl. Göttingen 1962.

A.M.*Dale,* The Lyric Metres of Greek Drama, 2nd ed., Cambridge 1968.

H.*Hunger,* Lexikon der griechischen und römischen Mythologie, 6. Aufl. Wien 1969.

H.J.*Rose,* Griechische Mythologie, 3. Aufl. München 1969.

ORESTES

4 Genauer „und ich will die Schicksalsfälle nicht schmähen"
oder „will … nicht nennen, weil das einer Schmähung gleich-
käme" (vgl. 85). Eine etwas dunkle Bemerkung: Entweder will
Elektra auf das frühere Glück des Tantalos nicht näher ein-
gehen, weil das für den Leidenden schmerzlich wäre, oder sie
will seinen Weg ins Unglück nicht weiter ansprechen (in 10
immerhin eine Andeutung) oder sie will sich ganz allgemein
jeder Kritik an solchen Schicksalsfällen enthalten.

5 Euripides zieht eine weniger geläufige Version des Tantalos-
Mythos heran. Nach der Odyssee steht Tantalos in einem See
und hat über sich früchtetragende Zweige von Obstbäumen;
er leidet Durst und Hunger, kann aber weder das Wasser noch
die Früchte erreichen. Das Vergehen des Tantalos (nach der
bekanntesten Version hatte er den Göttern seinen Sohn Pelops
zum Mahle vorgesetzt, um sie auf die Probe zu stellen) ist hier
seine „zügellose Zunge", was Buschor vielleicht nicht ganz
treffend mit „Schmähsucht" übersetzt; Tantalos hatte das Vertrauen der Götter mißbraucht und ihnen vorbehaltene Ge-
heimnisse ausgeplaudert. Vgl. 982ff.

13 Der Streit der Brüder ging um die Herrschaft über Argos,
deren Symbol ein Lamm mit goldenem Fell war, das zur Herde
des Atreus gehörte. Thyestes verführte Aërope, die Frau seines
Bruders (wegen ihrer Herkunft öfter Kreterin genannt), und
entwendete das Lamm mit ihrer Hilfe. Atreus rächte sich, in-
dem er zwei Söhne seines Bruders tötete und sie dem ahnungs-
losen Vater als Mahlzeit vorsetzte („Thyestesmahl"). Vgl.
811ff., 997ff.

21 „vielbesprochen", im Sinne von „berüchtigt".

26 Wörtlich „Weswegen aber ziemt sich für ein Mädchen
nicht zu sagen. Ich überlasse dies ungeklärt der allgemeinen
Untersuchung (d.h. mag das jeder selbst untersuchen)". Gemeint ist die ehebrecherische Beziehung zu Aigisthos.

28 Phoibos, Beiname Apollons.

33 „Und Pylades, der das mit uns getan hat", eine etwas
pedantische Ergänzung, die hier nicht am Platze ist.

38 Eumeniden (die Wohlgesonnenen), euphemistischer Name

für die rächenden Erinyen. Der Euphemismus wird von Euripides also nicht mit der späteren Entsühnung Orests in Zusammenhang gebracht.

51   „Oder ob man das Schwert schärft und auf unseren Nakken fallen läßt", gewöhnlich gestrichen, weil die Abstimmung nur um die Todesstrafe an sich, nicht um die Todesart gehe. Elektra muß das nicht meinen, sondern nennt vielleicht nur Möglichkeiten, wie das Urteil aussehen könnte. Der Anschluß an den vorhergehenden Vers ist allerdings sprachlich etwas problematisch.

54   Nauplia, Hafenort in der Nähe von Argos.

66   „Herzenslicht", wörtlich „an ihr freut sie sich und vergißt sie das Unglück".

72   D.h. „so lange unverheiratet".

79   Euripides folgt hier nicht der Version, die er in seiner Helena benutzt hatte.

82   „den Nachkommen des Agamemnon im Unglück", Streichung nicht zwingend.

85   Wörtlich „sein Unglück will ich nicht schmähen", d.h. sie will sein Unglück nicht nennen, da darin eine Schmähung liegen könnte; vgl. zu 4.

87   „Ihr kommt zu uns, den Unglücklichen", Streichung nicht zwingend.

99   „Abschied", d.h. als Helena mit Paris floh.

103   Wörtlicher „Du wirst in Argos laut geschmäht".

111   „Und wir werden die Tochter schicken; denn du hast recht." Teilweise Wiederholung des vorhergehenden Verses.

136   „Liebste Frauen, geht mit leisem Tritt, lärmt nicht, kein Geräusch! Deine Freundschaft ist gut gemeint, aber für mich wäre es ein Unglück, diesen aufzuwecken." Streichung kaum berechtigt.

164   Themis (die Satzung) war vor Apollon die Besitzerin des Orakels von Delphi gewesen, s. Taur. Iphigenie 1259 ff. – Die Orakelsprüche wurden in Delphi von einer Priesterin (der Pythia) erteilt, die auf einem Dreifuß saß.

165   „eigenen", wörtlich „meiner".

173   „Zu eurem Glück", wörtlich „du hast recht".

192   „lieh", wörtlich „gab", wohl im Sinne von „auferlegte".

206   Text unbefriedigend.

210 Wörtlich „Er beunruhigt mich durch das allzu große Schlaffsein.‟

240 Genauer „ich habe genug an Leiden (d.h. ich kann auf weiteres verzichten)‟.

251 Eigentlich „Du unterscheide dich von den Schlechten; denn es ist möglich; und tu das nicht nur in Worten, sondern auch im Denken.‟ Buschor hat wohl an dieser (Elektra gegenüber wenig motivierten) Schulmeisterei Anstoß genommen und daraus eine Mahnung gemacht, Elektra solle sich von den „Unglücklichen‟ (d.h. Orest) fernhalten, um nicht in ihr Unglück hineingezogen zu werden.

256 Die Häupter der Erinyen werden von Schlangen umzüngelt.

260 „Drachenblick‟, eigentlich „die Hundsäugigen, die mit dem Blick der Gorgo‟. Die Erinyen verfolgen ihr Opfer wie Hunde, die nicht von der Spur ablassen. Der Anblick der Gorgo wirkt versteinernd.

261 „Hades‟, der Gott der Unterwelt, im Text steht „die Unterirdischen‟, d.h. die Toten.

265 Tartaros, der Ort der Unterweltsstrafen.

290 Wörtlich „Er hätte viele Bitten (d.h. die Hände in Bittgebärde) nach meinem Kinn ausgestreckt.‟

300 Wörtlicher „denn diese Unterstützungen unter Freunden sind schön‟.

328 Genauer „Die auf dich ziehend, du Arme, du zugrunde gehst‟.

331 „Nabelstein‟, der Omphalos (Nabel), ein heiliger Stein in Delphi, der als Mittelpunkt der Erde galt.

333 Genauer „Welch blutiger Wettstreit kommt hier‟.

358 Andere übersetzen „vom Unglück umringt‟, vgl. 444.

362 „Landen‟, genauer „den Bug auf Malea richtend‟, d.h. als Menelaos sich anschickte, Kap Malea zu umsegeln, um in den lakonischen Golf einzufahren.

364 Nereus und Glaukos, zwei Meeresgötter. In der Odyssee erfährt Menelaos vom Tod seines Bruders durch Proteus, ebenfalls eine Meeresgottheit.

383 Das Zeichen der Bittflehenden waren mit Wollbinden umwickelte Zweige.

410 Wörtlich „Wohlerzogen scheutest du dich, sie zu nennen‟.

424 „treu" beruht auf Konjektur, überliefert ist „schlecht".
432 Palamedes, der Bruder des Oiax, war vor Troja von den
Griechen hingerichtet worden.
434 Wörtlich „ich hatte nichts damit zu tun". – Wer die beiden andern sind, ist unklar.
445 „euren (d. h. privaten) Feinden".
446 Wörtlicher „Von allen Bürgern, damit ich sterbe, kurz
gesagt".
453 Agamemnons Hilfe bei der Wiedergewinnung Helenas.
465 Kastor und Polydeukes (Pollux) ,die Brüder der Helena
und Klytaimestra.
476 Genauer „Lagergenosse". Drei seiner Kinder (Helena
und die Dioskuren) stammten in Wirklichkeit von Zeus, der
sich Leda in Schwanengestalt genähert hatte.
478 Wörtlicher „Ha, wie schade, daß man nicht vorher weiß,
was einen erwartet."
488 Wörtlich „Alles Erzwungene (Künstliche, Unnatürliche)
gilt bei den Weisen als knechtisch", d.h. sie folgen der Natur
und nicht dem künstlichen Zwang der Gesetze. Buschor scheint
eine andere Möglichkeit gesehen zu haben: „Alles Notwendige
(Unausweichliche, also auch die Natur) nehmen die Weisen wie
Knechtsdienst auf sich", d.h. sie unterwerfen sich ihm.
491 Wörtlich „Kann es vor ihm noch einen Streit um Weisheit
geben?" Der Text aus metrischen Gründen mit Wortumstel-
lung und leichter Konjektur.
504 Wörtlich „er geriet in denselben Daimon (hier gleich
Schicksal)".
543 Wörtlich „und nicht auffallendes Unglück (durch sie)
erwarb".
546 Die Umstellung glättet den Zusammenhang, ist aber
kaum notwendig.
579 Wörtlich „bei den Göttern – aus unschönem Anlaß
nannte ich die Götter, da ich mich wegen Mordes rechtfer-
tige –, wenn ich die Tat der Mutter schweigend gebilligt hätte,
was hätte mir der Tote angetan? Hätte er mich nicht gehaßt
und mich mit den Erinyen gehetzt?"
597 Wörtlich „Ist der Gott nicht zuständig, wenn ich mich an
ihn wende, die Befleckung aufzuheben?"
600 Eigentlich „Leugne nicht".
602 „Haus", wörtlich „Ehe".

613 Text mit leichter Konjektur.

618 Der ermordete Agamemnon war Klytaimestra im Traum erschienen.

619 Wörtlich „die die unterirdischen Götter hassen mögen".

623 Wörtlich „wenn du meine (mögliche) Feindschaft und unser Verwandtschaftsverhältnis in Rechnung stellst."

644 Wörtlich „Ich meine nicht Geld. Geld wäre es für mich, wenn du mein Leben, das das Liebste (Höchste) für mich ist, rettest."

692 Wörtlich „das pelasgische Argos"; die Pelasger galten als Urbevölkerung der Peloponnes.

695 „durch Anstrengung. Schon der Gedanke ist unsinnig." Streichung nicht zwingend.

710 Wörtlicher „nicht gegen den Willen der Stärkeren. Durch Kampf – was du vielleicht meinst – könnte ich dich nicht retten."

716 „daß die Klugen sich dem Schicksal unterwerfen". Streichung nicht notwendig.

729 Eigentlich „Schneller als es dem Anstand entspricht".

735 „begräbt", eigentlich „untergräbt".

779 Wörtlich „Besteht Hoffnung, aus dem Unglück gerettet zu werden, wenn du gehst?"

781 Wörtlich „Wenn du so stirbst, stirbst du schöner", d.h. wenn Orest nicht passiv abwartet, sondern selbst etwas unternimmt.

785 „ist Verlaß", wörtlich „all dies liegt vor Augen".

791 „Geister", wörtlich „Göttinnen", d.h. die Erinyen.

809 Simoeis, Fluß bei Troja.

811 „Zum", eigentlich „Von dem alten Unheil her", das sich nun als Ursache wieder durchgesetzt hat.

839 Klytaimestra hatte, um ihr Leben flehend, vor Orest ihre Brust entblößt. Vgl. 527.

872 Wörtlich „Wo, wie es heißt, Danaos zum erstenmal das Volk versammelte, als er Aigyptos Buße leistete." Die fünfzig Töchter des Danaos hatten den fünfzig Söhnen seines Bruders Aigyptos die Ehe verweigert und waren mit ihrem Vater von Ägypten nach Argos geflohen. Als sie von ihren Verfolgern schließlich doch zur Ehe gezwungen wurden, ermordeten sie sie in der Hochzeitsnacht. Danaos, der inzwischen König von Argos geworden war, hat sich dann (wie wir dieser Stelle entnehmen können) wegen dieses Mordes verantworten müssen.

888 In Hekabe und Troerinnen, wo Euripides Talthybios selbst auftreten läßt, ist sein Bild sehr viel günstiger.

907 „Denn wenn einer, dessen Worte süß klingen, der aber Böses im Sinne hat, das Volk überredet, ist das für die Stadt ein großes Übel. Die aber verständig immer Gutes raten, sind früher oder später der Stadt von Nutzen. So muß man den Staatsführer ansehen; denn die Sache ist die gleiche für den Redner und den Inhaber eines Amtes." Die Passage stört den Zusammenhang.

915 Wörtlich „gab ihm die Worte ein". Die Streichung von 916 ist nicht zwingend; etwa „Tyndareos inspirierte den, der euch töten wollte, solche Worte zu sprechen."

932 Inachos, Fluß bei Argos.

933 S. zu 692 und 872.

936 Genauer „dann heißt es schleunigst sterben oder ihr werdet Sklaven der Frauen".

941 Wörtlich „sollte man schleunigst sterben (bevor man ermordet wird)".

957 „O unglückliches Mädchen, wie senkst du das düstere Gesicht zur Erde und schweigst, bereit zu Stöhnen und Klagen." Nach einer antiken Notiz fehlten diese Verse in manchen Abschriften, was für die Streichung jedoch kein hinreichender Grund ist.

960 Manche Herausgeber geben Strophe und Gegenstrophe dem Chor.

964 Persephone (im Text Persephassa), Gattin des Unterweltgottes Hades.

965 Das Riesengeschlecht der Kyklopen soll die Mauern von Argos und Mykene errichtet haben.

982 Der in 6 erwähnte Fels, der Tantalos bedroht.

989 Oinomaos, König von Pisa in Elis, der ein windschnelles Pferdegespann besaß, pflegte die Freier seiner Tochter zu einer Wettfahrt aufzufordern; sobald er den gewährten Vorsprung aufgeholt hatte, tötete er sie. Pelops bestach den Wagenlenker Myrtilos, der die Räder am Wagen des Oinomaos lockerte, so daß der König zu Tode kam. Auf der Heimfahrt nach Kleinasien stürzte Pelops Myrtilos ins Meer (bei Kap Geraistos an der Südspitze Euböas); Myrtilos verfluchte ihn und seine Nachkommen.

997 Der Gott Hermes ist der Sohn der Bergnymphe Maia und des Zeus.

1001 Die Sonne kehrte ihren Lauf um, als Atreus seinem Bruder dessen eigene Kinder zum Mahle vorgesetzt hatte.

1004 Eos, die Morgenröte, hier als reitend gedacht.

1008 „Mahl" und „Bett", im Text vielleicht auch als Subjekt aufzufassen.

1016 Der Name Orest wird aus metrischen Gründen (an³ hier fragwürdig) gewöhnlich gestrichen.

1024 „Du mußt das gegebene Schicksal tragen." Auf Grund eines antiken Hinweises als unecht geltend.

1041 Wörtlich „So soll es sein! Ich werde hinter deinem Schwert nicht zurückbleiben."

1045 Wörtlich „O der du den ersehnten und süßesten Namen deiner Schwester trägst (d. h. den Namen, der deiner Schwester ersehnt und am süßesten ist) und eine gemeinsame Seele mit ihr besitzt."

1047 Wörtlich „Du hast mich erweicht, und ich will dir durch die Liebe der Arme (d. h. durch Umarmung) erwidern." Überliefert ist „Du wirst mich erweichen."

1050 Wörtlich „Dies (d. h. die Umarmung des Bruders ist dir geblieben) anstelle von Kindern und ehelichem Lager." – Die Fortführung in 1051 „(Diese) Anrede ist den beiden Unglücklichen möglich" bezieht sie Klage wegen der Ehelosigkeit auch auf Orest selbst, was der Situation weniger gut entspricht.

1055 „Kammer", wörtlich „Grab".

1084 „Lebewohl", eigentlich „Freude", wodurch der Gruß „Leb wohl (freue dich)" aufgenommen wird.

1100 Wörtlich „könnt ich dies vor Augen sterben!"

1105 Wörtlich „für Menelaos ein bitterer Schmerz".

1108 Eher „drinnen versiegelt sie alles (wegen der Erbschaft)".

1112 Wörtlich „den Aufsehern von Spiegeln und Spezereien".

1131 Genauer „Höre, wie gut ich rate!"

1152 Wörtlich „ehrenvoll sterbend oder ehrenvoll gerettet". Daß Orest hier von der Möglichkeit der Rettung spricht, obwohl ein entsprechender Plan erst 1177 von Elektra ins Spiel gebracht wird, ist wohl der Grund für Buschors Abgehen vom Text.

1219 „Ein Helfer oder der Bruder des Vaters". Die Spezifizierung ist entbehrlich, was jedoch die Streichung nicht rechtfertigt.

1224 „Pylades; denn du nimmst an meinen Mühen teil." Streichung kaum zwingend.

1242 Dike, die Göttin des Rechts.

1269 Text unsicher. Wörtlicher „Ist hier jemand auf der Straße? Achtung, wer ist der Landmann, der dein Haus umkreist?"

1279 Danaiden, hier allgemein die Nachfahren des Danaos, also die Bewohner von Argos. Vg. zu 872.

1310 Skamandros, Fluß bei Troja.

1353 Strophe zu 1537ff.

1364 Ida, Gebirge bei Troja.

1366 „Es lärmen die Riegel des Königspalastes Schweigt; denn es kommt einer der Phryger heraus, von dem wir erfahren können, wie es im Hause steht." Diese Verse sind, wie ein antiker Kommentator behauptet, von Schauspielern eingefügt worden, denen der Sprung des Phrygers zu gefährlich war und die deshalb lieber durch die Tür auftraten. Aber dieser Sprung ist vielleicht nur eine Erfindung dieses Kommentators; denn die Verse 1371f. können sich auch auf die Flucht im Innern des Hauses beziehen.

1373 Ga, die Erde.

1378 Flußgötter, zu denen Okeanos hier gerechnet wird, stellte man sich mit Stierhörnern vor.

1385 „vogelgeborene", s. zu 476.

1391 Dardanos, der Stammvater der troischen Könige. „Ganymedes' Reitbahn", d.h. Troja. Ganymed, der Sohn des Königs Tros, war wegen seiner Schönheit von Zeus geraubt worden.

1394 „denn das Bisherige kann ich nicht leicht deuten". Auch im Folgenden ist jeweils nur ein Vers des Chores eingeschoben.

1395 „Ailinos", ein Klageruf.

1413 Vielleicht eher „eine Wehr bildend".

1492 Thyrsos, s. zu Mänaden 24.

1516 Wörtlicher „Schwöre – sonst töte ich dich –, daß du das nicht mir zu Gefallen sagst."

1517 Eigentlich „bei dem ich wohl wahr schwören dürfte."

1535 Die ungewöhnliche Doppelkürze nach der dritten Länge ist durch den Eigennamen gerechtfertigt.

1537 Gegenstrophe zu 1353ff.

1544 Eigentlich „um das Haus des Tantalos in Brand zu stecken, und sie lassen nicht vom Mord."

1545 Daimon, gleichbedeutend mit Tyche (Schicksal) in 1537.
1546 Text unbefriedigend. Wörtlich „Durch Fluchgeister
stürzte dies Haus in Blut wegen des Wagensturzes des Myrtilos."
1590 Wörtlich „Ich werde nicht müde werden, die schlechten
Frauen zu töten."
1631 „Sie hier ist es, die ihr in den Höhen des Himmels seht,
gerettet und nicht von dir getötet." Streichung kaum zwingend.
Helena könnte mit Apollon über der Bühne erscheinen (Deus
ex machina).
1645 Parrhasia, Landschaft in Arkadien in der Peloponnes.
Dort die Stadt Oresteion.
1646 Wörtlich „Wird nach deiner Verbannung benannt."
Der folgende Vers „den Azaniern und Arkadern sie Oresteion
zu nennen" ist sprachlich problematisch wegen der Wiederholung des Verbs.
1650 Wörtlich „Die Götter werden dir als Schiedsrichter des
Prozesses auf dem Areopag frömmsten Stimmstein abgeben."
Ob damit im Gegensatz zum Schluß der aischyleischen Orestie
an ein göttliches Richterkollegium gedacht ist oder nur an ein
Mitwirken der Götter wie bei Aischylos, läßt sich wohl nicht
entscheiden. – Areshügel, der Areopag, auf dem das danach
benannte Gericht tagte.
1655 In der euripideischen Andromache ist die Situation
komplizierter: Hermione ist mit Neoptolemos, dem Sohn
Achills, verheiratet, der auf Betreiben Orests in Delphi ermordet wird.
1666 Loxias, Beiname Apollons.
1683 Eirene, die Göttin des Friedens.
1687 Hebe, die Göttin der Jugend.

IPHIGENIE IN AULIS

11 Euripos, die Meerenge zwischen der Insel Euböa und dem
Festland.
19 Wörtlicher „die in Ehren und Würden beneide ich weniger".
49 Buschors Ergänzung, durch die die Beziehung zwischen
Tyndareos und Leda klargestellt wird, ist kaum nötig, da
Tyndareos bereits 55 als Vater ihrer Töchter genannt wird.
Buschors Begründung s. S. 364, dazu Anhang S. 387.

54 Wörtlicher „von jedem, wenn er das Mädchen nicht bekomme."

55 Wörtlich „Die Sache war für Tyndareos ausweglos – geben? nicht geben? – wie er am besten mit dem Schicksal fertig würde."

71 Paris, der Schiedsrichter gewesen war beim Schönheitswettstreit der drei Göttinnen Hera, Athene und Aphrodite.

76 Im Gebirge Ida bei Troja war Paris Hirte gewesen, vgl. 573 ff.

91 Der Grund für das Verlangen der Göttin, der hier übergangen wird, liegt in einem Verschulden Agamemnons, das in verschiedenen Versionen überliefert ist (er hat ein Opfergelübde nicht erfüllt oder er hat sich gerühmt, ein besserer Jäger zu sein als Artemis, oder er hat ein heiliges Tier getötet). Euripides hat wohl absichtlich diese Schuldfrage aus der Problematik des Stücks heraushalten wollen.

93 „Wenn wir sie opferten, andernfalls werde das nicht eintreten." Die Streichung ist kaum berechtigt.

103 Phthia in Thessalien, die Heimat Achills.

128 Es hat Anstoß erregt, daß der Alte hier anscheinend nicht weiß, was Agamemnon 106f. gesagt hat, nämlich daß der Plan nur die vier Genannten als Mitwisser hat. Buschor versucht durch seinen Zusatz eine psychologische Erklärung. Tatsächlich aber kann der Alte nicht wissen, ob zu dem Geheimplan nicht auch gehörte, Achill den Hochzeitsvorschlag zu unterbreiten.

134 Genauer „Du führtest dein Kind durch die Verlobung mit dem Sohn der Göttin als Schlachtopfer für die Griechen heran."

143 Wörtlich „Sprich günstiger", der Alte wehrt den Gedanken des Königs ab.

150 „hier", gemeint ist eher das Tor von Argos.

153 Kyklopen, s. zu Orestes 965.

159 Helios, die Sonne.

168 Chalkis, Stadt auf Euböa gegenüber von Aulis.

170 Arethusa, ein häufiger Quellenname.

175 Das blonde Haar ist schon bei Homer Merkmal des Menelaos.

179 Eurotas, Fluß bei Sparta.

183 Pallas, Beiname der Göttin Athene.

186 Der leicht konjizierte Text wörtlich „Durch den opfer-
reichen Hain der Artemis kam ich eilends." Statt „eilends" ist
eine Form von „sehen" überliefert, die jedoch gegen das Metrum
verstößt.

192 Aias, zwei Helden der Ilias, die zufällig denselben Namen
tragen (sog. Kleiner und Großer Aias). Auch Homer nennt sie
gern als Paar. – Protesilaos, der erste Grieche, der vor Troja
fällt. – Palamedes, s. zu Orestes 432. – Diomedes, Meriones und
Odysseus sind Helden der Ilias; Nireus wird auch dort nur
seiner Schönheit wegen erwähnt.

208 Der Kentaure Chiron zeichnete sich vor seinen Art-
genossen durch große Weisheit aus.

211 Eumelos, Sohn des Königs Admet von Pherai in Thessalien; er tritt in der euripideischen Alkestis als Knabe auf. In der
Ilias beteiligt er sich als berühmter Wagenlenker an den Leichen-
spielen zu Ehren des Patroklos, unterliegt jedoch durch göttliches Eingreifen.

216 Wörtlich „Der Wagenlenker schrie (um die Pferde anzu-
feuern)" oder auch – was Buschor anzunehmen scheint – „Der
Wagenlenker wurde laut gerufen (wurde gefeiert, war be-
rühmt)". Zu der zweiten Möglichkeit vgl. Orestes 103, dort
jedoch negativer Sinn.

231 Die folgende Aufzählung hat ein Vorbild im Schiffs-
katalog des zweiten Buches der Ilias. Bei Euripides fehlende
Zahlenangaben hat Buschor aus Homer ergänzt; Euripides
weicht allerdings auch sonst von Homer in Einzelheiten ab,
ganz abgesehen davon, daß er statt eines umfangreichen Kata-
logs nur einige wenige Namen nennt. – Böotien grenzt an
Attika, weiter westlich Phokis, davon nördlich Lokris; Pylos
an der Westküste der Peloponnes, dort auch die Landschaft
Elis; die Ainianer kommen aus Thessalien; Taphos und die
Echinaden sind Inseln vor der griechischen Westküste nicht
weit von Ithaka.

237 Ares, der Gott des Krieges. Gemeint ist Achill, der Anführer der Myrmidonen. Zu den Töchtern des Meeresgottes Nereus, den Nereiden, gehört auch Thetis, die Mutter Achills.

244 Mekisteus' Sohn, Euryalos; wie Sthenelos vor Troja
kämpfend.

249 Euripides rechnet sonst mit zwei Theseussöhnen (Demo-
phon und Akamas), die am trojanischen Krieg teilgenommen

haben, vgl. Hekabe 123 oder Troerinnen 31. In der Ilias heißt der Anführer der Athener Menestheus.

259 „Sohn der Ge", d.h. erdgeboren, als Nachfahre eines der Sparten, s. zu Mänaden 264. – Oileus' Sohn, der 193 erwähnte sog. Kleine Aias.

268 Adrastos, König von Sikyon. Euripides läßt ihn in ‚Die bittflehenden Mütter' auftreten.

274 Nestor war in der Stadt Gerenia in Messenien aufgewachsen.

333 Wörtlich „Eine (allzu) weise Zunge erregt Anstoß."

334 „Grab der Freundschaft", wörtlich „den Freunden nicht durchschaubar."

342 Wörtlich „Durch dein Verhalten suchtest du unverblümt das Ziel deines Ehrgeizes zu kaufen."

368 Wörtlich „Teils durch den Unverstand der Bürger, teils auch zu Recht, weil sie nicht die Kraft besitzen, die Stadt zu schützen."

375 „Denn jeder Mann ist Herrscher, wenn er Verstand hat". Diese Verallgemeinerung verschiebt den Gedankengang etwas.

406 Wörtlich „Wo wirst du zeigen, daß du mit mir vom selben Vater stammst?"

474 „Atreus' Vater", gemeint ist „bei Atreus, unserm Vater".

504 Tantalos, s zu Orestes 5.

519 Wörtlich „Nicht, wenn er vorher stirbt: das aber ist leicht." Buschors Übersetzung hebt den Sinn hervor: Kalchas soll nicht durch den Tod, sondern nur durch die Androhung zum Schweigen gebracht werden.

521 Text nicht in Ordnung, wörtlich „nichts Unnützes, auch nicht nützlich, wenn es da ist."

545 Wörtlich „Selig, die einer maßvollen Göttin und mit Besonnenheit des Lagers der Aphrodite teilhaftig werden."

553 Kypris, Beiname Aphrodites.

577 Olympos, ein berühmter Flötenspieler, Schüler des Satyrs Marsyas.

590 Da der Chor in die wahre Absicht Agamemnons eingeweiht ist (s. 542), hat man vermutet, diese Anapäste gehörten einem Nebenchor von argivischen Männern. Der Chor der Tragödie kann jedoch sozusagen mehrere Rollen spielen, allerdings liegt hier ein Extremfall vor.

600 Wörtlich „und übernehmen die Königin sicher vom Wagen auf die Erde".

604 Wörtlich „und wir, die Fremden, den Fremden aus Argos nicht Unruhe und Erschrecken bereiten". 602 und 604 aus metrischen Gründen mit leichter Konjektur.

627 Überliefert ist „Setz dich".

635 „Ich aber will mich nach langer Zeit an deine Brust werfen, Vater." Variante zu 631–632.

652 Text unsicher.

667 Der Fährmann Charon bringt die Toten über den Fluß Acheron in das Innere der Unterwelt.

674 Wörtlich „Dann muß man mit den Priestern den frommen Brauch beachten".

675 „Opfertisch", eigentlich „Wasser", das Wasser wurde vor dem Opfer versprengt.

692 „Dich schelte", andere verstehen „Du brauchst mich nicht zu mahnen (d.h. an mein Verständnis zu appellieren)".

695 Man hat sich daran gestoßen, daß Klytaimestra nach der Abkunft Achills fragt, die ihr nach 626 bekannt ist. Buschors Ergänzung soll offenbar diese Schwierigkeit überbrücken. Solche psychologischen Diskrepanzen sind jedoch in der griechischen Tragödie nicht selten.

697 Asopos (Aisopos in der Beck-Ausgabe ist sicher ein Druckfehler), Name zweier Flüsse, in Böotien und der nördlichen Peloponnes.

699 Wörtlich „Zeus. Er zeugte Aiakos, den Herren von Oinone". Oinone, ein alter Name für die Insel Aigina.

705 Pelion, Gebirge an der Ostküste Thessaliens.

739 Hera genoß in Argos besondere Verehrung.

741 „Was für eine Braut nötig ist". Der Zusatz schwächt die vorausgegangene grundsätzliche Erklärung ab.

749 „Der kluge Mann soll im Hause eine rechtschaffene Frau haben oder keine". Agamemnon hat sich bereits einem anderen Thema zugewandt.

756 „Altären", eigentlich „Fußboden". Phoibos (Apollon) hatte einst mit Poseidon die Mauern Trojas errichtet.

757 Die Priamostochter Kassandra besaß die Sehergabe und sagte den Untergang Trojas voraus.

777 „Paris" und „Atride" sind im Text ergänzt. Wörtlich „Paris mit durchschnittener Kehle am Haupt schleppend".

782 Wörtlich „wird sich in Tränen hinsetzen".

798 Piërien, Landschaft im Nordwesten Griechenlands, galt als Heimat der Musen.

808 „und Kind", überliefert ist „kinderlos". Vielleicht ist nicht die Trennung von Weib und Kind gemeint, sondern Achill will sagen, daß viele Griechen losgezogen sind, ohne an den Fortbestand ihrer Familie zu denken.

812 Pharsalos, Stadt im Gebiet von Phthia, der Heimat Achills.

813 „stillen", wörtlich „bei diesen schwachen Winden des Euripos (d.h. bei der zu der Zeit herrschenden Windstille)".

839 Wörtlich „Es ist natürlich, wenn man neue Angehörige sieht und an Ehe denkt, Scheu zu empfinden."

852 Wörtlich „da ich zum Lügner geworden bin und Unwürdiges erlitten habe".

874 Wörtlich „Wie? Ich verabscheue dein Wort, Alter; denn du bist nicht bei Sinnen."

895 „am Weitern", genauer „an diesem ganzen Unglück".

952 Sipylos, Stadt und Gebirge in Kleinasien (westlich von Sardes). Dort hatte Tantalos (s. zu Orestes 5) geherrscht, der als Stammvater der Feldherren galt.

958 Wörtlich „verfehlt – er kommt davon".

971 Text unsicher.

1022 „Wenn es Erfolg hat, dürfte es den Freunden und dir lieb sein, auch ohne mich." Eine gedankliche Wiederholung des Vorausgehenden.

1036 Hymenaios, der Gott der Hochzeit. – „Flöte", gemeint ist der oboenartige Aulos, der u.a. auch aus dem Holz des libyschen Lotosbaumes gefertigt wurde.

1047 „pelischen", d.h. im Peliongebirge, s. zu 705. – Dardanos, Ganymed, s. zu Orestes 1391. Ganymed diente den Göttern als Mundschenk.

1111 „Geweihte Spende", das Wasser, das vor dem Opfer versprengt wurde.

1113 Genauer „für die Göttin vor der Hochzeit". Die Apposition in 1114 „für Artemis, das Ausschnauben des dunklen Blutes" schließt etwas hart an, was zur Streichung kein hinreichender Grund ist.

1136 Moira, Tyche, Daimon, drei Bezeichnungen für das Schicksal mit unterschiedlichen Nuancen, bei Euripides jedoch oft austauschbar.

1150 Tantalos, ein Sohn des Thyestes, also ein Vetter Agamemnons.

1168 Wörtlich „Damit Menelaos Helena bekommt. Wahrhaftig, schön ist's, wenn Kinder die Strafe einer bösen Frau bezahlen." 1168 mit Konjektur am Ende.

1179 Text unbefriedigend.

1187 „frohe", im Text „böse". Buschor vereinfacht dadurch etwas die Ironie.

1190 Wörtlich „Wenn wir den Mördern wohlgesonnen sind".

1204 Textunsicherheit.

1207 Text etwas fragwürdig.

1224 Wörtlich „glücklich im Hause eines Mannes sehn".

1285 Vor der Geburt des Paris war Priamos geweissagt worden, das Kind werde den Untergang Trojas verursachen; er ließ das Neugeborene daher aussetzen. Eine Bärin nahm sich des Kindes an, es wurde dann von Hirten aufgezogen und schließlich kam auch seine edle Herkunft ans Licht.

1310 Text stärker konjiziert. Buschor scheint jedoch zugleich den überlieferten Wortbestand zu verwerten (Klammern).

1331 „Tagvolk", d.h. das nur einen Tag dauert.

1361 Wörtlich „nicht mit meinem Willen".

1370 Wörtlich „Gegen das Unmögliche anzukämpfen ist nicht leicht."

1385 Wörtlicher „Ich darf nicht zu sehr am Leben hängen".

1394 Genauer „Ein Mann verdient ja mehr als...", die Aussage ist also nicht auf Achill beschränkt.

1397 „Ohne jeden Sinn?", wörtlich „Unmöglich!"

1403 „vergaß", gemeint ist nicht ein Mangel an Großmut, sondern allgemein die negative Rolle, die das Schicksal und Artemis für Iphigenie spielen.

1406 Wörtlich „Ich beneide Hellas um dich, und dich um Hellas."

1416 Wörtlich „Ich sage das, ohne mich vor irgendjemand in Acht zu nehmen."

1425 „Damit du weißt, was ich sage", eine gedankliche Wiederholung von 1423.

1428 „Du wirst vielleicht von meinen Worten Gebrauch machen, wenn du das Schwert deinem Nacken nahe siehst. Ich werde dich nicht durch deinen Unverstand sterben lassen, sondern mit diesen Waffen werde ich zum Tempel der Göttin

gehen und auf deine Ankunft warten." Diese Ankündigung
widerspricht der eben geäußerten Hochachtung vor Iphigenies
Entschluß.
1436 „von mir geschieht dir kein Unrecht (d. h. ich werde dir
deine Bitte nicht abschlagen)".
1443 Text etwas problematisch, wörtlich „Wie? Das Sterben,
aber kein Grab gesteht man dir zu?"
1465 Iphigenies Antwort wörtlich „Wie du siehst, nicht angemessen." Buschor hebt den Sinn hervor (nicht angemessen,
d. h. nicht den Erwartungen Klytaimestras entsprechend).
1466 Wörtlicher „Ich verbiete Tränen zu vergießen."
1468 Paian (Päan), Dank- oder Bittlied speziell für Apollon
oder Artemis.
1495 Wörtlich „wo die Balken sich nach Krieg sehnen",
Buschors „Schiffe" könnte man auch durch „Speere" übersetzen.
1498 Pelasger, s. zu Orestes 692.
1500 Perseus, der Gründer von Mykene.
1527 Hier und in den nächsten Versen ist der Text unsicher
und umstritten.

DIE MÄNADEN

Der überlieferte griechische Titel des Stücks lautet ‚Bakchai',
unter dem es heute gewöhnlich in der eingedeutschten Form
‚Die Bakchen' zitiert wird. Buschor wollte wohl Rücksicht
darauf nehmen, daß im Deutschen sonst für die Frauen im
Gefolge des Dionysos die Bezeichnung ‚Mänaden' eingebür-
gert ist.
3 Semele, von Zeus schwanger, hatte sich durch die eifer-
süchtige Hera zu dem Wunsch verleiten lassen, ihren Lieb-
haber in seiner göttlichen Gestalt zu sehen. Der Blitz, den Zeus
mit sich führte, tötete sie auf der Stelle. Das ungeborene Kind
wurde von Zeus gerettet, s. 286 ff.
5 Dirke und Ismenos, Quelle und Fluß bei Theben.
13 Daß sich der Dionysoskult zunächst in Asien ausgebreitet
hat (obwohl Dionysos von einer griechischen Mutter stammt),
erinnert an seine außergriechische Herkunft.

17 Genauer „das an der Salzflut liegt, die Städte mit griechisch-
barbarischer Mischbevölkerung hat".

20 Die Versumstellung ist kaum notwendig.

24 Das Fell von Rehkitzen und der Thyrsos (meist der Stengel
des Narthex, einer Doldenpflanze), der an der Spitze ein Efeu-
büschel oder einen Pinienzapfen trug, waren die äußeren Ab-
zeichen der Dionysosanhängerinnen.

26 Agaue, Ino und Autonoë.

41 Wörtlicher „Und ich muß meine Mutter verteidigen, in-
dem ich mich den Menschen als Gott offenbare, den sie Zeus
geboren hat."

55 Rhea, die Mutter des Zeus, wird hier mit der asiatischen
Muttergottheit Kybele (s. 79f.) gleichgesetz. Vgl. auch 128f. –
Tmolos, Gebirgszug in Lydien.

61 „erdröhnt", wörtlich „es sieht".

62 Kithairon, Gebirge bei Theben.

66 Bromios, Bakchos, Bakchios, andere Namen des Dionysos.

94 „Winkel", genauer „Zimmer für die Geburt".

100 Zur Stiergestalt, in der Dionysos erscheint, vgl. 618, 921,
1018, 1159.

120 Als Rhea ihren neugeborenen Sohn Zeus auf Kreta verbarg, um ihn vor seinem Vater Kronos zu schützen, standen
ihr die Kureten bei und übertönten das Schreien des Kindes
durch ihr Lärmen. Sie werden hier gleichgesetzt mit den Korybanten, den Begleitern der Kybele (s. zu 55). Ihrem Wesen nach
sind sie den Begleitern des Dionysos, den Mänaden und Satyrn,
verwandt.

126 Text schwierig, „und in angespanntem bakchischen jubelnden Taumel mit dem Hauch der Flöte mischten", „jubelnd"
dürfte sich eher auf den Flötenton beziehen.

139 In der dionysischen Ekstase wurden Tiere zerrissen und
roh verschlungen.

171 Kadmos war auf der Suche nach seiner Schwester Europa,
die Zeus entführt hatte, aus Phönikien nach Griechenland gekommen.

175 „gelehrt", eigentlich „mit ihm vereinbart".

182 „Dionysos, der sich den Menschen als Gott offenbarte";
die erneute Namensnennung wirkt etwas umständlich, mag
aber für den Zuschauer nützlich sein. Für die Streichung besteht kein hinreichender Anlaß.

184 „Wie", eigentlich „Wohin", gemeint ist „Wohin muß ich gehen, um zu tanzen?"

198 Wörtlicher „Wohlan, reich mir die Hand und spanne unsere Hände zusammen."

201 Wörtlich „die Überlieferungen der Väter, die so alt wie die Zeit sind."

209 Wörtlich „Niemand beiseite stellend will er geehrt werden."

229 „Ino und Agaue, die mich dem Echion gebar, und die Mutter Aktaions, Autonoë, meine ich". Streichung nicht zwingend.

235 Text umstritten.

264 „Drachensaat", Kadmos hatte eine riesige Schlange getötet, deren Zähne er auf göttliches Geheiß aussäte. Aus ihnen wuchs eine Schar kriegerischer Männer auf, die sich gegenseitig erschlugen, bis nur noch fünf übrig waren. Diese ‚Sparten' (Gesäten) waren die Ahnherren thebanischer Adelsgeschlechter. Echion, der Vater des Pentheus, ist einer von ihnen.

271 „wenn", genauer „da".

275 Demeter, die Göttin des Getreides.

284 Bei Mahlzeiten und anderen Anlässen wurde etwas Wein als Spende für die Götter vergossen.

287 Wörtlich „Ich will dich lehren, wie richtig es damit steht." Die Partie 286–297 ist öfter als unecht verdächtigt worden.

292 Text und Gedanke umstritten, vielleicht auch Lücke im Text. Wörtlich etwa „ein Stück des die Erde umgebenden Äthers losreißend machte er dies zur Geisel für Heras Zorn und gab einen (vermeintlichen) Dionysos hin. Mit der Zeit sagten die Menschen, er sei in den Schenkel des Zeus genäht worden. Sie vertauschten also die Worte (homeros-Geisel und meros-Schenkel) und erfanden die Geschichte, weil Zeus ihn der Hera einst als Geisel gegeben hatte." Die Geburt des Dionysos aus dem Schenkel des Zeus, die sonst im Stück vorausgesetzt wird (vgl. 523ff.), wird hier auf eine falsche Konstruktion des Volksmundes zurückgeführt, d.h. sie wird als Erfindung hingestellt.

302 Ares, der Gott des Krieges, hier der Krieg.

306 Dionysos war Mitinhaber des Apollon-Heiligtums von Delphi.

311 Wörtlich „Und denke nicht, wenn du denkst, aber dein Denken krankt, daß du bei Verstand bist."

316 „ist das Verständigsein immer und in jeder Hinsicht",
Streichung nicht zwingend.

317 Wörtlich „denn auch im bakchischen Taumel wird die
verständige Frau nicht verführt."

325 Wörtlich „und ich werde nicht, von deinen Worten überredet, gegen den Gott kämpfen."

327 Überliefert ist „noch bist du ohne Kraut krank".

337 Nach anderer Version hatte Aktaion die Göttin beim
Baden beobachtet.

358 „tust", genauer „redest".

365 Wörtlich „Eine Schande wär's, wenn zwei Greise fielen.
Doch mag's so kommen; denn Bakchios, dem Sohn des Zeus,
gilt es zu dienen."

367 „Leidmann Pentheus", Wortspiel mit dem Namen wegen
des Anklangs an penthos (Leiden).

395 Wörtlicher „das Weisesein ist ohne Weisheit, ebenso das
Sich-über-die-irdischen-Dinge-erheben".

400 Wörtlich „Das ist für mich die Art von rasenden und übel-
beratenen Männern."

403 In Paphos auf Zypern lag eines der Hauptzentren des
Aphroditekultes (daher auch Aphrodites Beiname Kypris). Was
Paphos mit dem Nil zu tun hat, ist rätselhaft.

415 Chariten, Göttinnen des Liebreizes. – Pothos (Sehnsucht,
Verlangen), manchmal Aphrodite als Sohn zugeordnet.

453 „halbes Weib", genauer „jedenfalls für Frauen".

463 Sardes, Hauptstadt von Lydien.

476 Wörtlicher „Der Brauch des Gottes haßt den Unfrommen".

506 Das im Text enthaltene „wie du lebst" hat zu verschiedenen Textänderungen Anlaß gegeben. Buschor beschränkt sich
auf das Unbestrittene.

508 Wörtlich „Nach deinem Namen mußt du ins Unglück
geraten", s. zu 367.

526 Dithyrambos, ein Name des Dionysos, zugleich der des
Liedes, das dem Gott zu Ehren gesungen wurde.

537 Vgl. zu 264.

544 Die von der Erde geborenen Giganten (Riesen mit
Schlangenbeinen) hatten sich gegen die olympischen Götter
erhoben.

554 Olympos, hier der überirdische Sitz der Götter, 561 wieder der Berg im Norden von Thessalien.

556 Nysa, mythischer Berg. Die dortigen Nymphen hatten die Pflege des Dionysoskindes übernommen.

559 Korykische Gipfel, Teil des Parnaß-Gebirges bei Delphi.

566 Euios, ein Name des Dionysos.

569 Axios und Lydias (Ludias), zwei Flüsse in Makedonien.

625 Acheloos, Fluß im Westen Griechenlands, hier gleich Wasser.

627 Wörtlich „Er läßt von dieser Mühe in der Meinung, ich sei entflohen."

639 „Gepolter", wörtlicher „Was wird er nun sagen?"

647 Genauer „Gib deiner Heftigkeit einen ruhigeren Schritt."

651 Buschor ergänzt den Zusammenhang.

660 Die überlieferte Personenbeschreibung ist „Bote".

662 Genauer „Wo die glänzenden Strahlen des weißen Schnees niemals nachlassen", entweder eine poetische Übersteigerung oder der Bote meint die winterliche Jahreszeit.

694 Wörtlich „jung und alt und ferner unverheiratete Mädchen".

702 Im Text auch „ihre Säuglinge im Stich lassend".

716 „Daß sie Seltsames und Wunderbares taten", verdächtig wegen der Ähnlichkeit zu 667.

725 Iakchos, ein Name des Dionysos.

751 Zwei Dörfer der Gegend.

781 Hopliten und Peltasten (d.h. schwere und leichte Fußkämpfer) trugen verschiedene Schilde.

815 Buschors Übersetzung ist wohl durch den öfter geäußerten Gedanken beeinflußt, Pentheus zeige ein lüsternes Interesse am Treiben der Bakchen (s. Buschors Nachwort S. 368). Der Text gibt das nicht her; Pentheus will zwar die Bakchen gern sehen, aber daß er sich daran „erfreuen" will, ist nicht gesagt; wörtlich „Und doch würdest du gern sehen wollen, was dir bitter ist?"

821 Byssos, eine Leinenart.

838 Genauer „Ganz richtig! Darum muß man erst auf einen Spähgang gehen."

842 Genauer „Jedes Mittel ist recht, (wodurch erreicht wird), daß die Bakchen nicht länger über mich lachen (d.h. meine Befehle mißachten)." Pentheus redet also nicht von eventuellem Spott wegen der Frauenkleidung.

922 Wörtlich „Warst du vielleicht (schon immer) ein Tier? Denn jetzt bist du ein Stier."
952 Pan, Gott des Waldes und der Weiden; er bläst die aus verschieden langen Rohren zusammengefügte Syrinx (Pansflöte).
961 „Stadt", überliefert ist „Land".
971 Wörtlich „Gewaltig bist du, und du gehst zu gewaltigen Leiden, so daß du Ruhm finden wirst, der bis zum Himmel reicht."
977 Lyssa, der Wahnsinn; vgl. Herakles 822.
990 Die Gorgonen, sonst auch im fernen Westen lokalisiert, sind weibliche Schreckgestalten, deren Anblick versteinernd wirkt.
996 Sohn der Erde, s. zu 264.
1002 Text und Gedanke umstritten. Wörtlich „Nüchternes Urteil über die Meinungen in göttlichen Dingen ist widerspruchsloser Tod." Wahrscheinlich ist etwas ähnliches wie 395 ff. gemeint.
1006 Text schwierig und umstritten. Wörtlich „Ich freue mich, diesem anderen, Großen und Sichtbaren nachzujagen, das das Leben zum Schönen führt: Tag und Nacht in Reinheit fromm leben, das Rechtlose beiseite lassen und die Götter ehren."
1024 Die überlieferte Personenbezeichnung ist „Bote". - Die Schlußszene im üblichen Sinne (Exodos) beginnt erst nach dem letzten Standlied, also 1165.
1028 „Den guten Sklaven sind die Angelegenheiten ihrer Herren ein Unglück." Ein sekundärer Zusatz; nicht ganz geglückt, da natürlich nur unerfreuliche Angelegenheiten gemeint sein können.
1036 Buschor ergänzt die Lücke dem Sinn entsprechend.
1044 Asopos, Fluß bei Theben.
1076 „Kurz bevor man ihn oben sitzen sah", von Buschor vielleicht versehentlich ausgelassen.
1091 „habend durch angespannten Lauf der Füße", in der überlieferten Form ohne rechten Sinn.
1103 Wörtlich „Eichenzweige wie der Blitz zerschmetternd, rissen sie die Wurzeln auf mit un-eisernen Hebeln."
1153 Buschor hat dies Chorlied nicht als Standlied gerechnet, s. zu 1024.

1174 Wörtlich „den jungen Sohn des im Feld lebenden Löwen"; außer „jungen" beruht alles auf Ergänzung.

1205 Der Speerwurf galt als Erfindung oder Spezialität der Bewohner Thessaliens.

1227 Im Text noch ein – von Buschor wohl als überflüssig empfundener – Hinweis auf den Sohn der Autonoë „Und ich sah Autonoë, die dem Aristaios einst den Akteon (Aktaion) gebar."

1245 „den Mord, den sie mit unseligen Händen ausgeführt haben", zur Streichung besteht kein hinreichender Grund.

1254 Wörtlich „wenn er inmitten der thebanischen Männer Tiere jagt". Buschor hat möglicherweise konjiziert.

1259 Wörtlich „Wenn ihr erkennt, was ihr getan habt, werdet ihr schrecklich leiden."

1297 Wörtlich „weil ihm Schimpf widerfuhr; denn ihr hieltet ihn nicht für einen Gott."

1300 Wörtlich „Ist er in den Gelenken richtig zusammengefügt? Welchen Anteil hatte Pentheus an meinem Unverstand?"

1329 Die griechischen Verse, die in der Lücke zwischen 1329 und 1330 abgedruckt sind, stammen aus dem Cento ‚Der leidende Christus' (gewöhnlich zitiert als ‚Christus patiens') aus dem 11. oder 12. Jahrhundert n. Chr. Der unbekannte Verfasser hat eine große Zahl von Versen aus Euripides-Tragödien übernommen bzw. adaptiert, so auch aus den ‚Bakchen'. Einige Verse sind zweifellos unserer Lücke zuzuordnen (Christus patiens 1312f., 1256f., 1466–72, 1674–76). Buschor hat sie bei der Übersetzung mit den kleinen Streichungen oder Änderungen benutzt, durch die die Adaptation wieder rückgängig gemacht wird.

1330 Wie die drei Komponenten dieser Prophezeiung (Verwandlung in Schlangen, der Zug gegen Griechenland und die Versetzung ins Land der Seligen) miteinander zu vereinen sind, ist etwas dunkel. Vielleicht liegt eine Kombination verschiedener Versionen des Mythos vor.

1342 Wörtlich „Wenn ihr verstanden hättet einsichtig zu sein, als ihr nicht wolltet, wäret ihr glücklich gewesen, da ihr den Sohn des Zeus zum Bundesgenossen gewonnen hättet."

1348 Wörtlich „Im Zorn sollen die Götter nicht den Menschen gleichkommen."

1371 Nach diesem Vers wird meist eine Lücke angenommen.
Wo das Haus des Aristaios (s. zu 1227) gedacht ist, läßt sich
nicht sagen. Buschor nimmt an, daß es nicht in Theben, sondern irgendwo in der Ferne liegt.
1384 Der Text mit leichter Ergänzung.

Zum Unechten Schluß der Iphigenie in Aulis

1558 „Speer", überliefert ist „Geschenk".
1571 Artemis galt auch als Mondgöttin.

INHALT

www.ingramcontent.com/pod-product-compliance
Lightning Source LLC
Chambersburg PA
CBHW071408160426
42814CB00038B/157